GOUVERNEMENT

DE LA

DÉFENSE NATIONALE

L'auteur et l'éditeur déclarent réserver leurs droits de traduction et de reproduction.

Ce volume a été déposé au ministère de l'intérieur (section de la librairie) en mars 1871.

GOUVERNEMENT

DE LA

DÉFENSE NATIONALE

DU 29 JANVIER AU 22 JUILLET 1871

DERNIERS ACTES DU GOUVERNEMENT DE LA DÉFENSE NATIONALE.
M. THIERS, CHEF DU POUVOIR EXÉCUTIF DE LA RÉPUBLIQUE FRANÇAISE.
NÉGOCIATIONS DE VERSAILLES. — TRAITÉ DE PRÉLIMINAIRES.
L'ARMÉE ALLEMANDE A PARIS. — JOURNÉE DU 18 MARS.
LA COMMUNE. — NÉGOCIATION ET TRAITÉ DE FRANCFORT.
PRISE DE PARIS. — L'INTERNATIONALE.

PAR

M. JULES FAVRE

DE L'ACADÉMIE FRANÇAISE

TROISIÈME PARTIE

PARIS

E. PLON et Cie, IMPRIMEURS-ÉDITEURS.

RUE GARANCIÈRE, 10.

—

1875

Tous droits réservés.

SIMPLE RÉCIT

D'UN MEMBRE

DU

GOUVERNEMENT DE LA DÉFENSE NATIONALE

CHAPITRE PREMIER

EXÉCUTION DE L'ARMISTICE. — DERNIERS ACTES
DU GOUVERNEMENT DE LA DÉFENSE NATIONALE.

Causes générales des désastres de la France. — Caractères de l'armistice. — Opinion de Paris. — Convocation du corps électoral. — Difficultés de la situation. — L'armée. — La garde nationale. — Les départements. — Départ de M. Jules Simon pour Bordeaux. — Difficultés à propos de l'exécution de l'armistice. — Lettre de M. de Bismarck à l'occasion des décrets de Bordeaux. — Son télégramme à M. Gambetta. — Le Gouvernement de Paris annule les décrets de Bordeaux. — Sa proclamation au pays. — MM. Garnier-Pagès, Pelletan et Emmanuel Arago sont envoyés à Bordeaux. — Résistance de M. Achille Delorme. — On pousse M. Gambetta à la dictature. — La délégation de Bordeaux adhère au décret d'annulation. — Démission de M. Gambetta. — Heureuses conséquences de ce dénoûment. — Impossibilité de continuer la guerre. — Reddition de Belfort. — Sa garnison obtient les honneurs de la guerre. — Les élections. — Réunion de l'Assemblée à Bordeaux. — Dispositions de M. Thiers. — Dépôt des pouvoirs du Gouvernement de la défense nationale.

A quelque école philosophique qu'il se rattache, l'historien ne peut s'empêcher de reconnaître, dans la succession des événements qu'il retrace, le développement et l'application des lois souveraines, supérieures aux volontés et aux prévisions humaines. Ces lois ne sont autre chose que les principes mêmes qui assurent le mouvement et la vie des sociétés. Elles ont leurs sources éternelles dans l'idée de justice, et y tendent sans cesse malgré d'apparentes déviations. Aussi ne peuvent-elles être impunément transgressées : l'expiation suit fatalement la faute, et tout aussi bien que les individus, les nations apprennent à leurs dépens ce qu'il en coûte d'avoir méconnu la ligne du devoir.

A quelle époque et chez quels peuples la leçon a-t-elle été comparable à celle que nous réservait le gouvernement de l'Empire? Vaincu par l'Europe coalisée, Napoléon Ier était tombé de plus haut que son neveu, mais il était descendu moins bas. Malgré les malheurs qu'elle avait entraînés, sa chute n'avait point été un honteux effondrement menaçant la France entière d'un anéantissement subit, et lui imposant, avec une exorbitante rançon, la perte de deux de ses plus belles provinces. Et c'est en quelques semaines que s'est accomplie cette lamentable catastrophe! Si bien que, par un véritable changement de décors, nous avons passé, en un clin d'œil, du faîte de la puissance à un abîme de misères, des fastueuses harangues officielles à la capitulation de Sedan; et que, livré à un vainqueur impitoyable, sans armées, sans matériel, sans moyen efficace de défense, le pays a dû, après une lutte désespérée, subir l'oppression de la force et se rendre à discrétion.

Celui qui aurait osé, quelques mois auparavant, prédire ces tragiques aventures, aurait passé pour visionnaire. Cependant elles étaient la conséquence nécessaire du système politique que nous avions eu la folie d'accepter et de maintenir. En nous abandonnant au despotisme, en lui sacrifiant la liberté et le contrôle, en abaissant devant lui toutes les âmes, en consentant à être dupes de mensongères fictions, nous brisions de nos mains le ressort des vertus civiques, et nous condamnions notre patrie à devenir la proie des violences, qu'elles vinssent du dedans ou du dehors.

Telle était en effet notre destinée : nous ne pouvions y échapper que par un brusque et radical changement de conduite. L'adversité nous l'inflige. Ce ne sera point en vain : si le coup qui nous a renversés semble tenir du prodige, l'effort qui nous relève ne le lui cède en rien. Nul ne peut être certain de l'avenir, mais à la grandeur des événements qui ont marqué ces deux dernières années, il est permis de mesurer ceux qui vont suivre et d'espérer que nous aurons contraint le sort à nous être favorable. Nous avons de telles erreurs à réparer, de telles iniquités à venger, que nous serions criminels de ne pas mettre au service de cette tâche tout ce que l'abnégation, la persévérance, les calculs et la passion peuvent nous donner de force. Que ce soit la pensée dominante de chacun et de tous. L'étude des faits nous montrera qu'elle n'est point une illusion, et que sa réalisation dépend de notre sagesse. C'est là précisément ce que nos malheurs nous enseignent. Ils semblaient nous interdire l'espérance : nous n'y avons jamais renoncé ; par quels mobiles avons-nous été soutenus ? ceux qui auront à juger notre époque, si cruellement tourmentée, auront peut-être quelque peine à s'en rendre compte. Il est donc utile que les témoins de ces faits extraordinaires disent ce qu'ils ont vu : c'est pourquoi, achevant l'œuvre douloureuse que j'ai commencée, je complète le récit des événements auxquels j'ai participé tant que j'ai été retenu au poste que le hasard d'une révolution d'abord, puis la confiance du président de la République, m'avaient assigné.

§

La convention d'armistice, signée dans la nuit du 28 au 29 janvier 1871, n'était point une transaction renfermant des concessions réciproques de la part des deux parties belligérantes. En réalité, le vainqueur y stipulait seul, et les tempéraments que six jours de douloureuses négociations avaient semblé lui arracher n'avaient été acceptés par lui que parce qu'il les avait jugés conformes à son intérêt. Ainsi, la convocation d'une Assemblée lui donnait plus de garanties que le rappel du Corps législatif, auquel M. de Bismarck avait sérieusement songé. Elle avait l'avantage de constituer immédiatement une autorité puissante, consacrée par le vote du pays et capable de faire la paix. Or, la paix était le vœu le plus ardent de l'Allemagne. Quelques-uns de ses généraux, il est vrai, enivrés par le succès, annonçaient hautement que leurs armées ne se retireraient qu'après avoir occupé toutes nos provinces. Déjà, en apprenant la continuation de notre résistance, malgré la capitulation de Metz, le prince Frédéric-Charles s'était écrié : « Nous irons partout, partout », et il répétait ce dernier mot avec colère. Au delà du Rhin, certains publicistes, fanatisés par haine de la France, gourmandaient violemment le chancelier de la confédération du Nord, l'accusaient d'user vis-à-vis de nous de ménagements criminels; ils demandaient à grands cris l'anéantissement complet de Paris et la destruction de notre nationalité. On vendait à Berlin des estampes représentant notre capitale en flammes et des cartes d'Europe où notre nom était effacé. Ces passions véhémentes avaient des interprètes obstinés dans l'état-major de M. de Moltke et jusque dans les conseils du roi Guillaume. Elles étaient loin cependant de traduire fidèlement l'opinion générale. Les populations allemandes auraient, sans murmurer, fourni de nouveaux contingents; elles n'en désiraient pas moins la fin de la guerre. Ce sentiment était, s'il est possible, plus vif encore à Versailles, où l'on se rendait un compte plus exact de la grandeur de l'entreprise accomplie et des périls de tout genre que faisait prévoir la perspective d'une lutte à outrance. Les hommes réfléchis en étaient préoccupés plus qu'on ne le pourrait croire. Nous verrons plus tard, lors de l'insurrection de la Commune, quelles furent leurs inquiétudes. Dès ce moment, ils craignaient de compromettre des victoires qui les avaient eux-mêmes frappés d'étonnement, et plus la fortune les avait soudainement élevés, plus ils appréhendaient l'éclat de ses retours.

C'est certainement à cette disposition des esprits qu'il faut attribuer la facilité relative avec laquelle nous furent accordées des conditions sur lesquelles nous n'étions pas en droit de compter. Il serait injuste de ne pas ajouter que la résistance héroïque de Paris servit singulièrement celui qui avait le cruel honneur de parler en son nom. M. de Bismarck me l'a affirmé trop souvent dans le cours de nos nombreux entretiens pour que j'en puisse douter. Il a tenu à me dire que le roi, admirant des assiégés que la faim seule avait réduits, avait voulu leur rendre hommage en consentant à donner à la convention le nom d'armistice et non celui de capitulation. C'était assurément un bien faible allégement à nos douleurs; cependant rien n'est à dédaigner en de telles épreuves, et je n'estime pas indigne de l'histoire un détail qui prouve le respect inspiré au vainqueur par la belle conduite d'une ville plus tard si tristement calomniée!

Cette ville elle-même, malgré sa profonde et bien naturelle irritation, subissait l'influence de ces vérités suprêmes, que seule l'exaltation du patriotisme l'empêchait de reconnaître ouvertement. Le désespoir d'être forcée de se rendre s'atténuait chez elle par la conscience du devoir accompli. Elle s'en prenait au gouvernement et lui imputait ses désastres; mais elle se rendait cette justice qu'elle avait souffert et combattu presque au delà de la limite du possible. Aussi, aux premières explosions, succéda une résignation non moins grande et plus touchante encore que la fièvre guerrière. Plusieurs organes de la presse favorisèrent ce mouvement de l'opinion. Dès le 27 janvier, le *Journal des Débats*, rapportant la note de l'*Officiel* de la veille qui indiquait les bases de l'armistice, écrivait : « Telles sont les con-
» ditions encore pénibles, mais honorables en somme,
» que notre ministre des affaires étrangères a obtenues;
» au milieu de nos désastres, nous pouvons dire, la tête
» haute, que nous ne succombons que par la famine et
» que l'honneur est sauf. » Répondant aux écrivains qui nous reprochaient de traiter, la *Liberté* du même jour disait : « Qui oserait affirmer à cette heure qu'un armis-
» tice permettant de préparer la paix ne soit pas une
» solution désirable? Que celui-là se lève et parle! » Le *Temps* du 28 regardait les conditions de l'armistice

comme « les meilleures que le gouvernement pût obte-
» nir », et la *Patrie* ajoutait « qu'il fallait savoir gré
» au négociateur des efforts qu'il avait faits pour obtenir
» les conditions les plus larges et les plus honorables
» qui aient jamais été accordées à une forteresse aussi
» longtemps assiégée. »

A côté de ces appréciations, il serait facile d'en citer de tout à fait différentes. La majorité des feuilles publiques nous accusaient avec une extrême violence. Aucune néanmoins ne pouvait alléguer que, dans la douloureuse impasse où nous étions acculés, il eût été possible d'agir autrement. Elles étaient d'ailleurs unanimes à conseiller le calme. La sagesse le commandait autant que la dignité. Il fallait en effet permettre à la nation de faire entendre sa voix. Les comices allaient s'ouvrir. Dominés par une inexorable nécessité, nous n'avions pu donner aux électeurs que le temps rigoureusement nécessaire à leur réunion. Il n'y avait donc pas une minute à perdre : le choix des candidats devait être et devint forcément la première préoccupation de tous les citoyens.

L'Assemblée nationale était appelée à siéger à Bordeaux le 12 février ; elle devait être élue le 8 dans toute la France, même dans les départements occupés. L'esprit se refusait à croire un pareil résultat possible. Au moins fallait-il travailler à sa réalisation avec la plus grande activité. A mon retour de Versailles, dans la nuit du 28 au 29, nous avions rédigé le décret qui convoquait les collèges électoraux. Quelques-uns des membres du Gouvernement demandaient que le nombre des députés ne dépassât pas le chiffre de quatre cent cinquante. Leur opinion s'appuyait sur des raisons graves.

Elle fut cependant écartée. Nous n'avions ni le temps ni l'autorité que réclamait une loi électorale nouvelle. Il était plus sage de s'en tenir à celle du 15 mars 1849, en supprimant des incompatibilités que les circonstances exceptionnelles où nous nous trouvions ne comportaient point. Nous maintinmes toutefois par un décret spécial celles qui concernent les préfets dans les départements qu'ils administrent. Peut-être eût-il été plus politique d'ouvrir les portes de la représentation nationale aux fonctionnaires républicains qui avaient servi avec un courageux dévouement; nous crûmes qu'il était encore plus utile de donner l'exemple du respect des principes, et de bannir jusqu'à l'ombre d'un soupçon de pression officielle dans les opérations électorales d'où allait sortir le salut de la patrie.

Au moment où nous prenions ces mesures, nous ne nous dissimulions pas les difficultés considérables qui semblaient en rendre l'exécution impossible. Autour de nous tout nous apparaissait comme un obstacle, et nous aurions cent fois reculé devant la tâche qui nous était imposée, si la nécessité ne nous avait contraints à la remplir. Nous avions à peine pour huit jours de vivres, s'il est permis de donner ce nom au mélange insalubre d'avoine, de froment et de riz distribué par ration individuelle de trois cents grammes, et, d'après les calculs des hommes compétents, il fallait deux semaines pour amener des farines à la Halle. Nous courions donc le risque de voir une partie de la population mourir de faim. Cette population avait été admirable d'abnégation et de patience; elle avait enduré sans se plaindre les plus cruelles privations. Mais aurait-elle la même vertu quand elle ne serait plus soutenue par l'idée de la résistance? N'avions-nous pas à craindre alors qu'elle s'abandonnât aux agitateurs, qui n'avaient point renoncé à l'entraîner? Nous connaissions leurs criminels desseins, et nous n'avions aucune force à leur opposer. Dénué d'autorité, toléré parce que nul ne voulait se charger de son œuvre douloureuse, le Gouvernement de la défense nationale assistait à sa propre agonie, et c'est alors que la vie lui échappait qu'il devait montrer le plus de résolution et le plus de vigueur. Chacun des jours qui le séparaient de celui où il lui serait permis de déposer ses pouvoirs était marqué par l'éventualité d'un péril et d'une catastrophe. Nous étions obligés de désarmer plus de cent mille soldats ou gardes mobiles, condamnés à attendre la décision de l'Assemblée, qui devait les rendre libres ou prisonniers de guerre. Jusque-là ils demeuraient oisifs, débandés, livrés à toutes les excitations d'une grande cité en pleine fermentation. Pour les contenir, nous n'avions que douze mille hommes de troupes régulières, profondément ébranlés par les événements qui venaient de s'accomplir, affaiblis, découragés, mal encadrés, n'ayant confiance ni en eux-mêmes ni en leurs chefs. Dans un ordre du jour plein d'élévation et de noblesse, le général Le Flô, ministre de la guerre [1], leur avait rappelé les devoirs de la discipline. Jamais leur fidèle observation n'eût été plus nécessaire. Mais il est des heures fatales où les âmes les mieux trempées subissent le trouble d'involontaires défaillances : épuisés par la lutte, abattus par la défaite, humiliés, incertains de l'avenir, les défenseurs de Paris ne pouvaient se remettre en un jour du coup qui les frappait. Il eût été téméraire d'at-

---

[1] Voir aux Pièces justificatives, n° I.

tendre d'eux un effort efficace contre les désordres que tout faisait présager.

Il en était autrement, quoi qu'on en ait dit, de la garde nationale, à laquelle la convention d'armistice avait conservé ses armes, en lui faisant l'honneur de la charger « de la garde de Paris et du maintien de » l'ordre ». C'était, en effet, à elle que devait appartenir cette mission, et l'on peut affirmer que si elle en avait compris le caractère et l'étendue, bien des malheurs auraient été conjurés. Elle avait, il est vrai, reçu dans ses rangs des éléments dangereux. Au début de la guerre, les armes avaient été distribuées indistinctement à tous ceux qui en demandaient. Les bataillons nouveaux, formés avec une inévitable précipitation, étaient commandés par des officiers dont la plupart n'avaient point été régulièrement élus. Ces bataillons s'étaient grossis par un enrôlement qui trop souvent n'avait d'autre but que de procurer le subside d'un franc cinquante centimes à une foule d'hommes qu'il aurait fallu éliminer. Pendant le cours du siége, l'état-major avait essayé de réprimer ces abus, il les avait diminués sans les détruire. Telle qu'elle était cependant, la garde nationale pouvait tout à la condition de rester à son poste. Malheureusement elle se laissa désorganiser par le courant impétueux qui emportait toutes les âmes : il lui était difficile d'y résister. Ceux-là seuls en peuvent juger qui ont traversé avec elle les cinq mois de séquestration que Paris a supportés. Ils n'ont point oublié l'unanime désespoir qui accabla la population lorsqu'elle connut l'armistice, et en même temps son désir effréné de revoir les êtres chéris dont elle s'était séparée au milieu de poignantes angoisses. Y avait-il un moyen humain de retenir ces fils, ces époux, ces pères, qui tant de fois avaient appelé dans leurs rêves l'heure incertaine où ils pourraient embrasser les objets de leur amour? Je me le suis bien des fois demandé et j'en doute encore. Les sacrifices du cœur ont leurs limites. Elles avaient été dépassées; néanmoins il importe de constater qu'en cédant à ce besoin si légitime d'affection, la partie riche, éclairée de la population de Paris, qui avait jusque-là donné de si admirables exemples, commit une grande faute. En moins de dix jours, plus de cinquante mille gardes nationaux s'éloignèrent, sans souci de l'obéissance ou même du commandement. Dès la publication de l'armistice, les liens de la discipline et du service parurent brisés. Je n'en puis citer une preuve plus forte que le mécompte auquel nous fûmes exposés, Messieurs les directeurs de chemins de fer et moi, dans la nuit du 29 au 30 janvier. Nous avions passé la journée à Versailles, exclusivement occupés de tous les détails du ravitaillement. Nous tenions surtout à conclure une convention qui permît aux Compagnies de commencer immédiatement les réparations nécessaires à la reprise de leur exploitation. C'était pour Paris une question de vie ou de mort. Il nous fallut subir d'interminables débats; il était plus de onze heures du soir quand nous aboutîmes enfin à la signature du traité. Nous repartîmes sur-le-champ; mais arrivés au pont de Sèvres, qui était coupé, nous ne trouvâmes plus ni bateau ni rameurs. Vainement nous hélâmes le poste qui jusque-là défendait la rive droite, et auquel nous avions ordonné de ne pas bouger, il s'était replié; force nous fut de nous remettre en route à pied, par la rive gauche, précédés par un piquet allemand, chargé de prévenir les sentinelles, que nous avions le chagrin de trouver à chaque vingt pas, aussi bien sur leurs gardes que l'avant-veille. Près des murailles de Paris, nous renvoyâmes notre escorte, que nous ne voulions pas exposer aux coups de fusil des nôtres. La précaution était superflue. Nos remparts étaient absolument dégarnis. Nous vîmes le moment où nous serions réduits à attendre le jour, couchés dans le fossé, car ce fut à grand'peine que le capitaine d'Irison, qui nous accompagnait, put réveiller le portier-consigne, très-visiblement irrité qu'on osât troubler son repos.

On me pardonnera cet épisode, très-conforme d'ailleurs aux mille incidents qui nous ont été si funestes dans la dernière campagne. J'ai voulu, en le racontant, donner une idée de la stupeur subite qui s'était emparée de tous les esprits, et qui inspira à la garde nationale cette pensée, assurément bien fausse, que son rôle était fini et qu'elle n'avait plus qu'à se retirer de la scène. Le Gouvernement eut le tort de ne rien faire d'efficace pour combattre cette dangereuse erreur. Il aurait dû ne point accepter la démission du général Clément Thomas, qui n'avait pas le droit d'abandonner le commandement dans une telle crise. L'état-major presque entier suivit son exemple, et du 14 février au 6 mars la garde nationale demeura privée de chef; car, malgré son zèle et ses éminentes qualités, le général Vinoy ne pouvait la diriger; il était d'ailleurs absorbé par des travaux qui prenaient tout son temps. La place demeura donc réellement inoccupée, et nous verrons plus tard quelles furent les conséquences fatales de cette vacance.

La situation que nous créait un tel état de choses était d'autant plus terrible que nous ignorions absolument les dispositions des départements. Pendant le cours du mois de janvier, nous n'avions reçu que deux dépêches de Bordeaux, le 6 et le 19. Elles étaient toutes deux exclusivement relatives aux opérations militaires, et la dernière détruisait toute illusion en nous rapportant la malheureuse issue de la bataille du Mans. Celles qui nous parvinrent après l'armistice nous annonçaient la retraite de Faidherbe sous le canon de Lille et n'expliquaient que très-vaguement les opérations du général Bourbaki. Quant à l'état politique du pays, et surtout quant aux résolutions de M. Gambetta, nous en étions réduits aux conjectures, et celles que nous fournissaient quelques indices significatifs devaient peu nous rassurer. Nous savions, en effet, que, très-résignés à voir tomber Paris, nos collègues étaient déterminés à continuer la guerre même après ce désastre. Nous pouvions craindre que ce suprême effort ne coïncidât avec des idées fédéralistes imprudemment propagées dans le Midi, et qui ne tendaient à rien moins qu'à détruire la nationalité française. Or, nous n'avions aucun moyen de nous éclairer sur ces faits. Ceux qui nous ont reproché d'avoir traité avec M. de Bismarck sans nous enquérir de ce qui se passait en province et sans consulter la délégation, oublient que toutes les issues nous étaient fermées, et que jusqu'à la fin de février il nous a été impossible d'envoyer ou de recevoir un télégramme ou une lettre qui ne fussent mis sous les yeux de l'autorité allemande. Les voies ordinaires de communication étaient interceptées. Le premier train de chemin de fer partait le 31 janvier et n'arrivait à Bordeaux qu'après un trajet de plus de trente-six heures. Nous étions donc forcément privés de toute information, et ce n'était pas sans raison que M. de Bismarck me demandait, en signant l'armistice, si j'étais sûr que M. Gambetta se soumettrait à nos ordres. Déjà, à Ferrières, il m'avait adressé la même interpellation, relativement au maréchal Bazaine. Dans les deux circonstances, ma réponse avait été la même. Seulement, en me portant fort pour le maréchal, je n'avais d'autre garantie que ma confiance dans l'honneur d'un officier français; en affirmant que M. Gambetta nous obéirait, je me souvenais de ses déclarations répétées et de son patriotisme. Je le savais impétueux, dominateur, incapable néanmoins d'engager la guerre civile en face d'un ennemi victorieux. Ma foi en lui était, sous ce rapport, complète. Sa conduite postérieure a prouvé que je ne m'étais pas trompé.

Toutefois il importait de rétablir sans délai un lien étroit entre les deux tronçons du Gouvernement de la défense nationale. Il n'était pas moins urgent de surveiller l'exécution de l'armistice et de commencer les opérations électorales. Je l'avais ainsi compris en signant la convention du 28 janvier; car j'avais demandé et je rapportais à Paris deux sauf-conduits, destinés, l'un à un membre du Gouvernement, l'autre à un officier délégué par le ministre de la guerre. M. Jules Simon fut désigné pour cette délicate et périlleuse mission. Prévoyant toutes les éventualités, nous lui remîmes un décret qui le nommait ministre de l'intérieur, en remplacement de M. Gambetta, et faisait rentrer le département de la guerre sous l'autorité du général Le Flô. Il devait, à son arrivée, réunir la délégation, lui exposer en détail la situation, obtenir son concours, et en cas de résistance user des pleins pouvoirs dont nous l'investissions. Il était inutile de lui recommander la modération, nous connaissions son esprit de conciliation. Nous savions aussi que nous pouvions compter sur sa fermeté d'une manière absolue.

Dans la nuit du 30 au 31, M. de Bismarck me faisait passer l'extrait d'un télégramme par lequel M. Gambetta se plaignait du laconisme de la dépêche du 28. Il demandait des informations plus précises pour faire exécuter l'armistice et convoquer les électeurs [1]. M. de Bismarck m'envoyait en même temps la copie de la réponse qu'il avait adressée lui-même à M. Gambetta, et par laquelle il lui indiquait la ligne de démarcation arrêtée par la convention, et les dispositions particulières relatives à l'armée de l'Est [2].

Le 1er février, je recevais, toujours par la voie allemande, la communication d'une nouvelle dépêche de M. Gambetta, datée du 31 janvier, dans l'après-midi [3]. Il nous faisait connaitre que l'ajournement des effets de l'armistice, en ce qui concernait Belfort et l'armée de l'Est, donnait lieu à de graves complications. Les généraux prussiens avaient continué leurs mouvements quand nos troupes avaient arrêté le leur. Il importait de fixer le sort de cette région. Il nous avertissait qu'en attendant, il autorisait nos chefs de corps à conclure des suspensions d'armes provisoires.

Ces regrettables malentendus allaient cesser. M. de Bismarck, auprès duquel je ne cessais de réclamer l'exécution de l'armistice par l'établissement définitif de la ligne de démarcation applicable aux départements de l'Est, s'était engagé à la faire fixer provisoirement par un accord sur place entre les officiers prussiens et les

---

[1] Voir aux Pièces justificatives, n° 2.
[2] Voir aux Pièces justificatives, n° 3.
[3] Voir aux Pièces justificatives, n° 4.

nôtres. Ce qui valait mieux, M. Jules Simon était parti le 31 au matin, aussitôt qu'il avait été possible de mettre un wagon sur les rails. Il était accompagné d'un de ses fils, de M. Lavertujon, secrétaire du Gouvernement, et de M. Albert Liouville, beau-frère de M. Picard. Grâce à son habileté, l'accord, un instant troublé entre la délégation de Bordeaux et nous, allait se rétablir. La France échappait ainsi à un déchirement qui pouvait lui être mortel.

En nous quittant, notre cher et courageux collègue ne se faisait aucune illusion sur les difficultés qu'il pouvait rencontrer. M. Gambetta nous avait télégraphié qu'il ferait procéder aux élections. Mais nous savions par ses dépêches qu'il persistait à créer des catégories d'inéligibles. M. Jules Simon était chargé de s'y opposer. Il devait aussi prévenir et réprimer au besoin tout acte de résistance à l'exécution de l'armistice et à la convocation des électeurs. Il avait enfin à nous venger, par le simple récit des faits, des calomnies auxquelles nous étions en butte. Trompée par de faux rapports, la province accusait la défense de Paris d'être la cause de nos désastres. M. Gambetta n'avait pas craint d'écrire dans un document officiel que la convention du 28 janvier était l'œuvre d'une « coupable légèreté ». La douleur de la défaite avait pu seule lui inspirer cette attaque aussi injuste qu'impolitique. Mieux que personne, il connaissait l'état de Paris; il n'avait pas compté qu'il pût tenir au delà du 15 janvier. Son imprudente erreur pouvait allumer la guerre civile. Il fallait à tout prix éclairer l'opinion publique, si facile à égarer au milieu des cruelles émotions qui l'agitaient.

Le voyage de M. Jules Simon fut long et pénible. Il reçut en route des avertissements inquiétants, et partout où il fut forcé de s'arrêter, il acquit la preuve qu'on excitait les populations à condamner la capitulation de Paris comme une indigne faiblesse, et à suivre aveuglément les instructions de M. Gambetta. Fidèle à ses déclarations antérieures, celui-ci s'était hâté de proposer à la délégation et de faire voter par elle, à la date du 31 janvier, un décret qui, sous ce titre peu déguisé : « Décret retirant le droit d'éligibilité à certaines classes » de citoyens », frappait d'inéligibilité à l'Assemblée nationale les anciens ministres, sénateurs, conseillers d'État et préfets du 2 décembre 1851 au 4 septembre 1870. Cette incapacité s'appliquait également à ceux qui avaient, pendant la même période, accepté une candidature officielle ou laissé porter leur nom sur une liste des candidats du Gouvernement[1]. En mettant le pied à Bordeaux, dans l'après-midi du 1er février, M. Jules Simon trouva le décret affiché sur toutes les murailles. La partie était engagée. Il n'y avait plus à reculer.

Il se rendit aussitôt chez M. Gambetta, puis à la délégation, mais ce fut en vain qu'il s'efforça d'obtenir de ses collègues, MM. Crémieux, Fourrichon et Glais-Bizoin, l'exécution des ordres dont il était porteur. Ils lui objectèrent l'imminence de la guerre civile, prête à éclater, si le décret d'inéligibilité était rapporté. Tous les renseignements que faisaient parvenir les départements du Midi étaient unanimes à cet égard. Un soulèvement pouvait s'y produire d'un moment à l'autre.

---

[1] Voir aux Pièces justificatives, n° 5.

On n'attendait qu'un signal. La délégation se refusait énergiquement à le donner.

M. Jules Simon, comme il l'a dit plus tard fort justement devant l'Assemblée, aurait pu répondre : « Je » parle ici au nom de la majorité du Gouvernement » dont je suis membre; la minorité doit céder, et j'ai le » droit de l'y obliger. » Très-résolu à ne faire aucune concession, il ne voulut pas cependant user sans ménagement de son autorité. Il se retira en déclarant que les décrets du Gouvernement seraient exécutés, mais qu'il espérait que ses collègues, après y avoir réfléchi, reviendraient sur leur détermination et lui prêteraient leur concours.

Cette sage temporisation n'était pas seulement un appel à la conciliation et au devoir, elle permettait de sonder le terrain et de se préparer à l'action, si elle devenait indispensable. Or, sur ces points, M. Jules Simon put immédiatement se convaincre que la position était plus grave qu'il ne l'avait supposé. Tous ses anciens amis blâmaient sa conduite. Le conseil municipal, dont presque tous les membres lui étaient personnellement dévoués, ne lui dissimula pas qu'il adhérait pleinement à la politique de M. Gambetta. De toutes parts on le suppliait de ne pas s'engager dans une lutte où il succomberait. On l'avertissait qu'il était question de l'incarcérer. Les officieux avaient vu l'ordre d'arrestation. L'attitude des agents de l'autorité pouvait le rendre probable, car lorsqu'il voulut envoyer un télégramme à Paris, le directeur des télégraphes prétexta l'impossibilité d'écrire une dépêche qui serait lue par l'ennemi, et proposa de faire partir un pigeon. On pouvait donc s'attendre à une violence. M. Jules Simon ne perdit pas un instant son calme. Il apprenait que, docile aux instructions de ses adversaires, le télégraphe multipliait ses communications avec Lyon et Marseille. Il fallait ne pas se laisser surprendre, et pour cela empêcher un coup de force immédiat. Dans la nuit même, il fit partir pour Paris M. Albert Liouville, chargé par lui de nous renseigner exactement sur ce qui se passait à Bordeaux, et de lui ramener des membres du Gouvernement qui lui donneraient la majorité dans le conseil.

Pendant que ces événements s'accomplissaient, nous nous débattions incessamment au milieu des incidents de toute nature que faisait naître l'exécution de la convention du 28 janvier. L'état-major allemand y apportait une roideur qui blessait profondément les populations. C'est ainsi que, dès le 29 janvier au matin, alors que les conditions arrêtées pendant la nuit ne pouvaient être connues, quinze mille hommes firent irruption dans la malheureuse ville de Saint-Denis et s'installèrent dans les maisons en en chassant les habitants. De toutes parts on cria à la trahison. Le conseil municipal accourut au ministère des affaires étrangères. Plusieurs de ses membres éclataient en menaces contre moi. Ma douleur était trop grande et trop sincère pour ne pas les désarmer. Je leur expliquai comment il avait été impossible à l'autorité militaire de les prévenir, je leur peignis en quelques mots l'excès de nos malheurs, je les suppliai de ne pas y ajouter en excitant leurs concitoyens contre des vainqueurs irrités, je leur promis d'obtenir tout ce qui serait possible pour adoucir leurs charges. Ils me quittèrent les larmes aux yeux et en me serrant la main. Que de fois n'ai-je pas rencontré, dans nos misères, cette même facilité à réveiller, chez les hommes exaltés par la souffrance, le dévouement patriotique et les sentiments généreux ! Ils ont été notre plus ferme appui dans ces jours néfastes, et quelque amers que me soient ces souvenirs, j'y trouve toujours, lorsque j'y suis ramené, une nouvelle occasion de rendre hommage aux vertus ignorées de tous ceux de mes concitoyens dont il m'a été donné d'admirer l'abnégation et les sacrifices.

Chaque détail devenait le prétexte d'une vexation pouvant dégénérer en conflit. Je passais mes journées à Versailles, occupé à des redressements et à des discussions sans fin. M. de Bismarck s'était réservé le règlement de toutes ces difficultés : j'étais loin de m'en plaindre, sachant fort bien qu'il désirait se montrer conciliant, et que souvent il réussissait à l'être. Cependant il revenait volontiers sur les craintes que lui causait l'attitude de M. Gambetta. Il s'obstinait à l'accuser de préparer la guerre à outrance, et de n'accepter l'armistice que pour mieux cacher ses armements. Il éludait avec affectation la question de l'armée de l'Est, et répondait à mes instances à cet égard que rien n'était fait tant que nous n'aurions pas la certitude du complet concours de la délégation de Bordeaux. Son irritation n'était pas moins vive en ce qui concerne Garibaldi. Il le traitait de chef de bandes et prétendait le tenir en dehors des lois de la guerre. Il alla même un soir jusqu'à me dire que, s'il tombait entre les mains de ses généraux, il le ferait fusiller. Je considérais cette parole comme une bravade. Mais, rentré dans le milieu de la nuit à Paris, et en rendant compte à mes collègues, je fus singulièrement ému de l'opinion de quelques-uns d'entre eux qui regardaient cette menace comme très-sérieuse.

L'honneur nous commandait de tout faire pour en empêcher l'exécution. Je n'attendis pas le jour, et je courus à Versailles, bien que M. de Bismarck m'eût prié de le laisser reposer jusqu'au lendemain. Comme, à ma grande surprise, je le trouvai dans les idées de la veille, je le priai de venir chez M. de Moltke, qui n'hésita pas un instant à reconnaître que j'avais raison d'invoquer la protection du drapeau français en faveur d'un général combattant dans nos rangs.

Je raconte ce fait comme un exemple des dispositions que nous rencontrions sans cesse et des inquiétudes dans lesquelles nous vivions. Exposés à chaque instant à une dénonciation d'armistice, nous avions l'horrible perspective de voir perdre, par un événement fortuit, tous les efforts que nous avions faits pour sauver Paris de la famine. C'est dans cette situation que, le 3 février, après minuit, me fut remise la dépêche suivante qu'un cavalier allemand venait de déposer aux avant-postes, avec recommandation de me la faire immédiatement parvenir :

« Versailles, le 3 février 1871.

« Monsieur le Ministre,

» On me communique d'Amiens le contenu d'un
» décret émanant de la délégation du Gouvernement de
» la défense nationale à Bordeaux, qui exclut formelle-
» ment de la faculté d'être nommés députés à l'Assem-
» blée tous ceux qui ont servi l'Empire en qualité de
» ministres, de sénateurs, conseillers d'État ou préfets,
» ainsi que toutes les personnes qui ont figuré comme
» candidats du Gouvernement au *Moniteur* depuis

» 1851 : un extrait de la circulaire se trouve joint en
» copie.

« J'ai l'honneur de demander à Votre Excellence si
» elle croit que l'exclusion décrétée par la délégation de
» Bordeaux est compatible avec les dispositions de l'ar-
» ticle 12 de la convention, d'après lequel l'Assemblée
» doit être librement élue.

» Permettez-moi de vous rappeler les négociations
» qui ont précédé la convention du 28 janvier.

» Dès le début, j'exprimai la crainte qu'il serait diffi-
» cile, dans les circonstaces présentes, d'espérer la
» liberté entière des élections, et de prévenir toutes
» tentatives contre la liberté des élections. Inspiré par
» cette appréhension, à laquelle la circulaire de M. Gam-
» betta semble donner raison aujourd'hui, j'ai posé la
» question s'il ne serait pas plus juste de convoquer le
» Corps législatif, qui représente une autorité librement
» élue par le suffrage universel. Votre Excellence déclina
» cette proposition en me donnant l'assurance formelle
» qu'aucune pression ne serait exercée sur les électeurs,
» et que la plus entière liberté resterait assurée aux élec-
» tions.

» Je m'adresse à la loyauté de Votre Excellence pour
» décider si l'exclusion prononcée en principe par le
» décret de la délégation de Bordeaux, contre des caté-
» gories de candidats, est compatible avec la liberté
» des élections, telle qu'elle a été garantie par la con-
» vention du 28 janvier. Je crois pouvoir espérer avec
» certitude que ce décret, dont l'application me parai-
» trait se trouver en contradiction aux stipulations de la
» convention, sera immédiatement révoqué, et que le
» Gouvernement de la défense nationale adoptera les

» mesures nécessaires à garantir l'exécution de l'ar-
» ticle 2 en ce qui concerne la liberté des élections.
» Nous ne saurions reconnaître aux personnes élues
» sous le régime de la circulaire de Bordeaux les pri-
» viléges accordés aux députés à l'Assemblée par la
» convention d'armistice.

» Agréez, Monsieur le ministre, etc.

» BISMARCK. »

Mes collègues étaient encore en séance. Je leur soumis ce grave document, et, conformément à leur avis unanime, je répondis sur-le-champ.

« Paris, samedi 4 février 1871, une heure du matin.

» Monsieur le comte,

» Vous avez raison de faire appel à ma loyauté : vous
» ne la trouverez jamais en défaut. Il est parfaitement
» exact que Votre Excellence m'a vivement pressé d'ac-
» cepter, comme la seule combinaison possible, la réunion
» de l'ex-Corps législatif. Je l'ai repoussée par plusieurs
» raisons, inutiles à rappeler, mais que certainement
» vous n'avez pas oubliées. Aux objections présentées
» par Votre Excellence, j'ai répondu que je croyais être
» assez sûr de mon pays pour affirmer qu'il ne voulait
» que des élections libres, et que le principe de la sou-
» veraineté populaire était son seul refuge. C'est assez
» vous dire que je ne pouvais admettre des restrictions
» apportées au suffrage des électeurs. Je n'ai pas com-
» battu le système des candidatures officielles pour le
» retourner au profit du Gouvernement actuel. Votre

» Excellence peut donc être certaine que, si le décret
» dont elle me parle a été rendu par la délégation de
» Bordeaux, il sera rapporté par le Gouvernement de la
» défense nationale. Je ne demande pour cela que la
» preuve officielle de l'existence de ce décret, et je puis
» l'obtenir par un télégramme expédié aujourd'hui même
» de Versailles.

» Il n'y a donc entre nous aucun désaccord, et nous
» devons l'un et l'autre coopérer à la ferme exécution
» de la convention que nous avons signée.

» Du reste, j'aurai l'honneur de voir Votre Excel-
» lence à une heure après midi; en attendant, je la
» remercie de l'empressement qu'elle a mis à donner
» des ordres pour l'expédition de nos vivres.

» Je vous prie, Monsieur le comte, d'agréer, etc. »

En même temps qu'il m'envoyait le message que je viens de transcrire, M. de Bismarck expédiait à M. Gambetta le télégramme suivant :

« Versailles, le 2 février 1871.

» Au nom de la liberté des élections stipulées par la
» convention d'armistice, je proteste contre les disposi-
» tions émises en votre nom pour priver du droit d'être
» élues à l'Assemblée des catégories nombreuses de
» citoyens français. Des élections faites sous un régime
» d'oppression arbitraire ne pourront pas conférer les
» droits que la convention d'armistice reconnaît aux
» députés librement élus. »

Il était facile de prévoir le parti que M. Gambetta

allait tirer de cette déclaration et l'embarras qu'elle nous créait ; elle était en dehors de toutes les règles. Autant il était naturel que M. de Bismarck se plaignît au ministre des affaires étrangères d'un acte qui lui semblait contraire à la convention d'armistice, autant il était insolite et dangereux qu'il s'adressât directement à l'auteur même de cet acte. C'était une ingérence qui pouvait tout compromettre. Je le dis à M. de Bismarck avec une extrême vivacité. Cherchait-il un prétexte de rupture? Qu'il l'avouât franchement, mais qu'il n'eût pas recours à des mesures qui nous enlevaient toute autorité au moment où nous avions le plus besoin d'en conserver. Que répondrions-nous à ceux qui nous accusaient de faiblesse vis-à-vis de la Prusse, quand son premier ministre semblait nous infliger ses injonctions? Ces procédés n'avaient qu'un résultat : nous diminuer et grandir M. Gambetta en lui donnant le seul rôle que comprît le patriotisme français, celui de la révolte devant l'intervention allemande dans nos affaires intérieures.

M. de Bismarck n'essaya pas de réfuter ces raisons ; il se retrancha derrière l'impérieuse nécessité d'amener une solution. « Je crains, ajouta-t-il, que nous ne nous
» soyons l'un et l'autre trop avancés. M. Gambetta ne
» vous obéira point, il ne déposera pas les armes ; nous
» ne sommes pas d'humeur à l'attendre. Le conseil mi-
» litaire du Roi me harcèle ; il veut reprendre les hosti-
» lités ; les élections du 8 février sont impossibles. Je
» reconnais votre entière bonne foi, mais elle ne suffit
» point. Quel que soit notre désir réciproque de mainte-
» nir notre convention, elle se brise d'elle-même ; il faut
» nous résigner à l'annuler. »

Je lui répondis qu'il était le seul auteur de ce trouble,

et que je lui garantissais que nous le dominerions. Nous ne lui demandions que d'avoir confiance en nous, et de nous laisser notre liberté d'action. Je m'élevai énergiquement contre l'idée d'ajourner les élections, idée qu'il avait émise dans la conversation : « Votre Excellence » ne connaît pas la France, lui dis-je ; il suffit de lui » montrer la voie du salut pour qu'elle s'y précipite. » L'émotion qui l'agite est inévitable. Les protestations » contre l'armistice sont le dernier élan de sa douleur ; » elle triomphera de toutes les résistances partielles ; » elle votera, et nous aidera ainsi, en constituant un » pouvoir régulier, à franchir le terrible défilé dans » lequel l'honneur nous défend de reculer. »

Je laissai le chancelier indécis ; je ne pouvais, pour le moment, rien souhaiter de plus. En rentrant le soir à Paris, je trouvai le conseil en proie à une extrême irritation. L'un de mes collègues alla jusqu'à proposer de dénoncer nous-mêmes l'armistice, en abandonnant le Gouvernement de Paris à l'armée allemande. Mieux valait, selon lui, cet effacement absolu que l'humiliation de servir d'instruments à la volonté du vainqueur.

Un tel sentiment ne pouvait prévaloir. Nous n'étions pas responsables de l'erreur commise par M. Gambetta, qui, après nous avoir annoncé qu'il ferait procéder aux élections, décrétait des restrictions contraires à la convention du 28 janvier. Du reste, en condamnant ces restrictions, nous ne cédions nullement à l'opinion de M. de Bismarck ; nous étions conséquents avec la nôtre. Ma correspondance avec M. Gambetta témoignait qu'à plusieurs reprises, depuis le 4 septembre, je lui avais fait connaître que le Gouvernement de la défense nationale repoussait absolument ses théories sur l'inéligibilité de quelques catégories de citoyens. Abandonner nos principes, parce qu'en les maintenant nous avions l'air d'être d'accord avec le chancelier prussien, eût été une impardonnable faiblesse! Entre notre popularité et notre devoir nous n'avions pas l'habitude d'hésiter. Si le décret de Bordeaux existait, il fallait l'annuler.

Le conseil se rangeait à cet avis, lorsqu'on lui annonça M. Liouville, arrivant de Bordeaux, et nous apportant la proclamation de M. Gambetta, ainsi que le texte authentique de son décret. Le doute n'était plus possible. Il n'y avait plus à délibérer que sur la question de savoir si nous prononcerions l'annulation officielle du décret, ou si nous nous contenterions d'ordonner qu'aucun compte n'en serait tenu. Le premier parti fut adopté comme le plus énergique, et nous rédigeâmes sur-le-champ le décret suivant :

« Le Gouvernement de la défense nationale,

» Vu un décret en date du 31 janvier 1871 émané de
» la délégation du Gouvernement de Bordeaux, par
» lequel sont frappées d'inéligibilité diverses catégories
» de citoyens éligibles aux termes des décrets du Gouver-
» nement du 29 janvier 1871 ;

» Considérant que les restrictions imposées au choix
» des électeurs par le susdit décret sont incompatibles
» avec la liberté du suffrage universel,

» Décrète :

» Le décret susvisé rendu par la délégation du Gou-
» vernement à Bordeaux est annulé.

» Les décrets du 29 janvier 1871 sont maintenus
» dans leur intégrité. »

Le 5 février, cette pièce était publiée dans le *Journal officiel*, précédée d'une proclamation destinée à être répandue dans toute la France, afin d'éclairer nos concitoyens sur nos intentions et nos actes. En voici le texte :

« Français,

» Paris a déposé les armes à la veille de mourir de
» faim.

» On lui avait dit : Tenez quelques semaines et nous
» vous délivrerons. Il a résisté cinq mois ; et, malgré
» d'héroïques efforts, les départements n'ont pu le
» secourir.

» Il s'est résigné aux privations les plus cruelles. Il a
» accepté la ruine, la maladie, l'épuisement. Pendant
» un mois les bombes l'ont accablé, tuant les femmes
» et les enfants. Depuis quelques semaines, les quelques
» grammes de mauvais pain qu'on distribue à chaque
» habitant suffisent à peine à l'empêcher de mourir.

» Et quand ainsi vaincue par la plus inexorable né-
» cessité, la grande cité s'arrête pour ne pas condamner
» deux millions de citoyens à la plus horrible cata-
» strophe, quand, profitant de son reste de force, elle
» traite avec l'ennemi au lieu de subir une reddition à
» merci, au dehors on accuse le Gouvernement de la
» défense nationale de coupable légèreté, on le dénonce,
» on le rejette.

» Que la France nous juge, nous, et ceux qui nous
» comblaient hier de témoignages d'amitié et de respect
» et qui, aujourd'hui, nous insultent !

» Nous ne relèverions pas leurs attaques, si le devoir
» ne nous commandait de tenir jusqu'à la dernière

» heure, d'une main ferme, le gouvernail que le peuple
» de Paris nous a confié au milieu de la tempête. Ce
» devoir, nous l'accomplirons.

» Lorsqu'à la fin du mois de janvier nous nous
» sommes décidés à essayer de traiter, il était bien tard :
» nous n'avions plus de farine que pour dix jours, et
» nous savions que la dévastation du pays rendait le
» ravitaillement tout à fait incertain. Ceux qui se lèvent
» aujourd'hui contre nous ne connaîtront jamais les
» angoisses qui nous agitaient.

» Il fallait cependant les cacher, aborder l'ennemi
» avec résolution, paraître encore prêts à combattre et
» munis de vivres.

» Ce que nous voulions, le voici :

» Avant tout n'usurper aucun droit : à la France
» seule appartient celui de disposer d'elle-même. Nous
» avons voulu le lui réserver. Il a fallu de longues luttes
» pour obtenir la reconnaissance de sa souveraineté. Là
» est le point le plus important de notre traité.

» Nous avons conservé à la garde nationale sa liberté
» et ses armes.

» Si, malgré nos efforts, nous n'avons pu soustraire
» l'armée et la garde nationale mobile aux lois rigou-
» reuses de la guerre, au moins nous les avons sauvées
» de la captivité en Allemagne et de l'internement dans
» un camp retranché sous les fusils prussiens.

» On nous reproche de n'avoir pas consulté la délé-
» gation de Bordeaux. On oublie que nous étions enfer-
» més dans un cercle de fer que nous ne pouvions briser.

» On oublie d'ailleurs que chaque jour rendait plus
» probable la terrible catastrophe de la famine, et cepen-
» dant nous avons disputé le terrain pied à pied pendant

» six jours, alors que la population de Paris ignorait et
» devait ignorer sa situation véritable, et qu'entraînée
» par une généreuse ardeur, elle demandait à com-
» battre.

» Nous avons donc cédé à une nécessité fatale.

» Nous avons, pour la convocation de l'Assemblée,
» stipulé un armistice, alors que les armées qui pou-
» vaient nous venir en aide étaient refoulées loin de
» nous.

» Une seule tenait encore, nous le croyions du
» moins. La Prusse a exigé la reddition de Belfort; et,
» par là même, pour protéger la place, nous avons,
» pour quelques jours, réservé la liberté d'action de son
» armée de secours. Mais, ce que nous ignorions, il était
» trop tard. Coupé en deux par les armées allemandes,
» Bourbaki, malgré son héroïsme, ne pouvait plus résis-
» ter; et, après l'acte de généreux désespoir auquel il
» s'abandonnait, sa troupe était forcée de passer la fron-
» tière suisse.

» La convention du 28 janvier n'a donc compromis
» aucun intérêt, et Paris seul a été sacrifié.

» Il ne murmure pas : il rend hommage à la vaillance
» de ceux qui ont combattu loin de lui pour le secourir.
» Il n'accuse pas même celui qui est aujourd'hui si
» injuste et si téméraire, M. le ministre de la guerre qui
» a arrêté le général Chanzy voulant marcher au secours
» de Paris, et lui a donné l'ordre de se retirer derrière
» la Mayenne.

» Non, tout était inutile, et nous devions succomber.
» Mais notre honneur est debout, et nous ne souffrirons
» pas qu'on y touche.

» Nous avons appelé la France à élire librement une

» Assemblée, qui, dans cette crise suprême, fera con-
» naître sa volonté.

» Nous ne reconnaissons à personne le droit de lui en
» imposer une, ni pour la paix, ni pour la guerre.

» Une nation, attaquée par un ennemi puissant, lutte
» jusqu'à la dernière extrémité, mais elle est toujours
» juge de l'heure à laquelle la résistance cesse d'être
» possible.

» C'est ce que dira le pays consulté sur son sort.

» Pour que son vœu s'impose à tous comme une loi
» respectée, il faut qu'il soit l'expression souveraine du
» libre suffrage de tous. Or, nous n'admettons pas qu'on
» puisse imposer à ce suffrage des restrictions arbitraires.

» Nous avons combattu l'Empire et ses pratiques,
» nous n'entendons pas les renouveler en instituant des
» candidatures officielles par voie d'élimination.

» Que de grandes fautes aient été commises, que de
» lourdes responsabilités en dérivent, rien n'est plus
» vrai. Mais le malheur de la patrie efface tout sous son
» niveau; et d'ailleurs, en nous rabaissant au rôle
» d'hommes de parti pour proscrire nos anciens adver-
» saires, nous aurions la douleur et la honte de frapper
» ceux qui combattent et versent leur sang à nos côtés.

» Se souvenir des dissensions passées quand l'ennemi
» foule notre sol ensanglanté, c'est rapetisser par ses
» rancunes la grande œuvre de la délivrance de la patrie.
» Nous mettons les principes au-dessus des expédients.

» Nous ne voulons pas que le premier décret de con-
» vocation de l'Assemblée républicaine soit un acte de
» défiance contre les électeurs.

» A eux appartient la souveraineté. Qu'ils l'exercent
» sans faiblesse, et la patrie pourra être sauvée.

» Le Gouvernement de la défense nationale repousse
» donc et annule au besoin le décret illégalement rendu
» par la délégation de Bordeaux, et il appelle tous les
» Français à voter, sans catégorie, pour les représen-
» tants qui leur paraîtront les plus dignes de défendre la
» France.

» Vive la République! vive la France!

« *Les membres du Gouvernement,*

« Général TROCHU, JULES FAVRE, JULES FERRY, GARNIER-PAGÈS, EUGÈNE PELLETAN, ERNEST PICARD, EMMANUEL ARAGO. »

Ces actes de vigueur eussent été inutiles si nous n'avions assuré leur prompte et ferme exécution. Grâce à la coopération intelligente et dévouée de M. Liouville, nous pouvions espérer que la délégation de Bordeaux attendrait nos communications. Il fallait la contraindre à les accepter sans discussion. L'envoi de trois membres du Gouvernement résolvait la question en donnant la majorité à M. Jules Simon. MM. Garnier-Pagès, Pelletan et Emmanuel Arago partirent sur-le-champ avec M. Liouville. Ils arrivèrent à Bordeaux dans la nuit du 6 février.

Il était temps : la situation devenait de plus en plus intolérable, et l'on pouvait s'attendre d'un moment à l'autre à voir la guerre civile commencer. La sage fermeté de M. Jules Simon a épargné à la France cet affreux malheur, dont les conséquences auraient été incalculables. Placé en face d'une résistance séditieuse, il ne précipita rien, et se préparant à une action énergique, il ne négligea aucun moyen de terminer pacifiquement ce redoutable conflit. Déterminé à faire à tout prix exécuter les décrets du Gouvernement de la défense nationale, il ne put obtenir leur insertion à l'*Officiel* de la délégation, ni leur affichage sur les murs. Les journaux auxquels il les adressa furent saisis en vertu d'un ordre du préfet, contre-signé par M. Ranc, directeur de la sûreté générale. Il n'avait donc aucun moyen d'éclairer la province, dont il n'ignorait pas l'extrême agitation. M. Gambetta y répandait ses proclamations et ses instructions. Il ne fut pas cependant partout obéi, et, dans le nombre des administrateurs qui comprirent qu'il les entraînait hors de la ligne du devoir, je suis heureux de citer M. Achille Delorme, notre confrère au barreau de Paris, alors préfet du Calvados, depuis député à l'Assemblée nationale. Recevant la proclamation du ministre de l'intérieur le 31 janvier, il lui répondait d'urgence :

« Votre proclamation est fort belle, mais inaccep-
» table dans la partie relative à la signature de l'armis-
» tice. C'est une accusation publique contre le Gouver-
» nement de Paris, dont vous n'êtes que le ministre ou
» la délégation. Elle est fatalement un appel à la guerre
» civile. Telle qu'elle est, il est de mon devoir de vous
» déclarer que je ne saurais obéir à l'invitation que vous
» me faites de la publier.

» Vous savez d'ailleurs que mes sentiments person-
» nels envers plusieurs de ceux que vous accusez me
» créeraient une impossibilité absolue.

» Cette déclaration que je vous fais est réfléchie et
» définitive; j'assure d'ailleurs l'exécution du décret

» relatif aux élections, ne voulant, suivant votre expres-
» sion, quitter le poste qu'après en avoir été relevé.

» *Signé :* Achille Delorme. »

Quelques heures après, le télégramme suivant lui parvenait :

« Bordeaux, 1ᵉʳ février, 7 heures du soir.

« Remettez le service à votre secrétaire général, que
» vous chargerez de faire publier et afficher la procla-
» mation. Je vous en donne l'ordre formel, ainsi qu'à
» lui.

« *Signé :* Léon Gambetta. »

Ce n'était là qu'un fait exceptionnel, n'empêchant pas d'ailleurs que le décret de la délégation fût seul connu et seul exécuté. M. Jules Simon ne perdit pas courage; il fit partir dans tous les sens des émissaires porteurs d'une copie des décrets de Paris, et chargés de les communiquer aux préfets. En même temps, il nous envoyait M. Cochery, qui, d'Orléans, nous transmettait le récit exact de ces divers incidents. Il s'abouchait avec M. le général Foltz, commandant la division, et en recevait la promesse d'un concours énergique. La ville de Bordeaux commençait à s'émouvoir. Plusieurs habitants de cette intelligente et riche cité comprenaient qu'en provoquant une lutte intestine la délégation jouait le salut de la France, et ils se montraient disposés à se ranger autour de celui qui représentait l'autorité et la paix publique.

Dans le camp opposé, l'irritation croissait d'heure

en heure, les orateurs populaires demandaient à grands cris l'arrestation de M. Jules Simon; la conduite du Gouvernement de Paris était l'objet des plus violentes invectives, on l'accusait hautement de trahison, il avait lâchement déserté devant l'ennemi. A sa félonie, il fallait opposer une résolution suprême. En concentrant tous les pouvoirs, la dictature ralliait tous les courages, brisait les combinaisons de l'égoïsme et de la peur, et poussait la nation à un effort sublime. Un homme était naturellement désigné pour jouer ce rôle. S'il hésitait, on devait l'y contraindre au nom du salut public.

Conformément à ce programme, quelques amis de M. Gambetta organisèrent une démonstration qui avait pour but de lui forcer la main. C'était sur la scène du Grand-Théâtre que ce coup d'éclat devait être frappé. Appelé dans un entr'acte, le ministre de l'intérieur et de la guerre aurait reçu la consécration civique, la foule répandue au dehors l'aurait ratifiée. Une fois maîtres de la population soulevée, les agitateurs ne se seraient point arrêtés. Bordeaux devenait, entre leurs mains, le foyer auquel s'allumait l'incendie prêt à embraser tout le Midi.

Ce n'était pas là une vaine chimère. Marseille, Toulouse, Lyon n'attendaient qu'un signal. La sédition y aurait trouvé un point d'appui certain. Craignant même qu'elle n'échouât dans la Gironde, plusieurs citoyens lyonnais pressaient vivement M. Gambetta de venir au milieu d'eux et lui promettaient le succès. Il faut le dire à son honneur, il eut la sagesse de rester sourd à ces funestes conseils et de se dérober à ces triomphes. Malgré les excitations dont il était entouré, malgré la violence de ses propres émotions, il ne voulut pas prendre la responsabilité du déchirement de la patrie. Il avait eu la noble ambition de repousser l'invasion étrangère. Il s'était dépensé tout entier à cette œuvre patriotique. Accablé par la douleur de la défaite, mal informé de nos résolutions, il avait un instant essayé de substituer sa passion personnelle à la légitime autorité du Gouvernement ; mais au moment décisif où il fallait se séparer de nous et devenir un factieux, il aima mieux s'effacer et reconnaître que tout était préférable aux dissensions civiles sous le regard de la Prusse victorieuse. Je n'avais jamais douté de ce dénoûment qu'amena sans secousse la présence de nos trois collègues. A Vierzon, ils rencontrèrent M. Crémieux. Fort légitimement inquiet, il s'était décidé à venir conférer avec nous. Naturellement, il rebroussa chemin, et se prêta de bonne grâce à la transaction que tous les esprits sensés désiraient. Les décrets d'inéligibilité furent rapportés. M. Gambetta donna sa démission. M. Jules Simon avait été désigné comme son successeur. On pensa que la part qu'il venait de prendre au conflit si heureusement étouffé par son habile fermeté pouvait diminuer son autorité sur des préfets dont il fallait ménager l'exaltation ; le nom de M. Emmanuel Arago paraissait devoir être plus favorablement accueilli. Entre ces deux collègues, ces deux amis, il ne pouvait être question de rivalité personnelle, si ce n'est celle du désintéressement. M. Arago ne céda qu'aux instances du conseil et de M. Jules Simon lui-même, et à la condition, par lui fidèlement observée, de n'agir qu'avec le concours de celui dont il appréciait les lumières et le dévouement.

§

Ainsi se termina ce grave incident, qui pouvait entraîner d'irréparables malheurs. L'état-major allemand y comptait, et les généraux qui regrettaient l'armistice ne dissimulaient pas leur satisfaction de trouver dans cette crise le prétexte d'une rupture. M. de Moltke fut un instant si impressionné par leurs clameurs qu'il ordonna de suspendre la réception de nos armes, et le général Vinoy, en nous rapportant ce fait, nous engagea vivement à déployer la plus grande énergie contre M. Gambetta, auquel il en imputait la responsabilité. M. de Bismarck lui-même ne cessait de me répéter que la délégation de Bordeaux nous jouait, et que nous n'avions ni la vigueur ni les ressources matérielles nécessaires à sa soumission. Impatient et absolu, inquiet pour lui-même, harcelé par de continuelles attaques, il ne se rendait pas un compte exact des difficultés que nous avaient suscitées la double action et le double isolement de chacune des parties du Gouvernement de la défense nationale. C'était là, exclusivement, que se trouvait la cause de notre désaccord. Délibérant ensemble, nous n'aurions jamais été divisés; mais enfermés chacun de notre côté, absorbés par une tâche dévorante, exaltés par la passion que développaient en nous les faits spéciaux au milieu desquels nous vivions, nous nous ignorions les uns les autres : nous étions ainsi exposés à nous tromper sur nos intentions réciproques et à nous juger injustement. Les dépêches échangées entre M. Gambetta et moi, dans les derniers temps du siége, portent l'empreinte de cet irrésistible entraînement ; nous le subissions tout en le déplorant, car nous sentions que nous en étions victimes et que nous ne pouvions y échapper. Au moment où tout sombrait autour de nous avec la défaite de nos armées et la chute de Paris, nous n'étions plus maîtres de nous modérer, si ce n'est en nous rapprochant. Et certainement si j'avais pu échanger librement ma pensée avec celle de mes collègues de Bordeaux, lors de la signature de l'armistice, si M. Jules Simon avait pu raisonner avec eux avant leur décret d'inéligibilité, nous n'aurions pas eu l'ombre d'un dissentiment, et nous aurions évité de donner à nos adversaires les prétextes dont ils ont si injustement abusé contre nous.

Ce dont il est permis de s'étonner, c'est que dans des circonstances aussi extraordinaires, et avec tant de motifs de division, l'union des membres du Gouvernement n'ait jamais été sérieusement troublée. Souvent leur divergence d'opinion sur des points importants amenait entre eux de vives discussions, mais, sentant la nécessité absolue de ne provoquer aucune scission, écartant soigneusement toute personnalité, ils aboutissaient toujours à une résolution commune, à laquelle la minorité s'associait par un sentiment d'abnégation et de confiance.

Cette solidarité étroite, qui avait ses inconvénients, fit la force du Gouvernement de la défense nationale, et le soutint jusqu'à la dernière heure de sa rude et périlleuse tâche. On pouvait se demander comment il existerait après la capitulation, quelle serait son autorité dans ses relations avec l'ennemi, par quels moyens il pourrait maintenir l'ordre, quand il n'était plus qu'une sorte de fantôme destiné à disparaître au bout de quelques jours.

Quelques-uns proposèrent de le remplacer par un pouvoir intérimaire nommé par la population de Paris. Un tel expédient n'eût été qu'une dangereuse complication. Aidé par le bon sens public, le Gouvernement la repoussa. Il continua de son mieux à gérer les intérêts qui lui demeuraient confiés, tenant à honneur d'en transmettre sans secousse le lourd fardeau à l'Assemblée qu'il faisait élire.

Cette Assemblée était chargée de résoudre la redoutable question de la paix ou de la guerre. Le Gouvernement, quelle que fût sa conviction à cet égard, devait préparer les éléments de la solution en interrogeant les généraux des différents corps d'armée. Il les manda près de lui. Leurs renseignements ne laissèrent subsister aucun doute. Tous étaient prêts à recommencer la lutte; tous aussi déclaraient le succès impossible. Après nos désastres dans l'Est, nous n'avions pas cent mille hommes à opposer au million d'Allemands qui couvrait notre territoire. En écartant les mobilisés, que leur inexpérience et nos défaites rendaient impropres à une action efficace, l'armée de l'Ouest ne pouvait mettre en ligne quarante mille combattants effectifs, celle du Nord en avait tout au plus vingt-cinq. Le rassemblement qui opérait sur la basse Seine ne dépassait pas quinze ou vingt. Quant au Midi, il ne fournissait que des gardes nationaux et des gardes mobiles dont le dévouement patriotique ne suppléait en aucune manière au défaut d'instruction militaire et à l'absence à peu près complète de cadres sérieux. Dans une telle détresse, les généraux les plus éminents, les plus vaillants hommes de guerre étaient réduits à l'impuissance, et leurs braves soldats, très-décidés à les suivre jusqu'au bout dans la voie du sacrifice, n'avaient en s'immolant que la cruelle perspective de mettre le comble aux maux de la patrie.

Telle fut la conclusion douloureuse de nos longs entretiens; et cependant nos généraux frémissaient à l'idée de déposer les armes. Ils auraient voulu se faire illusion et combattre encore. Peut-être nous auraient-ils conjurés de le leur permettre, s'ils n'avaient été forcés de reconnaître le profond abattement de leurs troupes. Notre caractère national plie facilement devant les revers; ceux qui nous avaient accablés avaient été si foudroyants que les plus fermes courages en subissaient le contre-coup. Nous en eûmes bientôt la preuve en recevant des communications du soldat héroïque auquel avait été confiée la défense de Belfort. On sait avec quelle indomptable fermeté M. le colonel Denfert supporta un siége meurtrier. Après le désastre de l'armée de l'Est, sa résistance n'avait plus de raison d'être. Lorsque, au début de nos pourparlers, M. de Bismarck me demanda la reddition de Belfort, qu'il allait, disait-il, enlever dans quelques jours, je refusai péremptoirement, ne sachant rien du sort de l'armée de l'Est et devant croire, d'après les dernières dépêches, qu'elle était victorieuse. Je ne voulus pas priver la place assiégée de son secours, et c'est ainsi que nous ajournâmes sur ces deux points l'application de l'armistice jusqu'au moment où nous aurions des nouvelles. Le 31 janvier, nous savions que Belfort n'avait plus rien à espérer. En même temps que je pressais M. de Bismarck de faire tracer la ligne de démarcation, je demandais au Gouvernement l'envoi immédiat d'un officier au commandant de la forteresse. On craignit que cette démarche n'eût pour effet de décourager la garnison.

Mais il était impossible que le bruit de l'armistice ne se glissât pas dans ses rangs et n'y jetât pas le trouble et l'incertitude. De plus, la situation de la place empirait rapidement. Le gouverneur prit le parti d'expédier à Bâle le capitaine d'état-major Chatel, avec ordre d'avertir le ministre de la guerre à Bordeaux. Ce fut par l'intermédiaire de notre consul que cette communication nous parvint à la date du 6 février.

On nous faisait savoir que, le 5 février, l'ennemi ne s'était encore emparé d'aucun des forts avancés. Mais depuis le 26 janvier, jour d'un assaut infructueux tenté par lui contre les Perches, il avait commencé et poursuivi très-activement des travaux d'approche devant ces ouvrages, dont il n'était plus éloigné que de quatre-vingts mètres. Une nouvelle attaque était imminente. Le gouverneur déclarait qu'il la soutiendrait, mais il ne se croyait pas en mesure de la repousser. Il fallait donc admettre que, d'un jour à l'autre, l'ennemi serait maître des Perches, qu'il dominerait ainsi le château, et prendrait à dos les forts de la Barre et de Bellevue.

L'ennemi disposait d'un tir formidable, tant par le nombre que par la nature et la dimension des projectiles lancés. La place n'y répondait que très-faiblement et d'une manière peu efficace, par l'envoi de boulets pleins de 16 et de bombes, réservant les obus oblongs de 12 et de 24 qui lui restaient (environ 10,000 en tout) pour les jours d'attaque.

Les forts de Château, Just, Miotte et Barre avaient souffert; cependant il n'y avait de brèche dans aucun d'eux. Les escarpes et contrescarpes étaient réparées activement, excepté aux Barres, où un mur d'escarpe s'était écroulé. Belfort pouvait donc encore tenir. Il avait des cartouches et des vivres..

Le commandant supérieur était bien décidé à faire son devoir jusqu'au bout, mais il ne pouvait fixer le terme de la résistance de la place, surtout en présence de l'impression produite sur la garnison et la population par les derniers événements. Dans cette situation, si le Gouvernement jugeait de nouveaux sacrifices inutiles, le commandant supérieur désirait qu'il réglât les conditions de la reddition, en demandant qu'à raison des éléments de défense que la place possédait encore, il fût stipulé que la garnison serait autorisée à se rendre avec armes et bagages sur le point le plus rapproché occupé par les troupes françaises, emportant avec elle les papiers, les archives et tous les documents appartenant au génie.

En même temps, le général Leflô nous transmettait une lettre d'un des premiers et des plus considérables industriels de l'Alsace. « Pourquoi, écrivait-il en parlant
» de Belfort, continuer ce siége horrible? Pourquoi pro-
» longer le supplice de cette ville, qui voit chaque jour
» ses vaillants défenseurs enlevés par les maladies épi-
» démiques les plus affreuses, plus que par les obus?
» Toute l'Alsace gémit devant ces infortunes aussi
» inouïes qu'imméritées... La continuation de ce siége
» mémorable est partout blâmée depuis l'armistice :
» voilà une vérité que je veux vous faire savoir, car
» chacun répète : Assez de sang inutilement versé. »

Ces sentiments étaient les nôtres, et l'intérêt politique ne nous ordonnait plus d'y résister. La ville de Belfort et sa glorieuse garnison avaient ajouté une noble page à nos annales. Elles avaient acquis le droit de déposer les armes. C'était à nous qu'il appartenait d'obtenir du vainqueur les honneurs militaires qu'elles avaient si bien mérités. Je n'eus pas de peine à en convaincre M. de Bismarck. Le conseil du roi et l'état-major se montrèrent plus récalcitrants. Enfin, après de longues négociations, ils cédèrent. Le chancelier m'en avertissait par un message du 12 février :

« Monsieur le Ministre,

» Il résulte d'une communication que je viens de
» recevoir du général comte de Moltke que Sa Majesté
» l'Empereur et Roi accorde à la garnison de Belfort
» l'autorisation de partir avec les honneurs de la guerre
» et en emportant les archives de la place pour le cas où
» la forteresse serait rendue immédiatement.
» Je m'empresse de porter ce qui précède à la con-
» naissance de Votre Excellence, afin que le Gouverne-
» ment de la défense nationale soit à même de faire
» parvenir dans le plus bref délai les instructions qui
» lui sembleront dictées par les circonstances au com-
» mandant de Belfort. Le général commandant en chef
» les troupes allemandes devant Belfort est autorisé, de
» son côté, à traiter sur les bases indiquées.
» Je saisis cette occasion, etc.

» BISMARCK. »

J'étais à Bordeaux au moment où cette dépêche m'était adressée. Mon ami M. Ernest Picard, qui avait bien voulu me remplacer pendant les quelques heures de mon absence, régularisa la convention[1], et

---

[1] Voir aux Pièces justificatives, n° 6.

s'empressa d'envoyer nos ordres au capitaine Chatel, à Bâle. Le colonel Denfert exigea qu'ils lui fussent expédiés directement de Paris. Il les reçut ainsi par l'intermédiaire du général Treschow, avec lequel il avait conclu un armistice de douze heures. Le 15 février, à midi, la garnison défilait, musique en tête et drapeaux déployés, par la porte de France, traversant la ligne des assiégeants, rangés en bataille et lui présentant les armes. La malheureuse population de Belfort la suivait des yeux avec admiration et désespoir. Elle regrettait amèrement les périls, les souffrances, les privations du siége, auxquels allaient succéder les douleurs de l'occupation étrangère. Que ne pouvait-elle, à cette heure d'angoisse, soulever un coin du voile qui lui cachait l'avenir? Elle aurait vu la récompense de ses sacrifices : l'effort suprême de l'illustre patriote qui devait l'arracher à la domination allemande, et, séchant ses larmes, elle aurait, comme elle le fait aujourd'hui, confondu dans sa reconnaissance l'homme de guerre et l'homme d'État qui ont eu la gloire de la conserver à la France!

§

En mettant fin au conflit de Bordeaux, la retraite de M. Gambetta faisait disparaître les obstacles que certains de ses agents voulaient apporter à la convocation des électeurs. Sur quelques points se manifestèrent des velléités de résistance facilement réprimées. Il fallut destituer d'urgence le préfet du département du Nord, qui avait osé nous télégraphier qu'il n'exécuterait pas nos décrets. Il n'était pas facile d'aller, même en chemin de fer, de Paris à Lille, et les moments étaient précieux. Il n'y avait pas non plus abondance de candidats pour une mission aussi ingrate que celle qui consistait à prendre d'autorité la direction d'un département où les partisans de la guerre à outrance s'agitaient bruyamment. Elle fut cependant remplie avec un plein succès par un homme très-jeune encore, mais courageux et calme, M. Hendlé, qui depuis a administré, avec une grande distinction, la Creuse et le Loir-et-Cher, et s'est retiré à la chute de M. Thiers. Grâce à sa ferme attitude, tout rentra dans l'ordre, et les élections se firent avec la régularité la plus parfaite.

Les choses se passèrent ainsi sur toute la surface du pays, et ce ne fut pas l'un des événements les moins surprenants de cette époque si extraordinaire, que de voir, en quelques jours, les citoyens se rapprocher, s'entendre, malgré le trouble et l'effervescence des esprits. Dans les départements occupés, les difficultés de communication retardèrent de deux ou trois jours les réunions et les recensements. Ce ne furent que des incidents sans gravité, qui n'exercèrent aucune influence fâcheuse sur le résultat final.

Nous nous étions du reste efforcés de venir, autant qu'il nous était possible, en aide à l'administration. Les instructions les plus minutieuses avaient été multipliées, surtout dans les provinces envahies. Le mérite de ces mesures revient particulièrement à M. Hérold, qui avait bien voulu accepter le poste de ministre de l'intérieur par intérim, que je remplissais depuis le départ de M. Gambetta[1]. Plusieurs fois j'avais prié mes collègues

---

[1] Voir aux Pièces justificatives, n° 7, la Circulaire du nouveau ministre de l'intérieur.

de me décharger de ce fardeau. Absorbé par les mille négociations de toute nature, je les déposai le 1er février. Il fallait une abnégation véritable pour prendre la responsabilité de fonctions qui ne devaient avoir que quelques jours de durée, et qui, en échange d'un travail assidu, n'offraient d'autre récompense que des soucis et des dangers. M. Hérold ne recula pas devant cette pénible tâche, et contribua efficacement par sa sagesse à nous conduire sans encombre au terme de notre mandat.

A Paris, les élections se firent dans le plus grand ordre, mais non sans une certaine confusion, occasionnée par la multiplicité des candidatures et l'éparpillement des suffrages. Un long et fastidieux travail de recensement retarda de quelques jours la proclamation du vote, qui fut accueillie avec un enthousiasme fort naturel par les exaltés du parti radical. Sur 43 nominations, les radicaux en obtenaient 31. Les 12 autres appartenaient : 6 au libéralisme conservateur, 6 à la république modérée. M. Louis Blanc arrivait en tête de la liste avec 216,530 voix; M. Victor Hugo en avait 213,686; Garibaldi, 200,239; M. Gambetta, 202,399; M. Thiers, 103,226; M. Ledru-Rollin, 75,784.

Cette solution ne pouvait étonner personne. L'ardente et impressionnable population qui avait supporté la faim, le froid, le bombardement, une séquestration de cinq mois, et qui, après tant d'efforts, subissait l'humiliation de la défaite, devait protester avec énergie contre le Gouvernement qu'elle accusait de sa perte. En envoyant à la Chambre ceux qui n'avaient cessé de conspirer contre lui, et qui deux fois l'avaient attaqué à main armée, elle obéissait à une passion aveugle, mais impérieuse; elle exprimait une dernière fois le vœu suprême qui l'avait fanatisée pendant la lutte, celui de continuer la guerre et de faire justice de ceux qui n'avaient pu empêcher la capitulation.

La grande majorité du pays était bien loin de partager ces sentiments. Mieux éclairée sur le véritable état de nos ressources, elle se résignait à la paix et la voulait aussi prompte que possible. Tel fut le mot d'ordre des élections ; telle est aussi l'explication du succès de certaines candidatures tout à fait en désaccord avec les opinions politiques des électeurs. Les services rendus pendant la campagne, et l'engagement de voter la paix, devinrent presque partout des titres indiscutables. De là cette bigarrure des listes qui triomphèrent. La part que le scrutin fit aux légitimistes dépassa de beaucoup la proportion de leurs forces réelles dans le pays. Peut-être en fût-il de même pour les radicaux : les républicains modérés et les monarchistes constitutionnels perdirent ce que gagnaient les extrêmes. C'était évidemment un embarras et un danger. Il était en effet désirable pour la nation, accablée par un désastre si complet, qu'une impulsion vigoureuse fût imprimée à sa politique. Cette impulsion ne pouvait être donnée que par une Assemblée unie par les mêmes vues ; or, le lendemain même des élections il était facile de juger, en consultant le nom des élus, qu'une pareille unité était impossible, et qu'au lieu du secours si nécessaire d'une direction puissante, l'Assemblée pourrait bien n'offrir à la France que le triste spectacle de stériles déchirements intérieurs.

A vrai dire, nous avions peu le loisir de nous livrer à ces préoccupations. Le ravitaillement de Paris, la discussion et le règlement des difficultés sans cesse renaissantes, suscitées par les exigences prussiennes, les réclamations qui nous arrivaient à tous les instants de la part de nos malheureux compatriotes, victimes des violences allemandes, nous permettaient peu les inquiétudes que pouvaient nous inspirer les questions politiques. Nous osions même nous abandonner à quelque espoir d'un sort meilleur, en voyant avec quel admirable ensemble le pays tout entier s'était levé et avait pacifiquement fait connaître ses volontés. Il nous semblait qu'en répondant ainsi à notre appel sans hésitation, sans agitation tumultueuse, il déclarait solennellement qu'il était et qu'il entendait rester maître de ses destinées. Là était notre salut. Que de fois, pendant les angoisses du siége, mesurant d'un regard épouvanté la rapidité de la pente sur laquelle nous avions glissé jusque sur les bords de l'abîme, je me demandais avec terreur si nous n'étions pas condamnés à voir notre nationalité disparaître dans la tourmente — et je me disais que la liberté seule pouvait la sauver — que c'était à elle, représentée par une Assemblée librement élue, qu'il fallait demander l'effort capable de nous rendre la vie. — Eh bien, par un prodige patriotique, cette Assemblée était en quelques jours sortie des entrailles de la nation ; elle était debout, elle allait délibérer : la crainte n'était plus de saison ; c'était à la confiance, à l'espoir, qu'il fallait se livrer. Toute sanglante qu'elle était, toute mutilée qu'elle allait être, la France s'était ressaisie ; elle allait puiser dans sa grande âme le secret de sa régénération, elle saurait accomplir cette œuvre en se plaçant au-dessus des intérêts individuels et de l'égoïsme des partis.

J'exprimai vivement ces pensées à M. de Bismarck, en cherchant à dissiper les ombrages que les élections radicales avaient fait naître dans son esprit. Il était

certainement très-frappé du calme qui avait présidé
au vote, et il ne pouvait s'empêcher d'en tirer un favorable augure; mais il persistait à paraître effrayé des
projets de M. Gambetta, et semblait ne pas vouloir
admettre qu'il ne préparât pas une levée de bou-
cliers dans le Midi. Je lui avais demandé l'autorisation
de faire rentrer dans leurs foyers les jeunes mobiles
dont la présence à Paris avait de nombreux inconvénients; il s'y refusa nettement, en alléguant qu'il serait
insensé de sa part de nous fournir des soldats; il ne perdait pas une occasion de laisser deviner son irritation.
Je ne m'en apercevais que trop, et je m'en alarmais
comme d'un symptôme de ses mauvaises dispositions
pour les conditions que son gouvernement devait nous
imposer. Vainement avais-je plusieurs fois essayé de le
sonder, — il demeurait impénétrable. Il avait, me disait-
il, reçu du roi l'ordre de garder un silence absolu : il ne
s'expliquerait que vis-à-vis des commissaires de l'Assemblée. La prudence lui en faisait une loi. — Le sens
caché de ces déclarations n'était point difficile à saisir.
Fidèle à sa tactique, le cabinet prussien voulait échapper aux critiques de l'Europe. Il savait que le cruel abus
de la victoire auquel il était résolu serait sévèrement
jugé. Il était bien aise de ne pas donner aux remon-
trances le temps de se produire ; pour cela il croyait
opportun de ne se découvrir qu'à la dernière heure, et
de précipiter les négociations. L'armistice expirait le
19 février. Il était matériellement impossible que, dans
un si court délai, l'Assemblée se constituât, choisît des
plénipotentiaires et réglât leurs instructions. Le 12 ap-
prochait. Je voulais à cette date me trouver à Bordeaux
pour assister à l'inauguration de l'Assemblée et dépo-

ser nos pouvoirs entre ses mains. Le 10, prenant congé pour quarante-huit heures de M. de Bismarck, je lui exposai la nécessité d'une prolongation d'armistice; je la demandai de quinze jours. En même temps je revins sur l'utilité d'une communication des conditions de la paix, ne fût-ce que d'une manière approximative. C'était un moyen de hâter la solution que l'Allemagne sollicitait avec tant d'impatience : on la rendait plus facile en donnant cette satisfaction à la Chambre. Le chancelier ne se rangea point à cet avis. Toujours plein de courtoisie dans la forme, protestant de ses intentions modérées, il se répandit en récriminations contre les attaques de la presse radicale : « Vous savez, me dit-il, par quels
» efforts constants je travaille à calmer les susceptibilités
» du parti militaire, — j'y réussirais peut-être sans les
» continuelles excitations de vos écrivains et de vos pré-
» fets. J'étais parvenu à faire accepter la clause en vertu
» de laquelle notre armée devait se retirer sans entrer à
» Paris. — Lisez ceci, — et il me tendait un journal de
» province renfermant un article débutant par ces mots :
» Les barbares ne toucheront pas le sol de la ville
» sainte ! — Que puis-je répondre, ajouta-t-il, aux gé-
» néraux qui me dénoncent ces insultes et m'accusent
» de faiblesse si je persiste à les retenir ? J'ai là une cir-
» culaire signée *Laurier,* annonçant que l'armistice n'est
» pour vous qu'un moyen de vous refaire et de renou-
» veler la lutte avec plus d'avantage. Si j'avais cédé à la
» juste indignation de quelques-uns de nos officiers,
» j'aurais déjà dénoncé notre convention. J'ai pris les
» ordres du roi, — il consent à une prolongation de
» deux jours. Mettez-vous en mesure d'ici là, — et nous pourrons, s'il le faut, étendre encore ce délai, — mais,

» je vous en prie, ne perdez pas une heure. Notre posi-
» tion est intolérable : nous ne pouvons rester plus long-
» temps dans l'incertitude. »

Je n'eus pas de peine à faire observer au chancelier qu'il n'était ni juste ni politique de nous rendre responsables d'actes qui n'étaient pas les nôtres, encore moins de journaux sur lesquels nous n'avions aucune action. Les intérêts que nous débattions étaient tellement supérieurs à ces faits, que s'y arrêter était perdre de vue le but que nous poursuivions. « Avait-il un reproche à
» nous adresser? N'avions-nous pas tenu ponctuelle-
» ment nos promesses? N'avait-il pas eu pleine confiance
» en ma parole dans le règlement d'importantes affaires,
» et avait-il eu lieu de s'en repentir? Il fallait bien ce-
» pendant qu'il tînt compte de la passion d'un peuple
» si soudainement accablé par la fortune. — Mais si,
» comme il me l'affirmait, il désirait que ce peuple se
» résignât à la paix, il était nécessaire de ne pas l'écra-
» ser. Sans doute nous étions fort malheureux, néan-
» moins nous aimerions mieux être anéantis que de nous
» plier à d'humiliantes conditions. Aussi, je regrettais
» de ne pas avoir la moindre idée de celles qu'il nous
» réservait, mais je le priais de croire qu'il en était qui
» nous pousseraient au désespoir, et nous feraient spon-
» tanément rompre l'armistice qui semblait lui peser si
» fort. »

Nous nous quittâmes dans ces termes. Je lui promis de revenir immédiatement après la constitution de l'Assemblée, et d'obtenir de mes collègues la plus grande promptitude dans leurs délibérations.

§

Le lendemain matin, 11 février, à trois heures, j'étais en route pour Bordeaux. Je n'avais pas quitté Paris depuis mon douloureux voyage de Ferrières, pendant lequel j'avais eu sous les yeux le spectacle de l'invasion ennemie et de la désolation de nos campagnes. Ce cruel souvenir, qui pesait encore sur mon cœur, se raviva à la vue des ruines qui, jusqu'à Vierzon, témoignaient de l'énergie de notre résistance. Le champ de bataille d'Arthenay, entouré de fermes en cendres, paraissait avoir été abandonné la veille. A chaque pas, des postes prussiens arrêtaient notre convoi et visitaient nos papiers. Leurs patrouilles se dessinaient à l'horizon des plaines désertes ou se groupaient le long des gares incendiées. Je n'avais avec moi qu'un secrétaire avec lequel j'échangeais mes tristes pensées. Je n'ai jamais mieux compris tout ce que l'âme humaine peut renfermer de sourdes colères ou d'amères souffrances. Se sentir impuissant en face d'une humiliation imméritée, voir sa patrie écrasée, le sol national profané, la destruction et la mort partout et ne plus pouvoir lutter, est un supplice affreux. Nous étions condamnés à le subir; — mais, en courbant la tête sous l'adversité, nous devions en recueillir cette leçon : qu'il était temps de mettre un terme à ces désastres désormais inutiles, et que la paix était notre seule voie de salut.

Nous n'arrivâmes à Bordeaux que le lendemain matin 12 février, à neuf heures. Je courus chez M. Thiers, que je n'avais pas vu depuis notre conférence du pont de

Sèvres, au mois de novembre précédent. Il était logé à l'hôtel de France, dans un très-modeste appartement qui ne désemplissait pas. Déjà la foule des courtisans l'assiégeait; ils suivaient la fortune, qui venait de se prononcer avec éclat en sa faveur. Vingt-six colléges électoraux lui avaient donné leurs suffrages, et je ne doute pas que son succès n'eût été plus complet encore si les électeurs avaient eu le temps de se mieux concerter. Il était ainsi consacré chef du pouvoir exécutif, et jamais désignation ne fut plus intelligente et plus politique. Elle n'était pas seulement, comme on l'a dit souvent, la récompense du dévouement généreux avec lequel il avait consenti, au 10 octobre 1870, à parcourir l'Europe pour éclairer les chancelleries sur notre situation et y rappeler les principes de justice et d'intérêt bien entendu qui devaient déterminer nos alliés de la veille à ne pas faire, par leur inertie, cause commune avec nos envahisseurs. La France lui avait su gré de cet acte de patriotisme. Mais sa confiance se puisait à des sources plus lointaines et plus élevées; elle reconnaissait et glorifiait en lui le défenseur persévérant et désintéressé des libertés publiques qui, dans les dernières années de l'Empire, avait reparu sur la scène comme l'interprète du droit, de la vérité, de la raison, de la modération. Elle était sûre qu'avec lui tous les principes sociaux étaient garantis, toutes les chimères, toutes les violences condamnées. Elle avait foi dans son amour de la patrie, dans sa haute expérience, dans son vaste savoir, — elle avait appris depuis longtemps à subir le charme de ses brillantes qualités, elle aimait ses façons vives et familières, sa bonhomie fine et malicieuse, son admirable bon sens, sa manière, à la fois simple et profonde, d'aborder et de résoudre toutes les questions. Jamais, réduite aux dernières extrémités, une nation n'eut la main plus heureuse. Je ne crois pas aux hommes providentiels. Je ne sais cependant si un autre que M. Thiers aurait pu rendre les services qu'on attendait de lui et qu'il a eu la gloire de prodiguer avec usure au milieu de difficultés et de périls dont nul ne pouvait prévoir l'étendue.

Je le trouvai, comme toujours, alerte, résolu, envisageant à la fois l'ensemble et les détails de sa nouvelle position, s'occupant des moindres incidents, distribuant les rôles, discutant les personnes; en un mot, en pleine possession du pouvoir, dont cependant il n'était pas encore investi; il l'exerçait moralement, ne trouvant devant lui aucun rival qui pût le lui disputer. Il me traça en quelques mots le programme auquel il est depuis resté loyalement fidèle. Il ne se dissimulait pas les divergences d'opinion qui divisaient l'Assemblée, mais il n'y attachait qu'une importance secondaire. — Faire la paix, rétablir l'ordre, reconstituer notre armée et nos finances, nous préparer à l'acquittement de lourds tributs, et pour cette œuvre de sagesse et de concorde réserver les questions sur lesquelles on n'était pas d'accord, telle était dans sa pensée l'unique tâche à remplir. Elle demandait un labeur incessant, une bonne foi entière, une sincère abnégation. M. Thiers se flattait de rencontrer ces qualités éminentes dans la Chambre nouvelle, — il se montrait plein de confiance et d'ardeur, très-désireux de ne servir ni ne blesser aucun parti,— de demeurer supérieur à tous en les attirant et en les absorbant par l'urgence même du devoir qui s'imposait à eux de tirer la France de l'abîme où elle était tombée. Si la discrétion ne m'ordonnait de taire les noms prononcés par lui pour les plus hautes fonctions, j'étonnerais certainement ceux de mes lecteurs qui ne connaissent pas l'esprit de conciliation et de tolérance de l'illustre président de la République. Il voulait que le gouvernement appelât à lui tous les hommes capables de servir utilement, sans distinction de drapeau, pourvu, bien entendu, qu'ils acceptassent franchement son plan de conduite. Tout ce qu'il a dit depuis dans ses admirables harangues, de la nécessité de réorganiser le pays et d'ajourner à l'époque de sa délivrance l'établissement d'une forme définitive, il le pensait alors, et il l'expliquait à ses amis avec une fermeté de vues incomparable. Je l'ai souvent entendu accuser d'avoir obtenu des adhésions par des promesses contradictoires. Ayant vécu dans son intimité, ayant été jusqu'au mois de juillet 1871 associé à ses travaux, je crois pouvoir hautement repousser cet injuste reproche. La franchise, quelquefois malhabile, dont il a constamment usé vis-à-vis de tous les membres du parti républicain, me permet d'affirmer qu'il n'a jamais flatté ni trompé personne : qu'il a reçu, exercé et quitté le pouvoir sans dévier une minute de la ligne que son patriotisme lui avait tracée.

Il me demanda des renseignements minutieux sur les négociations entamées et sur les desseins de M. de Bismarck. Je ne lui cachai pas mes craintes. Il interpréta comme moi l'attitude du chancelier, et me dit que nous devions certainement nous attendre aux conditions les plus dures. L'idée de les discuter avec le vainqueur lui causait une douleur profonde, mais comprenant que la promptitude et la sincérité pouvaient seules adoucir notre sort, il voulait agir sans délai. Lorsque je lui

annonçai mon intention bien arrêtée de me retirer, il s'y opposa formellement. Et comme je lui faisais observer qu'après avoir écrit : « Ni un pouce de notre territoire » ni une pierre de nos forteresses, » je ne pouvais sans déshonneur apposer ma signature au bas d'un traité qui très-probablement démembrerait la France, il me reprit vertement, me reprochant de préférer la popularité au devoir. « Vous n'avez point à vous occuper, me dit-il,
» de vos déclarations pendant la guerre. Les désastres
» qui ont modifié notre situation d'une manière si
» cruelle vous en ont délié. Êtes-vous, oui ou non,
» utile dans les négociations qui vont s'ouvrir? Voilà
» toute la question. Je vous y juge indispensable, et
» comme je vais en assumer la responsabilité, j'ai le
» droit d'avoir une opinion et l'obligation de vous l'im-
» poser. »

Il me parla longtemps encore avec l'affection la plus tendre et la plus entraînante autorité. Je lui objectai les haines que devait nécessairement m'attirer mon rôle depuis le 4 septembre, la nécessité pour lui d'avoir des ministres à l'abri des attaques que je prévoyais; j'allai jusqu'à lui proposer de coopérer sous ses ordres aux négociations, pourvu qu'il me permît de donner ma démission. Il ne voulut rien entendre, et je cédai, à la condition qu'il me rendrait ma liberté aussitôt que je lui serais un embarras, — ce qui ne pouvait tarder.

M. Le Flô conservait le portefeuille de la guerre, M. Jules Simon celui de l'instruction publique, des cultes et des beaux-arts. Je demandai que l'intérieur fût confié à M. Ernest Picard, dont j'avais pu, surtout depuis le siége, apprécier la rare valeur. De tous les hommes politiques qui ont marqué depuis quinze ans, il est peut-être celui qui a le plus de notoriété et qui est le moins bien connu. Il semble qu'il se soit fait ombre à lui-même et que ses éminentes qualités aient été dérobées au public par l'éclat de celles qui ne sont en réalité que secondaires. La nature lui a donné un esprit si vif, si ingénieux, si brillant, qu'il se laisse trop souvent mener par lui, et qu'il perd à éblouir le temps que d'autres emploient à convaincre. Mais il revient bien vite à ce qu'il est : un modèle de droiture, de bon sens et de clarté ; pétri de grâce et de malice, impitoyable contre tout ce qui est faux, haïssant l'apparence même de l'enflure, suffisamment sceptique pour ne se passionner qu'avec retenue ; peut-être un peu trop réfractaire à l'indulgence, il excelle à résumer une question dans une incisive improvisation, d'où la lumière jaillit sans effort. C'est ainsi qu'il s'est révélé dans les luttes de tribune, et ses adversaires, pour se consoler d'être toujours rudement maltraités, l'ont accusé de ne savoir être que spirituel. Il l'est, en effet, et de manière à faire mourir d'envie ceux qui le lui reprochent. Mais son esprit n'est si redouté que parce qu'il est la forme pénétrante d'une argumentation pressante et serrée, à laquelle il est plus facile d'opposer des sarcasmes que des réponses. C'est le fond même où il puise cette logique inflexible qui fait de lui un homme de premier ordre. Il en est peu qui aient au même degré l'amour de la vérité, le respect de la justice, l'éloignement de la flatterie et de la feinte. Sans dédaigner la popularité, il ne va point au-devant d'elle et rougirait de l'acheter par une transaction de conscience. Courageux dans ses discours, il est intrépide et calme au danger. J'ai traversé avec lui des journées bien troublées, je n'ai jamais trouvé sa présence d'esprit en défaut, et je lui ai dû beaucoup. J'en dirai autant de sa sagacité, de sa prévoyance, de sa fermeté. On le juge avec raison le plus étincelant des orateurs, on ne sait point assez qu'il est l'un des politiques les plus habiles de notre temps. Dans l'intérêt de mon pays, je souhaite que la fortune de M. Picard soit égale à son mérite.

Ayant de lui cette opinion, je désirais qu'il fît partie du cabinet où j'avais besoin de son appui et de son amitié. M. Thiers le jugeait comme moi et consentit avec empressement à sa nomination. Celle de M. l'amiral Pothuau comme ministre de la marine ne pouvait être que favorablement accueillie. Sa valeureuse conduite pendant le siége, la noble fermeté de son caractère, sa haute intelligence, lui assuraient l'estime et l'adhésion de tous. Quant à M. de Larcy, auquel était réservé le portefeuille des travaux publics, il était choisi comme une sorte d'otage légitimiste, M. Lambrecht comme orléaniste. Des motifs d'un autre ordre appelaient naturellement M. Dufaure à la position éminente de chef de la justice, pour laquelle le désignaient à l'avance l'éclat de son talent, son expérience consommée ; enfin, malgré quelques hésitations, M. Thiers regardait M. Buffet comme le député le plus capable de diriger habilement le département des finances. Toutefois, comme il n'avait point encore quitté sa province, il fallut attendre son arrivée pour obtenir son acceptation.

Les choses ainsi réglées, nous nous rendîmes à la salle de spectacle, où l'Assemblée devait se réunir. Une grande agitation régnait dans toute la ville. Le ministre de la guerre et le général commandant la division avaient pris les mesures militaires les plus rigoureuses pour empêcher le désordre. On craignait que la présence de Garibaldi ne devînt un prétexte de démonstrations. D'un autre côté, on savait que les dispositions de plusieurs bataillons de la garde nationale étaient mauvaises; quelques-uns de leurs officiers firent entendre des cris de guerre à outrance. En réalité, il n'y eut pas de troubles sérieux. Plus de deux cent cinquante députés étaient à leur poste. Ce ne fut pas sans une émotion profonde qu'ils se rencontrèrent et purent échanger les sentiments douloureux qui les agitaient. Néanmoins leur seule présence au lieu où ils avaient été convoqués quatorze jours auparavant, alors que tout faisait craindre que leur élection ne fût impossible, était un fait si considérable, elle affirmait si énergiquement le patriotisme et la vitalité de la nation, qu'il leur était permis de ne pas fermer leurs cœurs à l'espérance. On la devinait sous la réserve et la tristesse de leur attitude : on sentait que tous étaient fermement résolus aux sacrifices les plus pénibles pour sauver la patrie. Ce fut sous l'empire de ces impressions qu'ils gagnèrent leurs places. M. le président d'âge Benoist d'Azy monta au fauteuil. La France reprenait l'exercice de sa souveraineté; ses représentants allaient être devant l'histoire responsables de ses destinées, dont ils ressaisissaient la libre direction.

Après une courte allocution du président, qui engagea l'Assemblée à procéder avec la plus grande célérité possible au travail de la vérification des pouvoirs, je pris la parole pour exprimer ma vive satisfaction de me trouver enfin en face des mandataires du peuple, seuls dépositaires légitimes de l'autorité, seuls chargés désormais de pourvoir aux nécessités d'une situation que nul de nous n'avait faite, que tous nous devions nous efforcer de rétablir par notre sagesse et notre union. Je déposai sur le bureau les pouvoirs du Gouvernement de la défense nationale et la démission individuelle de chacun des ministres. J'expliquai les raisons qui m'avaient fait regarder comme un devoir impérieux d'assister à cette première séance, et celles qui me forçaient à retourner à mon poste : en même temps, je conjurai la Chambre de ne pas perdre une minute, et de mettre le Gouvernement qu'elle allait créer à même de suivre les négociations d'où sortirait la solution impatiemment attendue par le pays.

Le président répondit « que tous les membres de
» l'Assemblée étaient unanimes à désirer ardemment la
» fin des malheurs du pays, et dans la résolution de
» faire leur devoir avec la fermeté et la générosité de
» sentiments qui animaient toute la France. »

Après avoir donné acte du dépôt de nos pouvoirs et de nos démissions, il ajouta : « Il sera pourvu à la re-
» constitution du Gouvernement de la France, et vous
» aurez, Messieurs, à vous prononcer à cet égard aussi-
» tôt que la vérification des pouvoirs des membres de
» cette Assemblée aura eu lieu. »

Dès le début de la séance il avait donné lecture d'une lettre du général Garibaldi, ainsi conçue :

« Citoyen président de l'Assemblée nationale,

« Comme un dernier devoir rendu à la cause de la
» République française, je suis venu lui porter mon
» vote, que je dépose entre vos mains.

» Je renonce au mandat de député dont j'ai été ho-
» noré par divers départements.

» Bordeaux, le 13 février 1871.

« *Signé :* Garibaldi. »

La séance venait d'être levée, lorsque le général Garibaldi demanda la parole. « Nous ne sommes plus en séance ! » s'écrièrent un grand nombre de députés. « On ne peut parler quand on a donné sa démission ! » dirent les autres. Le général insistait au milieu du bruit ; les représentants qui l'entouraient le soutenaient avec énergie. Il y eut un moment de confusion et de tumulte ; de véhémentes interpellations partaient des tribunes. Le président reparut au fauteuil, et donna ordre de les faire évacuer ; l'agitation causée par cet incident ne se calma que lentement. La foule fit une ovation au général, et les journaux radicaux reprochèrent violemment à l'Assemblée d'avoir étouffé sa voix. Rien n'était moins exact. Le général, s'il voulait parler, aurait dû le faire avant d'avoir donné sa démission ; après, il n'en avait pas le droit. Mais il est regrettable qu'un orateur n'ait pas, en quelques mots, remercié l'illustre guerrier du dévouement généreux avec lequel il venait de combattre pour la France. Au point de vue politique, on peut blâmer son intervention, et, pour ma part, je m'y suis opposé. Elle n'en avait pas moins été inspirée par un noble sentiment, et l'Assemblée, quelle que fût, à cet égard, son opinion, se serait honorée en le reconnaissant. L'ingratitude est un vice si odieux qu'il en faut éviter même l'apparence, et, pour une nation comme pour un individu, il y a moins d'inconvénients à exagérer un service rendu qu'à paraître l'oublier.

Telle fut cette première séance, qui consacra à la fois la fin du Gouvernement de la défense nationale et le commencement de celui de l'Assemblée.

CHAPITRE II.

GOUVERNEMENT DE L'ASSEMBLÉE NATIONALE. — M. THIERS CHEF DU POUVOIR EXÉCUTIF DE LA RÉPUBLIQUE FRANÇAISE. NÉGOCIATIONS DE VERSAILLES. — SIGNATURE DU TRAITÉ DE PRÉLIMINAIRES.

Situation de Paris. — Difficultés avec les autorités allemandes. — Travaux de l'Assemblée. — M. Grévy nommé président. — Dépôt de la proposition de M. Dufaure sur la constitution du Pouvoir exécutif. — Déclaration de M. Keller et de plusieurs députés. — Rapport de M. Victor Lefranc. — M. Thiers nommé chef du Pouvoir exécutif de la République française. — Son programme de gouvernement. — Nomination d'une commission de quinze membres devant assister les négociateurs. — M. Thiers quitte Bordeaux et vient à Paris pour négocier. — Sa première entrevue avec M. de Bismarck. — Disposition de la commission parlementaire. — Deuxième entrevue de M. Thiers avec M. de Bismarck. — M. de Bismarck nous envoie deux banquiers prussiens. — Discussion sur la contribution de six milliards. — Attitude des puissances neutres. — La Prusse exige l'Alsace et une partie de la Lorraine. — M. Thiers obtient la conservation de Belfort. — Discussion des articles du traité. — Débats sur le mode de payement des cinq milliards. — Limitation de la garnison de Paris. — Signature du traité.

Le Gouvernement de la défense nationale avait cessé d'exister. Cependant il devait rester à son poste jusqu'à ce qu'il en fût relevé par le pouvoir nouveau que l'Assemblée allait constituer. Cette transition était pour nous l'objet de graves préoccupations ; une sourde fermentation agitait Paris, dont une presse furibonde excitait chaque jour les passions. La garde nationale se désorganisait de plus en plus. Sans chefs, sans direction morale, travaillée par les factieux, elle n'était plus qu'une force confuse, incapable de discipline, prête à tout enfreindre pour servir ceux qui flattaient son orgueil et spéculaient sur ses besoins. Nous avions été contraints pendant le siége de lui accorder une solde de 1 fr. 50 par homme. Un peu plus tard nous y avions ajouté 75 c. pour la femme et les enfants. Ce régime ne pouvait se continuer. Outre la charge énorme qu'il imposait au Trésor, il démoralisait la population en constituant dans son sein une sorte d'atelier national armé qui empêchait la reprise du travail. Le Gouvernement décida par un décret du 19 février, que le subside ne serait plus accordé qu'aux gardes nationaux qui en feraient la demande par écrit et justifieraient de leur défaut de ressources. C'était un acheminement vers la suppression de la solde. Les journaux radicaux critiquèrent amèrement cette mesure. A les entendre, elle était inhumaine et humiliante; ils invitaient les citoyens à ne pas s'y soumettre. Plusieurs maires s'y montraient également fort opposés, et ne prêtaient à son exécution qu'un concours peu actif. Il était facile de deviner que nous marchions à une crise. Le désarmement de tous ceux qui avaient été portés irrégulièrement sur les contrôles devait nécessairement la provoquer. Nous recherchions les moyens de l'éviter, s'il était possible, tout au moins de l'atténuer en la retardant. Le ravitaillement s'était opéré mieux que nous ne pouvions l'espérer : vers le 15 février Paris avait à peu près repris son alimentation ordinaire. Les usines se rouvraient. La circulation, interrompue par l'absence de chevaux, se rétablissait. Après les grandes secousses qui ont bouleversé toutes les habitudes, le retour à la vie ordinaire apparait comme un bienfait inestimable. Il console, il apaise, il permet d'oublier. Malheureusement la perturbation avait été si profonde, le dénoûment si tragique, les âmes étaient si ulcérées, les mauvais penchants si favorisés, qu'il était difficile de ne pas craindre des actes de séditieuse résistance, le jour où, au nom de la loi, le Gouvernement exigerait d'une partie de la population qu'elle renonçât à la fois à son fusil et à son oisiveté.

Nos rapports avec l'ennemi ne nous donnaient pas de moindres soucis : ils nécessitaient des démarches et des négociations incessantes. Depuis l'armistice, certains commandants militaires semblaient avoir redoublé d'exigence arrogante et d'inutiles duretés. Je recevais à chaque instant des députations et des messages me dénonçant d'intolérables vexations. La convention du 28 janvier ne contenait aucune stipulation textuelle sur le traitement que devaient subir, pendant la trêve, les départements occupés, mais il avait été formellement entendu entre M. de Bismarck et moi que, durant l'armistice, l'armée allemande ne percevrait que les contributions ordinaires et que les habitants seraient affranchis des tributs de guerre dont quelques chefs de corps faisaient un abus si odieux. Contrairement à cette promesse, les réquisitions extraordinaires ne s'arrêtèrent point. Le 9 février, le conseil municipal d'Orléans sollicitait mon intervention auprès du chancelier, pour épargner à la ville le payement d'une somme de 455,000 francs à laquelle la taxait le général commandant le corps d'occupation. Elle avait déjà versé d'abord un million de francs, puis six cent mille comme punition d'un coup de pistolet tiré sur un voiturier allemand. Le général n'était pas satisfait, il exigeait un dernier appoint de 455,000 francs et menaçait, en cas de non-payement, d'enlever des citoyens comme otages.

La petite ville de Château-Thierry avait versé plus de 400,000 francs à titre de contributions extraordinaires — l'autorité militaire voulut y ajouter 75,000 fr., — et comme les habitants étaient à bout de ressources, le commandant fit jeter en prison M. Prestat, procureur de la République, M. Drouet, conseiller municipal, et M. Escudier, négociant.

Enfin le préfet impérial de l'Oise, réclamant au maire de Beauvais le payement de contributions extraordinaires, terminait son injonction par cette menace :

« Le retardement n'augmentera pas seulement vos
» charges pécuniaires, mais je me trouverai forcé d'in-
» cendier impitoyablement chaque ville ou village qui
» serait assez mal conseillé d'attendre l'exécution. »

De tels actes n'ont pas besoin d'être qualifiés. Ils constituent le plus coupable des abus de la force, la violation de toutes les lois que les peuples civilisés ont intérêt à faire respecter au milieu même des terribles excès de la guerre. En les dénonçant à M. de Bismarck, je lui écrivais :

« Ce procédé, qui consiste à mettre à mort et à brûler
» le vaincu parce qu'il n'a plus d'argent à donner au
» vainqueur, ne peut être approuvé par Votre Excel-
» lence, et je suis bien convaincu qu'il est en contradic-
» diction avec les ordres de l'état-major. Je prie donc
» Votre Excellence de vouloir bien se faire rendre
» compte de ces faits pour arrêter ces cruelles exécu-
» tions. La guerre a ses nécessités, mais elle n'a jamais
» autorisé la spoliation et le meurtre de celui qui ne se
» défend pas. D'autre part, nous avons le plus grand
» intérêt à calmer les esprits pour arriver, s'il est pos-
» sible, à mettre un terme à une lutte qui a déjà coûté

« tant de sang. Votre Excellence sait que tel est mon plus
» vif désir. Je la prie donc de m'aider dans l'accomplis-
» sement de cette œuvre, en modérant les charges de
» l'occupation. »

Je pourrais citer un grand nombre d'autres exemples des vexations et des rapines auxquelles étaient exposés les départements occupés. La plupart du temps M. de Bismarck accueillait leurs plaintes avec faveur et s'efforçait de leur rendre justice. Mais il mettait une sorte de point d'honneur à maintenir rigoureusement des principes que je regardais et que je regarde encore comme absolument contraires au droit des gens. Ainsi, malgré mes protestations réitérées, il a toujours prétendu dénier aux habitants et aux fonctionnaires civils la faculté de participer à la défense armée de leur pays. Cette doctrine sauvage était ouvertement professée par les généraux allemands ; ils l'ont mise plusieurs fois en pratique en faisant fusiller des maires ou de simples citoyens qui avaient résisté militairement à leurs troupes. A mon retour de Bordeaux je reçus du chancelier une dépêche dans laquelle il en réclamait l'application dans des termes que je ne pouvais accepter, voici dans quelles circonstances : Un lieutenant prussien fait prisonnier par nos soldats avait rendu son épée à un mobile, puis dirigeant brusquement son revolver contre lui il l'avait tué. Traduit pour ce fait devant un conseil de guerre, il fut condamné à mort. C'était la veille de l'armistice. Informé de cet incident, le ministre de la guerre envoya l'ordre de suspendre l'exécution. M. de Bismarck en me demandant l'échange de ce prisonnier avec un officier de son grade placé dans la même situation, me fit savoir qu'il tenait à notre disposition l'un ou l'autre de deux de nos compatriotes. M. Oudinot, maire d'Eureville, en prison à Nancy, ou M. Ferdeuil, son préfet de Gien, « prévenus, dit la dépêche, d'avoir appelé la population » civile à prendre les armes contre nos troupes, délit » menacé de la peine capitale par nos lois [1].

Je me hâtai de répondre : « Il m'est absolument im- » possible d'admettre l'assimilation que Votre Excel- » lence croit pouvoir établir entre le lieutenant Haas et » les fonctionnaires qui, en face de l'invasion étrangère, » ont suscité la résistance de la population civile. »

» Votre Excellence veut bien me dire qu'un pareil fait » est qualifié de crime et puni de mort par les lois alle- » mandes. S'il en était ainsi, ces lois constitueraient une » exception à celles de tous les peuples civilisés, car il » n'en est aucun chez lequel la défense de la patrie ne » soit considérée comme un devoir primordial, sans » distinction de classes ni d'individus. Quand le sol na- » tional est attaqué de vive force, chaque citoyen de- » vient soldat pour le protéger. La Prusse l'a maintes » fois proclamé, et je pourrais rappeler à Votre Excel- » lence les lois et ordonnances édictées en 1813, dans » lesquelles l'application de ces principes incontestables » est poussée jusqu'aux plus extrêmes limites.

» MM. Oudinot et Ferdeuil n'ont donc fait que leur » devoir, et je ne doute pas que Votre Excellence ne le » reconnaisse elle-même en ordonnant leur mise en » liberté conformément à la convention du 28 jan- » vier 1871. »

M. de Bismarck n'entendait pas davantage se dé- partir de l'abusive pratique des otages, à laquelle

---

[1] Voir aux Pièces justificatives, nos 8 et 9.

l'armée allemande avait pris l'habitude de recourir toutes les fois qu'elle voulait punir les habitants, leur arracher de l'argent, ou simplement se sauvegarder contre des attaques éventuelles. Un grand nombre de nos concitoyens avaient été ainsi enlevés en Allemagne, où on les retenait dans des forteresses. Quelques-uns d'eux subissaient cette violence à titre de représailles de l'arrestation des capitaines de marine marchande que M. le ministre de la marine avait traités comme prisonniers de guerre. La chancellerie prussienne s'en était montrée fort irritée et avait essayé, dans des notes diplomatiques réitérées, d'établir l'illégalité de cette mesure. Ne pouvant pas nous convaincre, elle avait imaginé, par une étrange compensation, de se venger sur d'honorables et paisibles bourgeois qu'elle gardait comme otages. L'article 14 de la convention d'armistice avait stipulé l'échange respectif de ces prisonniers civils. Quelle que fût notre bonne volonté, nous rencontrâmes dans les premiers jours de tels obstacles de communication que cette clause ne put recevoir son exécution aussitôt que nous l'aurions désiré nous-mêmes. M. de Bismarck m'écrivait dépêches sur dépêches pour s'en plaindre. Mais en même temps il tolérait la continuation de ce système d'arrestations arbitraires que de mon côté je ne cessais de lui dénoncer[1].

Je sentais la nécessité d'apporter dans ces discussions de chaque jour le calme et la modération dont notre dépendance du vainqueur nous faisait un devoir. Ce n'était pas sans peine que j'y parvenais. Forcé de recommander la patience à mes compatriotes, j'étais tout près

---

[1] Voir les Pièces justificatives, nos 10 et 11.

d'en manquer moi-même en revenant sans cesse à la charge pour obtenir le redressement des mêmes griefs. M. de Bismarck me reprochait des lenteurs dont je n'étais pas cause ; il affectait de croire que nous tirions les choses en longueur pour recommencer les hostilités. Il était temps de faire cesser une telle situation. L'Assemblée le comprenait et précipitait ses opérations. L'œil fixé sur l'heure de l'expiration de l'armistice, j'insistais dans chacune de mes dépêches pour la prompte formation d'un gouvernement. De leur côté, M. Thiers et ses amis agissaient; nous allions enfin toucher à une solution.

Dans la séance du 16 février, M. Grévy était nommé président de l'Assemblée par 519 voix sur 536 votants. On ne pouvait faire un choix meilleur ni plus politique. Il était dû à M. Thiers ; avec son tact et sa sagacité ordinaires, il avait deviné les qualités précieuses qui ont fait de M. Grévy le modèle des présidents ; il avait surtout tenu à placer à la tête de la Chambre un républicain éprouvé, irréprochable, assez engagé par son passé pour rassurer la gauche, assez étranger au mouvement du 4 septembre pour ne pas déplaire à la droite. Le nouveau président sentait ce double avantage ; il a su, pendant plus de deux ans, en tirer un très-utile parti, et l'histoire, en lui rendant la justice qu'il mérite, ne fera que confirmer l'opinion unanime de ses contemporains. Il a exercé ses difficiles fonctions au milieu des circonstances les plus graves et les plus périlleuses. Il est toujours resté digne, courageux, impartial : l'on n'a pu relever contre lui une seule faute, si ce n'est celle qu'il a commise le jour où il a volontairement quitté le fauteuil où l'illustre chef de la République l'avait fait asseoir.

La nomination de MM. Martel, Benoist d'Azy, Vitet et de Malleville, comme vice-présidents, et celle de MM. Paul Bethmont, Paul de Rémusat, de Barante, Johnston, de Meaux et de Castellane, comme secrétaires, complétaient le bureau. L'Assemblée était régulièrement constituée : elle pouvait créer un gouvernement. M. le président d'âge lui donna lecture d'une proposition ainsi conçue :

« Les représentants du peuple soussignés proposent à
» l'Assemblée nationale la résolution suivante :
» M. Thiers est nommé chef du pouvoir exécutif de
» la République française.
» Il exercera ses fonctions sous le contrôle de l'Assemblée nationale, avec le concours des ministres
» qu'il aura choisis et qu'il présidera.

» *Signé :* Dufaure, Jules Grévy, Vitet, Léon
de Malleville, Lucien Rivet, Mathieu de la Redorte, Barthélemy
Saint-Hilaire. »

Immédiatement renvoyée dans les bureaux, cette proposition fut adoptée à l'unanimité par la commission, qui choisit M. Victor Lefranc pour rapporteur.

A la séance du lendemain 17 février, la lecture de son rapport fut précédée d'un incident qui émut profondément l'Assemblée et donna à M. Thiers l'occasion de montrer avec éclat l'élévation de son patriotisme et la vigueur de sa volonté.

M. Keller, député du Haut-Rhin, monta à la tribune pour y déposer et y lire la proposition et la déclaration suivantes :

« L'Assemblée nationale prend en considération la
» déclaration unanime des députés du Bas-Rhin, du
» Haut-Rhin, de la Moselle et de la Meurthe.

» DÉCLARATION :

» I. L'Alsace et la Lorraine ne veulent pas être alié-
» nées.

» Associées depuis deux siècles à la France, dans la
» bonne comme dans la mauvaise fortune, ces deux
» provinces, sans cesse exposées aux coups de l'ennemi,
» se sont constamment sacrifiées pour la grandeur na-
» tionale. Elles ont scellé de leur sang l'indissoluble
» pacte qui les rattache à l'unité française. Mises aujour-
» d'hui en question, elles affirment, à travers les obsta-
» cles et tous les dangers, leur inébranlable fidélité.

» Tous unanimes, les concitoyens demeurés dans
» leurs foyers, comme les soldats accourus sous les dra-
» peaux, les uns en votant, les autres en combattant,
» signifient à l'Allemagne et au monde l'immuable vo-
» lonté de l'Alsace et de la Lorraine de rester fran-
» çaises.

» II. La France ne peut consentir ni signer la cession
» de la Lorraine et de l'Alsace. Elle ne peut pas, sans
» mettre en péril la continuité de son existence natio-
» nale, porter elle-même un coup mortel à sa propre
» unité, en abandonnant ceux qui ont conquis par deux
» cents ans de dévouement patriotique le droit d'être
» défendus tout entiers contre les entreprises de la force
» victorieuse.

» Une assemblée, même issue du suffrage universel,
» ne pourrait invoquer sa souveraineté pour couvrir et
» ratifier des exigences destructives de l'unité nationale.

» Elle s'arrogerait un droit qui n'appartiendrait même
» pas au peuple réuni dans ses comices. Un pareil excès
» de pouvoir, qui aurait pour effet de mutiler la mère
» commune, dénoncerait aux justes sévérités de l'his-
» toire ceux qui s'en rendraient coupables.

» La France peut subir les coups de la force, elle ne
» peut en sanctionner les arrêts.

» III. L'Europe ne peut permettre ni ratifier l'aban-
» don de l'Alsace et de la Lorraine.

» Gardiennes des règles de la justice et du droit des
» gens, les nations civilisées ne sauraient rester plus
» longtemps insensibles au sort de leurs voisines, sous
» peine d'être à leur tour victimes des attentats qu'elles
» auraient tolérés. L'Europe moderne ne peut laisser sai-
» sir un peuple comme un vil troupeau : elle ne peut
» rester sourde aux protestations répétées des popula-
» tions menacées, elle doit à sa propre conservation
» d'interdire de pareils abus de la force. Elle sait d'ail-
» leurs que l'unité de la France est, aujourd'hui comme
» dans le passé, une garantie de l'ordre général du
» monde, une barrière contre l'esprit de conquête et
» d'invasion.

» La paix faite au prix d'une cession de territoire ne
» serait qu'une trêve ruineuse et non une paix défini-
» tive. Elle serait pour tous une cause d'agitation intes-
» tine, une provocation légitime et permanente à la
» guerre. Et quant à nous, Alsaciens et Lorrains, nous
» serions prêts à recommencer la guerre, aujourd'hui,
» demain, à toute heure, à tout instant.

» En résumé, l'Alsace et la Lorraine protestent
» contre toute cession. La France ne peut la consentir,
» l'Europe ne peut la sanctionner.

» En foi de quoi, nous prenons nos concitoyens de
» France, les gouvernements et les peuples du monde
» entier à témoin que nous tenons à l'avance pour nuls
» et non avenus tous actes et traités, vote ou plébiscite,
» qui consentiraient abandon en faveur de l'étranger de
» tout ou partie de nos provinces de l'Alsace et de la
» Lorraine.

» Nous proclamons, par les présentes, à jamais invio-
» lable le droit des Alsaciens et des Lorrains de rester
» membres de la nation française, et nous jurons, tant
» pour nous que pour nos commettants, nos enfants et
» leurs descendants, de le revendiquer éternellement,
» envers et contre tous usurpateurs. »

Le *Journal officiel* constate que, plusieurs fois interrompu par des applaudissements, M. Keller acheva la
lecture de cette pièce au milieu des plus vives acclamations. Il y ajouta quelques paroles éloquentes, accueillies
avec le même enthousiasme. Il était difficile qu'il en fût
autrement. Comment l'Assemblée aurait-elle pu refuser
une ovation à l'interprète des sentiments qui débor-
daient de tous les cœurs? Comme lui, elle s'indignait à
la pensée que la patrie pouvait être démembrée ; elle
maudissait le vainqueur qui lui infligeait cet affront, elle
se révoltait contre l'acte brutal qui, au mépris de la justice et du droit, allait arracher de notre sein des populations qui déclaraient hautement vouloir nous rester
attachées. Sa passion était donc trop conforme à celle
de l'orateur pour ne pas lui faire perdre le sang-froid.
Si elle l'avait conservé, elle se serait montrée plus cir-
conspecte, elle aurait vu ce qu'il y avait à la fois de vain
et de dangereux dans ce sublime appel à de nobles chi-

mères. N'était-ce pas, en effet, une singulière illusion que d'invoquer les principes pour arrêter un conquérant qui mettait sa gloire à les fouler aux pieds? N'était-ce pas se tromper soi-même que de paraître croire à l'intervention de l'Europe, qui, pouvant nous sauver, avait résisté à toutes nos sollicitations et nous avait systématiquement laissé écraser! Sans doute il était permis aux députés des provinces menacées de fermer les yeux à l'évidence et de nier les nécessités inexorables de la défaite; l'excès de leur infortune et la violence de leur douleur les y autorisaient. D'ailleurs ils remplissaient un grand devoir en flétrissant l'iniquité au moment où elle allait se consommer. Mais la Chambre ne pouvait s'associer à cette démonstration sans s'exposer ou à empêcher les négociations, ou à se donner à elle-même un regrettable démenti, c'est-à-dire à sacrifier la paix ou sa propre dignité. M. Thiers le sentit; il combattit avec une extrême énergie l'ajournement au lendemain de l'examen de la proposition. Il demanda que cet examen eût lieu tout de suite, et montant à la tribune, il s'écria :
« L'Assemblée doit comprendre que sur un sujet si
» grave il faut agir en hommes sérieux. Il s'agit de savoir
» si vous donnerez à vos négociateurs, que je ne connais
» pas, un mandat impératif, ou si vous leur laisserez la
» liberté de négocier. »

C'était bien là, en effet, la question, et la proposition de M. Keller avait précisément pour objet d'interdire aux négociateurs toute cession territoriale. La Chambre le voulait-elle! Elle devait le dire sur l'heure, et ne pas se retrancher derrière un délai. « Aussi,
» ajouta M. Thiers, je trouve qu'il n'y a qu'une chose
» digne de vous, digne de la France, digne d'un vrai

» patriotisme, c'est de prendre votre parti tout de suite...
» Ayez le courage de votre opinion : ou la guerre ou la
» paix.

» Tout cela est très-sérieux. Pas d'enfantillage quand
» il s'agit du sort de deux provinces très-intéressantes,
» ou du sort du pays tout entier.

» Je vous demande de vous presser. Je vous réponds,
» si je puis quelque chose sur vos destinées, de vouer,
» comme d'autres, de vouer mes efforts au service du
» pays tant que je pourrai lui être utile, mais je ne sau-
» rais, je vous le dis dès à présent, accepter un mandat
» qu'en honnête homme et en bon citoyen je ne pour-
» rais pas remplir. »

Ce langage était celui du bon sens, de la probité politique. Il entraîna l'Assemblée, qui, à une majorité considérable, décida qu'elle se retirerait immédiatement dans ses bureaux.

La délibération n'y fut pas longue : après une suspension d'une heure, la séance fut reprise, et M. Beulé, rapporteur de la commission, donna lecture de la résolution suivante, adoptée à l'unanimité des voix moins une :

« L'Assemblée nationale, accueillant avec la plus
» vive sympathie la déclaration de M. Keller et de ses
» collègues, s'en remet à la sagesse de ses négocia-
» teurs. »

C'était un blanc seing, comme le fit, avec raison, observer M. Rochefort. Il fallait le donner ou se battre. D'ailleurs, l'Assemblée resterait maîtresse d'accepter ou de refuser l'œuvre de ses plénipotentiaires : presque tous ses membres se levèrent pour l'adoption de la résolution.

Immédiatement après, M. Victor Lefranc, rapporteur de la commission chargée d'examiner la proposition de M. Dufaure et de plusieurs de ses collègues, s'exprima en ces termes :

« Les questions les plus graves ont été soulevées dans
» une discussion qui, pour avoir eu la rapidité que com-
» mandait la situation de la France, n'en a pas moins
» été complète, approfondie, et surtout d'une netteté
» absolue.

» Le sentiment des périls de la patrie, le besoin de
» l'union en face de l'ennemi, le mandat de concorde
» évidemment donné par le pays à cette Assemblée ont
» inspiré à chacun des membres de la commission
» d'abord une grande énergie dans l'expression des
» idées au nom desquelles il avait été désigné par son
» bureau, et ensuite un patriotique dévouement dans
» les sacrifices à faire pour arriver à cette unanimité de
» la raison, qui vaut encore mieux que celle de l'enthou-
» siasme.

» De ce double effort de la conscience est résultée
» l'opinion que rien ne devait être changé au texte
» même de la proposition, et que l'explication de son
» vrai sens devait trouver sa place, non-seulement dans
» le rapport, mais encore dans un considérant faisant
» texte avec le décret.

» Cette explication n'est autre chose que l'affirmation
» incontestable du droit souverain de la nation et de
» l'Assemblée qui la représente à statuer sur les institu-
» tions de la France mise à côté de l'affirmation d'un
» fait non moins incontestable, l'existence du Gouver-
» nement de la République française, si bien nommé,
» malgré nos malheurs, le Gouvernement de la défense

» nationale, le gouvernement au nom duquel nous avons
» oublié nos dissensions, versé notre sang, sauvé notre
» honneur, réuni cette Assemblée.

» Le considérant qui résume cette explication est
» ainsi rédigé :

» L'Assemblée nationale, dépositaire de l'autorité
» souveraine, considérant qu'il importe, avant qu'il
» soit statué sur les institutions de la France, de pour-
» voir immédiatement aux nécessités du Gouvernement
» et à la conduite des négociations,

» Décrète :

» M. Thiers est nommé chef du pouvoir exécutif de la
» République française. Il exercera ses fonctions sous
» l'autorité de l'Assemblée nationale, avec le concours
» des ministres qu'il aura choisis et qu'il présidera. »

» La commission ne croit pas avoir à motiver le choix
» de l'homme à qui elle vous demande de déléguer le
» pouvoir exécutif de la République française.

» L'inspiration qui lui a fait, il y a trente ans, forti-
» fier ce Paris que la famine seule a pu réduire, la pré-
» voyance qui lui a fait, il y a quelques mois, combattre
» la guerre quand il était possible de la conjurer, le dé-
» vouement qui l'a conduit chez tous les peuples de
» l'Europe pour y défendre, avec les intérêts de la
» France, les droits de la civilisation; enfin l'hommage
» que lui rendent en ce moment les votes de tant de
» départements, tout l'indiquait à notre choix.

» Donnons-lui la force de notre unanimité, c'est le
» seul moyen d'ajouter à la force de son patriotisme.

» Il saura trouver de dignes auxiliaires parmi ceux

» qui, à Paris comme en province, ont supporté les
» travaux et les douleurs de la lutte.

» Que la France tout entière s'unisse dans la pensée
» de cette Assemblée, et elle pourra accomplir tous les
» devoirs que lui imposent son passé, son présent, son
» avenir. »

Après la lecture de ce remarquable rapport, l'Assemblée voulait voter. Elle écouta, d'une oreille distraite, la courte et nerveuse allocution de M. Louis Blanc, faisant ses réserves contre le considérant qui semblait n'admettre la République qu'à titre provisoire, tandis qu'elle était la forme nécessaire et indestructible du suffrage universel. Aucun orateur ne lui répondit. L'heure n'était point aux discussions théoriques. D'ailleurs la République avait pour elle la possession. Elle était le gouvernement existant jusqu'à ce que la nation en eût décidé autrement. C'est ce que pensèrent les députés, en votant la proposition « à la presque unanimité », est-il dit au *Journal officiel*.

§

En appelant M. Thiers au pouvoir, l'Assemblée lui imposait l'une des tâches les plus pesantes, les plus périlleuses, les plus impopulaires qui jamais soient échues à un homme d'État. Il ne s'agissait pas seulement de relever les ruines dont le pays était couvert, de faire face à des charges immenses, de reconstituer une armée anéantie, de rétablir le crédit, de ranimer la confiance, de s'interposer au milieu des partis prêts à s'entre-déchirer, il fallait en discutant et en subissant les conditions d'une paix nécessairement désastreuse, offenser tous les sentiments de la nation, accepter les conséquences humiliantes de la défaite, et ne pas reculer devant la responsabilité d'un traité qui devait mutiler la France. Par un jeu cruel de la fortune, cette tâche incombait à celui qui avait, quelques mois auparavant, compromis sa popularité en s'opposant à la déclaration de guerre. Où étaient-ils ces fiers champions, ces politiques invincibles qui insultaient aux conseils de la sagesse et dénonçaient comme traître à la patrie quiconque demandait qu'on vérifiât une dépêche avant de déchaîner sur la France le plus redoutable des fléaux ? Rentrés dans l'ombre, n'ayant ni le courage ni l'autorité nécessaires à la défense de la patrie victime de leur fatuité, ils laissaient à leurs anciens adversaires le fardeau de leurs criminelles fautes ; et déjà ils calculaient qu'un jour viendrait où il leur serait possible d'abuser de la bonne foi publique, en osant accuser des malheurs de la France ceux-là même qui se dévouaient à les réparer.

M. Thiers ne se dissimula aucune de ces difficultés. Il vit nettement qu'elles ne pouvaient être résolues que par un absolu désintéressement. Convaincu que par le concours des événements, il était le seul en mesure de le pratiquer avec l'intelligence et la fermeté indispensables au succès, il se tint prêt à toutes les éventualités et se promit à lui-même de les aborder sans faiblir. Il voulait avant tout faire la paix : il savait que les conditions en seraient cruelles, et il ne comptait guère sur l'efficacité d'un débat diplomatique. Il était néanmoins très-décidé à en épuiser les chances quelque douloureuses qu'elles fussent. Pour ma part, je ne pouvais y penser sans un profond chagrin ; comme toujours, il me soutenait, il avait la bonté de me dire que mon concours lui serait un appui ; en réalité, il n'avait besoin du secours de personne. Son esprit lucide et précis, son sens droit et ferme, son ardent désir de remettre sa chère France debout, lui donnaient une confiance qui se suffisait à elle-même. J'ai eu plus d'une fois l'occasion d'admirer chez lui cette faculté maîtresse de faire sans hésitation la part de la nécessité et de s'attacher obstinément à ce qui est possible. Peut-être à la fin de sa présidence était-elle un peu émoussée par les intrigues et les luttes mesquines qu'on l'obligeait à subir ; mais elle était dans toute sa force au moment de sa nomination. En toutes choses la vraie puissance morale consiste à savoir ce qu'on veut, à ne vouloir que ce qui se peut faire, et à y tenir énergiquement. M. Thiers avait cette puissance, elle lui a servi à accomplir les grandes choses qui, en dépit de ses calomniateurs, lui ont valu l'une des gloires les plus hautes et les plus pures dont un citoyen puisse s'enorgueillir.

J'ai exposé plus haut le plan de conduite auquel il s'était arrêté. Il l'exposa à la séance du 19 février dans une des plus belles harangues qu'il ait prononcées. Cette harangue est si capitale au point de vue politique, si achevée comme modèle d'éloquence, que le lecteur me pardonnera de la reproduire en entier.

« Messieurs, dit l'illustre orateur, je dois avant tout
» vous remercier non pas du fardeau accablant dont
» vous venez de me charger, mais du témoignage de
» confiance que vous m'avez donné dans la journée
» d'avant-hier. Quoique effrayé de la tâche difficile, pé-
» rilleuse et surtout douloureuse qui m'est imposée, je

» n'ai éprouvé qu'un sentiment, un seul, celui de
» l'obéissance immédiate, absolue à la volonté du pays,
» qui doit être d'autant plus obéi, d'autant mieux servi,
» d'autant plus aimé qu'il est plus malheureux.

» Hélas! oui, il est malheureux, plus qu'il ne le fut
» à aucune époque de son histoire si vaste, si accidentée,
» si glorieuse, où on le voit tant de fois précipité dans un
» abîme d'infortune pour remonter ensuite au faîte de
» la puissance et de la gloire, et ayant constamment la
» main dans ce qui a été fait de grand, de beau, d'utile
» à l'humanité.

» Il est malheureux sans doute, mais il reste l'un des
» pays les plus grands, les plus puissants de la terre, tou-
» jours ferme, fier, inépuisable en ressources, héroïque
» surtout, témoin cette longue résistance de Paris qui
» demeurera l'un des monuments de la constance et de
» l'énergie humaine.

» Plein de confiance dans les puissantes facultés de
» notre chère patrie, je me rends sans hésitation, sans
» calcul à la volonté nationale par vous exprimée, et me
» voici à votre appel, à vos ordres, si je puis le dire,
» prêt à vous obéir, avec une réserve toutefois, celle
» de vous résister, si, entraînés par un sentiment géné-
» reux mais irréfléchi, vous me demandiez ce que la sa-
» gesse politique condamnerait, comme je le fis, il y a
» huit mois, lorsque je me levai soudainement pour ré-
» sister aux entraînements funestes qui devaient nous
» conduire à une guerre désastreuse.

» Dans l'intérêt de l'unité d'action, vous m'avez laissé
» le choix de mes collègues. Je les ai choisis, sans autres
» motifs de préférence que l'estime publique universelle-
» ment accordée à leur caractère, à leur capacité. Je les

» ai pris non pas dans l'un des partis qui nous divisent,
» mais dans tous, comme a fait le pays lui-même en
» vous donnant ses votes, et en faisant figurer souvent
» sur la même liste les personnages les plus divers, les
» plus opposés en apparence, mais unis par le patrio-
» tisme, les lumières et la communauté de bonnes inten-
» tions.

» Permettez-moi de vous énumérer les noms et les
» attributions des collègues qui ont bien voulu me
» prêter leur concours.

» M. Dufaure, ministre de la justice.
» M. Jules Favre, ministre des affaires étrangères.
» M. Picard, ministre de l'intérieur.
» M. Jules Simon, ministre de l'instruction publique.
» M. De Larcy, ministre des travaux publics.
» M. Lambrecht, ministre du commerce.
» M. le général Leflô, ministre de la guerre.
» M. l'amiral Pothuau, ministre de la marine.

» Dans cette énumération manque le nom du mi-
» nistre des finances. Le choix est déjà arrêté dans la
» pensée du conseil, mais l'honorable membre auquel
» sera attribué ce département n'étant point encore à
» Bordeaux, je n'ai pas cru devoir livrer son nom à la
» publicité.

» Vous avez remarqué sans doute que je ne me suis
» chargé d'aucun département ministériel, afin d'avoir
» plus de temps pour ramener à une même pensée, en-
» tourer d'une même vigilance toutes les parties du gou-
» vernement de la France.

» Sans vous apporter aujourd'hui un programme de
» gouvernement, ce qui est toujours un peu vain, je me

» permettrai de vous présenter quelques réflexions sur
» cette pensée d'union qui me dirige et de laquelle je
» voudrais faire sortir la reconstitution actuelle de mon
» pays.

» Dans une société prospère, régulièrement consti-
» tuée, cédant paisiblement, sans secousse, au progrès
» des esprits, chaque parti représente un système politi-
» que, et les réunir tous dans une même administration,
» ce serait, en opposant des tendances contraires qui
» s'annuleraient réciproquement ou se combattraient,
» ce serait, aboutir à l'inertie ou au conflit.

» Mais, hélas ! une société régulièrement constituée,
» cédant doucement au progrès des esprits, est-ce là
» votre situation ?

» La France, précipitée dans une guerre, sans motif
» sérieux, sans préparation suffisante, a vu une moitié
» de son sol envahie, son armée détruite, sa belle orga-
» nisation brisée, sa vieille et puissante unité compro-
» mise, ses finances ébranlées, la plus grande partie de
» ses enfants arrachés au travail pour aller mourir sur
» les champs de bataille, l'ordre profondément troublé
» par une subite apparition de l'anarchie, et après la
» reddition forcée de Paris, la guerre suspendue, pour
» quelques jours seulement et prête à renaître, si un
» gouvernement estimé de l'Europe, acceptant coura-
» geusement le pouvoir, prenant sur lui la responsabi-
» lité de négociations douloureuses, ne vient mettre un
» terme à d'effroyables calamités.

» En présence d'un pareil état de choses, y a-t-il,
» peut-il y avoir deux politiques ! et au contraire n'y en
» a-t-il pas une seule, forcée, nécessaire, urgente, con-

« sistant à faire cesser le plus promptement possible les maux qui nous accablent?...
« Quelqu'un pourrait-il soutenir qu'il ne faut pas, le plus tôt et le plus complétement possible, faire cesser l'occupation étrangère au moyen d'une paix courageusement débattue et qui ne sera acceptée que si elle est honorable, débarrasser nos campagnes de l'ennemi qui les foule et les dévore, rappeler des prisons étrangères nos soldats, nos officiers, nos généraux prisonniers, reconstituer avec eux une armée disciplinée et vaillante, rétablir l'ordre troublé, remplacer ensuite et sur-le-champ les administrateurs démissionnaires ou indignes, reformer par l'élection nos conseils généraux et nos conseils municipaux dissous, reconstituer ainsi notre administration désorganisée, faire cesser des dépenses ruineuses, relever, sinon nos finances, ce qui ne peut être l'œuvre d'un jour, au moins notre crédit, moyen unique de faire face à des engagements pressants, renvoyer aux champs, aux ateliers, nos mobiles et nos mobilisés, rouvrir les routes interceptées, relever les ponts détruits, faire renaître ainsi le travail partout suspendu, le travail qui peut seul procurer les moyens de vivre à nos ouvriers, à nos paysans.

« Y a-t-il quelqu'un qui pourrait nous dire qu'il y a quelque chose de plus pressant que tout cela? Y aurait-il par exemple quelqu'un qui oserait discuter savamment des articles de constitution pendant que nos prisonniers expirent de misère dans des contrées lointaines, ou pendant que nos populations mourantes de faim, sont obligées de livrer aux soldats étrangers le dernier morceau de pain qui leur reste?

» Non, non, Messieurs, pacifier, réorganiser, relever
» le crédit, ranimer le travail, voilà la seule politique
» possible et même concevable en ce moment. A celle-là
» tout homme sensé, honnête, éclairé, quoi qu'il pense
» sur la monarchie ou la république, peut travailler uti-
» lement, dignement, et n'y eût-il travaillé qu'un an,
» six mois, il pourra rentrer dans le sein de la patrie, le
» front haut, la conscience satisfaite.

» Ah! sans doute, lorsque nous aurons rendu à notre
» pays les services pressants que je viens d'énumérer,
» quand nous aurons relevé du sol où il gît ce noble
» blessé qu'on appelle la France, quand nous aurons
» fermé ses plaies, ranimé ses forces, nous le rendrons
» à lui-même, et, rétabli alors, ayant recouvré la liberté
» de ses esprits, il verra comment il veut vivre.

» Quand cette œuvre de réparation sera terminée et
» elle ne saurait être bien longue, le temps de discuter,
» de peser les théories du gouvernement sera venu ; et
» ce ne sera plus un temps dérobé au salut du pays.
» Déjà un peu éloignés des souffrances d'une révolution,
» nous aurons retrouvé notre sang-froid ; ayant opéré
» notre reconstitution sous le gouvernement de la Répu-
» blique, nous pourrons prononcer en connaissance de
» cause sur nos destinées : et ce jugement sera prononcé
» non pas par une minorité, mais par la majorité des
» citoyens, c'est-à-dire par la volonté nationale elle-
» même.

» Telle est la seule politique possible, nécessaire,
» adaptée aux circonstances douloureuses où nous nous
» trouvons. C'est celle à laquelle mes honorables collè-
» gues sont prêts à dévouer leurs facultés éprouvées ;
» c'est celle à laquelle, pour ma part, malgré l'âge et les

» fatigues d'une longue vie, je suis prêt à consacrer les
» forces qui me restent, sans calcul, sans autre ambi-
» tion, je vous assure, que d'attirer sur mes derniers
» jours les regrets de mes concitoyens, et permettez-
» moi d'ajouter, après le plus complet dévouement
» d'obtenir justice pour mes efforts. Mais n'importe,
» devant le pays qui souffre, qui périt, toute considéra-
» tion personnelle serait impardonnable.

» Unissons-nous, Messieurs, et disons-nous bien qu'en
» nous montrant capables de concorde et de sagesse,
» nous obtiendrons l'estime de l'Europe et avec son
» estime son concours, et de plus le respect de l'ennemi
» lui-même, et ce sera la plus grande force que vous
» puissiez donner à vos négociateurs pour défendre les
» intérêts de la France dans les graves négociations qui
» vont s'ouvrir.

» Sachez donc renvoyer à un terme qui ne saurait
» être bien éloigné, les divergences de principes qui
» nous ont divisés, qui nous diviseront peut-être encore,
» mais n'y revenons que lorsque ces divergences, ré-
» sultat, je le sais, de convictions sincères, ne seront
» plus un attentat contre l'existence et le salut du pays. »

L'effet produit par cet admirable discours fut immense, il dure encore : le temps ne l'a point affaibli, et l'abus regrettable qu'en a fait l'esprit de parti n'a servi qu'à mettre mieux en relief la sagesse des conseils qu'il renferme. M. Thiers y est revenu plusieurs fois, développant et justifiant sa ligne de conduite, réfutant par une argumentation décisive les sophismes à l'aide desquels on essayait de trouver dans ses paroles l'ajournement indéfini d'une constitution régulière.

Il a prouvé victorieusement qu'une telle interprétation travestissait complétement sa pensée. Sans doute il voulait qu'avant tout on s'occupât de la délivrance et de la réorganisation du pays; mais il n'était pas moins net à demander que, soulagée de ses intolérables maux, redevenue elle-même, la nation fît cesser un régime provisoire antipathique à son caractère, incompatible avec l'ordre et le travail, favorable à toutes les agitations, à toutes les intrigues, à toutes les conspirations. C'est le dessein qu'il a suivi du premier au dernier jour de sa magistrature, et dont les ambitions coalisées de quelques meneurs ont seules empêché l'exécution au détriment des intérêts du pays. Mais au 19 février 1871 le pouvoir n'offrait que des périls, on ne songeait pas à le lui disputer. Sincère dans sa reconnaissance, l'Assemblée l'acceptait sans arrière-pensée comme son guide, elle sentait qu'une si rare habileté unie au plus pur des patriotismes était pour elle et pour la France la meilleure des garanties; et comme lui, elle s'engageait, en face du monde attentif à ces grands événements, à relever le noble blessé, puis à lui rendre dans le délai le plus court possible la faculté de se donner des institutions définitives.

Quelle que fût cependant sa confiance dans son illustre chef, il n'était pas hors de propos qu'elle fût associée, dans une certaine mesure, à la redoutable négociation qui allait s'ouvrir. Le ministre des affaires étrangères motiva en quelques mots et déposa sur le bureau une proposition ainsi conçue :

« Une commission de quinze membres sera nommée
» par les bureaux de l'Assemblée. Cette commission
» assistera les négociateurs, recevra d'eux les communi-

» cations qui pourront l'éclairer, donnera son avis et
» fera ensuite son rapport à l'Assemblée. »

Après une courte discussion, cette proposition fut adoptée, et les bureaux nommèrent MM. Benoist d'Azy, Teisserenc de Bort, de Mérode, Desseilligny, Victor Lefranc, Laurenceau, baron Lespérut, Saint-Marc Girardin, Barthélemy Saint-Hilaire, le général d'Aurelles de Paladines, l'amiral la Roncière le-Noury, Pouyer-Quertier, Vitet, Batbie, l'amiral Saisset.

Cette commission devait nous être d'un notable secours dans les cruelles journées que nous allions traverser.

§

Nous quittâmes Bordeaux, M. Thiers et moi, dans la soirée du dimanche 19 février, accompagnés de quelques personnes au nombre desquelles figuraient M. le duc de Broglie et M. le baron Baude déjà désignés, le premier pour l'ambassade d'Angleterre, le second pour la légation de Belgique. Nous n'avions pas une minute à perdre; l'armistice expirait le surlendemain 21 à minuit. Malgré la diligence de l'ingénieur qui dirigeait la marche de notre train, nous n'arrivâmes à Paris que le lundi soir 20 février. M. Thiers descendit à l'hôtel des Affaires étrangères et fit prévenir M. de Bismarck que le lendemain mardi il se rendrait à Versailles.

Il tint à être seul pour cette première visite, et l'on comprend sans peine que je me soumis avec empressement à son désir. Il comptait sur l'influence que pouvaient lui donner ses anciennes relations avec le chan-

celier, il voulait même voir le roi, et il pensait avec raison qu'il était habile de laisser à cette démarche un caractère tout personnel. Je n'ai pas besoin de dire l'anxiété dans laquelle nous jetait notre ignorance absolue des conditions qui nous attendaient. Notre esprit ne pouvait se détacher des conjectures que faisaient naître en nous quelques indications recueillies au hasard, et demeurait ensuite plus lourdement accablé sous le poids de l'incertitude. Nous employâmes le voyage à parcourir toutes les hypothèses. M. Thiers affirmait qu'il fallait craindre les exigences les plus insensées. « Si,
» disait-il, on eût traité avant la reddition de Metz, la
» Prusse se fût contentée de l'Alsace et de trois milliards;
» aujourd'hui elle nous demandera la Lorraine, l'Al-
» sace et cinq milliards, et nous sommes dans cette po-
» sition horrible de ne pouvoir lui opposer aucun moyen
» de résistance! »

Des renseignements irrécusables publiés depuis ont prouvé l'inexactitude de cette appréciation, au moins en ce qui concerne les cessions territoriales. Au lendemain de la capitulation de Sedan, l'Allemagne était résolue à nous arracher l'Alsace et la Lorraine; elle aurait continué la guerre pour nous enlever Metz et le département de la Moselle. A plus forte raison le voulait-elle après les lourds sacrifices que lui avait imposés une résistance qu'elle ne prévoyait pas. En refusant de s'expliquer malgré mes instances, M. de Bismarck ne m'avait pas caché que nous serions traités avec une dureté extrême. Il ne nous était donc pas permis de nous faire illusion sur le sort qui nous était destiné. La réalité n'est venue que trop cruellement justifier nos appréhensions!

M. de Bismarck accueillit M. Thiers avec une grande

courtoisie. Il lui témoigna vivement toutes les sympathies que lui méritaient son caractère, sa haute situation dans l'État et les malheurs qu'il avait en vain essayé de conjurer. Il accorda sans discussion une prolongation d'armistice jusqu'au 26 février, à minuit, avec promesse de renouvellement s'il était nécessaire; mais il se montra net jusqu'à la roideur en faisant connaître les conditions, selon lui absolument, immuables que le roi lui avait ordonné de poser comme un ultimatum. La France devait renoncer à l'Alsace tout entière, y compris Belfort, à la ville et aux forteresses de Metz, ainsi qu'à une notable partie des départements de la Moselle et de la Meurthe; de plus, elle devait payer six milliards.

M. Thiers ne dissimula pas sa consternation. Il dit au chancelier qu'il se trompait fort s'il supposait que la France fût épuisée au point d'en être réduite à accepter des conditions déshonorantes ou d'une exécution impossible, que lui demander ses deux plus belles provinces, l'en dépouiller contre le gré de leurs habitants, au mépris de leurs affections et de leurs sentiments, était une violence à laquelle il craignait qu'elle ne pût se résigner. Quant à la contribution de guerre exigée, elle atteignait un chiffre tellement fabuleux qu'il était difficile d'en regarder la fixation comme sérieuse. L'imagination se refusait à concevoir l'opération financière nécessaire à l'acquittement d'une pareille charge. Non-seulement elle absorberait plus de deux fois l'épargne entière de la nation, mais en ruinant ses capitalistes et ses propriétaires elle jetterait dans toute l'Europe une perturbation monétaire qui deviendrait une calamité publique. Il déclara qu'il en référerait à la commission parlementaire nommée par l'Assemblée, et venue de

Bordeaux à Paris pour l'assister. Il n'avait qu'un faible espoir de la voir entrer dans la voie ouverte par un vainqueur inexorable, il était sûr à l'avance qu'elle reconnaîtrait comme il le faisait lui-même l'impossibilité des sacrifices auxquels on prétendait nous condamner. M. Thiers demanda à voir le roi, ne désespérant pas de lui faire comprendre la justesse de ces considérations.

M. de Bismarck prit les ordres de son maître; Sa Majesté fit savoir qu'elle serait heureuse de recevoir M. Thiers; toutefois elle le priait de s'abstenir avec elle de tout débat politique, ayant l'habitude, dont elle n'entendait pas se départir, d'abandonner exclusivement au chancelier de la Confédération la discussion des affaires publiques.

L'entrevue eut lieu dans ces termes. Triste, respectueux et digne, notre éminent négociateur trouva le moyen de concilier la réserve qui lui était commandée avec le sentiment patriotique dont il était bon que le souverain victorieux entendît l'expression. Laissant de côté les questions de détail, il parla éloquemment des dangers que ferait courir aux deux nations qui venaient de se rencontrer sur le champ de bataille, et à l'Europe tout entière, une paix qui renfermait le germe d'une lutte nouvelle. Il fit valoir l'intérêt de l'Allemagne à jouir du fruit de ses triomphes sans être condamnée à les arroser encore de sang. Il rappela au roi tous les sacrifices qu'entraînent après elles les conquêtes qui s'accomplissent malgré le vœu des populations. Guillaume fut bienveillant, presque affectueux; il affirma n'avoir jamais eu l'intention de faire la guerre à la France. Il regrettait profondément les obligations impérieuses que lui dictaient les événements, il n'était pas le maître de s'y soustraire.

Telle fut cette première journée; en nous en rapportant, le soir, les incidents, M. Thiers avait peine à dominer son émotion. Néanmoins nous ne le trouvâmes pas abattu. De son côté, la commission paraissait disposée à le soutenir avec une loyale abnégation. Un sentiment profond l'animait : celui du devoir qui lui ordonnait d'en finir au plus vite et de sauver la France, même au prix des plus dures extrémités. Épouvantée à l'idée de faire payer à la nation une somme de six milliards, la commission y aurait encore ajouté pour racheter nos chères provinces. L'obligation d'y renoncer glaçait tous les courages. Placés en face d'une iniquité révoltante, nous aurions voulu échapper à la complicité indirecte d'un consentement. Nous avions beau sentir que nous n'obéissions qu'à la violence, l'adhésion, même contrainte, que nous lui donnions nous semblait un crime national. Cependant le salut était à ce prix. Comme l'avait dit avec une invincible logique le chef du pouvoir, il fallait traiter ou se battre. Se battre était impossible, il ne restait plus qu'un parti : celui de la soumission aux arrêts du destin. Ils étaient cruels; ils auraient pu l'être davantage. Nous avions craint de perdre toute la Lorraine, nous en conservions la majeure partie. Contrairement aux versions les plus accréditées des feuilles étrangères, on ne nous avait menacés d'aucune réglementation intérieure du chiffre de notre armée, d'aucune diminution de nos flottes. Nous étions bien malheureux, mais nous restions encore puissants. Et si la terrible leçon qui nous était infligée nous apprenait la concorde et la sagesse, nous pouvions ne pas désespérer de l'avenir.

La commission fut donc unanime à encourager M. Thiers et à le soutenir par son concours moral et son autorité officielle. Mise chaque soir au courant de tout ce qui s'était dit et fait, elle nous éclairait par ses observations, nous aidait de ses conseils, sans jamais gêner notre liberté d'action. L'union de ses membres, leur ferme résolution, leur volonté bien arrêtée d'écarter tout souci de popularité ne se sont pas démenties un seul instant. Nous mettions en commun nos douleurs et nous nous fortifiions les uns les autres par l'amour de la patrie qui animait chacun de nous au même degré.

Le lendemain mercredi, M. Thiers voulut encore aller seul à Versailles. Il espérait adoucir M. de Bismarck et lui arracher Metz, dont le sacrifice le navrait. Il tenait aussi à lui communiquer l'opinion de la commission sur l'impossibilité pour la France de payer six milliards. Le chancelier demeura inflexible. Il parut même mécontent et surpris de l'insistance de son interlocuteur. Il lui répéta plusieurs fois que ce qui lui paraissait exagéré était jugé insuffisant en Allemagne. Les hommes les plus graves de ce pays portaient notre rançon à douze et même quinze milliards, et prétendaient prouver par des calculs rigoureux que cette somme n'atteignait pas l'importance du préjudice souffert. Aussi taxait-on de faiblesse la réduction de la contribution à six milliards. Il ajouta qu'une plus longue discussion était inutile, qu'il allait faire rédiger un traité dont chaque article pourrait devenir le texte d'un débat particulier; que le roi lui avait exprimé le désir formel d'éviter une nouvelle prorogation d'armistice.

Dans mes précédentes conversations avec M. de Bismarck, nous étions tombés d'accord sur la procédure à suivre dans la négociation. Très-pressés les uns et les autres d'arriver à une solution définitive, nous comprenions cependant que nous ne pouvions en quelques heures formuler toutes les stipulations que doit renfermer un traité de paix. Il fallait d'abord en arrêter les conditions essentielles, puis renvoyer à un examen ultérieur les points de détail et la décision dernière. La convention ne devait donc contenir que des préliminaires et l'engagement de confier à des plénipotentiaires la mission de débattre et de préparer le traité complet. Nous avions même choisi Bruxelles comme lieu de leur réunion. J'avais repoussé Berlin, on ne pouvait proposer Paris. Une ville neutre, intermédiaire, se trouvait naturellement indiquée.

Cette situation autorisait M. de Bismarck à dire qu'il ne s'agissait, après tout, que de quelques clauses très-courtes, faciles à apprécier, ne fournissant l'occasion d'aucune controverse sérieuse puisqu'elles étaient un ultimatum véritable. L'illustre plénipotentiaire auquel elles étaient soumises avait dû y réfléchir longuement, son parti était pris depuis longtemps. Il lui était facile de prononcer un oui ou un non.

M. Thiers s'élevait avec force contre ce procédé brutal. En venant à Versailles, disait-il, il n'avait pas renoncé à l'espoir d'y être entendu. Aussi repoussait-il comme une offense la contrainte à laquelle on paraissait vouloir l'assujettir en l'obligeant à signer silencieusement un acte qui démembrait et ruinait son pays. Il ne faisait pas à la Prusse l'injure de la croire absolument inaccessible, si ce n'est à la justice, au moins à la raison. Elle n'était plus d'ailleurs armée de cette puissance terrible qu'on appelle le droit de la guerre. Elle s'était engagée, en signant l'armistice, à entrer en négociation avec l'Assemblée nationale, nommée dans ce but. Négocier, c'est discuter, s'éclairer réciproquement et même transiger si l'intérêt des deux belligérants le commande. Il ne refusait pas d'exposer ses idées en examinant un projet. Mais il maintenait expressément son droit d'y proposer des modifications.

Cette argumentation était sans réplique. Le chancelier n'essaya pas de la réfuter. Mais revenant à la contribution de six milliards, il entreprit de démontrer qu'elle n'était ni excessive ni difficile à acquitter. Nous avons tout prévu, dit-il, et nous sommes tout à fait disposés à vous aider à sortir d'embarras. Deux de nos financiers les plus considérables ont étudié une combinaison moyennant laquelle ce tribut, si lourd en apparence, sera payé par vous sans que vous vous en aperceviez. Si leur concours est agréé par vous, nous aurons déjà résolu une grosse question, les autres le seront sans peine.

Le lendemain matin, en effet, les personnages ainsi annoncés se présentèrent à l'hôtel des Affaires étrangères. M. de Bismarck avait pu vanter leur importance. Quiconque s'occupe d'affaires en Europe connaît, au moins de nom, M. Black Schröder et M. le comte de Heukel. Leur immense fortune, leur vaste notoriété, leur habileté incontestée les mettent au premier rang, et cette circonstance particulière qu'ils se trouvaient à point nommé au quartier général, prêts à battre monnaie sur un signe de notre impitoyable vainqueur, donnaient à leurs mérites personnels un singulier caractère d'à-propos. Aussi M. Thiers voulut-il qu'ils fussent entendus en présence de la commission, très-apte à les juger. Je crois inutile de reproduire, même par l'analyse, les systèmes ingénieux qu'ils nous proposèrent ; tous aboutissaient à accroître de moitié notre accablante rançon. Il est vrai que ces messieurs se chargeaient exclusivement de faire les avances et de régler avec le gouvernement allemand. Nous ne pouvions accepter de tels services. Il était déjà bien cruel de subir le tribut auquel nous taxait le vainqueur, c'eût été trop d'en confier la perception à ses banquiers, et je ne saurais dire à quel point fut profonde l'impression pénible que me laissa cette conférence, dans laquelle, le sourire à la bouche, la voix caressante, assaisonnant leurs discours d'une politesse persuasive et presque affectueuse, ces deux princes de la finance prussienne s'efforcèrent de nous prouver tout le prix qu'ils attachaient à faire sur nos milliards une colossale opération.

Ils insistèrent longtemps, ayant réponse à toutes les objections, hormis à celles que la courtoisie retenait sur nos lèvres. Il fallait conclure. Nous leur fîmes comprendre que, malgré son malheur, la France se suffirait à elle-même. En cela nous cédions à un sentiment de dignité nationale bien légitime ; nous étions cependant loin de prévoir l'effort prodigieux qui, sous l'habile direction de M. Thiers, nous permettrait en deux années et demie de faire face aux monstrueuses exigences de l'ennemi.

Après avoir congédié les banquiers allemands, nous partîmes pour Versailles. M. Thiers me demanda de l'accompagner, et je ne le quittai plus jusqu'à la fin des négociations. En nous voyant, M. de Bismarck nous annonça qu'il avait obtenu du roi une diminution d'un milliard sur les six mis à notre charge. Cinq milliards étaient encore un fardeau accablant. Nous essayâmes de combattre le principe même de cette énorme contribution. Nous admettions parfaitement que le vainqueur fît payer les frais de la guerre et même des indemnités proportionnelles au préjudice qu'il avait souffert. Mais nous lui contestions absolument le droit de spéculer sur son succès et de s'enrichir aux dépens du vaincu. Depuis longtemps, les nations civilisées condamnaient la rapine. Elles la réprimaient, même pendant la guerre, et s'il était permis à un chef de corps de faire vivre ses troupes par des réquisitions forcées, il lui était interdit de s'approprier les biens des habitants et de les enlever comme un butin. A plus forte raison était-il contraire aux lois sociales, partout respectées, de stipuler dans un traité qu'après avoir obtenu un tribut plus que suffisant pour réparer toutes ses pertes, la nation victorieuse s'emparerait des richesses de celle qu'elle avait battue. Appliquant cette doctrine de justice élémentaire à notre situation, nous soutenions qu'en recevant deux milliards l'Allemagne se retirait de la lutte plus qu'indemne, que nous en demander cinq était une spoliation véritable.

M. de Bismarck ne contesta pas notre théorie, mais il allégua que les dépenses de la guerre seules dépassaient deux milliards; en y ajoutant les pensions aux blessés, les secours aux veuves et aux orphelins, les frais de toute nature auxquels le gouvernement devait pourvoir, récompenses à l'armée, rétablissement du matériel détruit, indemnités aux Allemands chassés de France au moment de la guerre ainsi qu'aux armateurs et aux équipages des vaisseaux capturés par nous, entretien et solde de nos prisonniers, on atteignait et au delà les cinq milliards réclamés. La Prusse pouvait donc maintenir ce chiffre sans être accusée d'enfreindre les principes invoqués par nous, dès lors il était hors de saison de discuter.

Ce n'était pas l'opinion de l'Europe. La demande de cinq milliards y causa une émotion profonde et provoqua de sévères appréciations. La presse condamna unanimement l'avidité de la Prusse. Les cabinets eux-mêmes ne purent dissimuler l'expression de leur blâme. Pour la première fois, depuis le commencement de la guerre, celui de Londres prit une attitude décidée. Le 24 février, lord Granville expédiait à lord Loftus, ambassadeur de la Grande-Bretagne à Berlin, un télégramme qui devait, le même jour, être transmis à Versailles et communiqué à M. de Bismarck par M. Odo Russell.

Le ministre des affaires étrangères y faisait savoir, que sans être informé des autres conditions de la paix, le gouvernement de la Reine avait appris, par les explications de l'ambassadeur de France, que l'indemnité de guerre demandée par l'Allemagne était de six milliards de francs; que tout en reconnaissant les difficultés résultant de son ignorance des propositions faites du côté de la France, et sans oublier que l'Angleterre n'était que l'une des puissances neutres toutes également liées par des obligations d'amitié envers les deux parties, le gouvernement de la Reine était dans l'intention de faire des représentations à l'Allemagne sur le chiffre de cette indemnité et d'offrir ses bons offices, convaincu que dans l'intérêt de l'Allemagne aussi bien que de la France, le montant de l'indemnité ne dépasserait pas la somme dont raisonnablement on pouvait attendre le payement.

Je dirai dans un instant quelle fut l'impression produite sur l'esprit du chancelier par cette communication.

Je mentionne ce grave incident comme la preuve irrécusable du sentiment de désapprobation générale qu'excita en Angleterre la conduite de la Prusse, désapprobation manifestée avec une telle énergie qu'elle fit sortir le cabinet de la réserve plus que prudente dans laquelle il s'était jusque-là enfermé. Ce sentiment fut le même en Russie. Mais il ne pouvait y avoir la même action. Un diplomate distingué en donnait alors la raison en écrivant avec beaucoup de justesse : « La Russie est neutre, » d'une neutralité favorable à la France ; l'empereur est » neutre, d'une neutralité favorable à la Prusse. » Nous ne nous en étions que trop aperçus, et nous ne pouvions dans cette circonstance compter sur un appui bien prononcé. M. de Gortschakoff ne le cacha pas à notre ambassadeur. Il avait mis une grâce particulière à lui notifier la reconnaissance du gouvernement de M. Thiers, et il avait ajouté par ordre de l'empereur que celui-ci, bien que décidé à reconnaître tout gouvernement émanant de la libre volonté de la France, l'avait fait avec plus d'empressement encore par la considération que M. Thiers était chargé du pouvoir. En apprenant les conditions qu'on nous imposait, le chancelier de l'empire n'avait pas hésité à déclarer que la contribution de guerre lui semblait excessive. Mais il avait décliné toute apparence d'immixtion dans un débat auquel son auguste maître seul avait le droit de toucher. Il dit seulement qu'il présumait qu'une observation serait faite en notre faveur, et en effet elle le fut : car l'empereur autorisa le chancelier à nous informer qu'il s'était empressé de faire savoir à Versailles son espérance « que la paix ne serait pas » arrêtée par une triste question d'argent ». C'était assurément fort peu, et s'il est permis de deviner dans ces quelques mots l'indice d'un blâme, il est difficile de lui supposer une forme plus adoucie. Toutefois, je n'ai pas cru devoir passer sous silence cette marque d'intérêt en faveur de la France de la part d'un souverain que son étroite parenté avec le roi Guillaume portait naturellement à pencher du côté de l'Allemagne.

Tout autre était la situation de l'Italie : la Prusse avait soigneusement évité de lui confier ses projets. M. Brassier de Saint-Simon, son ministre à Florence, ne cessait de répéter que le monde serait surpris de la modération de M. de Bismarck. Aussi la consternation fut grande dans le public et dans le ministère. M. Visconti Venosta disait hautement que les exigences du vainqueur dépassaient les prévisions les plus pessimistes. Néanmoins déjà à cette époque, l'expression de ses sympathies était attiédie par l'aveu d'une inquiétude croissante sur les tendances que la composition de notre Assemblée faisait craindre au sujet d'une intervention éventuelle dans les affaires de Rome. Le ministre italien ne pouvait non plus dédaigner tout à fait l'aigreur du cabinet de Berlin reprochant à celui de Florence sa bienveillance envers nous. Aussi se bornait-il à nous promettre d'appuyer les démarches de l'Angleterre si elles prenaient un caractère plus prononcé. Le langage de l'Autriche était à peu près le même. M. de Beust nous assurait qu'il s'associerait volontiers à une action concertée dans le but de réduire une indemnité dont le chiffre exorbitant menaçait d'apporter la perturbation sur tous les marchés de l'Europe. Il y était d'autant plus disposé qu'il reconnaissait l'impression douloureuse produite dans tout l'empire austro-hongrois par des conditions de paix aussi cruelles qu'imprévues, mais il lui était impossible de songer à une initiative quelconque en notre faveur. Le cabinet de Madrid ne pouvait également que nous affirmer son bon vouloir, et sa vivacité à condamner les procédés de la Prusse, tout en donnant une précieuse valeur morale à ses déclarations, ne leur prêtait aucune efficacité réelle.

Cette exacte analyse des dispositions manifestées par la diplomatie européenne prouve, une fois de plus, et l'isolement dans lequel nous fûmes laissés, et la précipitation de la Prusse à en profiter. Elle savait qu'un congrès aurait hautement condamné ses prétentions : elle se hâtait de nous en faire subir l'excès, sans permettre aux puissances neutres de se recueillir et de se prononcer : aussi m'a-t-il paru qu'il n'était pas indifférent de relever ces détails et d'établir que le vainqueur, au moment où il abusait de notre adversité, ne s'était pas contenté d'exclure l'Europe de ses délibérations, qu'il avait bravé son opinion et publiquement posé ce principe destructeur de toute justice, que la force triomphante peut se passer d'adhésion morale.

Il aurait sans doute vivement désiré l'obtenir : son irritation mal contenue, toutes les fois qu'il était fait allusion à l'intervention possible des neutres, l'indiquait assez ; mais il se résignait au blâme, pourvu qu'il exécutât son dessein, le démembrement et la ruine de la France.

Nous luttâmes donc en vain sur la question de l'indemnité, et je l'avoue, je n'avais pas plus d'espérance sur celle de la cession territoriale. Tout ce qui peut être dit au point de vue du droit des peuples fut épuisé. M. de Bismarck ne voulut reconnaître aucun de nos principes. Selon lui, la nécessité légitimait la conquête. Soucieuse avant tout de sa sécurité, l'Allemagne avait le droit de s'approprier les territoires et les forteresses qui la lui garantissaient, et n'avait nullement à se préoccuper du sort et des sentiments des populations. Le chancelier ne paraissait pas plus touché de l'argument tiré de la guerre inévitable que la perte de nos provinces devait entraîner. Ceci nous regarde, nous répondait-il, nous comptons sur un choc, et nous espérons n'être pas surpris. Nous fîmes valoir, avec toute l'énergie dont nous étions capables, les considérations qui devaient soustraire la ville de Metz au malheur d'une annexion prussienne. Nos efforts demeurèrent inutiles. Ils l'auraient été pour Belfort si M. Thiers n'avait pas trouvé dans son courage, dans son patriotisme, dans sa douleur, des accents si persuasifs que M. de Bismarck se laissa émouvoir.

Il faut avoir assisté à cette scène pathétique pour se faire une idée des ressources surhumaines qu'y déploya l'illustre chef du pouvoir exécutif. Je le vois encore, pâle, agité, s'asseyant et se levant tour à tour ; j'entends sa voix brisée par le chagrin, ses paroles entrecoupées, ses accents à la fois suppliants et fiers, et je ne sais rien de plus grand que la passion sublime de ce noble cœur éclatant en plaintes, en menaces, en prières, tantôt caressante, tantôt terrible, s'irritant par degrés en face d'une injuste résistance, prête un instant aux dernières extrémités, devenue insensible aux conseils de la raison, tant était violent et sacré le sentiment dont elle s'inspirait.

Était-il, en effet, possible de rompre la négociation si, jusqu'au bout, Belfort nous avait été refusé ? M. Thiers ne le pensait pas. Il agit cependant comme y étant décidé. Quand il eut fait valoir, avec son inimitable éloquence, l'énormité de nos sacrifices, la rigueur

inouïe que nous imposait, outre la mutilation de notre territoire, une écrasante rançon, les liens antiques qui nous rattachaient à une ville qui n'avait jamais appartenu à l'Allemagne et qui n'avait rien de germanique, voyant l'inflexibilité de son interlocuteur, il s'écria :
« Eh bien! qu'il en soit comme vous le voulez, Monsieur
» le comte! ces négociations ne sont qu'une feinte. Nous
» avons l'air de délibérer, nous devons passer sous votre
» joug. Nous vous demandons une cité absolument fran-
» çaise, vous nous la refusez : c'est avouer que vous
» avez résolu contre nous une guerre d'extermination.
» Faites-la. Ravagez nos provinces, brûlez nos maisons,
» égorgez les habitants inoffensifs; en un mot, achevez
» votre œuvre. Nous vous combattrons jusqu'au dernier
» souffle; nous pourrons succomber, au moins nous ne
» serons pas déshonorés! »

Tel fut le sens, sinon le texte de cette impétueuse allocution. M. de Bismarck parut troublé. L'émotion de M. Thiers l'avait gagné; il lui répondit qu'il comprenait ce qu'il devait souffrir et qu'il serait heureux de pouvoir lui faire une concession. « Mais, ajouta-t-il, il serait
» mal à moi de vous promettre ce que je ne peux vous
» accorder. Le roi m'a commandé de maintenir ses
» conditions, lui seul a le droit de les modifier. Je dois
» prendre ses ordres. Il importe, toutefois, que je con-
» fère avec M. de Moltke. Si j'ai son consentement, je
» serai plus fort. » Il sortit.

Il était de retour au bout d'un quart d'heure. Le roi était à la promenade et ne devait rentrer que pour dîner. M. de Moltke était également absent. On ne peut se figurer notre anxiété. Elle fut à son comble lorsque, une demi-heure après environ, M. de Moltke fut annoncé. Nous ne le vîmes point. M. de Bismarck s'enferma avec lui.

Je ne crois pas que jamais accusé ait attendu son verdict dans une plus fiévreuse angoisse. Immobiles et muets, nous suivions d'un œil consterné l'aiguille de la pendule qui allait marquer l'heure de notre arrêt. La porte s'ouvrit enfin, et, debout sur le seuil, M. de Bismarck nous dit : « J'ai dû, selon la volonté du roi, » exiger l'entrée de nos troupes à Paris. Vous m'avez » exposé vos répugnances et vos craintes, et demandé » avec instance l'abandon de cette clause. Nous y renon- » çons si, de votre côté, vous nous laissez Belfort. »

Le chancelier supposait que nous ne pourrions pas résister à la tentation de soustraire la capitale au contact de ses vainqueurs. Il n'avait pu oublier qu'en lui proposant l'armistice, j'avais fait une condition absolue de l'exclusion de l'armée allemande. Il avait vu l'expression de mon chagrin lorsqu'il m'avait annoncé, le jour même de mon départ pour Bordeaux, qu'il ne lui serait plus possible de retenir ses soldats au pied de notre enceinte, alors que d'imprudentes proclamations semblaient les défier de la franchir. Enfin il avait entendu nos pressantes sollicitations sur ce sujet : nous ne lui avions pas caché que nous redoutions un conflit, et nous l'avions supplié de nous en épargner l'éventualité. Hélas! quelque sombres que fussent nos appréhensions, elles ne pouvaient aller jusqu'à la prévision des malheurs inouïs dont la satisfaction de la vanité prussienne devait être le signal! Ce fut cependant pour nous une minute d'indicible torture; mais nous étions d'accord sans nous être consultés. Un regard échangé suffit. M. Thiers en traduisit le sens en quelques paroles patriotiques. « Rien,

» dit-il, n'égalera la douleur de Paris, ouvrant les portes
» de ses murailles intactes à l'ennemi qui n'a pas pu les
» forcer. C'est pourquoi nous vous avons conjuré, nous
» vous conjurons encore de ne pas lui infliger cette hu-
» miliation imméritée. Néanmoins il est prêt à boire le
» calice jusqu'à la lie pour conserver à la patrie un coin
» de son sol et une cité héroïque : nous vous remercions,
» Monsieur le comte, de lui fournir l'occasion d'ennoblir
» son sacrifice. Son deuil sera la rançon de Belfort, que
» nous persistons plus que jamais à revendiquer. — Ré-
» fléchissez, nous dit M. de Bismarck, peut-être regret-
» terez-vous d'avoir repoussé cette proposition. — Nous
» manquerions à notre devoir en l'acceptant, répliqua
» M. Thiers. » La porte se referma, et les deux hommes
d'État prussiens reprirent leur conférence.

Elle nous parut durer un siècle : après le départ de M. de Moltke le chancelier nous fit connaître qu'il n'y avait plus que le roi à convaincre. Il dut, malgré notre impatience, attendre que le monarque eût achevé son repas ; vers six heures et demie, il se rendit auprès de lui. A huit heures, M. Thiers recueillait le fruit de son vaillant effort. Il avait rendu Belfort à la France.

C'est donc à lui seul, à son habileté, à son patriotisme, qu'il faut attribuer ce succès. Le résultat en était considérable : outre l'inestimable avantage d'arracher à la conquête prussienne quelques lieues de notre territoire et la ville qui venait de s'illustrer en soutenant un siége glorieux, nous recouvrions une ligne précieuse de frontières ; une lueur de consolation et d'espérance brillait dans notre détresse. Aussi M. Thiers reçut-il les félicitations les plus vives et les plus légitimes de la commission parlementaire. On proclamait alors la grandeur de ses services. Plus tard, la majorité de l'Assemblée devait se déjuger elle-même : heureusement pour notre honneur national, la reconnaissance du pays l'a vengé de cette triste ingratitude.

§

Les autres articles du traité furent discutés pied à pied, et provoquèrent plusieurs fois des débats d'une extrême vivacité. Il avait été convenu qu'on rédigerait deux actes séparés portant la même date, et contenant, le premier une prorogation et un règlement d'armistice, le second les conditions des préliminaires de paix.

La prorogation de l'armistice fut portée au 12 mars, délai jugé nécessaire pour la délibération de l'Assemblée, dont il fallait obtenir la ratification [1].

L'article 4 de la convention du 28 janvier, stipulant que, pendant la durée de l'armistice, les troupes allemandes n'entreraient pas à Paris, fut remplacé par une disposition portant que ces troupes occuperaient la partie de la ville de Paris comprise entre la Seine, la rue du Faubourg Saint-Honoré et l'avenue des Ternes [2].

Cette occupation devait cesser immédiatement après la ratification du traité des préliminaires par l'Assemblée nationale ; en même temps, les forts situés sur la rive gauche de la Seine devaient être évacués, et, dans le plus bref délai possible, fixé par une entente entre les autorités militaires des deux pays, les départements du Calvados, de l'Orne, de la Sarthe, d'Eure-et-Loir, du

---

[1] Convention additionnelle, art. 1er.
[2] Art. 2 de la même convention.

Loiret, de Loir-et-Cher, d'Indre-et-Loire, de l'Yonne, et de plus, les départements de la Seine-Inférieure, de l'Eure, de Seine-et-Oise, de Seine-et-Marne, de l'Aube et de la Côte-d'Or, jusqu'à la rive gauche de la Seine.

Les troupes françaises devaient se retirer derrière la Loire, qu'elles ne pourraient dépasser avant la signature du traité définitif [1].

L'évacuation des autres parties du territoire devait s'opérer graduellement, au fur et à mesure du payement de la contribution de cinq milliards. Après le payement des premiers cinq cents millions, elle aurait lieu dans les départements de la Somme, de l'Oise, et les parties des départements de la Seine-Inférieure, de Seine-et-Oise et de Seine-et-Marne situées sur la rive droite de la Seine, ainsi que dans la partie du département de la Seine et des forts situés sur la rive droite.

Après le payement des deux milliards, le surplus des départements occupés devait être évacué, excepté ceux de la Marne, des Ardennes, de la Haute-Marne, de la Meuse, des Vosges, de la Meurthe, ainsi que la ville de Belfort, conservés à titre de gage des trois milliards restants. Les troupes d'occupation ne devaient pas y dépasser le nombre de cinquante mille hommes.

L'extrême dureté de ces conditions, que cependant nous avions fait adoucir sur plusieurs points importants, montre assez ce que pensait le cabinet prussien de l'énormité des charges qu'il nous imposait et de l'extrême difficulté pour nous de les acquitter. Le froid calcul par lequel il nous forçait à racheter notre sol par lambeaux et ne consentait à lâcher prise que lorsque le dernier

---

[1] Art. 3 de la convention des préliminaires.

écu du dernier cinquième milliard serait tombé dans ses coffres, semblait trahir le secret espoir de garder indéfiniment ce qu'il nous supposait impuissants à dégager de son étreinte. Au surplus, notre inquiétude égalait ses défiances. Nous étions entourés d'hommes aussi considérables que compétents, qui regardaient le payement de cinq milliards comme absolument impraticable. On nous prédisait une crise financière ruinant le travail, et, par une naturelle conséquence, une misère sans précédent, suivie d'un bouleversement social. Nul ne doutait du patriotisme de la France, mais nul ne soupçonnait l'étendue de ses ressources. Les économistes les plus autorisés affirmaient que le métal monnayé de l'Europe entière n'atteignait pas cinq milliards; en admettant qu'on pût les verser à la Prusse, on aboutissait à un cataclysme. Aussi entendait-on répéter partout, et même là où une semblable parole devenait une imprudence, qu'après les deux milliards on payerait l'Allemagne à coups de canon; la presse germanique recueillait ces rumeurs en les exagérant. Elle demandait à grands cris qu'on en finît avec nous en nous démembrant tout à fait. De cet ensemble de craintes et de menaces naissait l'opinion, très-accréditée, que nous ne pourrions conquérir notre délivrance dans le délai presque dérisoire de trois années, qui nous était imparti pour le payement des quatre derniers milliards, car le premier devait être compté avant la fin de 1871, c'est-à-dire en moins de dix mois.

Aussi avions-nous essayé d'alléger la pesanteur de cet énorme fardeau en proposant des combinaisons qui devaient accélérer la libération du territoire. Nous regardions avec raison cette libération comme la condition essentielle de la reprise du travail national et du rétablissement de notre crédit. M. de Bismarck le comprenait, mais il alléguait l'incertitude de notre avenir, la mobilité de notre caractère, notre ardeur à réclamer une revanche, la nécessité de ménager l'exaltation de ses compatriotes; toutefois il consentit à introduire dans la convention une clause qui nous permettait, pour l'acquittement des trois derniers milliards, de substituer à la garantie territoriale une garantie financière à la convenance de l'empereur d'Allemagne. En discutant avec nous le sens et la portée de cette concession, il s'était longuement étendu sur les motifs qui l'obligeaient à prendre contre nous des sûretés effectives. Il voulait bien nous dire qu'il croyait à notre sincérité, celle de la France était, à ses yeux, plus contestable. Notre nation n'avait pas changé. Elle ne songeait qu'à recommencer la guerre, et saisirait avidement toute occasion de satisfaire sa passion patriotique. Ne pouvant, dès lors, espérer la fidèle exécution de ses promesses, il avait besoin de l'enchaîner par un lien matériel. Il n'était pourtant point impossible qu'elle trouvât des cautions solvables. Si, par exemple, disait-il, la maison Rothschild nous couvrait par sa signature, il ne ferait plus d'objection à retirer ses troupes après le payement des deux premiers milliards.

En réalité, la faveur qui nous était accordée rentrait dans les calculs de la Prusse et servait ses défiances. Elle voulait en tirer parti contre nous en nous grevant d'un double engagement. Peut-être y voyait-elle encore un moyen de revenir aux combinaisons que ses hommes d'affaires nous avaient inutilement proposées trois jours auparavant. M. Thiers le pressentait et se tenait sur ses gardes : il n'était pas un adversaire facile à entraîner, M. de Bismarck put en juger.

Le samedi matin, nous le trouvâmes particulièrement excité. Sa réception fut contrainte et presque hautaine. Il se montra plus qu'impatient; il reprocha à M. Thiers de revenir sur des points qui déjà avaient été débattus et tranchés, et de reprendre sous une autre forme les avantages qu'il nous avait arrachés. Rien n'était plus inexact. Le président du conseil avait le droit de défendre les intérêts de son pays; il s'acquittait de cette tâche avec une méthode et une minutie dont le chancelier avait le tort de se blesser. Ainsi persista-t-il longtemps à réclamer, au moins en principe, la compensation avec le montant de la contribution de guerre de la fraction du capital de la dette publique proportionnelle à l'importance des impôts affectant les territoires cédés. Il invoquait l'exemple de la France et de l'Italie, lors de l'annexion de la Savoie et du comté de Nice, celui de l'Italie et du gouvernement romain, lorsque le Saint-Père dut renoncer à ses provinces. M. de Bismarck ne voulait rien entendre. Il nous accusait d'inventer des prétextes pour traîner les négociations en longueur, et nous préparer à recommencer la guerre. Son langage était impétueux, presque emporté, son ton acerbe. Il était facile de deviner qu'il obéissait à la pression d'un sentiment violent, étranger à nos délibérations. Je n'avais pas de mérite à le pénétrer, car je savais que la veille au soir il avait reçu la communication de la dépêche que lord Granville avait expédiée à lord Loftus. Aussi ne fus-je nullement surpris de l'entendre s'écrier, dans un mouvement de vivacité :
« Je le vois bien, vous n'avez d'autre but que de rentrer
» en campagne; vous y trouverez l'appui et les conseils
» de vos bons amis messieurs les Anglais. » Je l'arrêtai, et lui demandai l'explication de ces paroles. Je combattis,

pour la vingtième fois peut-être, ses feintes appréhensions : j'ajoutai qu'il savait mieux que personne à quel point il nous était impossible de faire ce qu'il nous reprochait de rêver, et que si nous trouvions maintenant des amitiés en Europe, c'était certainement à lui que nous les devions.

Il répondit que la meilleure manière de prouver que notre désir d'une solution prompte et pacifique concordait avec le sien, c'était de régler définitivement le payement de l'indemnité. Il nous exposa à cet égard tout un système d'établissement d'échéances et de moyens de trésorerie qui faisaient rentrer en scène les personnages auxquels il avait donné sa confiance ; il nous invita à les agréer comme intermédiaires. M. Thiers fit justice de ces expédients avec autant de clarté que de modération. Il démontra qu'ils avaient l'inconvénient capital d'augmenter sensiblement nos charges et de diminuer d'une façon très-préjudiciable notre liberté d'action. « La France, dit-il, est très-accablée, elle ne
» désespère pas d'elle-même. Elle ne veut pas plus
» échapper à ses engagements que recommencer la
» guerre. Elle se refera par le travail et vous payera
» dans les délais convenus, quelle que soit leur brièveté.
» Vous n'avez rien à lui demander au delà. Au surplus,
» ce que vous venez de nous faire connaître est nou-
» veau, compliqué, technique : vous l'avez préparé de
» longue main, avec des conseils financiers éminents.
» Nous réclamons la réciprocité. M. Alphonse de Roth-
» schild est à Paris ; vous appréciez comme moi sa haute
» expérience et sa parfaite droiture. Je vais lui envoyer
» un télégramme : quand j'aurai causé avec lui, je serai
» plus sûr de ne pas me tromper. »

M. de Bismarck ne pouvait refuser cette ouverture, elle lui causa cependant un déplaisir visible; — et comme la discussion continua, il s'anima par degrés, interrogeant son interlocuteur à chaque phrase, lui prêtant l'intention de tout entraver, se disant malade, à bout de forces, incapable d'aller plus loin dans une élaboration qu'on se plaisait à rendre stérile; — puis, laissant éclater l'explosion de ses sentiments et se promenant à grands pas dans le petit salon où nous délibérions : « Je » suis bien bon, s'écria-t-il, de prendre la peine à la- » quelle vous me condamnez, nos conditions sont des » ultimatums, il faut les accepter ou les rejeter. Je ne » veux plus m'en mêler, — amenez demain un inter- » prète, — désormais je ne parlerai plus français. » Et il se mit, en effet, à discourir en allemand avec une extrême véhémence.

Pendant cette pénible scène, M. Thiers n'avait pas un instant perdu son calme. Il n'avait rien à répondre, et en effet, il gardait un silence plein de dignité, attendant que le chancelier s'apaisât. — Heureusement, cinq heures avaient sonné. On vint avertir que le dîner était servi. — Nous refusâmes l'invitation, d'ailleurs courtoise et pressante, qui nous fut faite d'y participer. Craignant que M. Thiers, qui n'avait pris aucune nourriture depuis le matin, ne souffrît de cette longue abstinence, je le conjurai de me permettre de lui procurer au moins une légère collation; il ne le voulut point, et nous restâmes ensemble attristés, non découragés. Il était plus de sept heures et demie lorsque M. Alphonse de Rothschild arriva.

Mis au courant de la question, il partagea complétement l'opinion de M. Thiers, — celui-ci en fit donner immédiatement avis à M. de Bismarck qui vint nous chercher lui-même pour nous conduire au salon où il se tenait avec ses convives. Il s'y montra prévenant et gracieux, prenant visiblement à tâche de faire oublier ce qui venait de se passer. M. Thiers reçut ses politesses comme un homme blessé, mais indulgent, — il eût été fort impolitique de sa part d'affecter une autre attitude, et, d'ailleurs, malgré l'impression fâcheuse qu'il avait ressentie, il appréciait, à leur juste valeur, les qualités du chancelier prussien et savait que, de tous nos ennemis, il était peut-être celui qui, au fond, l'était le moins. — Nous nous quittâmes vers dix heures du soir, remis de cette alerte, et nous rentrâmes près de la commission parlementaire avec la satisfaction de n'avoir fait aucune concession contraire aux intérêts de la France.

§

En retraçant ces détails, j'ai omis de mentionner les stipulations relatives à l'armée. Nous y attachions naturellement la plus haute importance, et, sans nous les être communiquées, nous étions l'un et l'autre en proie aux mêmes craintes. Nous n'avions point oublié que, vainqueur de la Prusse, Napoléon Ier avait exigé d'elle la limitation de ses forces militaires. Les journaux allemands annonçaient qu'un traitement pareil nous serait infligé; ils sommaient leurs négociateurs de réduire à 60,000 hommes le nombre de nos soldats et de s'emparer de la moitié de notre flotte. Nous étions décidés à repousser de telles conditions, mais nous nous demandions avec terreur comment nous soutiendrions la lutte que ce refus entraînerait. C'est une situation affreuse que de se sentir à la merci de celui avec lequel on discute. Cette situation était la nôtre ; tout nous manquait à la fois et nous ne pouvions retenir que ce qu'on ne nous arrachait point, — ici, nous n'eûmes pas de victoire à remporter. La prétention, redoutée par nous, ne fut pas soulevée, si ce n'est en ce qui concerne la garnison de Paris qui, jusqu'à la signature du traité définitif de la paix, ne dut pas dépasser 40,000 hommes. M. de Bismarck avait dit tout d'abord 25,000, nous obtînmes une augmentation de 15,000 hommes sans y comprendre la gendarmerie et la garde municipale. Nous nous réservâmes aussi l'effectif nécessaire à la défense des places de guerre et des villes situées au nord de la Loire. Malgré ces modifications au projet primitif, nous n'en restions pas moins exposés aux graves dangers que pouvait nous faire courir l'indisponibilité momentanée de la plus grande partie de nos forces. Nous verrons, dans quelques instants, à quels embarras cruels nous exposa cette inutile exigence de l'ennemi.

Justement préoccupé de l'urgente nécessité de reconstituer notre armée et du triste sort de nos malheureux soldats retenus en Allemagne, M. Thiers insista énergiquement pour que la restitution de nos prisonniers s'opérât immédiatement, sans attendre le traité définitif[1] ; leur rapatriement était une œuvre laborieuse et difficile, car il devait être fait rapidement et ne comprenait pas moins de quatre cent vingt mille hommes. Il fut stipulé que, dans le but d'accélérer leur transport, la France tiendrait tout le matériel de ses chemins de fer à

---

[1] Art. 6 de la convention.

la disposition de l'Allemagne. Nous ne pouvions trop nous hâter : tout ce qui pouvait amener le prompt retour de nos compatriotes fut mis en œuvre avec autant d'ardeur que d'intelligence par les compagnies de l'Est et du Nord. Malheureusement, leurs efforts allaient être paralysés pendant plusieurs semaines par la criminelle insurrection de la Commune.

Enfin, nous fîmes stipuler la cessation du système des réquisitions, soit en argent, soit en nature, dans les départements occupés [1]. En signant l'armistice, M. de Bismarck s'était verbalement engagé à substituer à ce régime, si odieux aux populations, un accord entre les intendances, et nous nous étions empressés de le conclure. Cependant, en dépit des ordres du chancelier, les réquisitions avaient continué sur plusieurs points et provoqué de vives plaintes, — il importait de couper court à ces abus. Un arrangement, arrêté à Ferrières quelques jours plus tard, régla toutes les questions relatives à l'entretien des troupes allemandes restant sur notre sol.

Ce n'était point assez encore. Nous désirions impatiemment rétablir l'administration civile française dans les territoires qui demeuraient en la possession de l'ennemi. Elle seule pouvait apaiser les esprits, assurer l'ordre et l'exécution des lois. Nous obtînmes que les services financiers seraient repris par nos agents aussitôt après la ratification des préliminaires. On renvoya au traité de paix la reconstitution de l'autorité administrative ; — toutefois, le chancelier ne tarda pas à reconnaître que cette mesure était aussi avantageuse à l'Alle-

---

[1] Art. 4 de la convention.

magne qu'à la France, et à nous la concéder après d'assez laborieuses négociations.

§

Telles furent, en substance, les clauses du traité des préliminaires de paix et les incidents de sa douloureuse élaboration [1]. Réduits à subir passivement la loi du vainqueur, nous ne pouvions espérer de lui que les conditions que lui dicterait son intérêt. Du jour où il avait tiré l'épée, il avait résolu, si nous étions battus, de nous arracher deux provinces. Ainsi l'exigeait sa politique, qui s'inspirait de passions implacables et de haines depuis longtemps fomentées; indifférent aux idées de justice, de droit et de morale, il ne songeait qu'à satisfaire l'orgueil germanique, et la conquête d'une partie de notre territoire lui paraissait le meilleur hommage qu'on pût lui rendre. Quant à la volonté des populations qu'il enchaînait à son empire, quant à l'opinion des puissances qui avaient tant de fois invoqué la nécessité de maintenir l'équilibre européen, il affichait à leur endroit le plus suprême dédain, et ne consentait point à leur attribuer une valeur quelconque. Que pouvions-nous contre de telles dispositions? Plier sous le poids de notre malheur et nous fortifier par cette pensée : Que, dans cette tragique épreuve, nous rendions encore un service signalé à notre pays en l'arrêtant, même au prix des plus cruels sacrifices, sur la pente sanglante qui le conduisait aux abîmes. Ce fut la certitude que nous ac-

[1] Voir aux Pièces justificatives, n° 12.

complissions un grand devoir qui soutint notre courage, souvent prêt à défaillir, pendant le cours de ces six mortelles journées. Rien de ce qui déchire un cœur français ne nous fut épargné ; il nous fallut assister, impuissants et consternés, à une œuvre de mutilation et de ruine nationales, débattre avec sang-froid des clauses qui soulevaient dans nos âmes les mouvements les plus tumultueux de l'indignation et de la colère ; nous croyions avoir épuisé tout ce qu'il nous était possible d'endurer de souffrances. Nous nous trompions : une dernière nous était réservée, la plus poignante de toutes, celle d'apposer nos signatures au bas de cette fatale convention, à côté de celle de l'Allemagne triomphante.

C'était, en effet, la consécration officielle de l'iniquité qui venait de se consommer ; c'était l'adhésion, au moins apparente, à la doctrine barbare qui légitime les cessions d'hommes et de villes passant par un simple trait de plume sous le joug de l'étranger ; c'était, en un mot, la liquidation lamentable de nos défaites. Quel est celui d'entre tous nos concitoyens qui n'aurait pas frémi à l'idée d'y attacher son nom !

Triste, mais toujours ferme, M. Thiers ne me cachait pas son désespoir. Le mien était immense, et je me demandais comment j'aurais la force d'aller jusqu'au bout. Le samedi soir, 25 février, chaque article des deux conventions était formulé, il ne s'agissait plus que de les transcrire à la suite les uns des autres, nous devions donc, le dimanche 26 à une heure après midi, trouver les deux doubles rédigés. Nous avions compté sans les interminables lenteurs de la chancellerie prussienne. On nous fit attendre plus de trois heures : il fallut les remplir par une conversation générale qui semblait un raffinement de supplice; enfin, quand tout fut achevé et collationné, M. de Bismarck nous dit : « Je crois qu'il » est convenable de faire entrer mes collègues de Ba- » vière, de Wurtemberg et de Bade. » Nous n'avions rien à objecter à la présence de ces trois hommes d'État qui n'étaient guère plus libres que nous. Le ton avec lequel le chancelier les accueillit pouvait difficilement les engager à se départir de la modestie de leur rôle. On les admettait à entendre la lecture du traité et à le signer. Ils le firent sans se permettre une observation. La figure de M. de Bismarck rayonnait. Il envoya chercher, avec une pompe théâtrale, une plume d'or, que les dames d'une ville allemande lui avaient offerte pour la circonstance. Silencieux et pénétré, M. Thiers s'approcha de la petite table à jeu sur laquelle étaient déposés les actes : il écrivit son nom sans laisser deviner les sentiments qui le torturaient. Je m'efforçai de l'imiter, nous nous retirâmes. Le sacrifice était accompli.

Remontés en voiture, nous ne trouvâmes pas une parole à échanger pendant tout le trajet. Mon cœur était si oppressé qu'il m'étouffait. Immobile et comme foudroyé, M. Thiers succombait à son émotion. De Versailles jusqu'à Paris ses yeux ne cessèrent pas de se mouiller de larmes. Il les essuyait sans dire un mot, mais il était facile de voir, à l'expression de ses traits bouleversés, qu'il était en proie à l'une des plus ineffables douleurs qu'il soit donné à l'homme de ressentir.

Par un singulier contraste, la soirée, brillante et douce, semblait insulter à notre deuil. Près des fortifications, la route était couverte d'une population nombreuse en habits de fête. Ses regards trahissaient une malveillante curiosité, et l'on pouvait déjà y découvrir les premiers symptômes des passions violentes qui allaient, quelques heures après, éclater au sein de la grande cité, dont nous franchissions l'enceinte, l'âme déchirée.

CHAPITRE III

EXÉCUTION DU TRAITÉ DE PRÉLIMINAIRES. — SA RATIFICATION PAR L'ASSEMBLÉE NATIONALE.— L'ARMÉE ALLEMANDE A PARIS ELLE EN SORT APRÈS L'ÉCHANGE DES RATIFICATIONS.

État menaçant des esprits à Paris. — M. Thiers part pour Bordeaux. — Présentation du traité à l'Assemblée. — Séance du 1er mars. — Rapport de M. Victor Lefranc. — L'Assemblée prononce la déchéance de Napoléon III et de sa dynastie.—Reprise de la discussion.—M. le général Changarnier. — M. Buffet. — M. Thiers. — L'Assemblée vote la ratification du traité. — État critique de Paris. — Entrée des troupes prussiennes à Paris. — Dispositions prises par le général Vinoy. — Admirable attitude de la population. — Incident de la visite au Louvre et aux Invalides. — M. de Bismarck reçoit la communication du vote de l'Assemblée nationale.

La commission parlementaire nous attendait avec une impatience bien naturelle, sans s'expliquer la cause du long retard qu'on nous faisait subir à Versailles. De leur côté, le ministre de l'intérieur et le préfet de police comptaient les minutes et recevaient coup sur coup les rapports les plus inquiétants. Une surexcitation fiévreuse s'était emparée de la ville presque entière et prenait d'heure en heure un caractère de plus en plus menaçant. Partout se formaient des groupes au milieu desquels des discours séditieux étaient audacieusement proférés. On prêchait le meurtre et le pillage, on appelait le peuple à se venger des traîtres qui, disait-on, le vendaient; on désignait spécialement à sa colère les agents de police qu'on signalait comme les anciens sergents de ville dont on rappelait les agressions brutales au moment de la déclaration de guerre. Vers trois heures une foule immense se réunissait sur la place de la Bastille sous prétexte d'honorer la mémoire des citoyens morts pendant le siége. Des bandes sinistres apparaissaient, portant des drapeaux rouges et poussant des cris de mort. Un malheureux gardien de la paix fut saisi par quelques forcenés, lié sur une planche et précipité à la Seine. Il se soutint un instant sur l'eau et s'efforça de regagner la rive; il en fut repoussé à coups de pierres et de crocs, et périt ainsi, lâchement assassiné sous les yeux de plus de vingt mille personnes sans qu'aucune d'elles essayât de le soustraire à ce barbare supplice. Seul, le commissaire de police du quartier de Notre-Dame voulut venir à son secours, mais poursuivi, menacé du même traitement, il dut se réfugier dans la caserne des Célestins, autour de laquelle une multitude furieuse demandait sa tête. Égarée par un aveugle délire, cette multitude se ruait sur quiconque était désigné à sa rage. On répandait le bruit que l'armistice était rompu et qu'à minuit l'armée allemande envahirait la ville, qui serait livrée à toutes les horreurs d'une prise d'assaut. Vers le soir le rappel battit dans les quartiers excentriques; les bataillons de la garde nationale, qui obéissaient au mot d'ordre d'un comité occulte, se rassemblèrent; leurs commandants annonçaient hautement qu'avant d'aller aux remparts repousser l'ennemi il fallait faire justice de ceux qui leur ouvraient les portes. La confusion était à son comble, et d'un moment à l'autre on pouvait s'attendre à une explosion.

Cependant, dès notre arrivée, le ministre de l'intérieur s'était empressé de rédiger la note suivante, avec ordre de l'afficher à un grand nombre d'exemplaires :

« Les préliminaires de paix viennent d'être signés aujourd'hui. Ils seront soumis au vote de l'Assemblée nationale. Un nouvel armistice de quinze jours fait cesser dès à présent les contributions et réquisitions de guerre que chaque jour aggravait.

» Malgré tous les efforts, il n'a pas été possible d'empêcher l'entrée dans certains quartiers de Paris d'une partie de l'armée allemande.

» Nous n'avons pas besoin de dire les sentiments que fait naître en nous cette épreuve que le gouvernement aurait voulu épargner à la ville de Paris. Les négociateurs allemands avaient proposé de renoncer à toute entrée dans Paris, si l'importante place de Belfort leur était concédée définitivement. Il leur a été répondu que si Paris pouvait être consolé dans sa souffrance, c'était par la pensée que cette souffrance valait au pays la restitution de l'un de nos boulevards, tant de fois et naguère encore illustré par la résistance de nos soldats.

» Nous faisons donc appel au patriotisme des habitants de Paris en les conjurant de rester calmes et unis. La dignité dans le malheur est à la fois la force et l'honneur de ceux que la fortune a trahis, elle doit être aussi leur espérance d'un meilleur avenir.

» Paris, 26 février 1871.

» Signé : *le Ministre de l'intérieur,*

» ERNEST PICARD. »

Malheureusement, malgré toutes les diligences de l'administration, il ne faisait plus jour lorsque les placards furent apposés. Il fallut les lire aux flambeaux. Les exaltés y virent une manœuvre destinée à tromper la vigilance de la population. L'agitation ne fit que s'accroître; le préfet de police ne cessait d'envoyer au gouvernement réuni au ministère des affaires étrangères des rapports lui annonçant qu'il serait infailliblement enlevé dans la nuit. Le général Vinoy ne disposait que de forces tout à fait insuffisantes; quelques compagnies de chasseurs à pied et de ligne furent chargées de nous garder. Mais en cas d'une émeute sérieuse, nul ne pouvait répondre de leurs dispositions.

En effet, la troupe subissait déjà l'ébranlement moral qui devait détruire chez elle l'esprit d'obéissance et de discipline, et la jeter entre les bras des factieux. Les soldats qu'on avait envoyés sur la place de la Bastille pour la dégager fraternisaient avec les groupes qu'ils avaient ordre de disperser. La situation était donc fort critique et nous nous trouvions à la merci d'un coup de main. M. Thiers ne se coucha point, il prit toutes ses mesures de défense avec l'activité et le sang-froid d'un homme ferme et résolu. Il entendait comme nous les volées du tocsin mêlé au tumulte des rassemblements armés qui parcouraient la ville. Plus de deux mille gardes nationaux se rendaient à minuit au Château-d'Eau, de là sur la place de la Concorde, où une colonne de trois mille hommes venait les rejoindre; tous ensemble ils traversaient les Champs-Élysées et montaient jusqu'à l'Arc de Triomphe. On leur avait dit qu'ils allaient se heurter aux premières colonnes prussiennes. Tout au loin était silencieux et calme. A six heures du matin ils se repliaient et regagnaient leurs demeures.

A la naissante clarté du jour, Paris lisait sur ses murailles la proclamation suivante, rédigée au milieu de ces émotions :

« Habitants de Paris,

» Le gouvernement fait appel à votre patriotisme, à
» votre sagesse; vous avez dans les mains le sort de
» Paris, de la France elle-même; il dépend de vous de
» les sauver ou de les perdre.

» Après une résistance héroïque, la faim vous a con-
» traints de livrer vos forts à l'ennemi victorieux; les
» armées qui pouvaient venir à votre secours ont été
» rejetées derrière la Loire. Ces faits incontestables ont
» obligé le gouvernement et l'Assemblée nationale à
» ouvrir des négociations de paix.

» Pendant six jours vos négociateurs ont disputé le
» terrain pied à pied; ils ont fait tout ce qui était hu-
» mainement possible pour obtenir les conditions les
» moins dommageables. Ils ont signé des préliminaires
» de paix qui vont être soumis à l'Assemblée nationale.

» Pendant le temps nécessaire à l'examen et à la dis-
» cussion de ces préliminaires, les hostilités auraient
» recommencé et le sang aurait inutilement coulé, sans
» une prorogation d'armistice.

» Cette prolongation n'a pu être obtenue qu'à la con-
» dition d'une occupation partielle et très-momentanée
» d'un quartier de Paris. Cette occupation sera limitée
» au quartier des Champs-Élysées. Il ne pourra entrer
» dans Paris que trente mille hommes, et ils devront se
» retirer dès que les préliminaires de paix auront été
» ratifiés, ce qui ne peut exiger qu'un petit nombre de
» jours.

» Si cette convention n'était pas respectée, l'armistice

» serait rompu, l'ennemi déjà maître des forts occupe-
» rait de vive force la cité tout entière. Vos propriétés,
» vos chefs-d'œuvre, vos monuments, garantis aujour-
» d'hui par la convention, cesseraient de l'être.

» Ce malheur atteindrait toute la France. Les affreux
» ravages de la guerre, qui n'ont pas encore dépassé la
» Loire, s'étendraient jusqu'aux Pyrénées.

» Il est donc absolument vrai de dire qu'il s'agit du
» salut de Paris et de la France. N'imitez pas la faute de
» ceux qui n'ont pas voulu nous croire, lorsqu'il y a
» huit mois nous les adjurions de ne pas entreprendre
» une guerre qui devait être si funeste.

» L'armée française, qui a défendu Paris avec tant
» de courage, occupera la gauche de la Seine pour assu-
» rer la loyale exécution du nouvel armistice. C'est à la
» garde nationale à s'unir à elle pour assurer l'ordre
» dans le reste de la cité.

» Que tous les bons citoyens qui se sont honorés à sa
» tête et se sont montrés si braves devant l'ennemi
» reprennent leur ascendant, et cette cruelle situation
» d'aujourd'hui se terminera par la paix et le retour
» de la prospérité publique.

» A. THIERS, *chef du pouvoir exécutif*
» *de la République française.*

» JULES FAVRE, *ministre des affaires étrangères.*

» ERNEST PICARD, *ministre de l'intérieur.* »

De son côté, le général Vinoy s'exprimait ainsi dans son ordre du jour daté du 27 février :

« Le rappel a été, cette nuit, battu sans ordre.

» Quelques bataillons, la plupart trompés, ont pris

» les armes et ont, à leur insu, servi de coupables
» desseins.

» Il n'en est pas moins constant que l'immense
» majorité de la garde nationale résiste à ces excitations
» et qu'elle a compris les devoirs imposés à tout bon
» citoyen, à tout Français digne de ce nom.

» Le Gouvernement lui confie donc sans hésitation la
» garde de la cité ; il compte sur son dévouement, sur
» son intelligence pour maintenir dans ses quartiers un
» ordre scrupuleux, dont elle comprend plus que jamais
» la nécessité. La moindre agitation peut fournir des
» prétextes et amener d'irréparables malheurs. La garde
» nationale aidera ainsi la ville de Paris à traverser une
» crise douloureuse, et elle la préservera de périls que
» le calme et la dignité seuls peuvent conjurer. Les au-
» teurs des désordres sont recherchés activement et mis
» dans l'impuissance de nuire.

» Le Gouvernement s'est adressé à la population tout
» entière et lui a fait connaître la situation générale.

» Le général commandant supérieur fait appel à la
» garde nationale, et, au nom des intérêts les plus sacrés
» de la France et de Paris, il attend d'elle un concours
» actif, dévoué et patriotique.

» *Le général commandant en chef la garde nationale*
» *et l'armée de Paris.*

» VINOY. »

Ces exhortations, si pleines de sagesse et de bon sens, ne devaient produire aucun effet utile. La garde nationale à laquelle le commandant supérieur les adressait n'existait plus comme corps régulièrement organisé. Presque tous ses chefs et la plupart des simples gardes capables de maintenir l'ordre avaient quitté Paris. La foule armée qui y restait n'était qu'une masse confuse, anarchique, profondément hostile au Gouvernement, n'acceptant d'autre direction que celle des séditieux, qui flattaient ses passions. Les meneurs avaient imaginé de constituer un comité central nommé par les délégués des compagnies. Ces délégués qui, d'après les lois de 1831 et de 1851, étaient choisis par leurs camarades pour coopérer à l'élection des officiers supérieurs, s'étaient arrogé une autorité tout à fait illégale et prétendaient former une représentation officielle ; ils se réunissaient en assemblée générale, et de leurs délibérations étaient sorties la création du comité central et l'adoption de statuts investissant ce comité d'un pouvoir dictatorial. Que pouvait l'action des lois et de la discipline sur des hommes asservis à ce despotisme mystérieux? La voix de l'honneur et de la raison n'arrivait plus jusqu'à leur conscience; fanatisés par une poignée de sectaires, ils ajoutaient foi à tous les mensonges qui leur étaient débités. On leur répétait et ils croyaient que les membres du Gouvernement de la défense nationale avaient livré Paris à la Prusse, quand les greniers regorgeaient encore de provisions de toute espèce ; l'Assemblée avait arboré le drapeau blanc ; M. Thiers allait proclamer la monarchie des d'Orléans ; il avait signé une paix honteuse au moment où l'ennemi épuisé était près de succomber devant nos armées de province. Il fallait donc à tout prix anéantir ces traîtres et mettre à leur place les patriotes éprouvés qui passeraient sur la société française le niveau égalitaire de la Commune.

Nous n'avions aucun moyen matériel de combattre ces pernicieuses influences, et de réprimer les actes coupables qui se multipliaient chaque jour. Tous les ressorts de gouvernement étaient brisés. M. Jules Ferry, dont l'intelligence et le courage avaient, pendant le siége, si puissamment contribué à empêcher le désordre, n'était plus qu'un chef nominal de la municipalité parisienne. Il le savait. Il avait supplié M. Thiers de le relever de ses fonctions : il ne les conservait que par le plus honorable des dévouements, celui qui enchaîne un homme de cœur à son poste, même quand il sent qu'il s'y sacrifie inutilement. Ces considérations auraient certainement retenu M. Cresson à la préfecture de police, si l'altération de sa santé, due à l'excès de ses fatigues, ne l'avait forcé de donner sa démission le 11 février. Depuis, son poste était resté vacant ; M. Choppin, son beau-frère et son chef de cabinet, ne pouvait le remplacer. Il n'avait ni sa décision, ni son autorité ; d'ailleurs, plus la crise se précipitait, plus le vide se faisait autour de lui. Sûrs de l'impunité, les factieux prenaient chaque jour plus d'audace ; ils essayaient leurs forces en enlevant des armes et des munitions. Il était clair pour tous que nous marchions à un conflit. Impuissants à le prévenir par un acte de vigueur, nous n'avions d'autre tactique à suivre que celle de la temporisation. En ajournant l'explosion, nous permettions au gouverneur de renvoyer les mobiles et les soldats désarmés qui encombraient Paris, et à l'Assemblée de trancher la redoutable question de paix ou de guerre qui passionnait encore si violemment tous les esprits.

Il importait donc que ce grand débat aboutit le plus promptement possible à une conclusion. Aussi, dès le lendemain de la signature des préliminaires, le lundi 27 février, s'arrachant, non sans peine, aux dangers qui menaçaient le Gouvernement à Paris; M. Thiers partait pour Bordeaux avec la commission parlementaire. Il était convenu entre nous qu'il ferait tous ses efforts pour obtenir un vote dans le plus bref délai et qu'il nous l'expédierait sans une minute de retard. Je savais par M. de Bismarck que les troupes allemandes ne feraient leur entrée à Paris que le mercredi 1er mars. Il ne me semblait pas impossible, qu'unis dans un même sentiment de douleur patriotique, les députés, renonçant à discuter un traité qu'ils étaient condamnés à subir, ne nous donnassent, dès le 28 février au soir, la ratification qui arrêtait l'ennemi au seuil de la ville qu'il n'aurait plus eu le droit d'occuper. M. Thiers fit tout ce qui était en lui pour arriver à ce résultat. Débarqué à Bordeaux le mardi 28, à deux heures après midi, sans rentrer chez lui, sans songer à son repos, il courut à l'Assemblée, monta à la tribune et s'exprima ainsi :

« Messieurs, vous m'avez imposé une mission dou» loureuse. Tous les efforts dont j'ai été capable, tous
» ceux dont était capable mon honorable collègue
» M. Jules Favre, nous les avons faits pour nous mon» trer dignes de vous, dignes du pays.

» D'ailleurs la commission que vous avez envoyée à
» Paris, qui a vu tout ce qui s'est passé, qui a été témoin
» de tous nos efforts et de toutes nos douleurs, aura
» plus tard à s'en expliquer devant vous. »

M. Barthélemy lut ensuite le traité et le projet de loi de ratification, débutant par cette déclaration :

« L'Assemblée nationale, subissant les conséquences
» des faits dont elle n'est pas l'auteur, approuve le traité
» de paix dont le texte est ci-annexé... »

Après cette lecture, écoutée par l'Assemblée avec une

profonde stupeur, M. Tolain s'éleva contre l'urgence que réclamait le Gouvernement ; il demanda qu'on procédât avec une lente maturité à l'examen d'une convention qu'il dénonçait, dès à présent, comme honteuse et inacceptable.

M. Thiers repoussa vivement ces expressions : « Pas
» un de nous, s'écria-t-il, n'est capable de vous faire
» des propositions honteuses. Mais nous sommes dans
» une situation malheureuse, et s'il y a de la honte, la
» honte sera pour ceux qui, à tous les degrés, auront
» contribué aux fautes qui ont amené cette situation. »

Et il ajouta, aux applaudissements prolongés de l'Assemblée : « Quant à moi, devant Dieu, devant le pays,
» je déclare que je suis étranger à ces fautes-là ! »

Puis répondant à M. Millière et à M. Gambetta, qui, tout en admettant l'urgence, voulaient que l'examen dans les bureaux fût renvoyé au lendemain, il prononça ces remarquables paroles.

« Nous ne voulons rien soustraire à la connaissance
» de l'Assemblée et du pays ; nous avons besoin de leur
» faire tout savoir, nous en avons un besoin plus grand
» que ceux qui, dans ce moment, présentent une de-
» mande différente de la nôtre, puisque nous avons la
» responsabilité terrible des propositions que nous
» venons vous soumettre. Nous sommes, nous comme
» vous, les victimes de ces propositions, alors cependant
» que ce n'est pas nous qui, par nos fautes, les avons
» amenées ; mais il faut ici être bons citoyens, il faut
» songer au pays avant de songer à tout ce que les
» partis qui sont derrière nous peuvent penser.

» Je ne puis vous lire toutes les dépêches télégraphi-
» ques que je reçois à chaque instant, et, je vous en prie,

» dispensez-moi de parler. Respectez, Messieurs, res-
» pectez, je vous le demande, non pas moi, si personne
» ne respecte plus rien, mais respectez mon silence.

» Je ne vous demande qu'une chose, c'est de témoi-
» gner par un vote tout le zèle que vous voulez apporter
» à l'examen immédiat du traité, en montrant cette dis-
» position; seulement, vous pouvez exercer sur l'état de
» Paris une influence considérable, et peut-être pourrez-
» vous ainsi épargner à notre capitale une grande dou-
» leur.

» Je ne puis pas tout vous dire, mais j'ai passé la
» nuit debout; j'ai quitté Paris hier au soir, et quand je
» parle ainsi, je désire être compris sans rien ajouter
» davantage. . . . .

» Il n'y a pas lieu dans vos bureaux à un long examen.
» Il fallait un long et sérieux examen à vos négociateurs
» qui ont discuté avec désespoir et même avec des lar-
» mes, chaque disposition du traité et qui ont usé de
» toutes leurs forces pour conserver au pays son terri-
» toire et ses richesses. Mais, pour vous, je le répète, il
» n'y a que trois ou quatre questions dont la solution
» est dans tous les esprits, dans tous les cœurs; c'est
» pour cela que nous provoquons de votre part une ma-
» nifestation prochaine; plus prompte elle sera, moins
» longues seront les souffrances qui pèsent sur le pays.

» J'ai, permettez-moi de le dire, engagé ma respon-
» sabilité, quand j'aurais pu m'y soustraire par un refus,
» il y a quatre ou cinq jours. Mes collègues et moi, tous
» ceux qui ont pris part à cette négociation ont assumé
» une immense responsabilité. Eh bien, il faut que per-
» sonne ici ne se dérobe par son abstention, en restant
» assis sur son banc, à la responsabilité qui doit lui appar-

» tenir. Que chacun prenne sa part de responsabilité,
» moi j'ai pris toute celle que je pouvais prendre. »

Ces vives et pressantes observations étaient appuyées par un grand nombre de députés, qui montraient à quel point la situation de Paris exigeait qu'on se hâtât.

« Je veux, dit l'amiral Saisset, je veux comme vous
» tous que la discussion soit entière, absolue, complète;
» mais, je vous en conjure, ne laissons point passer un
» jour tout entier sans l'aborder, dans les circonstances
» actuelles, dans les conditions où se trouve la capitale.
» Je parle comme député de Paris, il ne faut pas perdre
» une minute. »

« On oublie sans doute, ajouta M. Cochery, qu'une
» partie de Paris sera occupée demain par trente mille
» Allemands, et que cette occupation doit cesser aussi-
» tôt après la ratification des préliminaires ; les députés
» de Paris doivent comme nous désirer de voir réduire
» la durée de cette occupation... »

Il n'y avait rien de sérieux à répondre. L'Assemblée décida qu'elle examinerait le traité le soir même, à neuf heures, dans ses bureaux, et qu'elle reprendrait la délibération publique le lendemain à midi.

Au commencement de la séance, le président de l'Assemblée donna lecture d'une lettre de M. Girot-Pouzol, député du Puy-de-Dôme, qui déclarait se retirer, ne pouvant se résoudre à voter la ratification du traité. M. Victor Lefranc, nommé rapporteur par la commission dont tous les membres avaient été réélus, justifia en termes éloquents l'adoption du projet de loi, adoption que la commission demandait à l'unanimité[1].

---

[1] Voir les Pièces justificatives, n° 13.

Il fut plusieurs fois interrompu par les murmures de la gauche, lorsqu'il démontrait la nécessité d'une cruelle mais inévitable résignation. En entendant cette phrase, à laquelle il aurait été certainement embarrassé d'opposer une réponse raisonnable :

« Le gouvernement de la République française, en
» signant cette paix, aura le droit de s'honorer de tout
» ce que de pareilles résolutions, loyalement et ferme-
» ment pratiquées, peuvent créer de stabilité. »

Un député s'écria : « De honte ! »

« Que celui qui parle de honte se lève » ! dit M. Thiers.

Un membre à gauche : « La honte est pour ceux qui
» ont amené la situation ! »

M. *l'amiral Saisset :* « Et pour ceux qui ne se sont pas
» battus ! »

Il était difficile que l'Assemblée pût contenir les mouvements qui l'agitaient. Elle y parvint cependant, et M. Victor Lefranc put achever la lecture de son travail, dans lequel il établissait, par d'irréfutables arguments, la nécessité où les négociateurs s'étaient trouvés de signer ce fatal traité, et celle, non moins impérieuse, qui devait entraîner l'adhésion des mandataires du pays.

Comment, en effet, échapper à l'inexorable logique des événements, mise en lumière avec une patriotique et saisissante sincérité par le rapporteur ? Comment démentir ces paroles, expression même d'une vérité aussi douloureuse qu'indiscutable :

« Faut-il recommencer la lutte après les désastres de
» nos armées, après les insuffisances de la levée en
» masse, après l'appel des forces à peine organisées du
» pays ? Ne serait-ce pas hasarder les dernières énergies
» de la France, sans espoir de les voir triompher ? Ne

» serait-ce pas pour couvrir, contre les conséquences
» fatales de leurs fautes, l'honneur de ceux qui nous ont
» perdus, ou même le faux honneur de ceux qui reculent
» devant les responsabilités? ne serait-ce pas jouer l'hon-
» neur même de la France, compromis dans le trouble
» possible de ces suprêmes convulsions du désespoir? »

A vrai dire, nul n'essaya une contradiction raisonnée, et les discours par lesquels de généreux orateurs combattirent le projet de loi furent surtout une protestation indignée contre le sort qui nous accablait, une juste flétrissure des criminelles folies qui nous avaient jetés dans l'abîme.

Ce fut sous l'impression de ce dernier sentiment que M. Bamberger, député de la Moselle et Strasbourgeois de naissance, monta à la tribune :

« Ce traité, dit-il, constitue l'une des plus grandes
» iniquités que l'histoire des peuples et les annales de
» la diplomatie auront à enregistrer. Un seul homme, je
» le déclare tout haut, un seul homme pouvait le signer.
» cet homme c'est Napoléon III... un seul homme dont
» le nom restera éternellement cloué au pilori de l'his-
» toire ! »

A ces mots, des applaudissements prolongés éclatent dans toute la salle. M. Conti, ancien secrétaire particulier de Napoléon III, veut parler au milieu du tumulte ; il rappelle que plusieurs de ses collègues ont prêté serment à l'empire...

« Et l'empereur, lui crie-t-on, est-ce qu'il n'avait pas
» prêté serment à la République? »

Il invoque l'esprit de conciliation dont il est animé. « Je viens, dit-il, défendre les principes, je viens dé-
» fendre mon pays, tout ce qu'il a honoré. N'est-ce pas

» assez d'avoir à voter la mutilation de son pays, faut-il
» encore retrancher de son histoire quelques années
» glorieuses et dont la prospérité n'a pas été oubliée? »

Ici l'orateur est interrompu par les exclamations les plus passionnées. Le *Journal officiel* note celle-ci, de M. Vitet :

« Allons donc! Glorieuses...! Dites plutôt hon-
» teuses! »

Et cette autre, de M. le marquis de Franclieu :

« Descendez de la tribune; les bourreaux n'ont pas
» le droit d'insulter les victimes! »

L'Assemblée tout entière, en proie à une violente agitation, semble unanime pour empêcher la continuation de cette apologie de l'empire. De véhémentes interpellations partent de tous les bancs. Le président s'évertue en vain à rétablir le silence. Enfin M. Paul Bethmont s'écrie : « Il n'y a qu'un moyen de clore l'incident,
» c'est de proclamer la déchéance de l'empereur Napo-
» léon et de sa dynastie. »

Cette proposition est accueillie avec un enthousiasme indescriptible; presque tous les députés sont debout, parlent et gesticulent avec une extrême véhémence. On sent que tous s'unissent dans un même sentiment de réprobation contre l'homme et le système qui nous ont perdus, que tous veulent mettre fin à l'indécente bravade tentée en leur honneur. Une motion formulant le vœu de l'Assemblée est rédigée à la hâte. M. Target la dépose entre les mains du président et dit :

« L'Assemblée doit être impatiente de reprendre la
» discussion du douloureux traité, mais avant de donner
» suite à l'incident qui vient de se produire, je propose
» la résolution suivante :

« L'Assemblée nationale clôt l'incident, et dans les
» circonstances douloureuses que traverse la patrie, en
» face de protestations et de réserves inattendues, con-
» firme la déchéance de Napoléon III et de sa dynastie,
» déjà prononcée par le suffrage universel, et le déclare
» responsable de la ruine, de l'invasion et du démem-
» brement de la France.

« *Ont signé :* MM. Target, Bethmont, Jules Buisson, René Brice, Charles Rolland, Tallon, le duc de Marmier, Pradié, Ricard, Girard, Lambert de Sainte-Croix, Wilson, Ch. Alexandre, Baragnon, Léon Say, Victor de la Prade, Louis Viennet, Farcy, F. Dupin, Marcel Barthe, comte d'Osmoy, Wallon, Charles Rives, comte de Brette-Thurin, Vilain. »

Des applaudissements frénétiques couvrent pendant quelques minutes la voix de M. Gavini, qui demande la parole. Il peut enfin prononcer quelques phrases entrecoupées : il conteste à l'Assemblée le pouvoir constituant, et soutient qu'un plébiscite seul peut détruire l'œuvre qu'un plébiscite a édifiée. A son tour, M. Conti veut discuter la résolution, et la Chambre, indignée, le contraint à se taire. « Donnez-leur la parole ! s'écrie,
» M. Thiers de son banc. Donnez-leur la parole pour
» qu'ils justifient les fautes de l'empire !... » Puis, s'élançant à la tribune, il continue ainsi : « Messieurs, je vous
» ai proposé une politique de conciliation et de paix, et
» j'espérais que tout le monde comprendrait la réserve
» et le silence dans lesquels nous nous renfermons à
» l'égard du passé. Mais lorsque ce passé se dresse devant

» le pays... lorsque ce passé semble se jouer de nos mal-
» heurs dont il est l'auteur......

» Le jour où ce passé se dresse devant nous, quand
» nous voudrions l'oublier, lorsque nous courbons la
» tête sous le poids de ses fautes, permettez-moi de le
» dire, sous ses crimes..., savez-vous ce que disent en
» Europe les princes que vous représentez? — je l'ai
» entendu de la bouche des souverains. — Ils disent que
» ce n'est pas eux qui sont coupables de la guerre, ils
» disent que c'est la France, ils disent que c'est nous.
» Eh bien, je leur donne un démenti à la face de l'Eu-
» rope. Non! la France n'a pas voulu la guerre, c'est
» vous, qui protestez, qui l'avez voulue!

» Vous avez méconnu la vérité, elle se dresse aujour-
» d'hui devant vous, et c'est une punition du ciel de
» vous voir ici, obligés de subir le jugement de la na-
» tion, qui sera celui de la postérité. »

C'était, en effet, l'arrêt de l'histoire que la Chambre allait prononcer, et si quelque chose étonne, c'est, ainsi que le disait M. Thiers, qu'on ait eu l'audace de le provoquer. Entreprendre de réhabiliter l'empire, quand par son seul fait la France, gisante sous les pieds de l'étranger, se voyait arracher ses provinces et ses richesses, c'était un défi jeté à la raison, à la conscience, à la justice. L'Assemblée y répondit comme elle le devait en votant, à l'unanimité des voix moins six, la proposition de M. Target.

Après ces orageuses scènes, la discussion reprit. Elle fut pathétique et particulièrement sombre. Si elle remuait profondément les âmes, elle les blessait encore davantage. Le dénoûment était prévu, et l'on sentait que cette certitude était pour beaucoup dans l'assurance des orateurs qui concluaient au rejet du traité. Je doute fort qu'un seul d'entre eux eût pris sur lui de le repousser, s'il n'eût connu à l'avance la décision de la majorité dont le vote ne pouvait être douteux. Il était donc difficile que leurs déclarations éloquentes ne produisissent pas une impression pénible, parce qu'elles paraissaient plutôt une adhésion complaisante aux illusions de la foule qu'un acte de raison virile. M. le général Changarnier eut le courage de les combattre en termes pleins de noblesse et d'élévation, quoique peut-être trop acerbes.

« En 1807, dit-il, Napoléon Ier, insatiable, impla-
» cable dans son ambition, se montra cruel pour la
» Prusse. Il prétendit la ruiner, et il crut y être par-
» venu, mais on ne tue pas une nation. Aujourd'hui
» nous payons les crimes de Napoléon Ier.

» Certes, le traité de paix que je vous conseille de
» sanctionner est douloureux. Mais qui aurait obtenu
» des conditions meilleures que les illustres négociateurs
» auxquels vous avez donné votre confiance ?

» Pour moi, je les remercie, je remercie les hommes
» de bien qui les entourent et qui s'associent à la con-
» duite des affaires de mon pays, je les remercie de
» n'avoir pas désespéré de l'avenir de la France.

» Oui, Messieurs, j'en ai le ferme espoir, nous rever-
» rons des jours meilleurs, nous mériterons le respect
» de l'histoire, si dans notre infortune imméritée où
» notre honneur n'a pas péri, nous restons unis, calmes,
» dignes, surtout unis.

» Défions-nous des entraînements d'un patriotisme
» dramatique, désireux d'une fausse popularité... En

» tous les temps, la jactance est odieuse aux hommes de
» goût.

» Aujourd'hui nous avons le respect de nos adver-
» saires, les sympathies de toutes les autres nations. Ce
» respect, cette sympathie, la jactance nous les ferait
» perdre. »

Ces dernières insinuations étaient injustes. Ce n'était pas la jactance qui avait dicté les discours de M. Bamberger, de M. Quinet, de M. Victor Hugo, de M. Louis Blanc; ce n'était pas elle qui allait inspirer ceux de MM. Georges et Keller. Ces députés obéissaient à la plus honorable, à la plus légitime des émotions; ils soulageaient leur cœur et leur conscience, et l'on ne pouvait que leur reprocher d'oublier l'inexorable nécessité des faits en se laissant entraîner par l'amour de la justice, du droit et de la patrie. Aussi, lorsqu'à chacun de leurs conseils de résistance obstinée, M. Thiers les interrompait en leur criant : « Les moyens ! les moyens ! » ils feignaient de ne point entendre, et poursuivaient le développement de leurs maximes héroïques et vaines.

M. Buffet se plaça sur un autre terrain. Il lut, tant en son nom qu'au nom de ses collègues des Vosges, une résolution d'abstention, motivée par leur situation particulière de mandataires d'un département en partie cédé :

« Ils croient, disait ce document, qu'il importe non-
» seulement aux populations qu'ils représentent, mais
» aux intérêts de la France entière, que leurs devoirs
» soient bien définis avant le vote.

» Ils peuvent admettre avec leurs collègues que le
» pays est aujourd'hui dans l'impossibilité absolue de
» continuer la lutte et que l'Assemblée se trouve dans

» la nécessité de subir les conditions imposées par la
» violence. Cette impossibilité est la seule justification
» du parti que vous allez prendre. Si elle n'existait pas,
» si la lutte offrait encore une chance quelconque de
» succès, même au prix des plus immenses sacrifices,
» nous sommes assurés que la France ne céderait pas à
» l'ennemi des populations éminemment françaises,
» parce que leur cession lui serait moins onéreuse que
» l'accomplissement du devoir de les défendre, devoir
» imposé par la solidarité nationale.

» Les départements de l'Alsace et de la Lorraine font,
» comme tous les autres, partie de la France, mais ne
» sont pas sa propriété : en subissant le traité dans la
» situation où elle se trouve aujourd'hui, la patrie ne
» répudie pas ce devoir absolu de protection, elle
» constate seulement l'impossibilité où elle est de le
» remplir, par suite de la désorganisation de ses forces.

» Un tel traité ne crée donc dans votre conviction, en
» ce qui concerne les cessions territoriales, aucun lien
» de droit pour l'avenir. Ce lien ne pourrait résulter que
» du libre consentement des populations.

» En votant le traité au nom du département des
» Vosges, dont nous sommes les mandataires, et dont
» une partie sera comprise dans les cessions territoriales,
» nous paraîtrions apporter cette adhésion. Notre vote
» affirmatif aurait ainsi une autre portée et un autre
» caractère que celui de nos collègues. Nous ne pouvons
» donc que voter pour le traité ou nous abstenir.

» Si notre vote négatif pouvait n'être considéré que
» comme une affirmation plus énergique de la volonté
» de ces populations de rester toujours françaises, nous
» n'hésiterions pas. Mais nous pensons que tout membre

» d'une assemblée doit, au moment d'émettre son vote,
» se placer en face des conséquences qui en résulte-
» raient si ce vote déterminait la majorité. Nous ne sau-
» rions accepter la responsabilité du rejet du traité. Nous
» sommes donc, dans la situation particulière qui nous
» est faite, amenés forcément à nous abstenir.

» La Chambre et le pays reconnaîtront que cette
» abstention motivée, comme celle qui vient de l'être
» publiquement, n'a point pour but de nous soustraire
» à la responsabilité d'une décision dont nous avons
» reconnu expressément la cruelle nécessité. »

Répondant ensuite à l'un de ses collègues des Vosges, M. Georges, M. Buffet, rendant hommage à ses sentiments patriotiques, auxquels il s'associait de tout cœur, compléta sa pensée par ces remarquables observations :

« L'impossibilité actuelle de la lutte n'est-elle pas
» malheureusement démontrée ?

» Ne l'est-elle pas, comme on vous l'a dit, par le té-
» moignage de tous les hommes compétents ? Et parmi
» ces témoignages, l'un des plus décisifs n'est-il pas la
» signature au bas du traité de l'illustre homme d'État,
» qui a eu toujours, je ne dirai pas plus que d'autres, je
» ne fais pas de comparaison, mais à un degré si émi-
» nent et si universellement reconnu, le sentiment fran-
» çais, l'honorable M. Thiers, qui a glorifié la France
» dans tous ses écrits, et dont le dévouement à la gran-
» deur nationale ne saurait être assurément suspect à
» aucun parti !

» Si la guerre avait encore été possible, j'ose affirmer
» que la signature de l'honorable M. Thiers ne serait
» pas au bas de ce douloureux traité. Mais quand il re-
» connaît lui-même la nécessité de la paix, quand il

» croit que, dans l'intérêt même de notre avenir et pour
» que notre pays reprenne bientôt le rang où tous les
» cœurs français veulent le voir remonter, tous les
» membres de cette Assemblée, qui ne sont pas comme
» nous dans la situation particulière que j'indiquais,
» peuvent, en votant avec lui, se dire que non-seule-
» ment ils ne manquent pas aux devoirs du patriotisme,
» mais qu'ils font à leur pays le plus douloureux et, par
» conséquent, le plus méritoire des sacrifices.

» Ah! sans doute, en repoussant le traité ils donne-
» raient satisfaction aux sentiments que nous inspirent
» à tous ses conditions impitoyables. Mais, dans ma con-
» viction profonde, ils n'agiraient pas en hommes com-
» prenant bien leur mandat et voulant sauvegarder les
» intérêts de l'avenir de leur pays et préparer sa future
» grandeur. »

En s'exprimant ainsi, l'orateur ne faisait que rendre à M. Thiers la justice qu'il méritait. Nul, en effet, ne souffrait plus que lui du désastre de la France, et quand il acceptait la dure extrémité d'une convention qu'il aurait mille fois repoussée s'il n'avait consulté que ses sentiments personnels et le souci de sa popularité, on pouvait croire que le patriotisme seul le guidait : pourquoi l'homme éminent, qui le reconnaissait alors d'une manière si éclatante, l'a-t-il si complétement oublié plus tard en devenant l'âme de la conspiration parlementaire qui a renversé le président de la République au moment où il ouvrait au pays la voie qui le conduisait sans secousses à la stabilité d'institutions définitives ?

L'histoire expliquera les motifs de ces tristes contradictions. On était loin de les prévoir, lorsqu'aux applaudissements de toute l'Assemblée, M. Thiers, sans rien déguiser des malheurs publics, sans en exagérer l'étendue, établissait victorieusement que ceux qui n'entendaient pas se payer de mots devaient se résigner à voter le traité. S'adressant en termes pressants à ses adversaires, il les sommait de sortir des généralités, d'aborder les faits et de révéler leurs moyens d'action.

« Si vous croyez, leur disait-il, obtenir de meilleures
» conditions, envoyez d'autres négociateurs, vous me
» rendrez un grand service, vous me soulagerez d'un
» poids accablant. Si vous croyez avoir des moyens mi-
» litaires, venez ici nous les exposer.

» Ne parlez pas d'honneur devant des gens qui en ont
» autant que vous, mais qui mettent leur honneur à ne
» pas risquer de perdre leur pays pour une fausse popu-
» larité qu'on vient courtiser à cette tribune. »

Entrant alors dans le vif de la question, il déclarait ne pas douter de la puissance de la France ; l'impéritie de ses chefs, la perte de ses cadres, la désorganisation de son armée étaient seules les causes de sa faiblesse passagère. Elle se relèverait, elle reprendrait son rang, si nous avions le bon sens de nous juger à l'heure présente tels que nous sommes et de ne pas substituer des mots à la réalité.

« Que quelqu'un vienne me dire, ajoutait-il, que dans
» la position où nous sommes nous pouvons résis-
» ter à une armée de 500,000 hommes, je lui ré-
» pondrai que non ! Vous feriez détruire la France,
» vous l'appauvririez, vous feriez disparaître ses dernières
» ressources et vous lui ôteriez les moyens d'arriver à
» cet avenir que vous souhaitez pour elle et que moi
» j'entrevois avec la seule satisfaction que je puisse res-
» sentir aujourd'hui.

» Oui, Messieurs, vous voulez pour la patrie d'autres
» destinées ; je le veux aussi. Je le souhaite ardemment
» et, à mon vieil âge, c'est l'espérance de pouvoir y
» contribuer, pas bien longtemps, mais quelque temps
» encore. Pour cela il faut que vous sachiez la vérité,
» que vous ayez le courage de vous la dire à vous-
» mêmes et de la croire.

» C'est alors seulement que vous serez une nation
» sérieuse et que vous mériterez des destinées meil-
» leures. Mais tant que vous vous payerez de mots et
» de déclamations, on ne vous prendra pas au sérieux
» et vous ne mériterez pas, en effet, d'y être pris.....

» Entendez la vérité. Mais si vous ne savez pas où
» elle est, si vous ne savez pas l'écouter et la croire,
» vous pourrez vanter l'avenir de notre nation, mais
» bien vainement, vous la perdez au moment même où
» vous la vantez. »

Ces éloquentes paroles ne laissaient pas de place à la réplique : elles avaient la grandeur de la raison, de la droiture, du désintéressement ; elles furent le dernier mot de ce douloureux et solennel débat. L'Assemblée le termina en adoptant le traité à une majorité de 516 voix contre 107 [1].

§

Pendant que ce suprême sacrifice s'accomplissait à Bordeaux, la situation de Paris s'aggravait d'heure en heure, et ceux des membres du gouvernement qui y

---

[1] Voir aux Pièces justificatives, n° 14. Les deux scrutins nominatifs.

étaient restés ne pouvaient que louvoyer au milieu des écueils redoutables sur lesquels, d'un instant à l'autre, ils s'attendaient à être brisés. La prochaine entrée des Prussiens soulevait, dans la population, des sentiments de violente exaspération que les meneurs exploitaient au profit de leurs détestables desseins. Déjà, pendant la nuit du 26 février, ils avaient enlevé des canons de l'artillerie de la garde nationale, déposés au parc Wagram, et les avaient fait traîner à bras jusqu'à la place Royale et jusqu'au parc Monceau. Ce mouvement, une fois commencé, ne s'arrêta plus ; dans les clubs comme dans leurs journaux, les agitateurs ne cessaient de répéter que le peuple était trahi, qu'on laissait volontairement des armes et des munitions à la disposition de l'ennemi ; ils faisaient appel à la garde nationale et l'invitaient à mettre ces précieuses ressources en lieu sûr. En même temps ils continuaient les promenades civiques autour du monument de Juillet, au sommet duquel flottait le drapeau rouge. De longues et profondes colonnes, où tous les uniformes se trouvaient confondus, parcouraient processionnellement la rue de Rivoli, la rue Saint-Antoine et venaient stationner sur la place de la Bastille après en avoir fait le tour au bruit des fanfares et des chants. Debout, sur les assises de marbre du piédestal, des énergumènes adressaient à la foule des discours enflammés dont la conclusion était la résistance à l'entrée des Prussiens et le renversement du gouvernement. Le général Vinoy, qui n'avait pas plus de 16,000 hommes, avait reçu l'ordre exprès de ne pas les engager et de les concentrer sur la rive gauche de la Seine. Tout le reste de la cité appartenait donc à l'insurrection qui s'y déployait à l'aise. Le 28, dans la soirée, ses chefs essayèrent d'enlever les marins de la rue de la Pépinière. Une bande nombreuse, précédée de tambours et de clairons, attaqua les portes de la caserne et les enfonça. Les officiers avaient fait ranger leurs hommes en bataille dans la cour. La foule se jeta sur eux sans les entamer. Mais, voyant les chambres et les magasins à vivres envahis, prêts à être pillés, le commandant autorisa la sortie des matelots qui n'étaient pas de service. On les entraîna triomphalement à la place de la Bastille, où des tables en plein vent étaient dressées en leur honneur. Une trentaine seulement y arrivèrent, la plupart s'étaient esquivés en chemin. Les autres ne tardèrent pas à suivre leur exemple, car le lendemain matin huit seulement étaient absents. M. l'amiral de Challié, délégué du ministre de la marine, à la fermeté courageuse duquel était dû principalement l'avortement de cette tentative séditieuse, rappelait ses soldats au devoir par l'ordre du jour suivant :

« Le contre-amiral délégué du ministre de la marine
» et des colonies, fait appel au bon esprit des marins de
» la division de Paris dans les graves et tristes circon-
» stances où se trouve la France.

» Malgré les efforts de tous, malgré le dévouement,
» le courage et le patriotisme dont les matelots ont
» donné tant de preuves pendant le siége de Paris, le
» gouvernement de la République a dû consentir à l'en-
» trée d'une partie de l'armée allemande dans quelques
» quartiers de Paris ; cette entrée se fera le mercredi
» 1er mars, à dix heures du matin.

» Si douloureux que dût être un pareil sacrifice, le
» chef du pouvoir exécutif a cru devoir l'accepter pour

» sauver et conserver à la France la ville forte de Bel-
» fort qui forme, avec la Suisse, notre meilleure fron-
» tière vis-à-vis de l'Allemagne; Paris, qui s'est illustré
» par l'héroïque défense de ses enfants, donnera cette
» nouvelle preuve de résignation.

» Les marins comprennent toutes les grandeurs et
» tous les sacrifices faits au pays. Eux qui ont pour mis-
» sion de porter au loin le sentiment de l'honneur de la
» France, ils apprécieront celui-ci et sauront se faire de
» cette abnégation un nouveau titre à l'estime.

» Officiers, sous-officiers et soldats,

» Je vous demande de rester devant cette nouvelle
» épreuve ce que vous avez été devant l'ennemi, des
» hommes de cœur, d'ordre et de dévouement. Aujour-
» d'hui, comme au milieu des tempêtes et des combats,
» ce sont les grandes vertus des marins, vous saurez les
» pratiquer.

» Sous la pluie d'obus, sous la mitraille, sous le froid
» glacial, dans les forts, sur les remparts de l'enceinte,
» au Bourget, au plateau d'Avron, à Choisy-le-Roi, à
» Champigny, à Montretout, partout où il y a eu le dan-
» ger à affronter, la patrie à défendre, vous avez porté
» haut le nom de la marine française, soyez aussi grands
» dans l'adversité que dans la lutte; restez calmes en
» présence des Allemands, évitez toute occasion de
» contact avec des ennemis que vous avez combattus et
» étonnés par votre courage, donnez à cette population
» de Paris, qui vous honore pour votre dévouement,
» l'exemple de l'abnégation. Vous diminuerez ainsi
» notre malheur et vous vous montrerez dignes de nou-
» veaux succès dans l'avenir. »

Ces nobles paroles devaient toucher le cœur des braves gens auxquels elles s'adressaient; aussi, à de très-rares exceptions près, demeurèrent-ils dociles à la voix de leurs chefs. Il n'en pouvait être de même de cette multitude confuse, désordonnée, composée des mobiles et des militaires désarmés. Le général Vinoy travaillait activement à les éloigner, mais son zèle se brisait à des obstacles de toute nature : dispersion du matériel des compagnies, encombrement des voies par les nécessités du ravitaillement, éparpillement des hommes perdus au milieu d'une vaste population. Il avait d'ailleurs à combattre l'envahissement des libérés de province qui traversaient Paris, et, ce qui était plus dangereux encore, des volontaires de toute provenance dont les corps venaient d'être dissous. Dénué de tout moyen de police et comme submergé par ces courants contraires, il déployait en vain la plus louable énergie ; la tâche était au-dessus des forces humaines.

C'est dans ces conditions de menaçante anarchie qu'il fallut cependant se préparer à ouvrir les quartiers des Champs-Élysées aux troupes prussiennes dont, malgré nos efforts désespérés, nous n'avions pu empêcher l'entrée (n° 1). L'occupation devait comprendre le terrain entre la Seine (rive droite), l'enceinte depuis le Point-du-Jour jusqu'à la porte des Ternes, la rue du Faubourg-Saint-Honoré jusqu'à la rue des Champs-Élysées, le Garde-Meuble, le ministère de la marine, le jardin des Tuileries. Les lignes, ainsi indiquées, ne pouvaient être franchies sous aucun prétexte. Cependant les généraux prussiens avaient demandé avec une vive instance que

---

[1] Pièces justificatives, n° 15. Convention du 26 février 1871

leurs soldats, sans armes et conduits par leurs officiers, eussent la facilité de visiter les galeries du Louvre et l'Hôtel des Invalides. Vainement leur avait-on fait observer que ces promenades pouvaient amener des conflits, que d'ailleurs les galeries du Louvre avaient été complétement déménagées et qu'on n'y trouverait plus un tableau, ils avaient maintenu leur prétention avec promesse verbale d'y renoncer si elle entraînait quelque difficulté sérieuse. Le général Vinoy prit ses dispositions en conséquence et avec une extrême sagesse. Il avait à se garder à la fois contre les Prussiens et contre les exaltés des clubs de Montmartre et de Belleville, qui se vantaient de se jeter sur eux. Il fit barricader, avec les voitures du train, tous les ponts de la rive gauche, l'entrée du jardin et du quai des Tuileries, la rue de Rivoli, et les rues du Faubourg Saint-Honoré. La garde nationale, réunie au boulevard Malesherbes, formait une seconde ligne de défense.

Nous passâmes la nuit debout. J'avais espéré qu'il serait possible à l'Assemblée de voter dans la soirée même du mardi et j'attendais, avec une fiévreuse impatience, le télégramme qui m'aurait permis de courir au quartier général de Versailles et d'empêcher l'entrée des Allemands. A trois heures du matin nous apprenions le renvoi de la discussion au lendemain, — il fallut courber la tête devant la destinée et se résigner à l'humiliation qu'un inexorable vainqueur n'avait pas voulu nous épargner.

Le mercredi 1ᵉʳ mars, à dix heures du matin, par un splendide soleil qui semblait insulter à notre douleur, les colonnes allemandes franchissaient nos avancées du rond-point, le pont et l'avenue de Neuilly, la porte Maillot, et, passant sous l'Arc de Triomphe, venaient camper dans le périmètre qui leur était désigné. Sur leur passage tout était solitude, les maisons avaient été fermées dès la veille au soir, aucun habitant n'apparaissait au dehors, — on eût dit une cité frappée par la mort. Elle était, en effet, dans le cœur de cette brave et généreuse population qui avait supporté tous les dangers, toutes les privations, toutes les tortures dans l'espoir d'échapper au contact de l'étranger et qui ne le subissait qu'en frémissant. Elle sut cependant dominer son chagrin et sa colère. Quelques bataillons de Montmartre s'étaient présentés au point du jour près de l'église Saint-Augustin, en annonçant qu'ils se chargeaient de repousser l'ennemi. Déconcertés par la ferme attitude des gardes nationaux qui défendaient cette position, ils s'étaient retirés sans provoquer aucun désordre. Dans l'intérieur de la ville, la tristesse était générale et profonde. Pendant toute la journée, les rues restèrent désertes, les boutiques closes, la Bourse n'ouvrit pas ses portes. — Des drapeaux voilés de noir furent arborés dans un grand nombre de maisons. Partout le deuil et la sombre expression de l'irritation contenue. Le *Journal officiel*, en constatant ces faits, pouvait rendre un juste hommage à cette éloquente et muette protestation contre un outrage immérité :

« Paris, disait-il, a volontairement suspendu sa vie.
» Il sent la responsabilité qui pèse sur lui en ces jours
» douloureux, il comprend qu'il dépend de lui de ne
» pas ajouter aux malheurs qui accablent la patrie, des
» malheurs plus terribles et peut-être irréparables ; il
» comprend qu'il se doit à lui-même et à tous ceux qui
» dans le monde entier lui ont témoigné et lui témoi-

» gnent tous les jours tant de respect et de si touchantes
» sympathies, de supporter avec une dignité fière cette
» nouvelle épreuve; il comprend enfin qu'après ces der-
» niers mois où il a été héroïque devant le danger, de-
» vant la faim, devant les misères de toutes sortes, il lui
» restait à se montrer capable d'un courage plus difficile
» encore, Paris est calme. »

Cependant, l'autorisation accordée aux troupes d'occupation, de visiter le Louvre et les Invalides, faillit amener d'inquiétantes complications. A onze heures, le général Kamesch, commandant en chef, se rendit auprès du général Vinoy, demandant à s'entendre avec lui sur l'exécution de cette partie de la convention. M. Vinoy lui répondit qu'il se soumettait à ce qu'il ne pouvait empêcher, mais que les galeries du Louvre étaient vides et obscures, leurs croisées ayant été blindées au moyen de sacs à terre. M. Kamesch répliqua que ses soldats se borneraient à se promener dans les cours. La visite aux Invalides présentait de tout autres inconvénients. La foule encombrait l'esplanade et les rues adjacentes. Faire circuler au milieu d'elle des soldats allemands sans armes et par petites escouades, c'était s'exposer à une bataille. M. Vinoy s'en expliqua très-nettement, ne s'opposant à rien, puisque la convention était précise, mais déclarant qu'il ne garantissait pas la sécurité des hommes ainsi aventurés. M. Kamesch n'insista pas, et comprenant la sagesse de cet avis, il renonça à la visite des Invalides.

Celle du Louvre commença dans les termes convenus. Peu à peu les soldats prussiens s'avancèrent jusqu'à la place du Carrousel. Ce fait causa une vive émotion dans la population qui, de la rue de Rivoli, les apercevait à travers les grilles. Quelques instants après, le général Vinoy fut prévenu que des officiers entraient à cheval dans les cours et qu'ils étaient suivis de cavaliers armés de leurs mousquetons. Il donna immédiatement l'ordre de faire fermer les portes du côté du jardin des Tuileries et de montrer nos troupes. A ce moment, le général Kamesch arrivait, escorté d'un nombreux état-major ; fort étonné de ne pouvoir aller plus avant, il demanda, d'un ton courroucé, qui se permettait d'enfreindre la convention. Ce sont vos officiers, lui répondit le commandant chargé d'exécuter les ordres du général Vinoy, et il lui raconta comment ceux-ci s'étaient fait accompagner de leurs soldats en armes. Le général Kamesch reconnaissant la justesse de ces observations, se retira et fit interdire ces malencontreuses visites. La journée s'acheva sans autre incident ; la grande ville ne cessa pas un instant de conserver son attitude morne et silencieuse, et quand l'ombre de la nuit descendit sur elle, au lieu d'offrir le spectacle du mouvement et de la vie qui donne un air de fête à ses soirées les plus ordinaires, elle s'enveloppa de ténèbres volontaires. Aucun de ses habitants ne songea à franchir le seuil d'un café, et sur ses boulevards, dans ses rues habituellement étincelantes de lumière et sillonnées de promeneurs, on entendait à peine le pas solitaire et cadencé des patrouilles qui veillaient, inquiètes, sur la cité muette et consternée.

Réunis au ministère des affaires étrangères, nous attendions, dans une anxiété bien naturelle, les dépêches qui devaient nous faire connaître les résolutions de l'Assemblée. A huit heures du soir, un premier télégramme daté de Bordeaux, six heures cinq minutes, nous annonçait le vote confirmant la déchéance de Napoléon III et de sa dynastie, et les discours prononcés par les différents orateurs. « M. Thiers, y était-il dit, à un moment n'a pu retenir ses larmes, il arrache l'admiration, même à ses adversaires. »

Enfin, à onze heures, nous apprenions le vote de la ratification. Je serais parti à l'instant même pour Versailles, s'il m'eût été possible de franchir les lignes prussiennes pendant la nuit; forcé d'attendre le jour, j'étais en voiture avant six heures, et à sept heures je descendais chez M. de Bismarck.

Le chancelier était couché et avait expressément défendu qu'on l'éveillât avant midi; je cherchai en vain à parler à un de ses secrétaires. Tous probablement avaient travaillé avec lui jusqu'à une heure avancée de la nuit, et comme lui, ils avaient besoin de repos. Je voulais cependant confier à une personne sûre les quelques lignes que j'écrivis sur le coin d'une table et qui expliquaient le motif de mon importunité matinale. A neuf heures, un employé de légation parut. Je le priai de prendre les ordres de M. de Bismarck et de me les transmettre sans retard.

Je traversai pour la seconde fois le quartier occupé. Mon cœur saignait à la vue des régiments étrangers foulant le sol de Paris que j'avais si ardemment désiré préserver de leur contact; en même temps il bondissait à la pensée que j'allais avoir dans la main l'instrument de délivrance. J'avais prévu en effet que le chancelier ne se contenterait pas d'un télégramme et qu'il exigerait une expédition régulière de la loi votée par l'Assemblée. Tout avait été préparé en conséquence par mes collègues à Bordeaux; les protocoles, dressés à l'avance, devaient être remplis, signés et scellés immédiatement après le dépouillement du scrutin. Une locomotive chauffait à la gare. Un agent des affaires étrangères devait s'y élancer muni du précieux écrit. J'avais calculé qu'il devait m'arriver à neuf ou dix heures du matin, mais j'avais tenu à prévenir sans délai M. de Bismarck pour lui prouver le prix que j'attachais à la prompte évacuation de Paris et le mettre à même de la faire opérer aussitôt.

Quand je rentrai au ministère, mon messager n'y avait pas encore paru. J'étais sur des charbons ardents; enfin, à midi et demi, la porte de mon cabinet s'ouvre, et M. Delaroche[1] s'avance précipitamment, porteur de la pièce que j'attendais. Je ne pus m'empêcher de lui sauter au cou, et comme je vérifiais les timbres et les sceaux, on me remit un télégramme du chancelier. Il s'excusait courtoisement de n'avoir pu me recevoir, et m'avertissait de l'inutilité d'une seconde entrevue, l'expédition en forme de la délibération de l'Assemblée étant indispensable à l'échange des ratifications et à l'exécution du traité.

Je répondis tout de suite : « L'objection de Votre
» Excellence est parfaitement juste. Dans quelques mi-
» nutes je repars pour Versailles, et j'aurai le plaisir de
» lui donner la plus correcte des satisfactions. »

Ainsi fut fait : à deux heures j'étais de nouveau chez M. de Bismarck ; il avait certainement l'intention de paraître gracieux pour moi et indifférent à ma communication, mais il n'y parvenait pas ; sa physionomie si expressive et si mobile trahissait une vive contrariété.

« Comment, me dit-il en m'abordant, avez-vous pu
» obtenir si rapidement la ratification que vous m'ap-

---

[1] Fils du grand peintre et l'un des jeunes employés les plus distingués du ministère.

» portez? Vous aviez jusqu'au 12 mars, et il n'y avait
» vraiment aucune raison de vous presser ainsi. Vous
» m'affirmiez, M. Thiers et vous, que la délibération de
» l'Assemblée serait fort-longue, et nous y avions
» compté.

» — Je m'en doute un peu, lui répondis-je, et j'ai voulu
» vous faire une agréable surprise. Depuis le commence-
» ment des négociations, Votre Excellence n'a négligé
» aucune occasion de me faire comprendre à quel point
» elle est pressée d'en finir. Elle n'a pas cru pouvoir
» nous accorder le temps dont nous avions besoin, elle
» nous a répété constamment que le roi lui ordonnait
» de marcher vite. Nous nous sommes conformés à ses
» désirs.

» — C'était votre droit, répliqua le chancelier, et nous
» n'avons rien à objecter ; seulement, si nous avions
» prévu que votre Chambre pût examiner et ratifier le
» traité en vingt-quatre heures, nous aurions pris d'au-
» tres dispositions. »

Le mécontentement de M. de Bismarck était fort naturel, et j'avoue qu'il ne me déplaisait pas absolument. Le roi avait fixé son entrée triomphale au lendemain vendredi 3 mars, il fallait qu'il y renonçât. Les différents corps de l'armée, divisés en groupes de trente mille hommes, devaient successivement se remplacer les uns les autres. Le premier seul avait pu profiter du bénéfice de la convention. C'était une déconvenue très-insignifiante assurément, si on l'envisageait dans ses résultats sérieux, mais irritante et pénible pour des vainqueurs, qui n'étaient pas tout à fait dénués d'orgueil, et qui avaient fait un bruit si maladroit de l'humiliation qu'ils prétendaient nous infliger.

Je remis à M. de Bismarck l'expédition de la loi approbative du traité. Il la lut lentement, épluchant chaque phrase, chaque mot, cherchant minutieusement quelque irrégularité protectrice. Je m'étais fait accompagner de M. Molard, le chef habile du protocole; je ne cessai d'interroger son regard qui suivait celui du chancelier. Enfin, après une demi-heure de dissection, notre texte trouva grâce devant son sévère formalisme; il me donna la ratification du roi et nous dressâmes procès-verbal de l'échange [1].

Revenu à son humeur habituelle, M. de Bismarck ne fit aucune difficulté de reconnaître que cet incident lui était fort désagréable; qu'il le serait encore plus aux militaires qui avaient fait de l'entrée à Paris une question d'honneur et de dignité; que pour lui, plus positif, il se consolait de ce léger échec d'amour-propre, en pensant qu'il mettait fin à une situation qui n'était pas exempte d'inconvénients. Et comme je lui parlais de l'exaltation de la population parisienne, exaltation qui lui aurait rendu périlleuse une promenade dans nos rues :
« J'en suis convaincu, comme vous, et un peu par expé-
» rience, me répondit-il gaiement. Plus libre que mon
» auguste maître, je n'ai pas voulu attendre la pompe
» d'un cortége officiel. Je suis allé hier après-midi jus-
» qu'à l'Arc-de-Triomphe et m'y suis arrêté. L'avenue
» de Neuilly était à peu près déserte; cependant un
» homme du peuple s'est glissé vers mon cheval et, m'in-
» terpellant par mon nom, il m'a gratifié d'une gros-
» sière injure. Elle était dite en français, j'ai pu la dé-
» daigner. Cet insolent aurait sans doute mieux aimé

---

[1] Voir les Pièces justificatives, n° 16.

» qu'on l'ébruitât en le punissant. Il m'a semblé plus
» sage de ne pas lui procurer cette satisfaction ; mais
» il m'a fait comprendre que j'ai peu d'amis chez vous ;
» du reste, je m'en doutais. »

Il était près de quatre heures, l'évacuation de Paris ne pouvait matériellement s'effectuer le jour même ; il fut convenu qu'elle aurait lieu le lendemain matin à huit heures. Les généraux prussiens reçurent l'ordre d'en régler les détails en se mettant immédiatement en communication avec les nôtres. Et dès le soir Paris apprit qu'après quarante-huit heures d'occupation les Champs-Élysées allaient être délivrés de la présence de l'ennemi.

En annonçant cet événement, le ministre de l'intérieur adressait aux Parisiens la proclamation suivantes :

« L'armée allemande a évacué ce matin à onze
» heures les quartiers où elle avait pénétré. Pendant
» son séjour, la tenue de Paris a été au-dessus de tout
» éloge. Partout les lieux publics, les établissements
» industriels, les magasins des commerçants se sont
» spontanément fermés.

» Des cordons de ligne et de gardes nationaux, soi-
» gneusement disposés, ont formé entre les troupes alle-
» mandes et la population des frontières provisoires
» qu'ils ont su faire respecter.

» Les occupants, laissés à eux-mêmes, ont pu com-
» prendre que si le droit succombe quelquefois devant
» la force, il n'est pas si facile de dompter les âmes, et
» que la fortune de la guerre ne domine pas seule le
» monde.

» Nous devons un juste tribut de reconnaissance aux
» habitants des arrondissements qui ont supporté la pré-
» sence de l'étranger ; ils ont racheté leurs concitoyens,
» préservé la cité de malheurs imminents et conservé
» Belfort à la France.

» Les municipalités du VIIIe, du XVIe et du XVIIe
» arrondissement ont fait leur devoir avec autant de
» zèle que d'abnégation. Paris n'aura jamais assez de
» respect pour ces magistrats qu'il trouve autour de lui,
» à toutes les heures de danger et de douleur.

» Le gouvernement de la République les remercie, il
» comptera toujours sur eux, comme il compte sur la
» population pour faire que Paris reste une des pre-
» mières villes du monde.

» *Signé :* Ernest Picard. »

§

En relisant ces lignes tracées à la veille des folies et des crimes de la Commune, on est tenté de se demander si nous n'étions pas pris de vertige en prodiguant de tels témoignages de confiance à la population de Paris, qui allait épouvanter le monde par ses incompréhensibles excès. Était-ce le moment de la louer et de se placer sous son égide ? Ne cédions-nous pas à cette vieille habitude de flatter le peuple, qui est à la fois la ressource et la perte des pouvoirs en décadence ? Et n'eût-il pas été préférable de recourir à de légitimes et salutaires rigueurs ?

Ceux qui ont traversé avec nous ces épreuves sans précédents peuvent seuls résoudre ces questions. Comme nous, ils ont dû ressentir jusqu'au fond de leurs âmes l'affront gratuit que nous a fait la Prusse en nous obligeant à recevoir ses troupes pendant quelques heures. Ils n'ont point oublié certainement leurs craintes, leurs souffrances et leur immense soulagement quand ils ont su que Paris était rendu à lui-même. Alors un sentiment de gratitude et d'espoir s'est emparé de tous les cœurs. On a cru que nos maux touchaient à leur terme puisque nous venions de supporter celui qui nous paraissait le plus odieux. C'était une erreur. Dans le sein de cette population qui venait de s'honorer par un acte éclatant de sagesse, grondaient sourdement de sombres et implacables passions avec lesquelles il fallait compter. Toutefois leur explosion eût été moins violente et moins funeste si le coupable orgueil de la Prusse ne les avait pas irritées outre mesure, s'il n'avait pas fourni un prétexte de représailles à ceux qui les déchaînaient pour le succès de leur ambition. C'est à ce point de vue que l'histoire blâmera sévèrement l'exigence de notre impitoyable vainqueur. L'occupation de Paris eût été légitime si elle eût été commandée par une nécessité militaire ou politique. Dans les termes où se trouvaient les belligérants, et surtout dans les conditions où elle fut stipulée, elle n'était plus qu'une cruauté de mauvais goût, offensante au premier chef pour une capitale illustrée par une résistance héroïque ; peu honorable et même ridicule pour l'armée qui n'avait pu la réduire que par la famine. On comprend que l'assiégeant envahisse la ville qu'il a obligée à capituler. Elle est sa proie, il s'en empare, il y pénètre en triomphateur, il en habite les palais, il en épuise les ressources et les voluptés et y dicte ses lois souveraines. Ainsi faisait le conquérant qui a promené ses aigles par toute l'Europe et n'a jamais songé à les montrer au vaincu sur la lisière du rempart conquis par ses armes. Quand une ville tombait en son pouvoir, elle lui appartenait en entier, et il n'en prenait pas possession seulement pour la forme. En agissant autrement, en respectant Paris après la signature du traité de préliminaires comme pendant la durée de l'armistice, la Prusse aurait donné un bel exemple de modération et de sagesse. J'ajoute qu'elle aurait fait un acte éminemment politique, elle aurait prouvé la force de sa discipline, l'élévation de ses desseins ; en imposant à ses soldats un sacrifice auquel tous les hommes de cœur et de sens auraient applaudi, elle se serait grandie dans l'estime des nations, elle aurait mérité d'être considérée comme le représentant de la civilisation moderne, substituant la raison et le droit aux traditions barbares des siècles précédents. J'ai des motifs de croire que quelques-uns de ses hommes d'État comprenaient la noblesse et l'utilité de ce rôle. Leurs conseils n'ont pas prévalu ; comme il arrive trop souvent, les petites combinaisons d'un patriotisme vaniteux l'ont emporté. Elles ont abouti à cet arrangement étrange d'une armée victorieuse venant se faire parquer au bord d'un fossé, enfermée par les barricades et les baïonnettes de la ville vaincue, et se hâtant de décamper après deux journées de ces singulières délices, pour rejoindre, hors des murs qu'elle n'avait plus le droit de franchir, son tout-puissant empereur, en train de rédiger le programme de son entrée triomphale !

Je m'étonne peu que cette manière d'entendre la

gloire militaire ait profondément froissé la susceptibilité d'un grand nombre d'officiers allemands ; elle devait en même temps exciter les colères de Paris et devenir l'une des causes les plus directes de la formidable insurrection qui allait y éclater.

CHAPITRE IV.

NÉGOCIATIONS AVEC LE GOUVERNEMENT ALLEMAND.
PROGRÈS DES MENÉES INSURRECTIONNELLES A PARIS.
RÉSOLUTION DE L'ASSEMBLÉE NATIONALE
DE SE TRANSPORTER A VERSAILLES.
JOURNÉE DU 18 MARS.

Exigences des autorités allemandes. — Note comminatoire du 6 mars. — M. de Bismarck retourne à Berlin. — Il est remplacé par M. le général de Fabrice. — Conventions complémentaires des préliminaires de paix. — Convention postale et télégraphique, 9 mars 1871. — Convention pour l'entretien des troupes allemandes, 11 mars 1871. — Remise des prisonniers. — Chemins de fer. — M. Pouyer-Quertier. — Menées insurrectionnelles à Paris. — Départ et retour précipité de M. Picard, ministre de l'intérieur. — Proposition de translation de l'Assemblée hors de Bordeaux. — Séance du 10 mars. — Discours de M. Louis Blanc. — Discours de M. Thiers. — Inconvénients et raison d'être de l'ajournement des questions constitutionnelles. — L'Assemblée vote sa translation à Versailles. — Retour de M. Thiers à Paris. Fâcheux effet du vote de l'Assemblée. — Proclamation du 10 mars. — Progrès du mouvement insurrectionnel. — Le gouvernement supprime six journaux. — Sa résolution d'en finir avec la révolte. — L'enlèvement des canons est décidé en conseil. — Journée du 18 mars. — Assassinat des généraux Lecomte et Clément Thomas. — Abstention de la garde nationale. — Proclamation du gouvernement. — Le gouvernement se décide à quitter Paris. — Départ de M. Thiers pour Versailles. — Insistances de M. Jules Ferry pour rester à l'Hôtel de ville. — L'ordre lui est donné de l'évacuer. — Dernières conférences à l'École militaire. — Le Mont-Valérien et le colonel Lockner. — Le ministre des affaires étrangères repousse les ouvertures de la réunion des maires.

La ratification du traité de préliminaires par l'Assemblée nationale et l'évacuation de Paris, qui en était la conséquence, devenaient entre les deux gouvernements français et allemand le point de départ d'une situation nouvelle : il semblait possible, avec du bon vouloir et de la loyauté, d'en écarter les difficultés irritantes qui s'étaient trop souvent produites dans les premières négociations. Je suis loin d'accuser le cabinet prussien de les avoir de nouveau provoquées, mais je suis convaincu qu'il aurait pu les prévenir en dérogeant à sa raideur traditionnelle et en tenant compte des obstacles sans cesse renaissants qui s'opposaient à ce que nous fussions toujours corrects et ponctuels dans l'exécution des traités. Indépendamment de ces embarras, qu'entrainait nécessairement le relâchement de tous les ressorts de notre mécanisme administratif, nous avions à lutter contre une défiance systématique que je me suis constamment appliqué à combattre. Je suis quelquefois parvenu à en diminuer les fâcheux effets : dans plusieurs circonstances elle nous a fait perdre en explications pénibles un temps qui eût été bien plus utilement employé à la solution des affaires. N'ayant d'autre habileté qu'une entière franchise, très-fermement décidé à ne jamais éluder les conventions qui nous étaient imposées, quelque dures qu'elles fussent, je m'étonnais de rencontrer, au moindre malentendu, des suppositions blessantes et presque puériles. Je m'efforçais de dissimuler soigneusement l'irritation intérieure que j'en ressentais, et, tout en maintenant notre droit, je m'appliquais à désarmer d'injustes exigences à force de droiture et de simplicité. M. de Bismarck voulait bien ne pas m'accuser, et même me témoigner une réelle confiance, mais il s'en prenait au Gouvernement, auquel il prêtait obstinément une arrière-pensée de rupture. Je repoussais cette distinction, qui m'offensait, et je ne me lassais pas de démontrer, par des arguments décisifs, que notre intérêt nous obligeait à scrupuleusement respecter nos engagements, à la fidélité desquels nous contraignait d'ailleurs une inexorable nécessité.

Le chancelier, toujours impatient, voulait ouvrir immédiatement les conférences dans lesquelles le traité définitif de paix serait élaboré. Je le désirais autant que lui ; seulement, ne pouvant avoir avec M. Thiers que des rapports de correspondance, j'étais condamné à d'inévitables lenteurs. Cependant, dès le 7 mars, je faisais connaître au cabinet prussien la nomination de MM. Baude, Declercq et Caillé, ce dernier remplacé, sur son refus, par M. de Goulard, et ce n'était que beaucoup plus tard, malgré plusieurs lettres de rappel, que MM. de Balan et d'Uxhul étaient désignés pour l'Allemagne ; M. de Bismarck se plaignait que la garnison de Paris ne fût pas réduite à 40,000 hommes, quand, en réalité, nous en avions à peine 18,000. Il est vrai qu'il y ajoutait « 150,000 soldats armés ou non armés, disait
» sa dépêche, qui ne sont plus prisonniers de guerre,
» 60,000 gardes mobiles et 300,000 gardes nationaux
» armés [1]. »

Il ajoutait : « La retraite de l'armée française derrière
» la Loire devait s'effectuer simultanément avec l'éva-
» cuation des départements de l'Ouest par les troupes
» allemandes. Hé bien ! on n'a pas encore songé à se
» mettre d'accord avec nos autorités militaires sur la
» marche d'un seul régiment à travers nos lignes vers la
» Loire, encore bien moins aucun corps de troupes ne
» s'est-il effectivement mis en route. Ce fait étant
» constaté, il sera nécessaire d'arrêter également la

---

[1] Dépêche du 6 mars 1871.

» marche d'évacuation des troupes allemandes; celles-ci
» ne franchiront pas la Seine que les troupes françaises
» n'aient passé la Loire.

» Le Gouvernement français n'a pas encore, à l'heure
» présente, commencé à entretenir les troupes alle-
» mandes, conformément à l'engagement pris dans le
» traité de paix. Nos troupes se verront, par conséquent,
» obligées de continuer le système des réquisitions jus-
» qu'à ce que ces réquisitions soient remplacées par des
» fournitures de vivres aux frais du Gouvernement fran-
» çais, conformément au traité. L'entretien des troupes
» d'occupation, qui a été, en attendant, à la charge
» du trésor allemand, devra être bonifié à ce dernier
» par le Gouvernement français.

» L'exécution des stipulations déjà contenues dans
» l'armistice du 28 janvier, relatives à l'échange des pri-
» sonniers de guerre, n'est pas encore complétement
» effectué aujourd'hui 6 mars.

» Les troupes allemandes restent dans leur marche en
» détachement, comme à Épernay, et couchent exposées
» aux attaques par surprise des forces françaises. La ré-
» pression et la punition de ces violations de la paix par des
» mesures de violence militaire est inévitable, attendu
» que S. M. l'empereur n'attribue pas la non-exécution
» de la paix, de la part de la France, à la volonté du
» Gouvernement français. L'évacuation des forts sud-
» ouest de Paris, convenue pour demain, aura néan-
» moins lieu, quoique sous la condition que la garnison
» de ces forts ne dépassera pas la mesure indispensable
» convenue dans le traité pour les places fortes au nord
» de la Loire. Quant à toutes les autres mesures que
» nous avons déjà commencé à accomplir pour les con-

» ditions de la paix, et notamment pour l'évacuation du
» territoire français jusqu'à la Seine, elles ne pourront
» être continuées que quand le Gouvernement français
» aura, de son côté, commencé sérieusement à mettre à
» exécution les conditions de la paix, en ce qui concerne
» les points précités. Avant tout, nous devons insister
» sur ce que tous les corps de troupes, armés ou désar-
» més, ne faisant pas partie des 40,000 hommes de
» Paris, commencent leur marche derrière la Loire, et
» que la nourriture soit aussitôt donnée aux troupes alle-
» mandes. Pour ce qui concerne les désirs qu'a expri-
» més le Gouvernement français, relativement au réta-
» blissement de ses communications postales et télégra-
» phiques, à l'exploitation des chemins de fer et aux
» institutions administratives de toute nature dans les
» parties du territoire qui resteront occupées jusqu'à la
» paix définitive, nous serons toujours disposés à y ré-
» pondre dès qu'on aura commencé à exécuter plus sé-
» rieusement que jusqu'à présent les conditions de la
» paix et qu'on aura cherché à s'entendre avec nous sur
» les points en question. Les autorités allemandes ont
» reçu l'ordre de maintenir le *statu quo* tant qu'il n'en
» sera pas ainsi. »

Les détails et le ton de cette pièce permettent de juger la rigueur et la partialité de l'autorité allemande dans l'interprétation des conventions. Quatre jours ne s'étaient point écoulés depuis l'échange des ratifications, et déjà on nous menaçait parce que nous n'avions pas en tous points exécuté la convention. On feignait de considérer nos troupes désarmées et nos mobiles comme faisant partie de la garnison de Paris, et l'on trouvait mauvais que nous n'eussions pas, en quelques heures, fait partir de

Paris les 250,000 hommes débandés qui l'encombraient, et cela, quand l'administration allemande avait encore dans la main la majeure partie du matériel de nos chemins de fer. On disait vouloir continuer le système arbitraire et spoliateur des réquisitions, parce que nous ne nourrissions pas les troupes ennemies, et l'on semblait ne pas savoir que, malgré nos instances réitérées, nous n'avions pu obtenir des intendances prussiennes les états sans lesquels il nous était impossible de conclure le moindre accord. Quant à la retraite de notre armée derrière la Loire, elle ne pouvait s'effectuer en un jour. Le ministre de la guerre la pressait autant que possible ; encore fallait-il lui concéder le temps nécessaire aux mouvements des corps. Enfin nous avions à diriger vers des points indiqués les prisonniers éparpillés sur tout notre territoire ; cette opération exigeait aussi un certain délai, et rien n'était plus injuste que de nous rendre responsables de difficultés nées de la nature des choses.

Telle fut cependant la prétention perpétuelle de la chancellerie prussienne, et la situation qu'elle nous créait eût été absolument intolérable sans l'esprit de conciliation et de justice de l'homme éminent qui reçut la délicate mission de remplacer M. de Bismarck, forcé par des affaires urgentes de retourner à Berlin.

Cet homme était M. le général de Fabrice, que le chancelier accréditait près de nous, par sa dépêche du 6 mars. M. de Fabrice était autorisé par l'empereur à négocier avec le gouvernement français. Il devait se rendre le lendemain à Ferrières.

Il était difficile de faire un choix plus heureux. L'extérieur élégant et noble, la figure ouverte et sympathique, la courtoisie affable et digne de M. le général de Fabrice ne révèlent que très-imparfaitement l'élévation de son caractère et la rare distinction de son esprit. Son nom indique une origine française, sur laquelle il eût été peut-être indiscret de ma part de trop m'appesantir avec lui, mais que trahissent suffisamment son aisance naturelle, son humeur chevaleresque et son exquise bonté. Né en Saxe, d'une famille très-justement considérée à la cour, il se fit remarquer de bonne heure par ses aimables et brillantes qualités, et devint, dans ces dernières années, ministre de la guerre du vieux roi et son ami le plus intime. Dès notre première entrevue, il me montra un abandon et une franchise qui depuis ne se sont jamais démentis. J'y ai constamment trouvé un précieux secours, surtout dans les crises violentes qui devaient bientôt éclater entre nos deux gouvernements. Avec tout autre négociateur il eût été impossible d'éviter une rupture dont les conséquences étaient incalculables. Sans cesse appliqué à tempérer la rigueur des ordres qui lui étaient transmis, dépensant un art infini à ne rien compromettre et à tout adoucir, habile par le seul effort d'une sincérité communicative et d'une loyale générosité de cœur, bienveillant et humain, même alors qu'il était l'interprète des plus dures exigences, M. de Fabrice a rendu à son pays et au nôtre l'inappréciable service de faire intervenir la raison et l'équité dans nos débats, si ce n'est comme arbitres souverains d'une situation malheureusement livrée à la force, au moins comme éléments de conseil, de maturité et de calme. Je lui en garde une reconnaissance que le temps n'affaiblira pas ; j'aime à supposer qu'il n'a point oublié non plus les sentiments de mutuelle estime, et je pourrais dire de réelle affection, nés spontanément de relations qui ne devaient guère les faire prévoir. Leur souvenir m'est d'autant plus précieux qu'ils ont puissamment contribué, comme il a bien voulu le reconnaître lui-même, à faciliter l'accomplissement de notre difficile tâche.

Je lui déclarai tout d'abord que nous avions la ferme volonté d'exécuter scrupuleusement chacune des conditions des traités que nous avions signés. Je le priai donc instamment de n'attacher aucune importance aux soupçons qui, sur ce point capital, ne manqueraient point de lui arriver de Berlin. « Je vous demande, lui dis-je, de
» ne m'en cacher aucun. Je prends l'engagement de les
» dissiper tous, par le simple exposé de la vérité. Seu-
» lement je réclame de votre part un peu de condescen-
» dance, jusqu'à ce qu'il nous ait été donné de reprendre
» notre équilibre, si profondément troublé par nos mal-
» heurs. »

C'est qu'en effet, tous les moyens d'action nous manquaient, tous étaient encore dans la main de l'ennemi. Ainsi le télégraphe, la poste, les chemins de fer lui appartenaient, et nous n'en pouvions user que sous son bon plaisir. Il exerçait l'autorité civile dans les départements envahis. J'aurais voulu la rétablir à notre profit aussitôt après l'armistice. Je m'étais efforcé de prouver à M. de Bismarck que ce rétablissement était commandé par l'intérêt des deux pays. Je n'avais pu le convaincre, et nous avions été forcés de subir, dans le traité de préliminaires, l'article 8, stipulant que l'administration civile ne serait remise à la France qu'après l'échange des ratifications du traité définitif de paix. Je ne me tenais pas pour battu, et continuais mes réclamations, lorsqu'un incident fort pénible me fournit un argument sans réplique. Le 4 mars, M. de Bismarck m'avisait, par une dépêche plus qu'acerbe, que dans les environs d'Épernay un détachement prussien venait d'être victime d'une criminelle agression. Ce détachement, composé de trente hommes et d'un officier, escortait deux voitures portant une somme de 300,000 francs. A l'entrée d'un bois, il avait été brusquement attaqué et mis en fuite : deux hommes et le chef du peloton étaient restés sur le terrain, l'argent avait été volé. Le chancelier se plaignait hautement de cette coupable violence et nous en rendait responsables.

Je lui répondis que ce fait douloureux était la meilleure justification de mon opinion sur la nécessité de nous restituer l'autorité civile dans les départements occupés. Nos commissaires de police et nos gendarmes feraient plus pour la sécurité publique, même pour celle de l'armée allemande, que les représailles les plus cruelles. Investis du pouvoir, nous n'aurions plus à décliner la responsabilité, et nous préviendrions ainsi des conflits dont les périls n'avaient pas besoin d'être démontrés.

Le général de Fabrice parut admettre ces considérations; et il fut convenu entre nous que nous préparerions, pour les discuter à Ferrières le 11 mars, des projets de conventions réglant : le service des postes et télégraphes dans les départements occupés, l'entretien de l'armée allemande par la France, le rapatriement de nos prisonniers, la remise à l'autorité française de l'administration civile, le payement des impôts et la restitution des sommes indûment perçues par les chefs de corps prussiens.

Ce dernier point était d'une extrême urgence : j'y

revenais sans cesse dans ma correspondance et dans nos conversations. On pourra juger la légitimité de mes réclamations par le télégramme suivant envoyé à M. de Fabrice quarante-huit heures avant notre rencontre à Ferrières.

Paris, 9 mars.

« Je reçois partout des plaintes sur les exigences de
» votre armée ; je crains qu'elles n'amènent d'irrépa-
» rables malheurs; le traité dit qu'à partir de la ratifica-
» tion on ne payera plus aucune contribution. Cette
» disposition a été affichée dans toutes les communes;
» or à Tournan, où la commune paye 12,382 francs au
» gouvernement français, le vôtre réclame 132,000 fr.,
» c'est-à-dire treize fois l'impôt; à Coulommiers il est
» triplé; triplé aussi à Melun, les habitants sont menacés
» d'exécution militaire; à Gournay-sur-Marne, un esca-
» dron wurtembergeois dévaste les maisons sous les
» yeux et par les ordres du capitaine. Je vous prie de
» donner des ordres qui mettent un terme à ces excès.
» Ils rendent tout à fait nécessaire l'entrevue que vous
» m'avez proposée. »

La convention, qui rendait à l'administration française le service des postes et des télégraphes, fut signée à Reims par MM. Rampont et Stephan et ratifiée le 18 par M. de Bismarck et par moi. Celle relative à l'entretien des troupes d'occupation donna lieu à d'interminables débats dans lesquels l'intendance allemande discuta avec cet esprit de défiance minutieuse et de prévoyante prévision qui la caractérise. Ses agents ne se lassaient pas de revenir sur les mêmes détails, de recommencer leurs calculs, de se demander entre eux si tout était exact, si rien n'avait été oublié ; la journée du 11 mars fut employée à ce travail et à l'ébauche des annexes qui devaient le compléter.

La convention portait que l'intendance allemande entretiendrait les armées d'occupation jusqu'au 31 décembre 1871 moyennant le payement d'une indemnité fixée à 1 fr. 75 c. par chaque ration de vivres, et 2 fr. 50 c. par chaque ration de fourrage. Cette indemnité s'appliquait à 500,000 rations de vivres et 150,000 de fourrages par jour. Elle devait être versée à l'autorité allemande par quinzaine et d'avance.

Après la ratification du traité de paix définitif et le payement des premiers 500 millions, elle devait être réduite par semaine et par quart de la différence qui existe entre 500,000 rations de vivres et 150,000 rations de fourrages et 150,000 rations de vivres et 50,000 rations de fourrages, pour être arrêtée à ce dernier chiffre au bout de quatre semaines.

Elle subissait ainsi une réduction graduelle et ne s'appliquait plus qu'à 120,000 rations de vivres et 40,000 de fourrages après le payement du premier milliard ; enfin à 50,000 rations de vivres et 18,000 de fourrages après le versement du second milliard.

Ces fixations étaient à peu près conformes à celles que m'avait annoncées M. de Bismarck dans nos conférences antérieures. Je m'étais vivement récrié contre l'énormité des charges qu'elles faisaient peser sur nous et qui, jusqu'à la paix et au payement du premier milliard, s'élevaient à plus de 54 millions par mois ; je ne comprenais pas comment, dans la situation respective des deux pays, l'occupation de notre sol pouvait être con-

sidérée comme une garantie nécessaire ; toutefois, en admettant cette nécessité, une armée de 250,000 hommes me paraissait plus que suffisante pour les départements envahis. « Telle n'est pas l'opinion de l'Empe-
» reur, me répondait M. de Bismarck, il ne veut pas
» croire à votre soumission et craint toujours d'exposer
» ses soldats. Au reste, tout dépendra de votre conduite.
» Si vous ne provoquez pas de conflits, nous ferons
» promptement retirer nos troupes et, d'ici à quelques
» semaines, leur effectif sera descendu au-dessous même
» du chiffre que vous indiquez. »

On préparait, en effet, une évacuation sur une très-large échelle, nous pouvions espérer qu'elle ne laisserait au bout d'un mois que 150,000 hommes en France, et si nous avons eu à supporter, jusqu'à la fin de juillet, l'énorme contribution de 54 millions par mois, c'est à l'insurrection de Paris qu'il le faut imputer. Au chapitre des pertes incalculables qu'elle nous a causées, il est juste d'ajouter plus de 100 millions que, sans elle, nous n'aurions pas déboursés.

Il y eut même ceci de bizarre, que l'intendance allemande, fort disposée à surfaire dans le calcul de ses effectifs, se trompa à son désavantage. Le chancelier m'a constamment affirmé que l'armée d'occupation avait été maintenue à 650,000 hommes, ce qui laissait le quart de son entretien à la charge du Trésor allemand. Il ne cessait, pendant la Commune, de faire valoir cet argument pour nous sommer d'en finir au plus vite avec l'insurrection. J'aurai l'occasion de citer une dépêche par laquelle il nous demandait de restituer à son gouvernement le montant de cette dépense absolument imprévue.

La lecture de la convention du 11 mars [1] peut donner une idée du soin avec lequel étaient prévus et réglés tous les détails touchant au bien-être du soldat, à sa bonne tenue, à son instruction militaire. Après avoir formulé tout un ensemble de précautions destinées à garantir la qualité des vivres et des fourrages remis par l'autorité française, si elle usait de cette faculté qui lui était réservée, la convention énumère ce qui doit être procuré à chaque corps, ou détachement. L'article 10, qui contient ces stipulations, doit être transcrit textuellement :

« Art. 10. — Le gouvernement français prend, en
» outre, l'engagement de mettre à la disposition des
» troupes allemandes, dans chaque ville et chaque vil-
» lage occupés au moins par un bataillon, un escadron
» ou une batterie d'artillerie, tous les établissements mili-
» taires dont elles ont besoin, avec les ameublements
» nécessaires, leur chauffage et leur éclairage d'après
» les prescriptions des règlements prussiens :
 » Logements pour officiers, conformément à l'an-
» nexe 2 ;
  » Logements pour troupes ;
  » Corps de garde ;
  » Salle de discipline ;
  » Ateliers pour les ouvriers des corps ;
  » Magasins d'habillement ;
  » Bureaux pour les chefs de corps et les administra-
» tions ;
  » Écoles régimentaires ;
  » Infirmerie ;

---

[1] Voir aux Pièces justificatives, n° 11.

» École de natation, s'il y a des cours d'eau suffi-
» sants;

» Manége couvert, s'il existe, ou manége ouvert;

» Butte pour le tir de l'infanterie et de la cavalerie;

» Champs d'exercice;

» Magasin de vivres et de fourrages;

» Place nécessaire, dans l'abattoir, dans une boulan-
» gerie et dans une forge;

» En ce qui concerne les logements pour troupes, on
» occupera d'abord les bâtiments publics et ceux pris à
» loyer dans ce but; ce n'est qu'en cas d'insuffisance de
» ces ressources qu'on sera logé chez l'habitant;

» Les troupes logées chez l'habitant auront place au
» feu et à la chandelle;

» Toutes ces fournitures seront faites gratuitement
» par le gouvernement français. »

De plus, il s'engageait à procurer également à ses frais, dans les différentes garnisons ou par corps, un local meublé, chauffé et éclairé pour les réunions et les repas en commun des officiers. Les officiers mariés avaient le droit de réclamer une indemnité réglée par un tarif qui n'est pas moins minutieux que la convention elle-même. Le nombre de pièces devant servir au logement des officiers y est déterminé proportionnellement à leur grade. Les généraux ont une maison entière dont l'importance correspond à leur rang militaire.

Les deux intendants français qui m'assistaient discutèrent rigoureusement ces conditions et firent retrancher les plus onéreuses. Celles qu'ils furent obligés de subir suffisent à prouver l'importance que les autorités allemandes attachaient à toutes ces questions et leur parti pris de multiplier contre nous les plus dures exigences.

Le même jour, 11 mars, nous réglâmes, par une convention particulière, les moyens de rapatrier le plus promptement possible nos malheureux prisonniers. Leur nombre atteignait le chiffre de 420,000. Je doute que l'histoire offre l'exemple d'une pareille catastrophe. L'Allemagne était aussi intéressée que nous au retour de ces infortunés. Il fut entendu entre elle et nous qu'un service par chemin de fer serait immédiatement organisé et en verserait trois ou quatre mille par jour aux trois frontières : de Charleville, de Lunéville et de Vesoul. Le gouvernement allemand promettait, en outre, d'en conduire 10,000 à Bremershafen, 14,000 à Hambourg. Nos vaisseaux viendraient les y recueillir. Enfin, par l'article 9 de cette convention, la glorieuse garnison de Bitche, qui s'était vaillamment défendue jusqu'au dernier jour, obtenait les honneurs de la guerre et nous était rendue avec ses armes, ses bagages, son matériel et ses archives.

Deux jours avant, le 9 mars, un autre traité avait remis nos cinq grandes Compagnies de chemins de fer en possession de leurs voies et de leur matériel, avec autorisation de les exploiter librement, à la charge de satisfaire aux besoins de l'autorité militaire allemande, et sous la surveillance de la commission allemande, sur les territoires cédés par les préliminaires de la paix. Cette convention, qui intéressait à un si haut degré notre agriculture, notre industrie et notre commerce, fut conclue par M. Durbach, ingénieur des ponts et chaussées, sous-directeur du chemin de l'Est, qui, dans ces douloureuses circonstances, s'est montré aussi intelligent que dévoué. Grâce à ces arrangements, nos transports étaient affranchis du servage qui les paralysait, et l'activité renaissante du pays recouvrait l'un de ses ressorts les plus puissants.

Mais il n'était pas moins important de trancher les questions relatives au rétablissement de l'autorité civile dans les départements occupés et à la perception de l'impôt. Nous en avions préparé les bases, M. le général de Fabrice et moi. Au dernier moment on nous renvoya à M. de Nostitz de Wallwitz, commissaire civil de l'empereur d'Allemagne, qui se trouvait à Rouen. La situation de plus en plus inquiétante de Paris ne me permettait pas de m'éloigner. M. Pouyer-Quertier voulut bien se charger de cette négociation et partit avec M. Casimir Fournier, délégué du ministre de l'intérieur.

M. Pouyer-Quertier venait d'être nommé ministre des finances le 4 mars, sur le refus de M. Buffet, et déjà il avait justifié tout ce qu'on pouvait attendre de son habileté. Rompu aux affaires, inépuisable dans ses ressources, infatigable au travail, aussi remarquable par son sang-froid que par la vigueur de son entrain, il était admirablement choisi pour occuper un poste dans lequel, à chaque heure, il fallait se heurter à une difficulté qui paraissait insoluble. Je l'ai vu constamment aux prises avec les plus mortels embarras, il les a toujours dominés sans trouble, sans impatience, sans forfanterie. Simple, généreux et bon, exempt de prétention et de susceptibilité, animé d'un patriotisme sincère, il savait, au milieu des crises les plus alarmantes, ramener la confiance par la seule expansion de celle qu'il éprouvait lui-même. Tous ceux de ses collègues qui l'ont vu à l'œuvre, n'ont pu s'empêcher de l'apprécier et de l'aimer. Tous reconnaîtront qu'il a rendu à la France d'éclatants services. Je raconterai la part qui lui appartient dans les négociations de Francfort; il a le droit d'en être fier et de compter sur la légitime gratitude de ceux que la passion n'égare pas.

La convention qu'il arrêta et rédigea avec M. de Nostitz le 12 mars, était simple et concise. Son préambule traduisait très-exactement nos intentions :

« Les parties, voulant assurer l'exécution facile et
» loyale du traité de préliminaires de paix, signé à Ver-
» sailles entre la France et l'Allemagne le 26 février der-
» nier, écarter toute éventualité de conflits entre l'armée
» allemande et la population, et, par ce moyen, arriver
» promptement, par le maintien de l'ordre, à une com-
» plète pacification,

» Ont modifié, ainsi qu'il va être dit, ledit traité de
» préliminaires de paix. »

Après avoir rappelé que l'article 3 de la convention d'armistice portait que les troupes allemandes s'abstiendraient de toute contribution de guerre et de toute réquisition à partir de la ratification du traité de préliminaires, et que l'article 8 de ce traité renvoyait après la ratification du traité de paix définitif la restitution au gouvernement français de l'administration civile et la perception de l'impôt dans les départements occupés, les parties stipulaient que l'autorité française recouvrerait immédiatement le plein exercice de l'administion dans les départements où seraient envoyés des préfets, sous-préfets, maires, commissaires de police et autres agents; que les tribunaux y fonctionneraient ainsi que la gendarmerie; que les impôts y seraient

12.

régulièrement perçus; que ceux en retard seraient remis, sauf un compte entre l'autorité allemande et le gouvernement français.

L'empereur d'Allemagne trouva sans doute que ces conditions nous étaient trop favorables, il refusa sa ratification. M. Pouyer-Quertier, accompagné de M. le baron de Ring, chef de cabinet au ministère des affaires étrangères, reprit le chemin de Rouen, où de son côté le général de Fabrice l'attendait.

Le 16 mars, deux conventions distinctes furent rédigées, l'une pour l'administration des départements occupés, l'autre pour la perception des impôts. La première ne différait de celle du 12 mars que par l'addition d'une clause réservant à l'autorité allemande, dans les cas où elle jugerait ses intérêts gravement compromis, la faculté de revenir au traité de préliminaires. La seconde renfermait le détail des mesures minutieuses dont le but était de faire rentrer dans les caisses allemandes toutes les parcelles de l'impôt échu le 2 mars 1871, mais elle conservait la base acceptée précédemment par M. de Fabrice, et qui avait été violemment critiquée par les rigoristes allemands : le doublement de l'impôt direct pour représenter l'impôt indirect à l'égard duquel il n'y avait pas de cote officielle.

Tel fut l'ensemble des transactions au moyen desquelles nous espérions adoucir les douleurs de l'occupation, rétablir l'ordre, ranimer le travail et permettre à la France de guérir peu à peu ses profondes blessures. La vitalité de notre admirable nation est si énergique que nous la sentions renaître et comme palpiter sous l'aiguillon profond du patriotisme. Se refaire et devenir dignes d'une meilleure destinée, était le mot d'ordre général. En dépit des passions insensées qui agitaient quelques groupes exaltés prêts à fomenter le désordre au sein des grandes villes, on se réorganisait, on ressaisissait avec ardeur l'instrument du labeur interrompu, on lui demandait la consolation et la force, et l'on peut affirmer que si aux malheurs inouïs de la guerre n'avait pas succédé le crime de l'insurrection sous l'œil de l'ennemi, l'armée allemande aurait quitté notre territoire avant la fin de l'année 1871, et l'Assemblée nationale aurait été contrainte de consacrer par une sanction définitive le Gouvernement de la République, qui seul était capable de commencer et de mener à bien cette œuvre de féconde et généreuse réparation.

§

Loin de calmer la fiévreuse surexcitation du peuple de Paris, l'évacuation prussienne lui avait donné un nouvel et redoutable aliment. Les délégués de la garde nationale, réunis en assemblée générale sous les noms de fédération républicaine, de la garde nationale, manifestaient hautement le dessein de devenir les seuls maîtres de la force armée. Ils se félicitaient d'avoir pu, dans la nuit du 28 février, enlever l'artillerie qu'ils disaient être la propriété exclusive de la garde nationale, et ils annonçaient que successivement ils mettraient la main sur les armes et les munitions placées en réserve dans les dépôts des différents secteurs. Malheureusement, après le siége, l'organisation de ces secteurs, qui avaient rendu de si grands services, avait été détruite. L'état-major de la place et la municipalité centrale étaient ainsi privés d'intermédiaires absolument nécessaires ; le commandement ne savait où rencontrer des agents responsables et dociles ; la plupart des maires d'arrondissement refusaient leur concours; le préfet de police se disait impuissant à une action quelconque, et nous en étions réduits à cette désolante extrémité, de ne pouvoir compter sur l'exécution d'aucun ordre quand il s'agissait de réprimer des actes criminels.

Le jour même où les Prussiens se retirèrent, la foule se porta aux Champs-Élysées et saccagea les établissements qui leur avaient ouvert leurs portes. Une bande envahit et pilla la poudrière du bastion n° 89. C'était le signal. Les autres dépôts devaient être également dévastés. La nuit venue, plusieurs bataillons obéissant au Comité central, cernaient le poste des Gobelins défendu par quarante douaniers et par soixante-dix gardiens de la paix, sous les ordres d'un lieutenant. Cette attaque avait été prévue ; il était convenu qu'on la repousserait de vive force. Le général Vinoy, de concert avec M. Choppin [1], avait fait disposer dans les environs deux escadrons de garde républicaine prêts à donner. Mais aux premières sommations des insurgés, les douaniers lâchèrent pied. Le directeur des Gobelins, menacé d'incendie et pouvant de sa croisée voir dans les rangs des assaillants des hommes porteurs d'éponges imbibées d'huiles essentielles, intervint auprès du lieutenant pour le déterminer à se rendre. Les gardiens de la paix sortirent en abandonnant leurs fusils et douze cent mille cartouches; ces armes devaient être restituées à la Préfecture de police.

---

[1] Remplissant les fonctions de préfet de police.

Les insurgés s'en emparèrent. A minuit tout était fini et la troupe de secours rentrait dans ses quartiers.

Que pouvait le ministre de l'intérieur contre cette audace d'une part et cette faiblesse de l'autre ? Il les flétrissait dans une proclamation affichée le matin sur les murs de Paris, et faisait appel au courage et au bon sens des citoyens dans les termes pressants que voici :

« Les faits les plus regrettables se sont produits depuis
» quelques jours et menacent gravement la paix de la
» cité. Des gardes nationaux en armes, obéissant, non
» à leurs chefs légitimes, mais à un Comité central anonyme qui ne peut leur donner aucun ordre sans commettre un crime sévèrement puni par les lois, se sont
» emparés d'un grand nombre d'armes et de munitions
» de guerre, sous prétexte de les soustraire à l'ennemi
» dont ils redoutaient l'invasion. Il semblait que de
» pareils actes devaient cesser après la retraite de l'armée
» prussienne : il n'en a rien été : ce soir le poste des
» Gobelins a été forcé et des cartouches ont été pillées.

» Ceux qui provoquent ces désordres assument sur
» eux une terrible responsabilité. C'est au moment où la
» ville de Paris, délivrée du contact de l'étranger, aspire
» à reprendre ses habitudes de calme et de travail, qu'ils
» sèment le trouble et la guerre civile. Le Gouvernement
» fait appel à tous les bons citoyens pour étouffer dans
» leurs germes ces coupables manifestations.

» Que tous ceux qui ont à cœur l'honneur et la paix
» de la cité se lèvent. Que la garde nationale, repoussant de perfides instigations, se range autour de ses
» chefs et prévienne des malheurs dont les conséquences
» seraient incalculables. Le Gouvernement et le général

» en chef sont décidés à faire énergiquement leur devoir ;
» ils feront exécuter les lois, ils comptent sur le patrio-
» tisme et le dévouement de tous les habitants de Paris.

» *Le ministre de l'intérieur,*

» *Signé :* Ernest Picard. »

Le lendemain, 5 mars, le *Journal officiel* annonçait la nomination du général d'Aurelle de Paladines au poste de commandant supérieur des gardes nationales de la Seine. M. Thiers avait pensé que le prestige du vainqueur de Coulmiers exercerait une influence favorable au rétablissement de la discipline. Il n'en fut malheureusement rien. Étranger à la ville de Paris, dont il ne connaissait pas même la topographie, sans autorité sur les maires, la plupart fort engagés dans le mouvement, le général d'Aurelle, malgré tout son bon vouloir, était condamné à des tâtonnements funestes dans une situation où la promptitude et la décision étaient si nécessaires : il s'épuisait en négociations stériles avec les chefs de bataillon qui le jouaient, avec les municipalités qui lui promettaient chaque jour une solution pacifique. Plusieurs fois il crut et nous fit croire que les canons rangés en batterie sur les collines de Montmartre allaient nous être rendus. Il alla même jusqu'à demander au général Vinoy, qui les mit volontiers à sa disposition, des attelages destinés à les ramener. Mais, arrivés à la hauteur du boulevard des Batignolles, les conducteurs durent, en toute hâte, faire rétrograder leurs chevaux. On prétendit que le général avait mal compris, et que la garde nationale entendait rester maîtresse de son artillerie.

Cet état de choses était d'autant plus menaçant, qu'à la veille d'une lutte inévitable Paris était absolument livré à lui-même et privé de gouvernement. Séparés de l'Assemblée et de M. Thiers, nous étions dépouillés d'autorité, dans l'impossibilité de délibérer et de prendre un parti. Aussi, je ne cessais de télégraphier et d'écrire que tout allait sombrer si l'Assemblée et le chef du pouvoir exécutif ne revenaient pas à Paris. De leur côté, les députés se plaignaient avec raison de ce que plusieurs départements n'avaient plus de préfets, de ce que d'autres en avaient qui ne pouvaient être maintenus ; M. Jules Simon, ministre de l'intérieur à Bordeaux, ne se croyait pas le droit d'agir. M. Picard ne le pouvait qu'à la condition d'en conférer avec M. Thiers, et sa présence à Paris était indispensable. Il pensa cependant pouvoir s'éloigner quelques jours. La nuit même qui suivit son départ nous faillîmes être enlevés. Le tocsin ne s'arrêta point. Les postes se repliaient devant les bataillons insurrectionnels. J'étais le seul membre du gouvernement présent, et je n'avais aucun pouvoir officiel sur le préfet de police et les généraux. Je suppliai M. Thiers de permettre à M. Picard de revenir. Il revint en effet et me fit savoir que, dans la séance du 6, le cabinet avait déposé une proposition tendant à la translation de l'Assemblée dans un lieu plus rapproché de Paris. L'Assemblée avait déclaré l'urgence et prononcé immédiatement le renvoi dans les bureaux ; où une commission de quinze membres avait dû être nommée.

§

Telle était la forme adoucie sous laquelle M. Thiers, très-convaincu de la nécessité de quitter Bordeaux, avait cru devoir présenter sa résolution. Tout en désirant le rétablissement du gouvernement à Paris, il le regardait comme impossible à obtenir, comme très-dangereux à tenter. A ses yeux, l'Assemblée était la dernière ressource de la France : la risquer dans un poste où elle courait le risque d'être dispersée par un coup de main démagogique, c'était follement jouer le salut du pays. Je ne discute pas cette opinion qui n'était pas la mienne; je croyais, je crois encore, qu'en se ralliant sincèrement à la République, et en prenant courageusement possession de sa capitale, l'Assemblée étouffait l'insurrection dans son germe. Mais, je le reconnais volontiers, la majorité estimait que la liberté de ses délibérations n'était possible qu'au dehors de la ville du 31 octobre et du 22 janvier, je pourrais ajouter, en me pénétrant de ses sentiments, du 24 février, du 15 mai 1848 et du 4 septembre 1870. Il était donc très-sage de lui soumettre un projet vague, la laissant maîtresse de la solution, sauf à intervenir dans le débat et à la conduire le plus près possible du but véritable.

La gravité de la question n'échappait à personne et causait dans la Chambre un profond et légitime émoi. Les plus récalcitrants étaient forcés de convenir qu'il n'y avait pas d'administration possible avec la division du gouvernement en deux fractions, l'une à Bordeaux, l'autre à Paris. Mais le nom seul de cette dernière cité était un épouvantail. Les membres de la majorité cherchaient à s'en rapprocher en mettant entre elle et eux la plus grande distance possible. La commission, par l'organe de M. Beulé, son rapporteur, proposait Fontainebleau. J'envoyais à M. Thiers messages sur messages pour le supplier de faire repousser cette combinaison;

je n'aurais pu rester à mon poste si elle avait été adoptée, tant j'étais convaincu qu'elle aurait entraîné le soulèvement immédiat de Paris et de plusieurs autres villes importantes. M. Thiers fit les efforts les plus désespérés pour ébranler les hommes influents. Il leur démontra l'indispensable nécessité d'être à côté de Paris; si on trouvait imprudent d'y rentrer, le séjour de Versailles conciliait tout. Situé à vingt kilomètres de Paris, Versailles en était le faubourg. Sa position stratégique le mettait facilement et avec peu de ressources à l'abri d'un coup de main. Sa population inoffensive et paisible ne pouvait inspirer aucune appréhension. De là on avait la main sur Paris sans y être engagé. A Fontainebleau, au contraire, on était isolé, privé de toute prompte communication, exposé à se trouver en vingt-quatre heures entièrement coupé. Versailles offrait donc beaucoup des avantages et aucun des inconvénients du retour à Paris. Ces arguments, développés avec la force de persuasion que le président du conseil possédait à un si haut degré, firent une vive impression, et, lorsqu'à la séance du 10 mars la commission présenta son projet, on pouvait déjà deviner que les idées de M. Thiers réuniraient la majorité des votes.

Deux amendements furent déposés, demandant la translation du gouvernement et de l'Assemblée, l'un à Paris, l'autre à Versailles : M. Louis Blanc se fit le défenseur éloquent du premier. Son discours fut un modèle d'élévation et de logique. Il ne se contenta pas d'émouvoir, il sut résumer sous une forme saisissante et pathétique les graves et décisives considérations qui devaient entraîner son auditoire. Répondant à ceux qui invoquaient les menées séditieuses de la capitale comme un

motif péremptoire de n'y pas rentrer, il rappelait l'opinion de Machiavel écrivant dans son livre *du Prince :*
« Quand on a à gouverner une ville dont les dispositions
» intérieures sont redoutables, l'un des plus grands
» moyens et des plus sûrs est d'y aller soi-même. Étant
» sur les lieux, on voit naître les désordres et on y re-
» médie tout aussitôt. Quand, au contraire, on en est
» absent, on ne les connaît plus que lorsqu'ils sont si
» grands qu'il n'y a plus moyen d'y porter remède. »

Il s'efforça ensuite de démontrer que Paris si calme, si résigné pendant le siége, ne pouvait être un foyer de désordre. On le calomniait quand on supposait qu'il ne consentirait pas à imposer silence à ses passions en présence des devoirs sacrés et de la pesante responsabilité que lui créerait le séjour de l'Assemblée et du gouvernement dans son sein. Par contre, les périls les plus imprévus et les plus terribles seraient la conséquence forcée d'une résolution proclamant sa déchéance politique.

« Croire, s'écriait l'orateur, que ce puissant Paris
» baisserait la tête, croire qu'il resterait sans un batte-
» ment de cœur sous le coup de l'indignité dont il serait
» frappé, c'est une erreur tellement funeste, tellement
» féconde en désastres que je frémis rien que d'y penser.
» Oter à Paris son rang de capitale, mais ce serait réu-
» nir tous ses habitants, grands et petits, bourgeois et
» ouvriers, riches et pauvres, dans un même sentiment
» de colère et peut-être de colère formidable....... Ce
» serait souffler à Lyon, à Marseille, à Bordeaux, à
» mainte autre ville importante, la plus dangereuse des
» tentations ; ce serait y enflammer des jalousies locales
» qui, cette fois, ne paraîtraient que trop légitimes ! Ce
» serait pousser Paris à se donner un gouvernement à

» lui, gouvernement contre lequel l'Assemblée siégeant
» ailleurs ne pourrait rien ou ne pourrait quelque chose
» qu'au risque des plus cruels déchirements ; ce serait
» achever, par des mains françaises, ce démembrement
» de notre France bien-aimée que des mains ennemies
» ont commencé, et faire sortir peut-être des cendres
» de l'horrible guerre étrangère qui finit à peine une
» guerre civile plus horrible encore ! »

Ces paroles prophétiques, accueillies chaleureusement par la gauche, ne pouvaient modifier l'opinion de la majorité. Ses organes, M. Giraud, M. de Belcastel, M. Fresneau, s'attachèrent à justifier le projet de la commission ; ils montrèrent l'anarchie en permanence dans l'intérieur de Paris, menaçant chaque jour l'Assemblée, troublant ses travaux, violant peut-être sa majesté souveraine, et consommant ainsi la dernière et la plus irrémédiable de nos calamités nationales.

Pendant ces véhémentes attaques, les applaudissements d'un grand nombre de députés prouvèrent que la Chambre ne voulait point affronter des aventures si périlleuses pour elle et pour la France. Il devenait indispensable de rendre à la question son caractère véritable. M. Thiers parut à la tribune.

Toujours égal à lui-même, l'inimitable orateur ne déploya jamais de plus merveilleuses ressources. L'Assemblée, palpitante, resta près de deux heures suspendue à ses lèvres et couronna son admirable harangue par des acclamations enthousiastes. Il déclara tout d'abord qu'une impérieuse nécessité seule contraignait le gouvernement à soumettre à la Chambre une résolution si grave et si délicate. Séparé en deux tronçons, l'un à Bordeaux, l'autre à Paris, le pouvoir exécutif était frappé d'impuissance et compromettait de plus en plus le salut du pays. Jusqu'ici il avait suffi à son accablante tâche parce qu'elle avait principalement consisté à négocier; aujourd'hui qu'il fallait reconstituer l'administration, pourvoir aux exigences financières de chaque jour, refaire l'armée, maintenir l'ordre sur toutes les parties du territoire, la réunion en un seul lieu de tous les hommes et de toutes les forces du gouvernement était absolument indispensable. Or, ce lieu ne pouvait être arbitrairement fixé. Il était nécessairement celui où se concentre la vie nationale, où se trouvent le marché des capitaux, les éléments de la puissance productrice, organisatrice, scientifique.

Ici, donnant à son argumentation la précision d'une démonstration technique, l'orateur demandait lequel des ministres pouvait quitter Paris. Ce n'était pas le ministre des affaires étrangères, obligé à chaque minute de transmettre à l'ennemi les plaintes de nos compatriotes et de régler par des conventions détaillées tous les incidents de l'évacuation; encore moins le ministre des finances dont les relations quotidiennes avec la Banque, les grands industriels, les institutions de crédit, étaient seules capables de nous procurer les moyens de faire face à des difficultés sans cesse renaissantes; ni le ministre de l'intérieur, chargé de recomposer tout le personnel administratif de la France, en même temps d'empêcher et de réprimer au besoin les symptômes de désordre qui se manifestaient dans les grandes villes et particulièrement dans la capitale. Or, comment concevoir le gouvernement sans le concours de ces trois chefs des départements les plus importants?

Et cependant l'orateur jugeait sage d'ajourner la ren

trée à Paris et voulait que pour le moment l'on se bornât à s'en rapprocher le plus possible, qu'on se fixât là où on s'associait à sa vie, sans avoir à craindre ses fautes ; car il en avait commis qui devaient inquiéter l'Assemblée. C'est alors que, pour justifier son opinion, il faisait entendre ces belles paroles :

« Je savais bien qu'en prononçant ce mot de Paris,
» mot grand et glorieux, et à certains jours terrible, ce
» mot qui retentit non-seulement dans toute la France,
» mais dans le monde entier, je savais qu'en prononçant
» ce mot, nous allions voir éclater des dissentiments,
» alors cependant qu'il n'y a ici aucun parti qui mécon-
» naisse la grandeur de Paris, qui méconnaisse le mer-
» veilleux service que Paris vient de rendre, il y a peu
» de jours à la France.

» J'ai parcouru l'Europe, j'ai vu beaucoup de puis-
» sances étrangères qui nous portaient un vif intérêt.
» J'ai vu chez elles une sorte d'inquiétude. Car si l'on
» n'osait pas nous secourir, on désirait néanmoins nos
» succès. L'Europe savait bien que vaincus nous lui
» manquerions, et, chaque jour, elle déplorait amè-
» rement, non pas l'abaissement dela France, la
» France n'est pas abaissée, mais elle déplorait nos
» malheurs.

» J'ai vu que la résistance de Paris qui, pour moi,
» n'était pas imprévue, j'avais cru à cette résistance,
» j'ai vu que cette résistance imprévue relevait le cœur
» de tous nos amis en Europe, qu'elle rehaussait l'opi-
» nion qu'on se faisait de la France. J'ai vu à quel point
» cette résistance nous grandissait, et, pour ma part, je
» vous le dis franchement, Messieurs, je ne pourrais,
» sans horreur de moi-même, être ingrat pour cette

» vaillante population qui a relevé la France aux yeux
» du monde entier.

« Je le sais : il n'est pas vrai que Paris ait toujours été
» l'auteur de la guerre civile en France, il est plus vrai
» de dire qu'il en a été plus souvent le théâtre que l'au-
» teur véritable.

» Mais il est vrai aussi de dire que ce grand Paris a
» fait des fautes, il faut dire la vérité à tous les grands
» de la terre : peuples, nations et rois, quand on vit
» sous des rois. Oui, sans doute, Paris a commis des
» fautes; il a fait de grandes et nobles choses dans le
» passé, il a fait de nobles choses toutes récentes, mais
» il n'a pas évité de faire des fautes. Je le reconnais,
» moi qui lui dois d'avoir été arraché à ma retraite, —
» ce que je regrette souvent, — et de m'avoir mis en face
» de ce gouvernement que je combattais sans haine
» contre les personnes, mais avec le sentiment profond
» qu'il perdait mon pays. Ce Paris qui m'a mis en pré-
» sence du gouvernement impérial au moment où j'étais
» oublié et point malheureux de l'être; ce Paris, je lui
» dois beaucoup et j'userai de cette reconnaissance pour
» lui dire la vérité librement.

» Paris a fait des fautes, et ces fautes il les paye bien
» cher, il les paye, Messieurs, de votre défiance.

» Moi aussi je le comprends ; mais faut-il se laisser
» égarer par des préventions injustes, invincibles? Non.
» Je ne vous propose pas de rentrer tout de suite dans
» Paris, comme beaucoup de mes amis le pensent,
» comme beaucoup d'hommes sincères et honorables le
» pensent dans les opinions les plus contraires, non.

» A mon avis, il faut que le calme soit complétement

» rétabli dans Paris pour que la question puisse être
» résolue dans les conditions où elle doit l'être….. »

Puis, insistant plus nettement sur le motif politique de cet ajournement, l'orateur ajoutait :

« Entrer à Paris tout de suite, c'était résoudre la
» question et nous ne l'avons pas voulu. On m'a demandé
» pourquoi. Je vais vous le dire :

» Toute la politique que nous vous avons annoncée
» le jour où je vous ai présenté, mes collègues, cette po-
» litique, permettez-moi de vous l'exposer encore une
» fois en peu de mots, pour qu'il n'y ait entre nous
» aucun malentendu.

» Pourquoi, Messieurs, aucun membre de cette As-
» semblée n'a-t-il songé à vous proposer de vous dé-
» clarer constituants? Pourquoi? C'est un grand acte
» de sagesse que vous avez fait en ne portant pas même
» votre esprit sur cette pensée-là.

» Est-ce que c'est le pouvoir qui vous manque? Non.
» Vous êtes souverains, souverains autant qu'aucun gou-
» vernement ne l'a jamais été…….

» Et cependant, spontanément, par un acte de sagesse
» qui vous honore et qui me remplit d'espérance, car le
» salut de la France ne peut résulter que de votre sa-
» gesse, spontanément, par un acte de sagesse que j'ad-
» mire, dont je vous remercie, vous vous êtes dit : Nous
» ne serons pas constituants…..

» Je ne veux pas dire que vous ayez renoncé absolu-
» ment à tout ce qui serait nécessaire au salut du pays,
» non, votre pouvoir est tout entier, vous n'avez renoncé,
» vous n'avez le droit de renoncer à aucune partie de ce
» pouvoir ; je dis seulement que vous le réservez.

» Vous le réservez, conservant toute l'étendue de votre

» souveraineté, vous vous êtes dit que vous ne feriez que
» ce qui est urgent, qu'au lieu de constituer, vous vous
» borneriez à réorganiser....... Vous vous êtes dit quel-
» que chose de beaucoup plus élevé et de plus vrai
» encore, s'il était possible : vous vous êtes dit que si
» vous vouliez exercer le pouvoir constituant que vous
» avez, vous vous diviseriez à l'instant même; que si, au
» contraire, vous ne vouliez que réorganiser, vous se-
» riez tous d'accord.

» Pour réorganiser, vous n'avez rien à faire qui vous
» divise. Pour veiller à l'évacuation du pays, pour réta-
» blir les services financiers, pour composer une admi-
» nistration, pour rappeler vos prisonniers, pour recom-
» poser l'armée et rendre au travail tous les hommes qui
» en ont été arrachés, pour cette œuvre si pressante,
» indispensable, pour que la vie renaisse dans notre
» pays, il ne faut pas faire la moindre chose qui nous
» désunisse, pas la moindre........

» Et cela vous explique comment des hommes d'ori-
» gine différente, d'opinions politiques différentes, ont
» pu se réunir dans le cabinet actuel, y apporter leur
» concours, en amis, en citoyens dévoués, sans qu'il se
» soit élevé entre eux aucune division.

» Pourquoi? Parce que nous avons évité soigneuse-
» ment toutes les questions qui peuvent nous partager
» et que nous n'avons songé qu'à celles de réorganisa-
» tion qui nous unissent tous.

» C'est pour cela que les uns et les autres nous vivons
» unis à la condition qu'il y ait beaucoup de questions
» réservées par nous.

» Oui, vous êtes divisés, je puis le dire : si c'était une
» chose ignorée de vous et du monde, il y aurait incon-

» vénient à vous le proclamer. Vous êtes divisés, savez-
» vous pourquoi? Parce que le pays l'est, et ce que je
» dis là est connu de la terre entière, et il faut que vous
» vous rendiez compte de la difficulté, car, en vous en
» rendant compte, vous la surmonterez.

» Je connais les hommes, Messieurs, je connais mes
» contemporains; eh bien, confessons-le sincèrement,
» vous êtes divisés en deux grands partis; l'un, et ceci
» est parfaitement légitime, parfaitement respectable,
» l'un croit que la France ne peut trouver de repos que
» sous une monarchie constitutionnelle.

» L'autre, tout aussi sincèrement, qu'avec les institu-
» tions que vous vous êtes données, qu'avec cette grande
» institution du suffrage universel, qu'avec le mouvement
» des esprits, qu'avec cette agitation qui se produit dans
» le monde entier au centre de tous les gouvernements,
» il y a quelque chose qui entraîne les générations ac-
» tuelles vers la forme républicaine. Il y a des hommes
» pour lesquels la république n'est qu'un mot, un mot
» terrible dont ils voudraient se servir pour satisfaire
» leurs détestables passions, il y a une foule d'hommes
» éclairés, généreux, qui croient de toute leur âme à cette
» seconde doctrine.

» Trop souvent, Messieurs, nous nous calomnions
» réciproquement, cessons de nous calomnier, sachons
» nous rendre justice, respectons les pensées les uns des
» autres.

» Ces deux grands partis se subdivisent. Le parti mo-
» narchique lui-même n'est pas d'accord sur tous les
» points. Le parti républicain est également divisé. Oui,
» il y a dans son sein des hommes généreux, à qui je
» rends hommage, et qui croient que la république,

» même quand elle n'est pas dans leurs mains, est
» encore la République. Il en est d'autres qui n'admet-
» tent la République que lorsqu'elle est dans leurs mains...

» Vous êtes donc profondément divisés, et cependant
» vous êtes unis en honnêtes gens, en bons citoyens,
» dans cette pensée commune de réorganiser le pays et
» de savoir différer le jour où on le constituera......

» Une des plus grandes questions constitutives, c'est
» le choix de la capitale; j'ai donc cru qu'il ne serait pas
» loyal à vous de vouloir la résoudre immédiatement en
» vous proposant d'aller directement à Paris. Bien que
» le canon prussien soit quelque chose au point de vue
» de la convenance, ce n'est pas lui qui nous a décidés,
» c'est la loyauté.

» Quel est notre devoir à nous? Quel est mon devoir
» à moi, que vous avez, je dirai, accablé de votre con-
» fiance? C'est la loyauté envers tous les partis qui di-
» visent la France et qui divisent l'Assemblée.

» Ce que nous leur devons à tous, c'est de n'en trom-
» per aucun; c'est de ne pas nous conduire de manière à
» préparer, à votre insu, une solution exclusive qui
» désolerait les autres partis.

» Non, Messieurs, je le jure devant le pays, et si
» j'osais me croire assez important pour parler de l'his-
» toire, je dirais que je jure devant l'histoire de ne trom-
» per aucun de vous, de ne préparer, sous le rapport
» des questions constitutionnelles, aucune solution à
» votre insu et qui serait de ma part une véritable
» trahison......

» Je dirai donc : monarchistes, républicains, non, ni
» les uns ni les autres vous ne serez trompés; nous
» n'avons accepté qu'une mission, déjà bien assez écra-

» sante. Nous ne nous occuperons que de la réorganisa-
» tion du pays, parce que nous savons que si nous sor-
» tions de cette tâche limitée, nous vous diviserions et
» nous nous diviserions nous-mêmes.

» Nous ne travaillerons qu'à cette œuvre déjà bien
» assez difficile. Mais qu'il me soit permis de dire aux
» hommes qui ont donné leur vie entière à la Répu-
» blique : Soyez justes envers les membres de cette
» Assemblée qui ne pensent pas comme vous ; sous
» quelle forme se fera la réorganisation ? Elle se fera
» sous la forme de la République.

» Il y avait ici beaucoup d'hommes très-respectables
» qui ont accepté ce mot dans un but d'union. Vous
» m'avez appelé président du conseil, chef du pouvoir
» exécutif de la République française ; dans les actes du
» gouvernement le mot de République française se trouve
» sans cesse répété ; cette réorganisation, si nous y réus-
» sissons, elle se fera sous le nom de la République et à
» son profit. Maintenant ne venez pas nous dire : Ne
» sacrifiez pas la République ; ne la perdez pas vous-
» mêmes.

» La République est dans nos mains, elle sera le prix
» de votre sagesse et pas autre chose ; toutes les fois que
» vous soulèverez des questions inopportunes, toutes les
» fois que, malgré vous, — malgré vous, je le sais, —
» vous paraîtrez, je dirai, les confidents ou les complices,
» — sans le vouloir certainement, — des hommes de
» désordre, dites-vous bien qu'en acceptant cette appa-
» rence de complicité, vous portez à la République le
» coup le plus funeste qu'elle puisse recevoir.

» Eh bien, je vous ai dit que je serais profondément
» sincère, vous le voyez, lorsque le pays sera réorganisé,

» nous viendrons ici, si nous avons pu le réorganiser
» nous-mêmes, si nos forces y ont suffi, si, dans la route,
» votre confiance ne s'est pas détournée, nous viendrons
» le plus tôt que nous pourrons, bien heureux, bien fiers
» d'avoir pu contribuer à cette noble tâche, vous dire :
» Le pays, vous nous l'avez confié sanglant, couvert de
» blessures, vivant à peine, nous vous le rendons un peu
» ranimé ; c'est le moment de lui donner sa forme défi-
» nitive, et je vous en donne la parole d'un honnête
» homme, aucune des questions qui auront été réservées
» n'aura été résolue, aucune solution n'aura été altérée
» par une infidélité de notre part.

» Telle est la pensée qui nous a animés en vous pro-
» posant d'aller à Versailles et non ailleurs. Nous n'avons
» pas pu faire un pas de plus, car c'était résoudre une
» de ces questions que nous devons réserver pour rester
» unis. »

§

J'ai tenu à mettre sous les yeux du lecteur toute cette dernière partie du discours de M. Thiers, non-seulement à raison de son incomparable mérite oratoire, mais encore parce que le président y expose sa politique avec une logique et une sincérité souveraines. Maître de la situation, il serait rentré à Paris ; forcé de composer avec la résolution obstinée de la Chambre, il lui arrache Versailles en se prévalant du sacrifice qu'il lui fait dans un but de conciliation et d'union. Ce fut, pour lui, un vrai triomphe civique, ce fut un immense service rendu au pays. De Fontainebleau, que la majorité préférait, il eût été impossible de reprendre Paris et d'empêcher l'insurrection de la province entière. Rien alors n'aurait pu arrêter les Allemands prêts à fondre sur nous et à compléter leur œuvre de spoliation. Seulement il est permis de se demander s'il était nécessaire, s'il était sage de se lier aussi étroitement à un système qui n'avait après tout que la valeur d'un expédient. En réservant la question même d'existence politique, n'était-ce pas provoquer la guerre civile, que la crainte de l'incertitude faisait naître fatalement? Je suis convaincu que si, au nom du salut public, M. Thiers eût déclaré qu'un gouvernement définitif était indispensable pour briser toutes les résistances, s'il eût sommé la majorité de le constituer, les royalistes, malgré leur nombre, ne pouvant s'entendre sur le choix d'un monarque, auraient accepté la forme établie. C'était plus d'un demi-million de combattants enlevés au parti insurrectionnel. C'était la bourgeoisie des grandes villes, et notamment de Paris ralliée, c'était toute la partie saine de la garde nationale reconquise à la cause de l'ordre, c'était la plus puissante des activités imprimée à la nation. Elle ne demandait qu'un signal pour appuyer la combinaison qui conservait ses libertés en garantissant la paix publique et le respect des lois.

Je comprends que M. Thiers n'ait pas cru au succès de cette mesure hardie, et qu'il ait préféré la temporisation qui semblait réunir tous les esprits, moins cependant ceux qui n'étaient ni assez exercés, ni assez calmes, ni assez désintéressés pour se contenter d'une espérance. La France ne doit pas moins lui être reconnaissante du courage et de la grandeur d'âme avec lesquels il a défendu notre nationalité, plus menacée qu'on ne le pouvait croire à ce moment critique. Il est toujours facile, quand les événements sont accomplis, de dire qu'on aurait pu faire mieux : ce qui l'est moins, c'est de rester impartial envers l'homme d'État qui, aux prises avec les plus effroyables difficultés, a su vaincre les plus périlleuses et demeurer inébranlablement fidèle à ses engagements.

§

Après la harangue de M. Thiers, il n'y avait plus de débat. Vainement la minorité de la commission, qui demandait la rentrée immédiate à Paris, pressait la majorité de se rallier à la proposition de Versailles et d'arriver ainsi à un vote unanime. M. Beulé, le rapporteur, persista à maintenir le choix de Fontainebleau. MM. Louis Blanc, Schœlcher, Magnin et Charles Roland refusèrent alors de retirer leur amendement, réclamant Paris. Cet amendement fut repoussé par 354 voix contre 127. La translation à Versailles fut votée par 461 voix contre 104.

Il restait à déterminer le jour où l'Assemblée se réunirait au nouveau siége de ses délibérations. M. Thiers lui demanda avec les plus vives instances de se hâter. Elle pouvait sans inconvénient être le lundi 13 ou, au plus tard, le mercredi 15 ou le jeudi 16 à Versailles. Tout était préparé pour la recevoir. Nous n'avions rien négligé dans ce but, et, grâce à l'intelligente activité de l'architecte, M. de Joly, que nous avions mis à l'œuvre dès le lendemain du traité de préliminaires, la salle du théâtre du château avait été convertie en salle des séances. Nous avions eu plus de peine à obtenir l'évacuation des Prussiens. — L'article 6 des conventions du 4 mars l'avait fixée au 19. Nous revînmes à la charge auprès de M. de Bismarck en faisant valoir notre intérêt considérable à ramener l'Assemblée et le gouvernement à Versailles. Il nous accordait le 11 mars. — M. Thiers pouvait donc annoncer que le 13 l'Assemblée ne trouverait plus un Prussien. Mais beaucoup de députés voulaient revoir leurs familles, dont ils étaient depuis longtemps séparés. M. de Tréveneuc se fit l'interprète de leurs vœux. M. de Castellane les combattit en invoquant le danger et le peu de convenance d'une vacance au milieu de si graves conjonctures. Cet avis était sage, il ne fut pas adopté, et la Chambre s'ajourna, à Versailles, au lundi 20, se donnant ainsi dix jours pour faire le voyage.

M. Thiers fut plus prompt. Le 10 au matin, dans un long message, tout rempli de détails sur les graves affaires qui le préoccupaient à si juste titre, il me disait : « Versailles sera voté aujourd'hui à une immense majo» rité. Aller tout droit à Paris serait impossible. Je pro» poserai la réunion de l'Assemblée à Versailles pour » jeudi 16. Je partirai dès que je n'aurai plus une séance » de l'Assemblée, je tâcherai que ce soit lundi, et si je » puis dimanche même. Je suis aussi impatient que vous » de vous rejoindre, par des raisons que vous savez et par » beaucoup d'autres que vous ne savez pas. »

En effet, il se mettait en route le lundi 13, et nous avions le bonheur de le recevoir à Versailles le lendemain mardi 14.

§

Le vote de l'Assemblée, considéré à Bordeaux comme un succès pour la cause républicaine, fut accueilli à Paris avec une extrême défaveur. Ce ne fut pas seulement parmi les exaltés et les agitateurs, toutes les classes de la population se montrèrent à peu près unanimes. Chacun y vit un affront et une menace. On répétait partout que c'était le premier acte d'un coup d'État monarchique; que l'Assemblée était prête à nommer un roi et que, sachant fort bien l'impopularité de son œuvre, elle cherchait à l'accomplir loin des regards de ceux qui pourraient s'y opposer. Frappée par une déclaration de défiance, la capitale répondait par d'injurieux soupçons; les conspirateurs redoublaient d'audace, les bons citoyens se détachaient du gouvernement. On a souvent recherché les motifs de la coupable indifférence de la bourgeoisie parisienne en présence de la criminelle usurpation d'un comité occulte, n'ayant d'autre influence que celle que lui donnaient l'obéissance factieuse d'une partie de la garde nationale, l'inertie, non moins dangereuse, de l'autre. On a cru les découvrir dans l'action de l'Internationale, dans la corruption des mœurs, dans les progrès des doctrines matérialistes. L'histoire ne confirmera pas ces jugements hasardés. Elle blâmera énergiquement l'insouciante frivolité des citoyens que le sentiment de leur devoir et l'intelligence de leur intérêt n'ont pu arracher à une fatale torpeur, mais elle dira en même temps qu'une politique plus nette, plus sincèrement conservatrice de la forme républicaine les en aurait tirés; une attitude décidée en ce sens permettait plus de fermeté contre les fauteurs de désordre, parce qu'on était en droit de demander pour leur répression le concours de tous ceux qui voulaient l'ordre par la liberté. Placés au centre même de la fermentation, nous la sentions mieux que M. Thiers, qui en était éloigné; aussi crûmes-nous nécessaire de nous expliquer catégoriquement sur ce point essentiel, et l'*Officiel*, qui annonçait la nomination des plénipotentiaires chargés de se rendre à Bruxelles, publiait en même temps la déclaration suivante :

« Au moment où vont s'ouvrir les négociations qui
» nous conduiront à la conclusion d'un traité de paix
» définitif, chacun de nous doit se pénétrer de la gravité
» de notre douloureuse situation et de l'importance des
» pénibles devoirs qu'elle vous impose. Nous traversons
» une des plus cruelles épreuves qui puissent être infli-
» gées à une nation. Nous ne pouvons nous en sauver
» que par le bon sens et la ferme volonté d'en finir avec
» les faiblesses et les chimères.

» Après avoir follement abdiqué au profit d'un pou-
» voir infatué de lui-même, la France a reconnu trop
» tard qu'elle était menée à l'abîme. Maintenant qu'elle
» y est tombée, c'est en elle seule qu'elle doit chercher
» la force qui l'en tirera. Aussi s'est-elle tout d'abord
» constituée en République, parce que la République,
» c'est-à-dire le gouvernement de tous, par tous et pour
» tous, peut seule unir les âmes et les préparer à de né-
» cessaires sacrifices. Ce serait donc un crime contre le
» pays, que de l'attaquer par des violences ou des in-
» trigues ayant pour but le succès d'une minorité monar-
» chique ou dictatoriale. Ce ne serait pas un moindre

» crime que de semer la division, de fomenter des trou-
» bles, de créer des agitations au profit de quelques am-
» bitieux. Nous sommes à une heure où le plus grand
» patriotisme consiste à se soumettre à la discipline
» sociale et l'obéissance aux lois. Ceux qui se font un
» jeu de les transgresser deviennent des ennemis pu-
» blics, méritant toutes les sévérités de l'opinion d'abord,
» de la répression légale ensuite. Ceux qui veulent le
» maintien de la République et le retour à la prospérité
» veulent, par là même, le travail régulier, l'ordre dans
» la rue, l'obéissance aux chefs légitimes, le respect du
» droit de chacun. Au contraire, prêcher et pratiquer le
» mépris aux lois, déshonorer la presse par l'injure et la
» calomnie, substituer des pouvoirs occultes à l'autorité
» légale, c'est faire acte de mauvais citoyen, c'est ruiner
» la République et ramener le despotisme.

» C'est pis encore, c'est retarder l'évacuation étran-
» gère et peut-être nous exposer à une plus complète et
» plus terrible occupation. Sachons, en effet, envisager
» notre situation sans illusion. Nous avons été vaincus :
» près de la moitié de notre sol a été au pouvoir d'un
» million d'Allemands. Ils nous ont imposé la charge de
» cinq milliards, ils n'abandonneront pas leur gage avant
» d'avoir été payés. Or, nous ne pouvons trouver de res-
» sources que dans le crédit, et ce crédit nous ne pou-
» vons l'obtenir qu'à force d'économie, de sagesse, de
» bonne conduite. Nous n'avons pas une minute à perdre
» pour nous remettre au travail, notre seul salut, et c'est
» à ce moment suprême que nous aurions la triste folie
» de nous livrer à des dissensions civiles! Nous souffri-
» rions que quelques hommes, incapables de dire ce
» qu'ils veulent, troublassent la cité par des entreprises

» criminelles ! Nous faisons un appel à la raison de nos
» concitoyens et nous sommes sûrs qu'elle rendra im-
» possibles de pareilles tentatives.

» Nos négociateurs vont avoir à débattre de graves,
» de difficiles, de douloureuses questions. Avec quelle
» autorité le pourront-ils faire, si on leur répète cette
» objection, tant de fois opposée par nos adversaires :
» Vous n'êtes pas un gouvernement, on vous insulte, on
» vous désobéit, on vous tient en échec, vous ne pouvez
» offrir aucune garantie sérieuse de stabilité ? Si, alors
» qu'ils se réunissent pour traiter, nos négociateurs ont
» à redouter des séditions, ils échoueront, comme au
» 31 octobre, lorsque l'émeute de l'Hôtel de ville a au-
» torisé l'ennemi à nous refuser l'armistice qui aurait pu
» nous sauver.

» Aujourd'hui encore, nous avons besoin de toute
» notre force pour lutter contre un adversaire habile et
» victorieux ; cette force, nous la puiserons surtout dans
» l'opinion qui ne nous sera favorable qu'autant que
» nous saurons nous la concilier par notre union, par
» notre sagesse, notre dignité dans les malheurs. Jamais
» une nation n'a eu un intérêt plus direct à pratiquer les
» véritables vertus civiques ; c'est pour l'avoir oublié que
» nous souffrons, et par la grandeur même du mal qui
» nous accable, nous devons comprendre la nécessité
» absolue de profiter de la leçon et de placer notre
» refuge dans la connaissance et le respect de notre
» devoir.

» Le gouvernement met son honneur à fonder la Ré-
» publique, il la défendra énergiquement, avec le ferme
» dessein de lui donner pour bases le crédit, sans lequel
» la richesse ne peut renaître ; le maintien de l'ordre et

» l'exécution des lois, qui seuls lui permettront de préparer une ère de réparation et de paix. »

Ce langage fut trouvé trop hardi à Bordeaux. M. Thiers ne l'approuva pas. Il était cependant le seul capable d'apaiser les passions, et je crois encore que si les actes y eussent été conformes, on aurait singulièrement éclairci les rangs des insurgés. N'est-ce pas par la promesse de maintenir la République que, plus tard, le président du conseil a désarmé l'émeute prête à ensanglanter les grandes villes? Les députés qui, le danger passé, ont osé le lui reprocher, avaient la mémoire bien courte et le cœur tristement ouvert à l'ingratitude; autrement ils auraient reconnu, avec la France entière, que ces loyales déclarations avaient sauvé le pays. Ne peut-on pas dès lors profondément regretter que le chef du pouvoir exécutif et l'Assemblée n'aient pas cru devoir aborder le redoutable problème de la pacification de Paris en donnant à la grande cité les garanties morales qu'elle était en droit de réclamer, la conservation de la République et la libre élection de ses magistrats municipaux? Ils enlevaient ainsi tout prétexte aux factions, et, groupant autour d'eux les hommes de bonne foi, ils pouvaient espérer que l'orage serait conjuré.

Malheureusement, rien ne fut fait pour dissiper l'équivoque résultant de l'attitude et du vote de l'Assemblée, et l'agitation de Paris s'accrut d'heure en heure. L'action du comité occulte se continuait, se régularisait, et nous n'avions ni police, ni force armée pour le surveiller et le réduire. Le pillage des munitions et la désertion des postes militaires se succédaient. Plusieurs corps de mobiles ne voulaient pas regagner leurs départements et se mutinaient. Le général Vinoy se consumait en efforts persévérants et se brisait à d'insurmontables obstacles. Comprenant le danger de cette situation, il ordonnait que les soldats libérables partiraient à pied en trois colonnes dirigées sur Orléans, Chartres et sur Évreux. Pendant ce temps on n'essayait même pas de réorganiser la garde nationale. Le commandant supérieur négociait soit avec les chefs de bataillon, soit avec les maires ; mais, en réalité, il n'exerçait aucune autorité effective, tandis que le comité central donnait des ordres et nommait des généraux. Sa dictature commençait à se révéler : le 13 mars, deux officiers prussiens, qui avaient commis la faute grave d'entrer à Paris, sont arrêtés et conduits au comité central qui les retient. Instruit de ce fait par une dépêche de M. de Fabrice, je les fais réclamer, ils me sont refusés. Deux jours se passent en pourparlers inutiles. Le général allemand insiste avec énergie, et ce n'est qu'en apprenant que deux bataillons de ligne étaient prêts à les délivrer par la force que le comité consent à les rendre.

L'audace croissante des conspirateurs nous avertissait qu'il était temps d'en finir avec eux. Nous avions fait à la conciliation tous les sacrifices possibles, et reculé jusqu'à la dernière limite où pouvait nous conduire notre hésitation bien naturelle à engager la lutte. La temporisation nous avait été imposée par la division du gouvernement en deux parties. Maintenant qu'il allait se réunir, il fallait agir. L'opinion publique nous le demandait hautement ; de toutes parts on se plaignait de notre faiblesse. Aucun travail n'est possible, disait-on, dans une ville dominée par des batteries dont un pouvoir insurrectionnel dispose en maître. C'est là un scandale et un danger qui font de notre malheureuse cité un objet de ridicule et d'épouvante. Le gouvernement qui le tolère trahit son devoir par impuissance ou par complicité.

Tel était le langage de la bourgeoisie et de ses journaux. Ceux du parti exalté ne cessaient d'appeler aux armes ; un arrêté du gouverneur de Paris, délibéré en conseil, en frappa six de suppression, et voici en quels termes, le 10 mars, j'en avisai M. Thiers dans une dépêche écrite en réponse à celle qui nous annonçait la translation à Versailles.

« Paris, 10 mars 1871, minuit.

« Cher président et excellent ami, le conseil vient de
» recevoir avec une grande joie la bonne nouvelle du
» vote de l'Assemblée. C'est à votre infatigable dévoue-
» ment qu'il en renvoie l'honneur, et il y voit un motif
» de plus de reconnaissance envers vous. Je m'en réjouis
» à tous les points de vue. Il est le gage de votre union
» avec l'Assemblée. Il vous ramène à nous et nous per-
» met enfin d'aborder l'accomplissement de nos difficiles
» devoirs. Nous avons à rassurer et à défendre notre
» pauvre pays, si malheureux et si profondément troublé.
» Nous devons commencer par faire exécuter les lois.
» Ce soir, nous avons arrêté la suppression de six jour-
» naux qui prêchent chaque jour l'assassinat : *le Vengeur,*
» *le Mot d'ordre, la Bouche de fer, le Cri du Peuple, le*
» *Père Duchêne* et *la Caricature.* Nous sommes décidés à
» en finir avec les redoutes de Montmartre et de Belle-
» ville, et nous espérons que cela se fera sans effusion
» de sang. Ce soir, jugeant une seconde catégorie des

---

[1] Voir aux Pièces justificatives, n° 18.

» accusés du 31 octobre, le conseil de guerre a condamné
» par contumace Flourens, Blanqui, Levraud à la peine
» de mort, Vallès, présent, à six mois de prison. Demain
» matin, je vais à Ferrières m'entendre avec l'autorité
» prussienne sur une foule de points de détail. Les Prus-
» siens continuent à être intolérables, je vais essayer de
» prendre avec eux des arrangements qui adouciront la
» position de nos malheureux concitoyens. J'espère que
» vous pourrez partir demain soir samedi. Vous trouverez
» Paris et Versailles prêts à vous recevoir, et, à Paris,
» quelqu'un bienheureux de votre retour. Mille amitiés
» sincères.

» *Signé:* Jules Favre. »

L'opinion des ministres présents à Paris, celle du gouverneur, étaient donc arrêtées avant l'arrivée de M. Thiers; nous n'attendions que son approbation. Comment ne se serait-il pas rangé à notre sentiment? On nous affirmait que nous ne rencontrerions pas de résistance sérieuse. L'aspect du quartier général de l'insurrection le faisait supposer : rien n'était plus humiliant et plus étrange que de voir ces pièces d'artillerie accumulées à Montmartre, à Belleville, aux Buttes-Chaumont, à peine gardées par quelques factionnaires, la plupart du temps avinés, et ne menaçant que la population qui circulait autour d'eux avec insouciance; il suffisait d'un peu de vigueur, nous disait-on, pour faire disparaître cette intolérable mise en scène. Quelques personnes, au contraire, redoutaient un grave conflit. Le général Vinoy aurait voulu qu'on engageât la partie en supprimant la solde de la garde nationale. Nous crûmes ce moyen plus dangereux qu'une action directe. Dans tous les cas, ce qui était impossible, c'était de ne rien faire. Le 17 au soir, la résolution définitive fut prise. Il fut convenu que les troupes quitteraient leurs casernes à trois heures du matin, qu'elles seraient à cinq heures massées au pied des hauteurs, et qu'au point du jour, elles enlèveraient les positions. Cette première opération, conduite par le général Faron, réussit complétement. A sept heures, Montmartre, Belleville et les Buttes-Chaumont étaient occupés. Malheureusement les attelages ne suivaient pas nos troupes. Les ordres avaient été mal donnés ou mal exécutés. A peine contenue par nos soldats, la foule pénètre leurs rangs et, malgré les efforts désespérés de son colonel et des officiers, le 88° régiment de marche lève la crosse en l'air. Exaltés par cette défection, les insurgés commencent des barricades, le tocsin sonne, le rappel bat, les bataillons du comité central se réunissent en armes. Le général Susbielle ordonne en vain aux chasseurs à cheval de charger ; ne pouvant être obéi, il se retire, laissant la place à l'émeute victorieuse. Le général Lecomte s'était avancé à la tête de son état-major; on l'insulte, on l'entoure, on le précipite à bas de son cheval, on le conduit avec deux de ses officiers au Château-Rouge, où il est gardé à vue par une bande de forcenés. Après mille outrages, ces malheureuses victimes sont traînées au milieu des vociférations de la foule furieuse au pieds de la butte Montmartre, dans une petite maison de la rue des Rosiers. C'était là que devait siéger le comité central. Invisible toute la nuit, il avait pu se soustraire à l'arrestation ; il ne parut pas sur le lieu où allait se consommer le plus lâche et le plus abominable des assassinats. L'infortuné général Lecomte, enfermé à part dans une chambre obscure, ne pouvait se faire illusion sur son sort. Il entendait les cannibales qui hurlaient dans la rue mêler des cris de mort aux plus abjectes ignominies. Bientôt un effroyable tumulte annonce un nouveau crime. Le général Clément Thomas venait d'être reconnu et saisi sur la chaussée Clignancourt. Il apparaît, meurtri, excédé, couvert de huées, les vêtements en lambeaux; il allait contre-signer de son sang les ordres du jour par lesquels il avait flétri la honteuse couardise de certains bataillons de la garde nationale. Pâle, mais rayonnant d'indignation et de fierté, il tient un instant ses bourreaux en échec, il leur reproche leur stupide férocité, il les défie et leur montre sa poitrine prête à recevoir leurs coups. On l'entraîne dans le jardin, où il tombe criblé de balles.

C'était le tour du général Lecomte. Calme, impassible, soutenu jusqu'au bout de cet horrible supplice par le sentiment du devoir et de l'honneur, dédaignant même de lutter contre ses meurtriers, il succombe glorieusement, donnant, sans murmurer, sa généreuse vie en holocauste au respect des lois et à la défense de la patrie.

§

Pendant que ces forfaits s'accomplissaient, où était la garde nationale que le général d'Aurelle tentait de réunir? Il n'avait pas voulu faire battre le rappel, même dans les quartiers qu'on supposait bien intentionnés, et cela, de peur de troubler, par une collision, le mouvement du général Vinoy auquel il fallait laisser les avantages d'une surprise. Le 17 au soir, à onze heures, il réunit chez lui les chefs de trente bataillons, les seuls qui, sur deux cent soixante, inspiraient quelque confiance; sans les instruire des projets du lendemain, il leur demanda si, en cas d'un incident grave, on pouvait compter sur leurs hommes, et tous répondirent que la garde nationale ne tirerait jamais sur la garde nationale. Néanmoins le gouvernement ordonna au général de battre le rappel le lendemain avant sept heures. Pendant la nuit, il fit afficher la proclamation suivante qui avait pour but d'avertir la population de Paris et de l'appeler aux armes:

« Habitants de Paris,

» Nous nous adressons encore à vous, à votre raison, à
» votre patriotisme, et nous espérons que nous serons
» écoutés.

» Votre grande cité, qui ne peut vivre que par l'ordre,
» est profondément troublée dans quelques quartiers,
» et le trouble de ces quartiers, sans se propager dans
» les autres, suffit cependant pour y empêcher le retour
» du travail et de l'aisance.

» Depuis quelque temps, des hommes malintention-
» nés, sous prétexte de résister aux Prussiens qui ne sont
» plus dans vos murs, se sont constitués les maîtres d'une
» partie de la ville, y ont élevé des retranchements, y
» montent la garde, vous forcent à la monter avec
» eux par ordre d'un comité occulte qui prétend com-
» mander seul à toute la garde nationale, méconnaît
» ainsi l'autorité du général d'Aurelle, si digne d'être à
» votre tête, et veut former un gouvernement en opposi-
» tion avec le gouvernement légal institué par le suffrage
» universel.

» Ces hommes qui vous ont causé déjà tant de mal,

» que vous avez dispersés vous-mêmes au 31 octobre,
» affichent la prétention de vous défendre contre les
» Prussiens, qui n'ont fait que paraître dans vos murs et
» dont ces désordres retardent le départ définitif, bra-
» quent des canons qui, s'ils faisaient feu, ne foudroie-
» raient que vos maisons, vos enfants et vous-mêmes,
» enfin compromettent la République au lieu de la défen-
» dre; car s'il s'établissait dans l'opinion de la France
» que la République est la compagne nécessaire du dé-
» sordre, la République serait perdue. Ne les croyez pas,
» écoutez la vérité que nous vous disons en toute sin-
» cérité.

» Le gouvernement institué par la nation tout en-
» tière aurait déjà pu reprendre ces canons dérobés à
» l'État et qui en ce moment ne menacent que vous,
» mettre sous la main de la justice les criminels qui ne
» craindraient pas de faire succéder la guerre civile à
» la guerre étrangère; mais il a voulu donner aux
» hommes trompés le temps de se séparer de ceux qui se
» trompent.

» Cependant le temps qu'on a accordé aux hommes
» de bonne foi pour se séparer des hommes de mauvaise
» foi est pris sur votre repos, sur votre bien-être, sur le
» bien-être de la France tout entière; il faut donc ne
» pas le prolonger indéfiniment. Tant que dure cet état
» de choses, le commerce est arrêté, vos boutiques sont
» désertes, les commandes qui viendraient de toutes
» parts sont suspendues, vos bras sont oisifs, le crédit
» ne renaît pas, les capitaux dont le gouvernement a
» besoin pour délivrer le territoire de la présence de
» l'ennemi hésitent à se présenter. Dans votre intérêt
» même, dans celui de votre cité comme dans celui de

» la France, le gouvernement est décidé à agir; les cou-
» pables qui ont voulu instituer un gouvernement à eux
» vont être livrés à la justice régulière, les canons déro-
» bés à l'État vont être restitués aux arsenaux, et, pour
» exécuter cet acte urgent de justice, le gouvernement
» compte sur votre concours. Que les bons citoyens se
» séparent des mauvais, qu'ils aident à la force publique
» au lieu de lui résister; ils hâteront ainsi le retour de
» l'aisance dans la cité et rendront service à la Répu-
» blique elle-même, que le désordre ruinerait dans l'opi-
» nion de la France.

» Parisiens, nous vous tenons ce langage parce que
» nous estimons votre bon sens, votre sagesse, votre
» patriotisme. Mais cet avertissement donné, vous nous
» approuverez de recourir à la force, car il faut à tout
» prix, sans un jour de retard, que l'ordre, condition de
» votre bien-être, renaisse entier immédiatement, inal-
» térable.

> » *Signé :* THIERS, *président du conseil, chef du*
> » *pouvoir exécutif de la République*
> » *française;*
> » DUFAURE, *ministre de la justice;*
> » E. PICARD, *ministre de l'intérieur;*
> » POUYER-QUERTIER, *ministre des finances;*
> » JULES FAVRE, *ministre des affaires étran-*
> » *gères;*
> » Général LEFLO, *ministre de la guerre;*
> » Amiral POTHUAU, *ministre de la marine;*
> » JULES SIMON, *ministre de l'instruction*
> » *publique;*
> » DE LARCY, *ministre des travaux publics;*
> » LAMBRECHT, *ministre du commerce.* »

Cette invocation suprême ne fut point entendue. La garde nationale ne se présenta nulle part, si ce n'est en nombre tellement insignifiant et dans des dispositions telles qu'il n'y avait rien à en tirer. Vers onze heures, le ministre de l'intérieur et le commandant supérieur publièrent une nouvelle proclamation plus pressante encore et tout aussi vaine. Il était évident que les citoyens de Paris refusaient leur concours; ils aimaient mieux voir triompher l'insurrection que de défendre la cause du droit et de la légalité.

Les membres du gouvernement, d'abord rassurés par les dépêches de la nuit et du matin, commençaient à juger la grandeur du mal et la rapidité des événements. Les nouvelles qui se succédaient devenaient de plus en plus mauvaises. Vers deux heures, cinq bataillons de Grenelle et du Gros-Caillou parurent sur la place de la Concorde et, débouchant par le pont de la Concorde, firent le tour de l'hôtel du ministère des affaires étrangères, où nous étions réunis. Ils accompagnaient de cris de mort le bruit de leurs tambours et les fanfares de leurs clairons, les grilles étaient ouvertes et les deux cent cinquante hommes qui nous gardaient étaient incapables d'opposer une ombre de résistance. Nous étions donc à la merci de cette troupe hostile, elle aurait pu nous enlever. Ses chefs ne s'étaient pas probablement concertés; ils se bornèrent à une simple démonstration et s'éloignèrent.

Il était temps de soustraire notre illustre président au péril d'une situation si critique. L'envisageant avec son sang-froid accoutumé, il exprima l'avis que le gouvernement devait se retirer à Versailles, avec les débris de sa petite armée que le général Vinoy avait concentrée sur la rive gauche de la Seine. Cette opinion trouva quelques adversaires très-convaincus. Ils pensaient qu'abandonner Paris à l'émeute, livrer ses immenses ressources, ses armes, ses munitions, ses monuments, était un acte désespéré qui pouvait perdre la France. Ils demandaient qu'on se retranchât sur un point stratégique, facile à défendre, et que, de là, on appelât les gardes nationaux amis de l'ordre qui, le lendemain, comprendraient la gravité criminelle d'une plus longue abstention. On leur répondit que la troupe régulière, atteinte par la démoralisation, était plus un danger qu'un secours, qu'on n'avait point à compter sur elle tant qu'elle serait dans Paris, exposée au contact de la population soulevée. M. Thiers répéta plusieurs fois et avec la dernière énergie qu'en restant à Paris il découvrait, il sacrifiait peut-être l'Assemblée. « C'est moi, » s'écriait-il, qui l'ai décidée à venir à Versailles; je lui » ai fait une violence patriotique; je me le reprocherais » éternellement si, en agissant de la sorte, je l'avais fait » tomber dans un piége. Elle représente la France, c'est » à elle que tout doit être sacrifié; nous devons l'en- » tourer, la protéger, lui faire un rempart de nos corps. » Je suis navré, mais résolu. Je n'abandonne pas la par- » tie, je la sauve. Si Louis-Philippe eût quitté Paris en » février 1848, il y serait rentré huit jours après, sa dy- » nastie serait debout et de grands malheurs nous au- » raient été épargnés. Je ne veux pas commettre la même » faute. Nous sommes en face de la démagogie, l'Assem- » blée est notre dernier espoir. Elle est convoquée à » Versailles, elle y sera après-demain; c'est à Versailles » que nous devons nous rendre. »

La majorité du conseil se rangea à cette opinion. A

trois heures et demie, M. Thiers montait en voiture accompagné des ministres des finances, de la justice, des travaux publics, de la marine et du commerce. Le général Vinoy avait envoyé à l'avance un escadron de cavalerie s'assurer de la porte du Point-du-Jour. Les ministres de la guerre, de l'intérieur, de l'instruction publique et des affaires étrangères promirent de rejoindre leurs collègues le lendemain si, d'ici là, nul événement nouveau n'autorisait un changement de résolution.

A ce moment, l'Hôtel de ville tenait encore et M. Jules Ferry sollicitait l'honneur de le défendre jusqu'à la dernière extrémité. Il avait avec lui le 110ᵉ régiment de ligne, sous les ordres du général Deroja. La caserne Lobau était occupée par quatre-vingt-neuf hommes et renfermait quatre mille cartouches. Prévoyant un siége, il avait fait venir des vivres pour deux jours. Il était donc préparé à la résistance qu'il n'avait cessé, pendant toute la journée, de conseiller à la Préfecture de police. Vers deux heures et demie, il voit entrer un officier de gendarmerie qui lui dit : « Je viens de rece-
» voir l'ordre d'évacuer la caserne Lobau. Je ne com-
» prends pas pourquoi; si je l'évacue, elle sera im-
» médiatement prise, par les insurgés. » Aussi surpris que son interlocuteur, M. Jules Ferry ne peut croire qu'à un malentendu, il demande des renseignements à la préfecture de police par ce télégramme : « La caserne
» Lobau commande le jardin de l'Hôtel de ville; il vau-
» drait mieux en renforcer la garnison. Si on l'évacue,
» on la livre à l'insurrection. Je m'oppose à l'exécution
» de cet ordre évidemment irréfléchi. »

En même temps, croyant encore M. Thiers à l'hôtel

des affaires étrangères, il lui confirme, en ces termes, son dessein de résister :

« Un ordre général est donné d'évacuer les casernes.
» On a ainsi livré celle du Prince-Eugène.

» Ordre aussi d'évacuer la caserne Lobau. Je m'y
» oppose : c'est livrer l'Hôtel de ville, et je ne subirai
» pas cette extrémité honteuse. Vous devez garder l'Hôtel
» de ville et ses casernes qui sont une forteresse ; il sem-
» ble qu'on perde la tête. »

Une heure après, il recevait du général Vinoy une dépêche, datée de quatre heures vingt, lui annonçant qu'on renonçait à abandonner ces postes importants :

« Qui donc a donné l'ordre d'évacuer casernes Lo-
» bau et Napoléon ? Ce n'est pas moi : je suis disposé à
» les faire renforcer. »

Conformément à ces instructions, l'Hôtel de ville et la caserne Lobau prirent leurs dispositions de défense. Leur situation était assurément fort périlleuse. Les casernes du Château-d'Eau et du Faubourg-du-Temple s'étaient spontanément rendues aux envahisseurs. Les soldats avaient livré leurs armes, et, répandus dans les rues, ils grossissaient les rangs des insurgés. A six heures, l'Hôtel de ville était cerné par le 184° bataillon auquel se joignit bientôt une foule confuse et armée. Cette cohue se retirait après une tentative d'attaque sur la caserne Lobau.

Cependant, vers sept heures, le général Deroja recevait un ordre écrit signé du général Vinoy lui prescrivant l'évacuation des casernes Lobau et Napoléon, ainsi que de l'Hôtel de ville. A cette nouvelle inattendue, M. Jules Ferry le supplia de suspendre l'exécution de cet ordre jusqu'à la vérification régulière. Il télégraphia immédiatement au ministre de l'intérieur, au général Vinoy et au président du conseil :

« Le général Deroja me communique à l'instant un
» ordre, daté de six heures, ordonnant l'évacuation de
» l'Hôtel de ville et des casernes, signé Vinoy. Cet
» ordre est contraire à une dépêche du général Vinoy
» de date toute récente et qui se plaignait de l'ordre
» d'évacuation précédemment reçu. Je prie le ministre
» de l'intérieur et le président du gouvernement de me
» confirmer cet ordre par dépêche. L'Hôtel de ville n'aura
» plus un défenseur; entend-on le livrer aux insurgés
» quand, pourvu d'hommes et de vivres, il peut résister
» indéfiniment? Avant d'évacuer, j'attends un ordre
» télégraphique. »

Et comme la réponse se faisait attendre, M. Jules Ferry renouvelait sa question dans ces termes énergiques : « Allons-nous livrer les caisses et les archives?
» Car l'Hôtel de ville, si l'ordre d'évacuer est maintenu,
» sera mis au pillage. J'exige un ordre positif avant de
» commettre une telle désertion et un tel acte de folie. »

Ce n'était pas certainement M. le ministre de l'intérieur qui aurait donné cet ordre s'il avait été le maître de la résolution à prendre. Au point où les choses en étaient venues, il ne pouvait plus que consulter l'autorité militaire. — A sept heures cinquante, il l'annonçait au maire de Paris : « Suspendez l'évacuation, je vais véri-
» fier l'ordre et le discuter avec le général. »

Puis, comme le général Deroja, craignant de se rendre coupable de désobéissance, voulait emmener sa troupe, M. Ernest Picard confirmait, en ces termes, la communication précédente :

« Intérieur à maire de Paris et général commandant

» caserne Lobau. — Sous votre responsabilité person-
» nelle, ordre formel de ne pas évacuer, attendez un ordre
» du général Vinoy qui est prévenu. »

En même temps, un officier du général Deroja se rendait au Louvre. En l'absence du général Vinoy, le colonel Filippi écrivait au crayon : « Il me paraît convenable
» de se conformer aux ordres de M. le ministre de l'in-
» térieur, c'est-à-dire de suspendre l'évacuation. »

Mais à dix heures, le général Vinoy envoyait l'ordre formel d'évacuer. Le ministre, interrogé, répondait qu'il ne pouvait prendre sur lui de se mettre en opposition avec un commandement militaire, et M. Jules Ferry télégraphiait cette dernière dépêche :

« Les troupes ont évacué l'Hôtel de ville, tous les gens
» de service sont partis. Je sors le dernier ; les insurgés
» ont fait une barricade derrière l'Hôtel de ville, et arri-
» vent en même temps sur la place en tirant des coups
» de feu. »

§

Ainsi se termina cet incident ; il est difficile de deviner ce qui serait arrivé si l'insurrection avait été forcée de faire le siége en règle de l'Hôtel de ville, de la Préfecture de police et de leurs annexes ; il est fort à croire qu'elle eût échoué en face d'une résistance sérieuse. Mais cette résistance aurait-elle été obtenue d'une troupe dont le moral venait d'être profondément ébranlé par les événements de cette honteuse journée ? Il n'est pas rare, à la guerre, de voir un détachement, souvent très-faible, se dévouer aux chances d'une mort presque certaine, tout en ayant conscience de l'inutilité de son sacrifice. Cet héroïsme est inspiré par le plus noble, par le plus grand des sentiments humains, l'honneur, c'est-à-dire le culte idéal du devoir mis au-dessus de tous les biens terrestres, de la vie elle-même, réputée le premier de tous. Il est toutefois impossible à l'âme de s'élever à cette abnégation sublime, si elle est agitée par des courants contraires qui la pénètrent de doutes et d'incertitudes. Or, au 18 mars, le trouble moral de la population parisienne avait gagné les régiments. Non-seulement ils se sentaient isolés et comme perdus au milieu de la tempête qui les submergeait, mais encore ils se rendaient peu compte de la cause pour laquelle on leur demandait de verser leur sang et celui de leur concitoyens. Tout eût changé si quelques bataillons de la garde nationale les avaient soutenus. Seulement ces bataillons n'apparaissaient pas, et l'esprit de révolte soufflait avec trop d'impétuosité pour ne pas se glisser dans les murs du palais populaire. — Lorsque, le soir, je fis interroger les officiers qui commandaient les deux cent cinquante hommes de garde aux Affaires étrangères, ils répondirent tristement qu'en cas d'attaque, leurs soldats ne nous défendraient pas. Nous étions donc partout livrés et nulle part secourus. L'ordre donné par M. Thiers était cruel, nous ne l'exécutâmes qu'à la dernière heure et avec un profond chagrin. — Aujourd'hui que, plus calme, je puis juger sainement les faits, je suis obligé de reconnaître que cet ordre était politique et sage.

Nous tenions néanmoins, M. Ernest Picard et moi, à ne céder qu'à une nécessité absolue; nous redoublâmes d'efforts pour faire lever les gardes nationaux. L'état-major ne s'y prêtait plus, ou plutôt il n'y avait plus d'état-major. Le général d'Aurelles avait quitté son uniforme et ne voyait plus rien à faire. A dix heures, nous nous réunîmes d'abord au ministère de l'intérieur, puis au domicile de M. Calmon, sous-secrétaire d'État. Là, nous apprîmes que les dix ou douze mille hommes qui nous restaient allaient partir la nuit même. Nous courûmes à l'École militaire, où se trouvaient le général Vinoy et le ministre de la guerre, M. Leflô. — Nous les conjurâmes de garder au moins une porte de Paris pour ne pas renoncer au dernier espoir de voir enfin se manifester dans la ville une réaction en faveur de l'autorité légitime. On nous répondit par les ordres formels de M. Thiers et l'engagement, non moins précis, du gouverneur de Paris. Ces ordres comprenaient même le Mont-Valérien, auquel on enlevait la brigade Dandel dont on connaissait l'excellent esprit, on n'y laissait que vingt-cinq soldats des compagnies de discipline et quelques mauvais fusils; il est vrai que le lieutenant-colonel Lockner y restait, et sa présence valait la meilleure garnison. Lorsque, le lendemain, un bataillon de fédérés se présenta et fit mine d'occuper le fort, il dit au chef qui le commandait, qu'il lui accordait, à lui et à ses hommes, dix minutes pour redescendre, et que ce délai passé il les foudroierait avec son artillerie. C'est à ce trait de présence d'esprit et de bravoure qu'a été due la conservation d'un poste capital. S'il était tombé au pouvoir des insurgés, la prise de Paris devenait impossible; Versailles lui-même n'aurait pu tenir. — Qui parle cependant de l'héroïque sang-froid et du dévouement du colonel Lockner, qui n'a pas cessé un instant de faire son devoir pendant les jours douloureux de la Commune? Simple et modeste autant que courageux, il n'a pas cherché à se prévaloir de ses services. L'histoire, qui rend tôt ou tard justice à tous, ne les oubliera pas; elle mettra son nom à côté de celui des hommes rares qui se contentent de bien faire et qui sont d'autant plus dignes d'être loués qu'ils ont moins songé à se produire eux-mêmes.

En entendant les déclarations positives des généraux, nous devions nous soumettre. Mais nous avions encore à faire une dernière tentative sur la garde nationale, que nous ne désespérions pas de ramener au sentiment de sa situation. Le général d'Aurelle nous répétait qu'il ne pouvait plus rien. On nous affirmait que la nomination du colonel Langlois opérerait une réaction favorable. Vaillant, chevaleresque, éloquent, portant en écharpe le bras qu'une balle prussienne avait frappé à Buzenval, cet officier était en effet capable d'exercer un grand prestige et l'on pouvait considérer son intervention comme un acte de salut. Fallait-il, à ce moment suprême, s'arrêter à une difficulté de forme et renoncer à cette dernière chance parce que nous n'avions pas l'approbation du pouvoir exécutif? M. Ernest Picard ne le pensa point, et je l'exhortai vivement à passer outre. J'attestai mon opinion en mettant ma signature au pied du décret qu'on nous a beaucoup reproché. En réalité, cette mesure eut le sort de presque toutes celles que prennent les vaincus, elle avorta. M. le colonel Langlois voulut se mettre en possession de ses fonctions la nuit même; — il se heurta au comité central déjà établi à l'Hôtel de ville. Ne pouvant ni accepter son autorité, ni la combattre, il résigna un commandement qui n'était plus que nominal.

La nuit s'avançait. Le général Vinoy insista pour

nous placer au milieu de sa colonne et nous conduire, ainsi protégés, jusqu'à Versailles. Notre ami M. Jules Simon profita de cette offre; M. Picard et moi nous nous flattions encore de cette illusion qu'au jour nous verrions des gardes nationaux se grouper autour de nous. Nous retournâmes au ministère de l'intérieur. — Les émissaires que nous avions expédiés dans les différents quartiers ne nous rapportaient que de lamentables nouvelles. Le comité central avait donné l'ordre de nous arrêter, — aucun garde national n'avait paru, — nous n'avions plus qu'à rejoindre nos collègues à Versailles. — M. Picard rédigea et laissa à M. Calmon l'ordre suivant :

« Le ministre de l'intérieur,

» Vu les circonstances dans lesquelles se trouve la ville » de Paris;

» Considérant que l'Hôtel de ville, la Préfecture de » police, les mairies et les ministères ont dû être évacués » par l'autorité régulière;

» Considérant qu'il importe de sauvegarder l'intérêt » des personnes et de maintenir l'ordre dans la ville de » Paris,

» Délègue l'administration provisoire de la ville de » Paris à la réunion des maires. »

A huit heures, nous nous rendîmes à la gare; à neuf heures et demie nous étions près de M. Thiers.

§

La veille, 18 mars, au soir, à huit heures, je venais d'apprendre l'assassinat des généraux Lecomte et Clément Thomas, et je n'y voulais pas croire, lorsqu'on m'annonça une députation composée de maires de Paris et de députés à l'Assemblée nationale. M. Tirard, M. Vacherot, M. Peyrat, M. Arnaud de l'Ariége en faisaient partie. Ces messieurs me dirent qu'ils venaient comme délégués de la réunion des maires, qui les avait chargés de s'entendre avec le gouvernement sur les mesures qui pourraient être prises, d'accord avec les insurgés, pour arriver à une complète pacification. Ils me parlèrent de la nomination de M. Edmond Adam à la préfecture de police, de celle de M. le colonel Langlois au commandement supérieur des gardes nationales de la Seine. « Avant tout, leur dis-je, tirez-moi d'une hor-
» rible incertitude : est-il vrai que cette après-midi on a
» fusillé deux généraux, M. Lecomte et M. Clément
» Thomas?

» — Cela n'est malheureusement que trop certain, me
» répondit avec tristesse un de mes interlocuteurs.

» — C'en est assez, répliquai-je, quel que soit mon
» désir extrême de conciliation, je ne puis rien faire tant
» que justice n'aura pas été tirée de ce lâche attentat. Si,
» demain, la population de Paris y reste indifférente, nous
» n'avons plus qu'à nous retirer à Versailles en accep-
» tant sans faiblesse la lutte qu'on nous offre. Si, au
» contraire, cette population se soulève avec horreur
» contre les assassins, tout peut changer de face ; alors

» je m'entendrai volontiers avec les maires et je compte-
» rai sur le concours de la garde nationale.

» — Mais vous ne connaissez pas la situation, me dit
» l'un de mes collègues. C'est la guerre civile que vous
» allez déchaîner.

» — Comment appelez-vous donc ce qui se passe? ré-
» pondis-je impétueusement; n'est-ce pas la plus hideuse
» des guerres civiles? Elle commence comme le 2 dé-
» cembre. Je ne pactiserai pas plus avec ses forfaits
» qu'avec ceux de l'Empire. »

On essaya vainement de me prouver que j'étais trop
absolu, qu'on pourrait poursuivre plus tard les criminels, qu'il fallait à tout prix arrêter le mouvement. —
Je ne pus partager cette opinion, — ou plutôt ces illusions. Je comprenais qu'une attitude vigoureuse pouvait
seule sauver l'honneur de la cité et du pays. La députation se retira, plusieurs de ses membres presque me-
naçants et tout prêts à figurer dans le gouvernement
insurrectionnel, dont ils étaient en réalité des émissaires.

M. Vacherot, très-ému, vint à moi, me serra la main
en me disant : « Vous avez raison. »

Je n'avais fait que mon devoir, et, cette fois, l'indignation dont mon cœur était rempli me le rendait facile.

CHAPITRE V.

LA COMMUNE DE PARIS.
FERME ATTITUDE DU GOUVERNEMENT ET DE L'ASSEMBLÉE.
INSURRECTION EN ALGÉRIE.
NÉGOCIATIONS AVEC LE CABINET ALLEMAND.

Caractère général de l'insurrection. — Inanité des vues politiques des insurgés. — Irritation causée par le siége et la capitulation. — Désorganisation de la garde nationale. — Entrée des Prussiens dans Paris. — Souffrances des classes laborieuses. — Devoirs imposés aux gouvernements. — Erreur et responsabilité de l'Assemblée. — État des esprits à Versailles. — M. Thiers est vivement sollicité de reprendre l'offensive et de rentrer dans Paris. — Il s'y refuse. — Son plan. — Son dévouement et son activité. — Il reconstitue l'armée. — Explications données par l'*Officiel*. — L'amiral Saisset, nommé commandant supérieur des gardes nationales de la Seine. — Résistance des maires. — Difficultés de leur position. — Le comité central excuse l'assassinat des généraux. — Le comité veut contraindre les maires à faire les élections avant le vote de la loi présentée à l'Assemblée. — Efforts des maires pour arriver à une conciliation. — Attitude de M. Thiers. — Opérations et retraite de l'amiral Saisset. — Concours de la jeunesse des écoles. — Courageuse protestation de la presse. — Proclamation de l'Assemblée. — Proclamation de l'amiral Saisset. — Transaction des maires. — Retraite de l'amiral Saisset. — Insurrection en Algérie. — Le bach aga si Mohamed el Mokrani. — Ben Ali chérif. — Cheik Haddad. Les Khouans. — Belle conduite de la population civile. — Mort de Mokrani. — Nécessité de secourir au plus vite l'Algérie et de nommer un gouverneur civil. — Le vice-amiral de Gueydon. — Fin de l'insurrection. — Motifs de confiance pour l'avenir. — Conséquences funestes de l'insurrection sur nos relations extérieures. — Clôture de la conférence de Londres. — Exigences de la Prusse. — Négociations avec le général de Fabrice. — Communication faite à l'Assemblée des mauvaises dispositions de l'ennemi. — Avertissements inquiétants. — Note échangée entre l'armée allemande et le comité central. — Nouveaux avertissements. — Mission de M. Nétien, maire de Rouen. — Propositions inacceptables de la Prusse. — Elle consent à la restitution de nos prisonniers. — Difficultés incessantes, continuelles démarches près M. de Fabrice. — Échanges de notes. — Dévouement de nos soldats. — Modération et fermeté de M. Thiers.

Commencement des hostilités contre les insurgés. — 2 avril 1871, combat de Neuilly. — Les chefs rebelles cachent leur défaite et poussent à une sortie. — Ils sont écrasés à Rueil. — 4 avril, mort de Flourens. — L'insurrection réduite à la défensive. — 5 avril, prise de la redoute de Châtillon. — Salutaire effet de nos succès sur l'esprit des Allemands. — Nouvelles plaintes de M. de Bismarck. — Il accuse nos négociateurs de Bruxelles de retarder systématiquement la conclusion du traité. — Conférences du ministre des affaires étrangères et de M. de Fabrice à Rouen. — M. le colonel de la Haye est accrédité comme notre représentant près de M. de Fabrice. — Calme et fermeté de M. Thiers au milieu de tous ces embarras. — Prise de Courbevoie, mort du général Besson. — Avantages successifs de l'armée républicaine. — 14 avril 1871, instructions de M. Thiers aux préfets. — Refus de négocier avec la Commune, même au profit des otages. — Trêve accordée aux habitants de Neuilly, soupçons de la Prusse. — Chicanes du gouvernement allemand pour le payement des subsides. — Memorandum du gouvernement français. — Excellentes dispositions des troupes républicaines. — Réclamations de M. de Bismarck à l'occasion de l'aggravation des frais de la guerre. — Menaces nouvelles : le ministre des affaires étrangères propose une entrevue, M. de Bismarck offre un rendez-vous à Francfort. — Il est accepté.

Il n'entre pas dans mon dessein de raconter avec détail les incidents du drame lugubre que l'histoire désignera sous le nom d'insurrection de la Commune de Paris. Ce récit sortirait du cadre que je me suis tracé, qui ne doit comprendre que les événements auxquels j'ai été personnellement mêlé, ainsi que ceux s'y rattachant par des liens nécessaires. Or, si la formidable guerre civile qui pendant deux mois a mis en question notre existence nationale est née des fautes et des désastres de l'Empire, il est vrai de dire qu'elle présente dans ses causes profondes, dans ses péripéties, dans son dénoûment, une succession de faits dont l'explication exigerait une étude spéciale à laquelle je ne puis me livrer ici. Les éléments de ce travail existent, il sera entrepris, et jettera sur cette époque douloureuse une utile lumière; mon but est de montrer sous leur véritable jour les actes du gouvernement de la République mis aux prises avec les plus effroyables difficultés, attaqué par les factions, chassé de la capitale, garrotté par l'étranger, sans armée, sans ressources, sans crédit, menacé de voir l'incendie de Paris se propager dans toute la France, n'ayant d'autre point d'appui légal qu'une Assemblée impopulaire, et cependant ne désespérant pas une minute du salut du pays, opposant à tous ces obstacles, à tous ces périls, la ferme résolution de les surmonter et finissant par réussir à la grande surprise de ses ennemis qui, déjà, se préparaient à tirer parti de sa défaite.

Toutefois, avant de tracer ce tableau, il est impossible de ne pas s'arrêter un instant devant cette explosion soudaine et terrible des colères, des haines, des aberrations d'une grande cité, qui, sous les yeux des Allemands, campés autour de ses murailles, et dans ses forts, prend plaisir à briser le gouvernement que le suffrage universel vient de lui donner, et se jette follement dans les bras de dictateurs inconnus, lui offrant, comme don de joyeux avénement, le sang de deux généraux français lâchement assassinés.

L'entraînement qui précipite une partie de la population dans ce mouvement criminel, l'inertie qui paralyse l'autre, semblent, au premier aspect, absolument inexplicables; on les croirait impossibles s'ils n'étaient une triste réalité. Il importe donc d'en découvrir la raison d'être, afin de se préserver à la fois de défaillance ou d'emportement. Ce sont des Français dont la veille nous admirions l'héroïsme, qui sont tombés dans ces égarements. Nous ne devons jamais l'oublier ; et la juste horreur que nous inspirent les forfaits de quelques scélérats, est un motif de plus de rechercher avec impartialité par quel monstrueux prodige leurs excès ont pu se produire.

Or, en étudiant les faits, on est tout d'abord frappé de la violence et de la soudaineté d'une révolte dont les meneurs ne pouvaient invoquer aucun prétexte politique plausible. L'enlèvement des canons n'était point un acte de force arbitraire ou de surprise. Leur restitution à l'État avait été longuement discutée dans la presse, et même concédée par les maires que leurs opinions rapprochaient le plus du comité central. Il est vrai que les orateurs des clubs répétaient chaque soir que le gouvernement voulait les livrer aux Prussiens, mais personne ne le croyait, et ce n'est pas cette ridicule calomnie qui a déchaîné l'émeute. Ceux mêmes qui l'avaient fomentée étaient bien loin de s'attendre au succès; tout prouve qu'ils ne l'avaient pas prévu et n'avaient rien préparé pour l'organiser. Ce fut la défection de la troupe qui exalta leur audace. L'abstention de la garde nationale y mit le comble. Maîtres du terrain de combat, les séditieux l'étaient de la ville entière, et cependant, après la journée qui consacrait leur victoire, ils demandaient à transiger; leurs délégués déclaraient qu'ils se tiendraient pour satisfaits si on leur accordait un préfet de police, et un général de la garde nationale. Mais déjà les meurtres de Lecomte et de Clément Thomas avaient creusé entre eux et nous un fossé sanglant, et nulle entente n'était possible. Alors ils se décident à s'emparer ouvertement du pouvoir. Le comité central s'installe à l'Hôtel de ville, et de là, pour la première fois, il se nomme, s'affirme, il annonce sa retraite devant les élections de la Commune : « Il n'est pas un
» gouvernement... Il ne prétend pas prendre la place

» de ceux que le souffle populaire à renversés... Il n'a
» jamais prêché que la modération et la générosité...
» Jamais il n'a voulu d'agression[1]. » Au point de vue
politique il ne veut que la République.

» Merci à tous, et que Paris et la France jettent
» ensemble les bases d'une République acclamée avec
» toutes ses conséquences, le seul gouvernement qui ferme
» à jamais l'ère des insurrections et des guerres civiles. »

Les mêmes idées se retrouvent dans l'adresse aux départements, avec cette nuance que chaque ville est invitée à se constituer en commune, et les communes à s'entendre entre elles au moyen de délégués : ce qui conduit naturellement à une représentation nationale. Toutefois, le comité central ne veut rien brusquer. Le 22 mars, il publie une nouvelle proclamation aux habitants de Paris, et il y répète que la capitale « ne veut » pas être séparée de la province » ; qu'elle ne demande qu'à jouir » du droit d'élire son conseil communal. » Et il ajoute : « Que l'Assemblée de Versailles se hâte d'ache-
» ver la triste besogne qui lui a été confiée, celle de ré-
» soudre la paix ou la guerre. » la Commune est constituée le 30 mars ; le lendemain, 1ᵉʳ avril, elle prend une délibération portant que » La Commune est exclu-
» sivement municipale ; que si elle légifère, c'est qu'elle
» y est obligée par des circonstances tout à fait excep-
» tionnelles. » Son président, M. Beslay, n'est pas moins explicite, il dit formellement dans son discours d'ouverture : « La Commune s'occupera de ce qui est commu-
» nal, le département de ce qui est régional, le gouver-
» nement de ce qui est national. »

---

[1] Proclamation du comité central. Pièces justificatives, n° 19. 19 mars 1871.

Ainsi, en ne consultant que l'apparence des choses et le texte des documents officiels, on cherche vainement quel peut être le but véritable d'une insurrection qui se fait au nom de la République, sous la République, au nom des libertés municipales en présence d'un gouvernement et d'une assemblée qui ne les ont jamais refusées. Il est vrai que dans la pensée des partisans de la Commune, liberté municipale signifiait des municipalités indépendantes du pouvoir central, mais aucun d'eux n'eût été capable d'établir la possibilité pratique du fonctionnement d'un tel système. On ne l'avait jamais sérieusement discuté, il n'avait pu dès lors être repoussé, il demeurait un objet d'étude et d'examen.

Ce n'est donc pas dans la rivalité de deux partis politiques qu'il faut chercher les causes de l'insurrection; elles sont à la fois plus accidentelles et plus générales, elles tiennent aux événements du siége et à notre état social. Sans sa fièvre généreuse de résistance à l'ennemi, sans son patriotique désespoir au moment de la capitulation, la population de Paris ne se serait pas soulevée; sans le désordre moral qu'avait jeté dans les âmes un régime d'hypocrisie et de compression, sans les haines profondes, accumulées dans le silence du despotisme, une révolte, si elle eût éclaté, n'aurait jamais présenté les caractères sauvages qui ont marqué celle de la Commune.

Au commencement de mars, l'irritation de la défaite était unanime. Les plus sages semblaient avoir perdu la raison. Nul ne voulait se consoler. Nul ne voyait dans nos malheurs l'inévitable conséquence d'une suite d'événements inexorables. On aimait mieux s'en prendre aux hommes qu'au sort ou plutôt à nos fautes. On subissait une sorte de marasme qui exaltait et abattait à la fois.

On se sentait si accablé qu'on devenait indifférent et sceptique, surtout quand il s'agissait de tourner contre des concitoyens les armes qu'on n'avait pu employer contre les Allemands. On devinait les instincts monarchiques d'une grande partie de l'Assemblée, on lui reprochait la loi des échéances et celle des loyers, et l'on oubliait trop qu'en dépit de ses tendances, seule, elle représentait la loi.

J'ai dit aussi plus haut comment les cadres de la garde nationale, et les rangs de plusieurs de ses régiments étaient désorganisés. Le commandement était paralysé. La majeure partie de la population détestait les factieux, elle ne pouvait ni ne voulait les combattre.

Ceux-ci surent tirer un habile parti de ces funestes dispositions. Parmi eux se rencontraient les personnalités les plus opposées, les plus impatientes de discipline, les plus impropres à l'unité de vue et d'action. Mais tous étaient rapprochés par une passion violente, et quoique chacun d'eux songeât surtout à lui, ils avaient un but commun, l'établissement d'un pouvoir démagogique leur permettant enfin de satisfaire leur ambition et leurs rancunes. Ils croyaient d'ailleurs la province prête à les suivre. Les agitateurs de l'Internationale l'avaient promis. Ils s'y efforcèrent; ils se faisaient illusion sur leur puissance, bien qu'en réalité ils n'eussent ni desseins arrêtés, ni plan d'avenir, et qu'en dehors de leur affiliation ils fussent absolument antipathiques aux ouvriers.

Une sédition commandée par de tels chefs n'aurait pas été redoutable si elle n'avait naturellement appelé à elle tous les bataillons de la garde nationale qui ne voulaient ni déposer leurs armes, ni renoncer à leur solde. Elle avait là une armée toute prête; de plus l'entrée, des

Prussiens l'avait rendue maîtresse de formidables ressources en engins de guerre et munitions de toute espèce. Protégée par les murailles que l'ennemi n'avait pu aborder, en possession des forts de la rive gauche, le Mont-Valérien excepté, et de tout leur matériel, elle était en mesure d'opposer aux attaques les mieux combinées une résistance qu'on pouvait croire insurmontable. Ces avantages extraordinaires, résultat de circonstances tout à fait exceptionnelles, exaltaient l'orgueil des meneurs et leur donnaient la conviction que le gouvernement fléchirait devant eux. Leur folle présomption s'était emparée de la masse des gardes nationaux qui pendant le siége avaient fait au général Trochu un crime de ne les avoir point lancés contre les retranchements prussiens. Aussi, n'eut-on aucune peine à les pousser en rase campagne où ils furent écrasés. A partir de ce jour, l'action militaire absorba tous les efforts des insurgés. Commandés par des aventuriers, ouvrant leurs rangs aux malfaiteurs qu'ils tiraient de leurs prisons, ils ne pouvaient aboutir qu'aux saturnales les plus ignominieuses ; aussi, l'assassinat et l'incendie ont été leurs derniers exploits. Ils sont tombés, notés d'infamie aux yeux de l'Europe épouvantée : et il n'a pas dépendu d'eux qu'ils engloutissent la liberté dans l'abîme où ils étaient précipités.

Cette fin, si logique dans son horreur, assigne à cette révolte impie sa signification véritable. Elle restera dans l'histoire un accident inouï, qui pouvait faire périr la nation, mais dont le retour est impossible comme celui des événements qui l'ont produit. Ce qui ne veut pas dire qu'il soit permis de s'endormir dans une fausse sécurité, et de se confier exclusivement à la force qui, cette fois, a vaincu la démagogie. Ce serait une inexcusable et dangereuse erreur. Nous pouvons, en effet, espérer que tout en accomplissant, jusqu'à la dernière, les obligations suprêmes que lui imposent ses malheurs, la France ne reverra plus les jours néfastes de l'invasion. Elle n'en conserve pas moins dans son sein des germes malfaisants qui pourraient, sous l'influence d'une commotion imprévue, se développer soudainement, et devenir des éléments de trouble, peut-être de dissolution. Beaucoup d'esprits sérieux voient la cause du mal surtout dans les souffrances de la misère, dans le venin de certaines fausses doctrines, dans l'esprit d'envie et de convoitise : en parcourant les volumineux travaux de la commission d'enquête du 18 mars, j'ai rencontré de nombreuses déclarations conformes à cette opinion, notámment celle d'un publiciste distingué qui a formulé ainsi son appréciation :

« Au milieu du développement de l'industrie, quand
» les instruments de travail se sont accumulés comme à
» Paris, il se produit des dangers sociaux particuliers. Il
» faut, j'en suis convaincu, que les classes éclairées con-
» servent le gouvernement de la société ; que ce soit sous
» le régime censitaire, ou sous le régime du suffrage uni-
» versel, c'est aux classes élevées à diriger la société.
» Mais pour qu'elles aient le pouvoir, il faut qu'elles
» fassent attention aux besoins, aux misères, aux fai-
» blesses de cette classe, à côté de laquelle elles sont en
» minorité.

» Si vous faisiez une enquête sérieuse sur l'état des
» populations ouvrières, vous arriveriez à des faits qui
» vous étonneraient, mais qui n'étonneraient pas ceux
» qui ont touché de près cette population ; vous verriez
» qu'il y a des populations très-nombreuses qui sont dans
» un état de détresse physique et morale. Il y a des quar-

» tiers de Paris où l'Église catholique, qui a tant de
» force d'expansion, n'arrive pas, malgré son activité;
» où un prêtre ne pénètre jamais, et c'est un grand
» malheur. Je suis catholique, je souhaiterais que la reli-
» gion eût de l'action sur les classes ouvrières; mais il y
» en a sur lesquelles la religion n'a aucune action; quand
» elle pénètre dans certaines classes, ce sont les êtres
» les plus dégradés de cette classe qui se jettent dans
» ses bras, mais l'ouvrier intelligent est celui qui est le
» plus incrédule.......

» La misère dans Paris est plus grande qu'ailleurs. La
» lumière et le soleil s'y vendent plus cher; si vous fai-
» siez une enquête sur ces logements, dont sont sortis
» ces soldats de l'insurrection, vous verriez que, dans
» certains quartiers ouvriers, ces populations payent
» plus cher que nous relativement. Les logements des-
» tinés à la classe ouvrière rapportent plus de produit
» que les logements destinés à la classe élevée...... Il y
» a donc des souffrances profondes, endurées par des
» hommes sur lesquels la religion et la société n'ont au-
» cune influence. Ces souffrances étant exploitées par
» des sophistes, ne vous étonnez pas qu'elles puissent
» amener des insurrections. Si vous pouvez trouver le
» moyen d'atténuer le mal, vous aurez rendu un grand
» service et prévenu le retour des insurrections [1]. »

J'ai cité ce remarquable passage parce qu'il renferme
l'expression du jugement le plus généralement accepté
sur ce grave sujet et des aveux précieux à recueillir. Que
la misère soit une cause active de trouble social, que les
maux infligés par elle ulcèrent le cœur de l'homme et

---

[1] Déclaration de M. Hervé devant la commission du 18 mars, pages 174 et 175. Pièces justificatives.

l'ouvrent à de mauvais sentiments, ce sont là des vérités évidentes sur la démonstration desquelles il est inutile d'insister. Toutefois, la misère existe partout. On peut la diminuer, on ne peut pas plus la détruire qu'on ne peut détruire les passions et les inégalités des forces humaines. Pourquoi ne fait-elle pas naître chez les autres nations européennes les mêmes appréhensions qu'en France? Lorsque je parlerai du rôle joué, en 1871, par la Société internationale des travailleurs, je prouverai qu'elle est demeurée sans action là où elle s'est trouvée en face d'une liberté sans limites, d'une instruction largement répandue, d'une religion sincère et respectée. J'ai le droit d'en conclure que les dangers réels auxquels nous expose la misère viennent principalement d'une législation systématiquement restrictive, du maintien obstiné de l'ignorance et de la routine, de la décadence morale dans laquelle est tombée la religion par son alliance avec l'État, que cependant elle prétend dominer. M. Hervé constate ce discrédit et s'en alarme. Il s'étonne que les âmes dégradées se rapprochent du prêtre, que les natures indépendantes s'en éloignent. La raison en est simple. Le prêtre, considéré au point de vue politique, représente une coterie, un parti antipathique à tout ce qui, dans le pays, est vraiment intelligent. Il est le soldat d'une armée qui combat la science et veut exorciser la société moderne. Là est le mal véritable. M. Hervé en signale les conséquences et les déplore; je les déplore comme lui; seulement j'en montre la cause, et c'est cette cause qu'il faut à tout prix faire disparaître. Le législateur le peut et le doit. Qu'au lieu de tenter l'œuvre impossible d'un gouvernement de minorité, il se confie à la nation; qu'il lui donne des institutions faites par elle et pour elle; qu'il fonde la liberté sur le contrôle de tous et le respect du droit de chacun; qu'il verse à pleines mains la lumière de l'enseignement; qu'il fasse rentrer le sacerdoce dans le temple; qu'il inaugure enfin une ère de tolérance, de justice et de solidarité, et nous pourrons espérer qu'éclairées sur leurs devoirs et leurs intérêts, mises en garde contre les ambitieux, les charlatans et les hypocrites, les classes laborieuses comprendront que le travail, la bonne conduite et l'association, sont les remèdes les plus sûrs aux maux qu'elles endurent. Alors elles reprendront courage et, s'élevant peu à peu au-dessus du niveau qui les opprime encore, elles chercheront leurs consolations et leurs forces dans le culte des idées, dans la pratique des vertus qui relient l'homme à la source infinie de tout bien.

Nous accomplirons cette révolution nécessaire ou nous périrons. Car nous ne pourrons longtemps supporter sans secousses l'anarchie dans laquelle nous nous débattons. Avant tout, il importe de céder aux vœux légitimes de la nation qui demande à se gouverner elle-même. La ramener en arrière serait une coupable folie qui la conduirait infailliblement à sa perte. C'est là, malheureusement, ce que n'ont pas vu les députés de la majorité de l'Assemblée. Animés des intentions les plus loyales, patriotes éprouvés, libéraux convaincus, ils se sont effrayés de la commotion populaire qu'avait produite la chute de l'Empire; ils ont cru que les excès qui compromettaient la République menaçaient le pays, et, au lieu de l'appeler tout entier à se défendre, à se réformer lui-même, ils lui ont réservé et préparé, par la résurrection de partis depuis longtemps vaincus, le triomphe d'une minorité qui a la prétention de sauver la patrie en l'agenouillant devant la monarchie. Telle est la chimère à laquelle ils ont sacrifié la paix publique. Qui peut douter aujourd'hui que s'ils avaient, à Bordeaux, reconnu et sanctionné les institutions républicaines, ils n'eussent, à l'avance, désarmé une insurrection qui n'a eu d'autre mot d'ordre que la défense de la République? Donner à la France dans ce moment suprême le gouvernement qui avait soutenu en elle l'esprit de résistance à l'étranger, qui avait relevé son honneur, qui lui rendait la liberté, était un acte de haute sagesse et de saine politique. Si le pouvoir exécutif et l'Assemblée avaient eu assez de clairvoyance et de fermeté pour l'accomplir, ils auraient eu dans l'histoire une grandeur incomparable, et, tôt ou tard, la reconnaissance de la nation aurait entouré leur mémoire d'une vénération légitime.

Cette fortune nous a été refusée. Les justes défiances soulevées par les réticences de l'Assemblée ont été l'une des causes les plus directes de l'insurrection de la Commune, — la fatalité de la situation le voulait ainsi; — mais, en le constatant, nous avons le droit de rétablir les responsabilités, et de ne point imputer exclusivement à la population de Paris un égarement funeste dans lequel beaucoup d'autres ont eu leur part.

§

En arrivant à Versailles, nous trouvâmes la population frappée de stupeur. Nul ne voulait croire à la réalité d'une catastrophe si soudaine et si complète, et, comme il arrive toujours, la frayeur grossissant le mal, beaucoup de gens annonçaient que les insurgés allaient nous attaquer et contraindre l'Assemblée à se replier sur Chartres. D'autres, au contraire, ne voyaient, dans ce qui venait de se passer, qu'un coup de surprise, le triomphe éphémère d'une faction impuissante et déjà déshonorée par ses crimes. Ils demandaient à grands cris un retour offensif, affirmant que le moindre effort rallierait les bons citoyens et mettrait fin à une saturnale dans laquelle l'ennemi, campé à nos portes, ne manquerait pas de saisir un prétexte d'hostilités, en nous infligeant la honte d'une intervention ramenant l'ordre dans notre capitale. Ils ajoutaient qu'au point de vue stratégique, l'entreprise présentait toutes les chances de succès; elle n'exigeait qu'un petit nombre d'hommes déterminés, — plusieurs officiers s'offraient à la conduire. La porte de Passy était libre, ils pouvaient, à sa proximité, choisir dans l'intérieur de l'enceinte un point facile à fortifier, le château de la Muette, par exemple, s'y établir solidement, puis appeler à eux les gardes nationaux qui demandaient à combattre l'émeute. Réunis autour de ce premier noyau, ils permettaient à nos troupes de reprendre confiance, de revenir à l'obéissance et à la discipline, et, forts de leur appui, ils marchaient résolûment sur des adversaires auxquels il ne fallait pas laisser le temps de s'organiser. On proposait aussi d'occuper fortement la gare Saint-Lazare et les rues adjacentes, en en faisant le pivot d'une résistance qui n'aurait pas été moins efficace à raison du secours que lui auraient prêté les quartiers circonvoisins, où les défenseurs du gouvernement étaient en majorité.

Cette opinion fut soutenue avec une extrême vivacité dans le sein du conseil. C'est pour nous, disaient ses partisans, une question d'honneur tout autant que de salut. On comprend que nous ayons cédé devant la crainte d'engager une bataille sur tous les points de Paris à la fois, avec des forces insuffisantes et démoralisées ; ce qui serait inexplicable, c'est qu'après nous être reconnus et reformés, nous ne profitassions pas immédiatement du désordre qui est la conséquence inévitable d'une victoire si imprévue ; c'est que nous consentissions à abandonner Paris à la sauvage domination de quelques factieux. On parle de la nécessité de tentatives conciliatrices. Nous sommes loin de les repousser, pourvu qu'on nous accorde tout d'abord la soumission à l'autorité légale et la poursuite des assassins. Mais ces tentatives auront d'autant plus de poids qu'elles seront faites par un général campé dans la ville même et décidé à une action prompte et vigoureuse. La temporisation ne peut que nous affaiblir ; elle enhardit les insurgés, elle refroidit nos soldats, elle nous expose au soulèvement des grands centres très-disposés à subir l'influence des partis violents, elle nous fait surtout courir le danger considérable de l'auxiliaire prussien venant mettre le comble à nos humiliations et à nos malheurs.

M. Thiers ne fut ébranlé ni par les défaillances des uns, ni par l'impatience des autres. Très-résolu à la lutte, si elle ne pouvait être conjurée, il ne voulait s'y engager qu'avec la certitude de vaincre. Diviser ses forces lui paraissait une faute capitale. C'était, disait-il, le moyen de se faire battre en détail. Un seul échec était notre perte irrémédiable; nous n'avions pas le droit d'en braver la chance. Il fallait donc refaire notre petite armée, la rassurer, la nourrir, l'encourager, accroître son effectif en obtenant de la Prusse le passage à travers ses lignes des soldats que nous pouvions tirer des départements sans trop dégarnir les foyers d'agitation, et surtout négocier sans retard la restitution du plus grand nombre possible de prisonniers; attendre ainsi, sur la défensive, que nos ressources d'attaque fussent complètes, et ne prendre l'offensive que lorsque le succès serait infaillible.

Tel fut le plan qu'il nous développa avec sa vigueur d'esprit accoutumée et dans l'exécution duquel il eut plusieurs fois l'occasion de montrer toute la ténacité de son caractère. Il ne refusa pas cependant d'ouvrir l'oreille aux propositions qui lui furent faites par une foule d'officieux, les uns sincères, les autres suspects, mais tous se flattant de pouvoir arrêter l'insurrection. Il eût été aussi imprudent de les repousser systématiquement que de s'y livrer aveuglément. Parfaitement décidés à n'admettre aucune condition qui ressemblât à une transaction, nous recevions avec sympathie les communications de toutes sortes que nous apportaient d'excellents citoyens dévorés d'un généreux désir de pacification; nous ne voulions décourager aucun effort, condamner aucune espérance; nous sentions qu'une situation aussi cruelle, aussi compliquée, aussi périlleuse, nous ordonnait de rester accessibles à tous les bons sentiments qui se produisaient, même sous une forme inacceptable, convaincus que, dans les discussions civiles, il y a toujours un grand avantage à ne rien pousser à l'extrême, si ce n'est la répression militaire quand l'obstination des rebelles l'a rendue indispensable.

Ce mélange de tolérance patriotique et d'inflexible fermeté a été la règle suivie sans déviation par M. Thiers depuis le premier jusqu'au dernier jour de cet horrible épisode. Je voudrais, en en racontant les traits principaux, qu'il me fût possible de donner une idée de son admirable dévouement, de sa simplicité, de sa vigilance infatigable, de son ardeur au travail, de son amour passionné pour la France, et même pour ce Paris, alors si coupable, si insensé, qu'il aurait voulu épargner au prix de mille vies, qu'il était cependant résolu à écraser plutôt que de fléchir devant ses sanglants dictateurs. Pendant toute cette période, j'ai vécu avec lui dans la plus étroite intimité. J'ai été initié à ses combats intérieurs, à ses angoisses, à ses souffrances, et je puis attester que sa grande âme n'a jamais eu une inspiration qui ne fût dictée par un constant et insatiable désir de servir la patrie, par le désintéressement le plus noble et le plus sincère. Avant la fatale année qui, durant quelques mois, nous a rapprochés dans le douloureux accomplissement d'une même tâche, je croyais le connaître : je savais que cet homme, si merveilleusement doué de rares et brillantes qualités, était en même temps le plus sûr, le plus loyal des collègues, le plus indulgent des amis. Mais je ne soupçonnais pas la puissance qu'ajoutent à tous ses mérites naturels et acquis son abnégation personnelle, sa droiture presque impétueuse, et par-dessus tout son incomparable bonté.

Je ne l'avais pas deviné dans ces éloquentes harangues qui m'ont tant de fois subjugué, tout en me paraissant ne pas faire une place assez large à la logique du cœur. En traversant avec lui les dures épreuves où le trouble et le découragement auraient été excusables, j'ai pu juger tout ce qu'il y avait en lui de réelle tendresse, de généreuse pitié, de douce condescendance, et pour me résumer par un mot pris dans son acception la plus élevée, de véritablemeut français! Que de fois il m'a fortifié, relevé, consolé! Son affection a été mon plus énergique appui, elle demeurera ma meilleure récompense!

Sans perdre une minute il se mit à l'œuvre. Sa première préoccupation fut la reconstitution de l'armée. Aucun soin n'était plus urgent. Les 15 ou 16,000 hommes qui nous avaient accompagnés présentaient l'affligeante image d'une troupe débandée. Épars dans les rues où ils erraient à l'aventure, les soldats affectaient d'attirer les regards par une tenue désordonnée, des cris confus et des airs provocants. Plusieurs interpellaient les passants et déclaraient hautement qu'ils ne se battraient pas contre leurs frères de Paris. M. Thiers ordonna qu'ils fussent répartis dans des camps formés en dehors de la ville. Il s'occupa minutieusement de leur installation, veilla à ce qu'ils ne manquassent de rien, fit augmenter leur ration de viande, renouveler ou réparer leur habillement. Il ne se contentait pas de harceler les intendants, il se rendait compte par lui-même de ce qu'ils avaient fait, ne cessant de répéter qu'en donnant un ordre un administrateur n'accomplit que la moitié de son devoir, et qu'il le trahit, s'il ne s'assure pas par ses yeux que l'ordre a été exécuté.

Huit jours ne s'étaient pas écoulés qu'on pouvait juger les excellents effets de ces mesures. Séparée des contacts nuisibles, assujettie au travail, reconnaissante des bons traitements dont elle était l'objet, la troupe s'était transformée à vue d'œil. Elle se montrait respectueuse envers ses chefs, son extérieur était modeste et grave ; elle renaissait rapidement à la discipline, à la déférence, au devoir. On était déjà en droit d'espérer qu'elle pourrait obéir et se sacrifier.

Ce n'était point assez néanmoins de la reconstituer. Il était nécessaire de la distribuer avec intelligence et de l'encadrer solidement. Les surprises étaient possibles ; pendant quinze jours on nous en menaça ; il fallut garder les principaux passages, organiser le commandement, et surtout établir avec les chefs des rapports de tous les instants ; chaque matin, à sept heures, M. Thiers les réunissait chez lui. Il s'informait auprès d'eux des plus petits détails, recevait leurs renseignements, leur communiquait les siens ; il les tenait ainsi constamment en haleine et imprimait à leurs opérations une précieuse unité de vues. Il continua jusqu'à la fin du siége, et même au delà, ces utiles conférences matinales qui ne contribuèrent pas faiblement au succès de son entreprise.

En même temps, il veillait à ce que les services administratifs, qui venaient se grouper autour de lui, fonctionnassent promptement et régulièrement ; à cet égard, tout devait être improvisé, et les embarras semblaient renaître au moment même où on les surmontait. On ne se figure pas, quand on ne l'a pas vue de près, la confusion qui accompagne les grandes crises, et ce qu'il y a de particulièrement irritant à se trouver arrêté par des incidents vulgaires que, seuls, l'ordre et la méthode

peuvent prévenir. Chaque ministre courait après son personnel, et ne savait plus comment le loger quand il l'avait rallié. Comme il fallait se hâter, nécessité fit loi.
— On s'empressa de mettre la main sur l'indispensable, notamment sur une imprimerie très-mal outillée, et dans laquelle rien n'était préparé pour effectuer des travaux dont l'exécution ne pouvait se différer. C'est ainsi que le soir du 20 mars paraissait le premier numéro du *Journal officiel*, qui publiait une longue note expliquant la conduite et les desseins du gouvernement.

Contraint par l'abandon de la garde nationale, qui n'avait répondu à son appel qu'en nombre insignifiant, il s'était retiré près de l'Assemblée, reculant devant la nécessité d'engager dans les rues de Paris une lutte sanglante qui pouvait être inutile. Mais il se préparait énergiquement à venger les généraux assassinés, à arracher la capitale au joug honteux de quelques despotes débutant par la violation de toutes les libertés et de toutes les lois. Le rédacteur de la note ajoutait :

« Ce honteux état d'anarchie commence à émouvoir
» les bons citoyens, qui s'aperçoivent trop tard de la
» faute qu'ils ont commise en ne prêtant pas tout de suite
» leur concours actif au gouvernement nommé par l'As-
» semblée. Qui peut, en effet, sans frémir, accepter les
» conséquences de cette déplorable sédition s'abattant
» sur la ville comme une tempête soudaine, irrésistible,
» inexplicable? Les Prussiens sont à nos portes. Nous
» avons traité avec eux; mais si ce gouvernement qui a
» signé les conventions de préliminaires est renversé,
» tout est rompu, la guerre recommence, et Paris est
» fatalement voué à l'occupation.

» Ainsi sont frappés de stérilité les longs et doulou-

» reux efforts à la suite desquels le gouvernement est
» parvenu à éviter ce malheur irréparable. Mais, ce n'est
» pas tout; avec cette lamentable émeute, il n'y a plus
» ni crédit, ni travail; la France ne pouvant pas satis-
» faire à ses engagements est livrée à l'ennemi qui lui
» imposera sa dure servitude. Voilà les fruits amers de
» la criminelle folie de quelques-uns, de l'abandon dé-
» plorable des autres.

» Il est temps encore de revenir à la raison et de re-
» prendre courage. Le gouvernement et l'Assemblée ne
» désespèrent pas, ils font appel au pays. Ils s'appuyent
» sur lui, décidés à le suivre résolûment et à lutter sans
» faiblesse contre la sédition. Des mesures énergiques
» vont être prises : que les départements les secondent
» en se groupant autour de l'autorité qui émane de
» leurs libres suffrages. Ils ont pour eux le droit, le
» patriotisme, la décision : ils sauveront la France des
» horribles malheurs qui l'accablent.

» Déjà, la garde nationale de Paris se reconstitue pour
» avoir raison de la surprise qui lui a été faite; l'amiral
» Saisset, acclamé sur les boulevards, a été nommé pour
» la commander..... »

Le jour même, en effet, reconnu par la foule vers le passage de l'Opéra, M. Saisset avait été l'objet d'une ovation. Sa brillante valeur pendant le siége, la mort de son fils, frappé par un obus prussien, au fort de Montrouge, l'avaient rendu justement populaire; on pouvait espérer qu'il rallierait autour de lui les gardes nationaux résolus à combattre la sédition. M. Thiers lui confia l'honorable et périlleuse mission de se mettre à leur tête. L'amiral ne recula pas devant cette tâche. Malheureusement elle était au-dessus de ses forces.

Il ne s'agissait pas seulement de jouer sa vie. Il fallait organiser la résistance au milieu des complications politiques les plus terribles, et, pour cela, dominer par l'autorité d'un grand caractère et d'un imperturbable sang-froid le chaos où s'agitaient les maires de Paris, auxquels le gouvernement avait délégué ses pouvoirs. Livrés à eux-mêmes en face de l'émeute victorieuse, ces magistrats se trouvaient subitement chargés d'une écrasante responsabilité. L'histoire reconnaîtra que plusieurs d'entre eux firent, au péril de leurs jours, les efforts les plus méritoires pour sauver la capitale du danger et du déshonneur qui la menaçaient. Mais que pouvaient-ils, divisés entre eux, alors que l'unité d'action était si essentielle ? Les uns exigeaient la soumission des rebelles sinon l'emploi immédiat de la force ; ils étaient de beaucoup les moins nombreux ; les autres étaient prêts à tout sacrifier au désir d'empêcher l'effusion du sang ; enfin la majorité, surtout parmi les adjoints, entraînée par ses défiances contre l'Assemblée favorisait les factieux en ne dissimulant pas son hostilité envers le gouvernement légal. Ces divergences condamnaient l'assemblée des maires à l'impuissance et donnaient au comité central la facilité de la jouer. Celui-ci en usa largement.

Ce fut à la mairie du 2ᵉ arrondissement qu'ils se réunirent dès le 18 mars dans l'après-midi ; ce fut là que, vers dix heures du soir, M. Jules Ferry, sortant le dernier de l'Hôtel de ville, annonça la retraite du gouvernement. Ils passèrent la nuit en délibération, et peut-être auraient-ils pu, comme le leur conseillaient quelques citoyens hardis, devenir les maîtres du mouvement en se rendant à l'Hôtel de ville, que les émissaires du comité central n'auraient pas osé leur disputer. Mais il leur était difficile d'éviter les discussions orageuses, et ces discussions éloignaient toute conclusion pratique. Les allées et les venues se multipliaient, les projets les plus contradictoires étaient débattus, l'influence de ceux qui voulaient organiser la résistance était incessamment contrariée par les hésitations ou le mauvais vouloir des conciliateurs à tout prix ou des ennemis cachés. De son côté, le comité central comprenait l'énorme avantage d'attirer à lui la municipalité, dans laquelle il avait déjà des complices, et de l'absorber. Quelques députés lui étaient acquis; plusieurs autres, tout en déplorant l'insurrection, n'étaient que de fort tièdes défenseurs de l'Assemblée; enfin, l'immensité du péril commun, l'affreuse perspective d'une guerre à outrance engagée entre Français, sous les yeux de l'ennemi, qui pouvait intervenir et cette fois nous achever, disposait tous les esprits à substituer des expédients, même médiocres, à l'action simple et régulière de la force devant laquelle aucun pouvoir ne doit reculer quand il la met au service de la loi.

De là ces incertitudes, ces négociations, ces récriminations et ces promesses vaines, ces tentatives d'accord entre Versailles et le comité dont les meilleurs citoyens tinrent à honneur de se faire les intermédiaires; de là, en définitive, cet effacement des maires devant la sédition, effacement qui ne peut avoir d'autre explication que la conviction sincère de tant d'hommes courageux et dévoués estimant tout préférable au fléau de la guerre civile.

Cependant, les factieux, au profit desquels se commettaient ces généreuses faiblesses, avaient tout d'abord, avec une cynique audace, creusé autour d'eux un fossé sanglant que les gens de cœur ne pouvaient plus franchir.

Dans une adresse à la population, publiée le matin du 19 mars, ils n'avaient pas rougi d'écrire :

« Seuls, deux hommes qui s'étaient rendus impopu-
» laires par des actes que nous qualifions aujourd'hui
» d'iniques ont été frappés dans un moment d'indigna-
» tion populaire.

» Le comité de la fédération de la garde nationale,
» pour rendre hommage à la vérité, déclare qu'il est
» étranger à ces deux exécutions. »

C'est en ces termes odieux qu'était annoncé l'assassinat de deux généraux français par une horde de scélérats.

Ayant à choisir entre les bourreaux et les victimes, ce sont les victimes que le comité insulte, ce sont les bourreaux qu'il réhabilite.

Les victimes avaient mérité leur sort, elles s'étaient rendues coupables d'actes iniques. Les bourreaux ont été les instruments de la justice du peuple indigné. Ils ont exécuté son arrêt tacite.

C'est ainsi que fut inauguré le règne de la Commune. Trois jours après, elle complétait ce premier exploit: Le mardi, 21 mars, un grand nombre de citoyens, soulevés par l'horreur de ces forfaits, parcoururent les boulevards aux cris de : Vive l'Assemblée ! à bas le comité ! Ils furent partout acclamés. Le lendemain 22, une colonne forte de trois ou quatre mille personnes sans armes se réunit près du nouvel Opéra pour se rendre à la place Vendôme, militairement occupée. Le chef des fédérés Bergeret fit ouvrir le feu contre la foule, qui, ne pouvant résister à cette agression inattendue, se dispersa en laissant plusieurs morts sur le terrain.

Tout en couvrant de son autorité ces actes de barbarie, le comité central cherchait à surprendre les municipalités en les associant à sa fortune. Dès le 19, il avait envoyé à la réunion de la rue de la Banque des émissaires chargés d'offrir la remise de l'Hôtel de ville et des mairies, pourvu que les maires consentissent à faire procéder aux élections communales le 23 mars, et qu'ils obtinssent de l'Assemblée des lois ratifiant ces élections, autorisant les membres de la Commune à nommer le maire de Paris, donnant aux gardes nationaux l'élection de leurs officiers jusqu'au grade de général inclusivement, accordant aux négociants des prorogations d'échéances, aux locataires des remises partielles de loyers.

Tel était le programme arrêté entre le comité central et ceux des députés qui marchaient d'accord avec lui. L'un d'eux devait déposer une proposition en ce sens et réclamer l'urgence. Mais il fallait immédiatement résoudre la question des élections. Plusieurs maires résistaient énergiquement, déclarant qu'ils s'opposeraient au vote annoncé pour le 22, qu'il était criminel de ne pas attendre la loi qui allait être proposée à l'Assemblée, qu'à cette condition, mais à cette condition seule, l'accord était possible et que le moyen pratique de l'établir dès à présent était l'ajournement des élections au 3 avril.

La discussion se prolongea et dégénéra en récriminations violentes. Les délégués du comité firent entendre des menaces sinistres : « Ne croyez pas que vous soyez
» en face d'une faiblesse, s'écria Arnold, vous êtes en
» face d'une force, et d'une force qui n'est pas circon-
» scrite seulement à Paris, mais qui rayonne dans toute
» la France. C'est la guerre civile que vous allez déchaî-

» ner par votre résistance, et une guerre civile effroyable,
» l'incendie et le pillage. » On finit néanmoins par s'arrêter à l'idée d'une affiche rédigée en commun par les maires et les députés et fixant les élections au 3 avril. Il fut convenu que le lendemain l'Hôtel de ville et les mairies seraient rendus. M. André Murat et M. Bonvalet furent chargés par les maires de faire exécuter ce traité. Mais ils revinrent bientôt sans autre résultat qu'un refus offensant et péremptoire du comité central, qui n'avait rien trouvé de mieux que de désavouer ses agents.

En présence d'un pareil manque de foi, il était difficile de conserver l'espérance d'un rapprochement sérieux. Cependant, la réunion des maires ne perdit pas courage : elle chargea MM. Desmarets, Ferry, André, François Favre et de Rothschild de faire une démarche à Versailles. Ces messieurs y rencontrèrent les meilleures dispositions. Le projet de loi sur les élections municipales avait été accueilli par une déclaration d'urgence. Sans préjuger le vote, il était permis de croire que la majorité ferait droit à une prétention que la plupart de ses membres avaient vivement défendue sous l'Empire. Les élections pouvaient donc légalement se faire le 3 avril. Le ministre de l'intérieur, M. Ernest Picard, ne craignait pas d'en donner l'assurance par une lettre officielle. M. Thiers disait nettement qu'il serait favorable à toute combinaison honorable tendant à éviter l'effusion du sang, et comme preuve de sa bonne volonté à cet égard, il remettait à M. Desmarets et à ses collègues la lettre suivante :

« Versailles, le 23 mars 1871.

« Messieurs les maires,

» Vous n'êtes pas en désaccord avec le gouvernement
» en supposant que, dans les circonstances actuelles, il
» ratifiera toutes les mesures de pardon et d'oubli que
» vous croirez devoir prendre pour ramener à la cause
» de l'ordre les hommes qui se sont laissé engager dans
» la sédition et qui ne sont coupables que d'égarement.
» Recevez, etc.

» *Signé : Le président du conseil, chef*
» *du pouvoir exécutif.*

» A. THIERS. »

Ce n'était pas seulement dans ces communications presque privées que le chef du pouvoir exécutif exprimait ces idées de patriotique indulgence ; déjà plusieurs fois il les avait émises du haut de la tribune, et notamment le 21 mars, lorsqu'il s'agissait de voter un ordre du jour garantissant à Paris la restitution de ses libertés municipales, il avait dit :

« Paris veut ses droits, nous travaillerons à les lui
» rendre, en n'y mettant d'autres réserves que celles qui
» seront nécessaires pour que les scélérats qui ont opprimé
» Paris et ont essayé de le déshonorer, n'aient plus
» en main une force dont ils abusent, pour que la
» tranquillité de Paris soit assurée en sauvegardant sa
» liberté et pour que les droits mêmes qu'il réclame
» restent dans leur intégrité.

» La Chambre approuvera cette déclaration que je
» fais, que nous ne faisons pas la guerre à Paris, que

» nous sommes au contraire prêts à lui ouvrir les bras,
» s'il nous les ouvre lui-même.

» Je n'en dis pas davantage, mais je le répète, pour
» que Paris ne puisse se tromper sur le sens de la dis-
» cussion qui vient d'avoir lieu. »

Ces paroles si élevées, cette politique si tolérante auraient désarmé des hommes égarés. Ceux qui siégeaient à l'Hôtel de ville étaient des criminels ou des sectaires résolus à se maintenir au pouvoir par les plus odieuses violences. Dans un article éloquent et courageux, le *Journal des Débats*, du 19 mars, les stigmatisait ainsi :

« Qu'est-ce que ce comité central qui s'arroge le droit
» d'occuper l'Hôtel de ville au nom du peuple? Qui de
» nous l'a nommé? Qui de nous a seulement soupçonné
» la formation de ce pouvoir occulte qui se prétend au-
» jourd'hui institué par nous? De quel droit ces gens-là,
» parmi lesquels ne figure même pas un seul des députés
» élus à Paris, il y a cinq semaines, se permettent-ils de
» nous appeler autour de leurs urnes dérisoires? Quel
» honnête homme osera porter son vote à ce scrutin
» que n'a pas ordonné la seule autorité légitime qui
» existe aujourd'hui en France?

» Quel est ce gouvernement qui, en s'adressant au
» peuple et à la garde nationale, ne trouve pas un mot
» pour désavouer et flétrir les assassins du général Le-
» comte et du général Clément Thomas? Quels sont ces
» gouvernants qui débutent par anéantir à la préfecture
» de police les dossiers judiciaires et la biographie de
» plusieurs d'entre eux, sans doute trop fidèlement
» écrite?... Voilà les hommes qui prétendent imposer
» silence aux représentants légitimes de la France entière,
» élus il n'y a pas six semaines.

» Non, en vérité, nous ne pouvons pas supporter une
» telle humiliation, et, en attendant que justice soit faite
» de cette odieuse insurrection, nous protestons de toutes
» les forces de notre honneur et de notre conscience, et
» nous disons bien haut aux tristes héros du 18 mars :
» Vous n'avez pas le droit de parler au nom de Paris
» qui ne vous connaît pas ; personne ne sait qui vous
» êtes, excepté ceux qui le savent trop bien.

» Hâtez-vous de vous retirer devant l'indignation pu-
» blique et de rentrer dans la foule dont vous n'auriez
» jamais dû sortir. Paris ne vous obéira pas ! Nous ne
» connaissons qu'un pouvoir, l'Assemblée nationale,
» c'est autour d'elle que nous nous rangeons. C'est elle
» seule qui a le droit de commander en France. Nous
» ne reconnaissons pas d'autre autorité que celle qu'elle
» exerce ou qu'elle délègue. Quant à vous, comité cen-
» tral, retirez-vous ! »

Se retirer ! Le comité ne le voulait à aucun prix. Son appel aux élections n'était qu'un moyen de domination, il y préludait par les mesures les plus iniques. Chaque train de voyageurs était strictement fouillé à son arrivée en gare par des gardes nationaux armés qui mettaient en arrestation tous ceux qui leur paraissaient suspects et notamment tous les officiers. C'est ainsi que le 19 mars, M. le général Chanzy et M. Turquet, députés à l'Assemblée nationale, étaient saisis dans le wagon qui les amenait de Tours, et conduits en prison au milieu des outrages et des menaces de mort. Sur tous les points ces scènes sauvages se renouvelaient, on commençait à pratiquer le système des otages. Les chefs de la fédération avaient conscience de la fragilité de leur triomphe. Ils songeaient à se couvrir, ils se ménageaient les moyens de salut en se procurant des victimes à immoler.

§

Ce fut dans ce moment critique que l'amiral Saisset dut prendre le commandement de la garde nationale ; il ne le conserva que quatre jours, au bout desquels, convaincu que la résistance était impossible avec les éléments dont il disposait, ayant, d'ailleurs, reçu de M. Thiers la mission de suivre la direction politique des maires, il se retira et donna à ses subordonnés l'ordre de regagner leurs foyers. C'était au moment où venait de se faire entre les insurgés et les municipalités l'accord qui fixait les élections au 26 mars.

Cette résolution inattendue produisit à Paris, à Versailles, à la Chambre, une émotion profonde, et généralement elle fut regardée comme un acte de regrettable faiblesse. Ce jugement est-il juste? Ceux qui le portent ont-ils la compétence nécessaire? N'est-on pas en droit de leur opposer péremptoirement l'opinion de l'officier général qui seul avait la responsabilité d'une décision à prendre en ces redoutables conjonctures? Nul ne conteste sa bravoure et son patriotisme. S'est-il trompé? A-t-il gardé au sein de la tempête tout le sang-froid indispensable? Ce sont là des questions délicates sur lesquelles il est permis de différer de sentiment, qu'il est surtout difficile d'apprécier impartialement, quand on persiste à croire qu'en tenant ferme on aurait pu écraser l'émeute à sa naissance et prévenir les effroyables malheurs qui ont été la conséquence de son développement.

L'amiral vint à Paris le 21 mars. Il y trouva 15,500 gardes nationaux environ groupés sur quatre points : à la gare Saint-Lazare, à Saint-Sulpice, au Grand Hôtel, à Passy. Leur armement laissait à désirer, il se composait de cinq modèles différents. Ils n'avaient que peu de munitions et peu de vivres. Très-exaspérés contre les insurgés, ils ne dissimulaient pas leur mécontentement contre l'Assemblée, beaucoup d'officiers envoyaient leur démission, alléguant qu'ils ne voulaient point obéir au comité central. Deux bataillons de Passy refusaient de quitter leur quartier. Cependant, l'amiral se mit tout de suite à l'œuvre, il s'établit au Grand-Hôtel, cherchant à rallier autour de lui le plus de forces possible pour couvrir la Banque et la Bourse, et se tenir en libre communication avec la gare Saint-Lazare qui pouvait, en cas d'échec, protéger la retraite.

Le 22, accompagné de M. Schœlcher, il se rendait à la mairie du 2ᵉ arrondissement pour connaître exactement les desseins du comité central et l'état des négociations engagées avec lui. Là il pouvait apprendre que les maires résistaient encore à ses sommations hautaines et posaient comme ultimatum la fixation des élections au 3 avril, c'est-à-dire après le vote de la loi proposée à l'Assemblée. C'était clairement indiquer qu'il fallait être prêt au combat. Les insurgés semblaient le provoquer en faisant afficher une proclamation par laquelle ils dénonçaient à l'indignation publique la duplicité des députés et des maires, et maintenaient les élections au 23. D'un autre côté, l'irritation d'une partie notable de la population était à son comble et la petite troupe de l'amiral recevait de nombreuses recrues. Les étudiants en droit et en médecine s'unissaient aux élèves de l'École poly-

technique et protestaient contre les violences illégales du comité : « La jeunesse des écoles, disaient-ils dans
» une adresse placardée sur les murs de Paris, assem-
» blée dans l'amphithéâtre de l'École de médecine, con-
» sidérant que le comité central a porté atteinte au suf-
» frage universel, déclare qu'elle fait cause commune
» avec les représentants et les maires de Paris, et qu'elle
» est prête à lutter avec eux, par tous les moyens pos-
» sibles, contre ce comité sans mandat populaire. »

Joignant l'action aux paroles, ils s'organisaient militairement et venaient au Grand-Hôtel se mettre à la disposition de l'amiral. Presque tous les journalistes de Paris dénonçaient avec une courageuse énergie l'usurpation du comité. Trente et un d'entre eux avaient rédigé et publié la déclaration suivante :

« Attendu que la convocation des électeurs est un
» acte de la souveraineté nationale ;
» Que l'exercice de cette souveraineté n'appartient
» qu'aux pouvoirs émanés du suffrage universel ;
» Que par suite, le comité qui s'est installé à l'Hôtel-
» de ville, n'a ni droit, ni qualité pour faire cette con-
» vocation ;
» Les représentants des journaux soussignés considè
» rent la convocation affichée pour le 22 comme nulle
» et non avenue et engagent les électeurs à n'en pas
» tenir compte[1]. »

---

[1] Cette pièce portait la signature des représentants de journaux ci-après :

Les *Débats*.   La *Petite presse*.
Le *Constitutionnel*. La *Vérité*.
L'*Électeur libre*.   Le *Figaro*.

Enfin on répandait dans les rues la proclamation au peuple français, votée la veille par l'Assemblée et dont la rédaction était due à la plume de M. Vitet ; on y lisait entre autres passages :

« Des criminels, des insensés, au lendemain de nos
» revers, quand l'étranger s'éloignait à peine de nos
» champs ravagés, n'ont pas craint de porter dans Paris,
» qu'ils prétendent honorer et défendre, plus que le dé-
» sordre et la ruine, le déshonneur. Ils l'ont taché d'un
» sang qui soulève contre eux la conscience humaine, en
» même temps qu'il leur interdit de prononcer ce noble
» mot de République, qui n'a de sens qu'avec l'inviolable
» respect du droit et de la liberté.

» Déjà, nous le savons, la France entière repousse
» avec indignation cette odieuse entreprise. Ne craignez
» pas de nous ces faiblesses morales qui aggraveraient le
» mal en pactisant avec les coupables. Nous vous con-
» serverons intact le dépôt que vous nous avez commis
» pour sauver, organiser, constituer le pays, ce grand et
» tutélaire principe de la souveraineté nationale.

» Nous le tenons de vos libres suffrages, les plus libres
» qui furent jamais. Nous sommes vos représentants et

Le *Gaulois*.
Paris-Journal.
La *Presse*.
La *France*.
Le *Temps*.
La *Liberté*.
Le *Pays*.
Le *Siècle*.
Le *National*.
Le *Petit National*.
L'*Univers*.
La *Cloche*.
La *Patrie*.

Le *Français*.
Le *Bien public*
L'*Union*.
L'*Opinion nationale*.
Journal *des villes et des cam-
pagnes*.
Journal *de Paris*.
Moniteur *universel*.
Le *Petit Moniteur*.
La *France nouvelle*.
La *Gazette de France*.
Le *Messager de Paris*.
Le *Monde*.

» vos seuls mandataires. C'est par nous, c'est en notre
» nom que la moindre parcelle de notre sol doit être
» gouvernée, à plus forte raison cette héroïque cité, le
» cœur de notre France, qui n'est pas faite pour se lais-
» ser longtemps surprendre par une minorité fac-
» tieuse. »

On pouvait espérer que ces appels suprêmes au bon sens, au patriotisme des habitants de Paris seraient entendus. Les bataillons de la garde nationale grossissaient. Leur moral s'affermissait. Beaucoup de témoins oculaires de ces événements attestent que l'amiral Saisset avait, le 24 mars, plus de vingt-cinq mille hommes déterminés sous la main. Qu'en a-t-il fait? Quelles mesures stratégiques a-t-il prises? Il est difficile de le savoir; — il aurait voulu les soutenir par un corps de cinq mille soldats. M. Thiers les lui refusa nettement; — le ministre de la guerre, M. Le Flô, ne voulut pas davantage lui donner du canon; — il réclama vainement vingt-cinq mille sacs de terre dont il avait impérieusement besoin. Dénué ainsi de moyens efficaces d'attaque et de défense, craignant de faire massacrer de braves gens sans autre résultat qu'une défaite, qui pouvait entraîner le gouvernement tout entier, il crut que la prudence et le devoir lui ordonnaient de proposer une transaction; le 24 mars, au matin, il lançait la proclamation suivante :

« Je m'empresse de porter à votre connaissance que,
» d'accord avec les députés de la Seine et les maires élus
» de Paris, nous avons obtenu du gouvernement et de
» l'Assemblée nationale :

» 1° La reconnaissance complète de nos franchises
» municipales;

» 2° L'élection de tous les officiers de la garde natio-
» nale, y compris le général en chef ;

» 3° Des modifications à la loi des échéances ;

» 4° Un projet de loi sur les loyers, favorable aux
» locataires jusques et y compris les loyers de 1,200 fr. »

Le comité central n'eut aucune peine à accepter ces conditions, elles étaient les siennes ; il le fit savoir à la réunion des maires, en déclarant néanmoins qu'il entendait maintenir la fixation des élections au 26. Les maires et l'amiral ayant persisté à réclamer le 3 avril, tout fut rompu et l'on se sépara pour commencer la lutte.

En effet, le lendemain, quatre bataillons fédérés et quatre pièces d'artillerie entourent la mairie du Ier arrondissement, et la menacent d'un bombardement. La réunion des maires ordonne aux gardes nationaux dont elle dispose de se porter en avant et de repousser les agresseurs par la force. Cet ordre est exécuté sans hésitation. Les gardes nationaux s'élancent avec une généreuse décision, — il était trop tard. Ils rencontrent dans la rue Richelieu le maire et les adjoints du Ier, ceints de leurs écharpes, marchant à la tête des fédérés avec les délégués du comité central. Pour éviter l'effusion du sang, ils avaient cru devoir accepter la date du 30. La transaction était conclue, et, par un de ces revirements si communs dans les guerres civiles, ceux qui, un instant avant, allaient s'entr'égorger s'embrassaient avec effusion. La foule applaudissait. Avec l'étrange mobilité d'impression qui fait le fond de notre caractère national, les habitants de Paris croyaient que tout était fini, et déjà on parlait du retour de l'Assemblée.

Cette solution ne pouvait satisfaire les quelques détestables ambitieux qui conduisaient le comité central. La pacification les obligeait à disparaître. Ils voulaient rester, dût la capitale être noyée dans le sang, dût la patrie périr sous les coups de l'étranger prêt à l'accabler. Ils envoyèrent Arnold et Ranvier signifier à la réunion des maires que leurs délégués Protot et Brunel, signataires du traité arrêté au Ier arrondissement, avaient agi sans pouvoirs. Au besoin, ils les désavouaient et maintenaient plus énergiquement que jamais la date du 26.

A l'annonce de cette nouvelle félonie, la plupart des membres de la réunion éclatèrent en reproches véhéments. M. Vautrain traita les émissaires du comité de misérables et de fourbes. Les propos les plus violents furent échangés et la discussion se continua ainsi jusqu'à trois heures du matin. Toutefois la majorité se prononça pour la résistance, et M. Dubail, chargé par elle de faire connaître cette résolution, rédigea à la hâte la protestation suivante :

« Le comité central manque pour la deuxième fois à
» la parole donnée en son nom par ses délégués, il veut
» faire demain des élections, sans sincérité, sans régu-
» larité, sans contrôle. C'est la guerre civile qu'il appelle
» dans Paris. Que la honte et le sang retombent sur lui
» seul! Quant aux maires, ils engagent la garde nationale
» à se rallier à eux pour défendre l'ordre et la Répu-
» blique. »

Mais le lendemain 25, tout était remis en question. Ranvier et Arnold reparaissaient. Ils promettaient solennellement au nom du comité de rendre l'Hôtel de ville et les mairies, si la réunion consentait à procéder aux élections le lendemain 26, — sinon le comité les ferait seul et garderait le pouvoir.

Il faudrait n'avoir pas de cœur pour ne pas comprendre l'anxiété des élus de la cité appelés à résoudre cette question. Tout ce qu'il y avait en eux de dignité, de civisme, de droiture, les poussait à chasser honteusement ces tristes messagers de la duplicité qui venaient insolemment, l'épée à la main, les sommer de passer sous leurs fourches caudines. Mais les repousser quand, en définitive, d'accord sur le fond des choses, on ne différait que sur leur forme, c'était la mort de milliers d'hommes qui n'attendaient qu'un signal pour commencer le combat. C'était plus encore, c'était jouer le sort de la France, car si les bataillons fidèles avaient été écrasés dans les murs de Paris, rien ne retenait les fédérés victorieux et nul ne peut affirmer que leur succès n'eût pas entrainé la défection de l'armée de Versailles. Les honorables et courageux citoyens qui n'avaient pas reculé devant l'immense responsabilité d'une telle délibération, avaient donc dans la main les destinées de la patrie, — ils pouvaient encore espérer qu'une concession dernière désarmerait les furieux qui la livraient à toutes les chances d'une mort honteuse. Ils calculaient d'ailleurs que les élections au 26 et la constitution d'une municipalité nouvelle faisaient gagner huit jours à M. Thiers, qui n'avait pas caché qu'il en avait besoin. Placés en face de ces considérations, il leur était permis d'être perplexes, et nul n'a le droit de les accuser de faiblesse quand ils ont été déterminés à la fois par le désir d'éviter une horrible collision, dont le résultat demeurait incertain, et par la sage et prudente prévision du secours décisif apporté à la cause de la France par une temporisation qui lui était nécessaire.

Aussi je répugne à croire qu'hésitants jusqu'à la dernière heure, ils aient brusquement cédé à la commotion d'une sorte de coup de théâtre, mettant brusquement en scène le duc d'Aumale, que l'Assemblée se préparait, disait-on, à nommer lieutenant général du royaume. Cette fable calomnieuse a pu être inventée par un politique de bas étage, accoutumé aux grossiers artifices des clubs. Elle n'a pu, j'en suis sûr, exercer aucune influence sur la décision des maires. Ils se sont inspirés de sentiments plus élevés; ils ont vu clairement les dangers de leur résolution; ils ont deviné à quelles attaques elle les exposait. Ils ont cru que leur devoir leur commandait de les braver et de tenter la chance suprême qui s'offrait à eux de conjurer un effroyable massacre; il n'y aurait pas pour eux assez de malédictions si, ayant adopté un parti opposé, ils avaient échoué. Ils ont suivi la ligne que leur traçaient leur conscience et leur cœur. L'historien impartial ne pourra affirmer qu'ils ne se soient pas trompés, mais il reconnaîtra qu'ils ont agi en bons citoyens.

Cependant ils ne furent point unanimes. Le compromis porte la signature de sept maires, de trente-deux adjoints, de six représentants de la Seine et des deux délégués du comité central[1]; il est ainsi conçu :

---

[1] Les sept maires étaient :

MM. Bonvalet, IIIe arrondissement.
     Vautrain, IVe arrondissement.
     Desmarest, IXe arrondissement.
     Mottu, XIe arrondissement.
     Grivot, XIIe arrondissement.

« Les députés de Paris, les maires et adjoints élus,
» réintégrés dans les mairies de leurs arrondissements, et
» les membres du comité central fédéral de la garde na-
» tionale, convaincus que le seul moyen d'éviter la guerre
» civile, l'effusion du sang à Paris et en même temps
» d'affermir la République, est de procéder à des élec-
» tions immédiates, convoquent pour aujourd'hui di-
» manche tous les citoyens dans les colléges électoraux.
» — Les bureaux seront ouverts à huit heures du matin
» et fermés à minuit. — Les habitants de Paris compren-
» dront que, dans les circonstances actuelles, le patrio-
» tisme les oblige à venir tous voter, afin que les élec-
» tions aient le caractère sérieux qui seul peut assurer la
» paix dans la cité. — Vive la République ! »

MM. François Favre, XVIIe arrondissement.
Clémenceau, XVIIIe arrondissement.

Les trente-deux adjoints étaient :

MM. Adolphe Adam, Méline, Ier arrondissement.
Émile Brelay, Loiseau-Pinson, IIe arrondissement.
Ch. Murat, IIIe arrondissement.
De Chatillon, Loiseau, IVe arrondissement.
Jourdan, Colin, Ve arrondissement.
Leroy, VIe arrondissement.
E. Ferry, André, Nast, IXe arrondissement.
Murat, Xe arrondissement.
Blanchon, Poirier, Tolain, XIe arrondissement.
Denizet, Dumas, Torillon, XIIe arrondissement.
Combes, Léo Meillet, XIIIe arrondissement.
Jobbé Duval, Sextius Michel, XVe arrondissement.
Chaudey, Sevestre, XVIe arrondissement.
Malon, Villeneuve, Cacheux, XVIIe arrondissement.
Lafond, Jaclard, XVIIIe arrondissement.
Deveaux, Satory, XIXe arrondissement.

Les représentants de la Seine étaient : MM. Lockroy, Floquet, Tolain, Clémenceau, Schœlcher, Greppo.

Les délégués du comité central ; Arnold, Ranvier.

§

Cette transaction laissait intacts les droits du gouvernement, qui avait voulu y demeurer étranger. Jusqu'à un certain point même, elle favorisait sa politique d'expectative. Mais elle lui faisait une loi de redoubler de vigilance et d'activité dans ses préparatifs de combat. Il devenait en effet évident, qu'à moins d'un miracle, la lutte était inévitable. Ne perdre aucun des avantages acquis, travailler sans relâche à s'en procurer de nouveaux, telle était la règle de conduite tracée par la prudence la plus vulgaire. Aussi la stupéfaction du conseil des ministres fut-elle indescriptible lorsque, le 24 mars au soir, il vit subitement apparaître l'amiral Saisset annonçant qu'après l'arrangement accepté par les maires, il avait licencié les gardes nationales et quitté son commandement. Personne n'y pouvait croire, le fait n'était que trop vrai. A quatre heures de l'après-midi, il avait abandonné le Grand-Hôtel et dicté au colonel Trèves l'ordre suivant, qui devait être transmis à la garde : « J'ai l'hon-
» neur d'informer MM. les chefs de corps, officiers,
» sous-officiers et gardes nationaux, que je les autorise à
» rentrer dans leurs foyers à dater du samedi 25,
» sept heures du soir. »

Il est inutile d'examiner si l'amiral avait le droit de prendre une pareille mesure. Nommé à un commandement supérieur, il pouvait s'en démettre, mais à la condition expresse de le conserver jusqu'à ce qu'il fût remplacé. Quant à sa troupe, il n'était pas le maître de la congédier. — Cette faculté n'appartenait qu'au gouvernement qui, en groupant toutes les forces civiques autour d'un militaire éprouvé, avait suffisamment montré sa volonté ferme de tenir jusqu'à la dernière extrémité.

L'amiral peignit la situation comme tout à fait perdue; il avait, disait-il, échappé à grand'peine aux poignards; la décision des maires rendait la résistance absolument impossible; le nombre des insurgés, leur formidable armement, leur sanguinaire exaltation ne permettaient pas d'engager une bataille. Il était humain et politique de ne pas verser inutilement le sang des citoyens. L'amiral croyait avoir fait son devoir en prévenant ce malheur.

Ces explications touchèrent peu quelques membres du conseil, qui pensaient que, tout en s'abstenant d'une action agressive, il eût été de la plus haute importance de garder les postes occupés et de retenir sous le drapeau les gardes nationaux disposés à marcher contre l'émeute. Tel était certainement l'avis d'une notable partie de la population parisienne qui nous offrait loyalement son concours et désirait ardemment effacer le souvenir du 18 mars. Aujourd'hui même, l'irritation causée par la retraite de l'amiral n'est point tout à fait apaisée, et presque tous les hommes éclairés qui ont vu de près ces événements, lui reprochent d'avoir jeté le découragement dans les âmes, au moment où il était le plus nécessaire de donner à tous l'exemple de l'abnégation et du sacrifice.

Il ne m'appartient pas de me prononcer sur ces points délicats. Je constate seulement les conséquences funestes de ce brusque licenciement. — Il rompit notre dernière attache avec l'intérieur de Paris et nous condamna pour y rentrer aux plus meurtriers efforts, il accrut dans une proportion considérable, l'audace des insurgés, il exposa à de sanglantes représailles tous ceux qui s'étaient déclarés les ennemis du comité central; à partir de cette journée, le gouvernement n'eut plus à compter sur le secours des citoyens. L'armée devint son seul moyen de salut, — mais elle était toute à refaire. J'ai déjà dit avec quelle puissance de travail et de volonté M. Thiers se consacra à cette grande œuvre.

§

Du reste, les menaces d'Arnold commençaient à se réaliser. La province était frémissante, et les ambassadeurs de la démagogie avaient peu de peine à soulever les grandes villes. L'impopularité de l'Assemblée était leur meilleur auxiliaire. Lyon, Marseille, Toulouse se prononçaient en faveur de la Commune. A Saint-Étienne, le préfet, M. de l'Espée, était assassiné. A Limoges, une fraction de la garde nationale désarmait un bataillon du 91° de ligne et s'opposait à son départ pour Versailles. Le colonel de cuirassiers Billet tombait lâchement frappé à la tête de son régiment. Les municipalités de l'Algérie envoyaient leur adhésion à la Commune et leurs protestations contre l'Assemblée. Mais là, le mal se compliquait d'une insurrection qui mit, un instant, notre colonie à deux doigts de sa perte. Il faut en dire un mot, car elle vint cruellement ajouter à nos embarras, et, pendant quelques semaines, nous faire craindre les plus grands malheurs.

Déjà pendant le siége, alors que les rares nouvelles qui nous parvenaient se concentraient exclusivement sur la politique et les opérations militaires de la France, nous nous préoccupions du sort de l'Algérie ; nous nous inquiétions bien naturellement des dangers auxquels le rappel de la presque totalité de nos troupes devait exposer nos compatriotes. Cependant, il est probable que, malgré le départ de nos soldats, malgré l'impression profonde produite par nos revers inattendus, les populations indigènes ne se seraient pas révoltées si elles n'avaient pas été entraînées par leurs grands chefs, obéissant bien plus aux calculs de leur ambition personnelle qu'aux élans du patriotisme.

Notre administration recueillait ainsi les tristes fruits de la politique à laquelle, pendant de longues années, elle avait sacrifié les intérêts de la colonisation. Après avoir multiplié les tâtonnements, les changements de systèmes, les expériences les plus contradictoires, elle avait, sous l'influence des chimères impériales, fortifié, autant que possible, le régime féodal, reconstitué la tribu prête à se désagréger, et, sous prétexte de dominer plus sûrement les Arabes, donné à leurs chefs une autorité presque souveraine en se réservant de les soumettre, non moins despotiquement, à notre toute-puissance militaire. Cette organisation avait créé une aristocratie quelquefois de race, la plupart du temps d'aventure, dans le sein de laquelle s'étaient développés un amour effréné du pouvoir, des jalousies ardentes, d'incessantes compétitions, une soif insatiable de richesses et d'honneurs. Courtisans serviles de nos officiers, gagnant leurs bonnes grâces par des complaisances de toute nature, les caïds et les aghas étaient devenus les serviteurs dévoués et les auxiliaires forcés des bureaux arabes. S'initiant très-vite à nos mœurs, quelques-uns d'entre eux avaient acquis une réelle prépondérance. Ils savaient habilement prodiguer toutes les séductions du faste, des grandes manières, des attentions délicates ; associés aux habitudes et aux plaisirs de leurs maîtres, affectant pour eux une soumission à toute épreuve, ils s'étaient rendus nécessaires. Ils fréquentaient les salons du gouverneur général, brillaient même dans les réceptions de Compiègne et pouvaient, par leur courtoisie et leurs protestations de dévouement, faire croire qu'ils étaient les plus fermes soutiens de la France. En réalité, ils n'avaient d'autre guide que leur fortune personnelle, étroitement liée au régime militaire ; — aussi, s'inquiétaient-ils de tout ce qui le menaçait. Ils suivaient attentivement la marche progressive des faits qui, chaque jour, mettaient en lumière la nécessité de substituer l'administration civile au gouvernement du sabre. Lorsque le 9 mars 1870, à la suite d'une mémorable discussion dans laquelle les partisans du régime militaire s'avouèrent vaincus, et consacrèrent loyalement leur défaite en concourant au vote par lequel le Corps législatif déclarait que le régime civil devait être désormais celui de l'Algérie, les chefs arabes partagèrent l'émotion, les alarmes, les colères de ceux de nos officiers qui repoussaient systématiquement cette révolution pacifique. Chose sans précédent, le vote de la Chambre avait été unanime ! Son autorité était donc éclatante. Le gouverneur général, maréchal de Mac Mahon, ne crut pas pouvoir l'accepter, il envoya sa démission, et ne consentit à la reprendre que sur les instances du ministre de la guerre et à titre provisoire.

Plusieurs grands chefs imitèrent cet exemple : au premier rang, il faut placer le bach-agha de la Medjana, Si Mohamed el Mokrani : issu d'une famille ancienne et puissante, doué d'une bravoure chevaleresque, riche et libéral jusqu'à la prodigalité, groupant autour de lui quatorze caïdats confiés à ses parents, il disposait en maître souverain de toutes les contrées qui avoisinaient son commandement. Il était depuis longtemps le familier des directeurs des bureaux arabes et des commandants de cercle. Il s'inspirait de leurs idées, il épousait leurs passions, il répétait avec orgueil qu'il appartenait à notre armée et ne subirait jamais les ordres d'un gouvernement civil. — Ces imprudents défis trouvaient un encouragement et une excitation dans les conversations de nos officiers qui ne craignaient pas de dire que le changement voté par la Chambre détruirait la position des grands chefs. Le bach-agha cependant resta à son poste comme l'avait fait le maréchal; mais, à partir de ce moment, il se prépara à la révolte. Couvrant ses desseins sous le voile d'un redoublement de zèle, il rassembla des armes et des munitions, acheta des chevaux, renforça ses goums, et fit répandre parmi les indigènes les bruits les plus inquiétants. Le gouvernement, disait-on, songeait à porter atteinte aux lois protectrices de la religion, il entendait pénétrer dans la famille arabe et la modifier. — Les croyants devaient se tenir sur leurs gardes et résister à ces entreprises impies.

Ces pratiques n'auraient eu qu'une médiocre influence sur les esprits, si la guerre contre la Prusse et les désastres imprévus qui suivirent de si près l'ouverture des hostilités, n'avaient fourni aux agitateurs des armes malheureusement trop redoutables. La nouvelle de nos revers fut accueillie avec stupeur. On ne voulait pas admettre que la France, si longtemps réputée invincible, fût accablée en quelques semaines. La catastrophe de

Sedan dut convaincre les plus incrédules. L'avénement d'un gouvernement nouveau, les conflits provoqués par l'inutile résistance de l'autorité militaire, le retour de nos troupes furent autant de circonstances que les chefs indigènes cherchèrent à exploiter contre nous et, néanmoins, ils ne purent provoquer de mouvement sérieux que vers la fin de février 1871. Peut-être même n'y auraient-ils pas réussi sans le secours du fanatisme religieux dont ils eurent l'habileté de déchaîner l'impétueuse et aveugle action.

Ce fut par ce moyen qu'ils purent soulever la Kabylie, que ses mœurs et son organisation démocratiques semblaient devoir soustraire à leur influence; elle avait longtemps subi l'ascendant de Ben Ali Chérif, fils d'un marabout vénéré et dont les brillantes qualités exerçaient naturellement une grande séduction. Ben Ali Chérif, en effet, peut être cité comme le type du chef indigène transformé par notre civilisation, sans avoir rien perdu des instincts qui le rattachent à ses compatriotes. La parfaite distinction de sa personne, l'élégance aisée de ses manières, la grâce et la facilité de son élocution, le signalent dès le premier aspect comme un homme d'élite. Sa conversation et son commerce ne font que confirmer cette opinion. Aussi partageait-il avec Mokrani, et peut-être dans une plus large mesure, la confiance de l'autorité militaire française qui l'avait comblé de ses faveurs. Créé bach-agha de Chellata, il avait de nombreux caïds sous ses ordres, et trouvait d'immenses ressources pécuniaires dans les revenus de sa zaouia, établissement pieux où les pauvres recevaient l'hospitalité et que la générosité des fidèles dotait avec une telle munificence que le produit annuel des aumônes dépassait

600,000 francs. Cependant, cette prospérité était menacée et Ben Ali Chérif avait un rival bien plus propre encore que lui à enflammer les populations ignorantes et grossières au milieu desquelles il vivait. Ce rival était Ben Ali Ben Haddad, fils d'un simple forgeron et qui prenait le titre de cheik comme chef suprême de la confrérie des Khouans. Cette confrérie, véritable franc-maçonnerie religieuse, compte de nombreux initiés en Algérie, en Tunisie et au Maroc, elle se fractionne en groupes distincts dirigés chacun par un chef appelé mokadem et choisi par le grand maître de l'ordre. Cette vaste ramification mettait dans une seule main un levier redoutable. Sur un signe, tous les affiliés étaient debout, prêts à marcher au combat. Ce signe, cheik Haddad s'était longtemps refusé à le donner, malgré les ardentes sollicitations de son fils Mohammed; — il semblait prévoir qu'en livrant son peuple aux passions qui grondaient autour de lui, il allait le précipiter dans un abîme de maux. Retiré depuis près de trente ans dans une étroite et infecte cellule où on ne le voyait que par une lucarne, il avait acquis une réputation universelle; et les offrandes qui affluaient dans son réduit laissaient loin derrière elles celles de la Zaouia de Chellata. Il y avait donc pour les fauteurs de l'insurrection un intérêt considérable à le gagner à leur cause. Ben Ali Chérif fit taire ses ressentiments, se rapprocha du vieux cheik et flatta l'orgueil de ses deux fils, Mohammed et Ben Azzis, impatients d'en venir aux mains avec les Français qu'on disait épuisés et faciles à vaincre. Au commencement de mars, cheik Haddad sortit de sa cellule et se rendit à la mosquée de Sebdouck. Il annonça que le prophète lui était apparu en songe, qu'il lui avait remis des cartouches et un drapeau en lui promettant la victoire. Les Kabyles l'écoutaient avec admiration et baisaient le bas de son burnous. Il leur donna son bâton : « Il vient de Mahomet lui-même, s'écria-t-il ; à » sa vue les Français s'enfuiront ; plantez-le sur les mu- » railles de Bougie, et leurs défenseurs seront jetés à la » mer. » C'en était fait : la Kabylie entière allait descendre en armes. Quelques semaines après une armée de trente mille hommes, commandée par Mohamed Ben Haddad et Ben Azzis, promenait sur tout le pays le fer et le feu. — Les colons fuyaient devant ce torrent dévastateur et couraient s'enfermer dans les villes, principalement à Sétif et à Bougie.

Nous n'avions, pour ainsi dire, aucune force à opposer à cette formidable agression. Nos généraux disposaient à peine de quatre mille soldats pour garder l'Algérie, les commandants des cercles de Bougies et de Sétif n'en auraient pas réuni deux mille ; quelques pièces de campagne et quelques obusiers de montagne composaient toute l'artillerie. Dans cette crise suprême, la population civile ne perdit pas courage. Partout les milices se levèrent : sur certains points isolés, de simples cultivateurs se défendirent énergiquement contre des nuées d'assaillants auxquels ils infligèrent des pertes considérables. Quelques-uns furent victimes de leur intrépidité, tous firent leur devoir et prouvèrent que notre France africaine a déjà produit une race aussi vaillante que robuste, assez forte pour lutter contre la barbarie et protéger le sol fécondé par son travail.

Cependant l'audace des insurgés s'accroissait chaque jour. Le bach-agha de la Medjana levait le masque en envoyant sa démission. Peu de jours après, le 14 mars, il osait adresser au gouverneur de l'Algérie une déclaration de guerre en forme. Elle était immédiatement suivie d'assassinats et d'incendies. Les contingents se réunissaient et s'avançaient sur la petite ville de Bordj bou Arréridj, dont ils commençaient le siége.

Ouverte de tous côtés, la place ne pouvait sérieusement résister. Les habitants voulurent cependant l'essayer; ils construisirent des barricades et attendirent l'ennemi de pied ferme. Mais la lutte était impossible. Le 16 mars, le combat s'engageait à la pointe du jour; à trois heures, les ouvrages des assiégés étaient tournés, le commandant Ducheyron fit sonner la retraite et ramena la garnison et la population civile dans la forteresse; la ville fut mise à sac et brûlée, et, du haut des remparts, nos compatriotes purent assister à l'incendie et au pillage de leurs demeures. Leur fermeté n'en fut pas un instant ébranlée; vainement, pendant neuf jours, les Arabes multiplièrent leurs attaques, elles furent repoussées héroïquement. Enfin, le 25, apparaissait une colonne de deux mille hommes, commandée par le colonel Bonvalet, et marchant sur Bordj; elle y entrait sans coup férir. A son approche, Mokrani s'était enfui avec les siens. A partir de ce moment, il parut douter de lui-même. Inquiet et troublé, il comprit que sa cause était perdue et qu'à sa brillante fortune allait succéder le châtiment ou l'exil ; — il ne put se soumettre à cette disgrâce du sort. Dans une rencontre avec les troupes du général Saussier, il descendit de cheval et, gravissant lentement, la tête haute, l'escarpement d'un ravin balayé par notre mousqueterie, il reçut la mort, qu'au dire des témoins de cette scène émouvante, il cherchait, orgueilleux et fier comme il eût fait du triomphe. Avec lui disparaissait l'âme de l'insurrection. Le mouvement continuait en vertu de l'impulsion donnée; en réalité, le ressort principal en était brisé.

§

Ces faits n'étaient point accomplis, lorsqu'après l'armistice, le rétablissement des communications nous permit de recevoir des nouvelles d'Algérie. Toutes nous peignaient sa situation comme fort grave. La délégation de Tours avait peut-être mis trop de précipitation à réaliser les excellentes intentions dont elle était animée. En cela, elle avait cru devoir s'écarter des instructions positives et répétées du gouvernement de Paris. Nous aurions voulu qu'elle se bornât à nommer un gouverneur général civil, en investissant un commandant en chef d'une autorité indépendante pour les opérations de la guerre. On jugea nécessaire d'aller beaucoup plus loin. On toucha à tous les services, on affaiblit, tout en voulant les fortifier, les éléments de l'action militaire; on suscita des embarras réels par le décret de naturalisation des israélites; enfin, ce qui était moins irrémédiable, mais peut-être plus dangereux pour l'heure présente, on n'eut pas toujours la main heureuse dans le choix du personnel. La crise était donc d'autant plus aiguë que les forces destinées à la combattre étaient plus dispersées et moins homogènes. Nous avions tout à craindre, et le télégraphe ne cessait de nous transmettre les inquiétudes croissantes des hauts fonctionnaires et de la population, s'accordant à prévoir de grands malheurs.

Notre impuissance à les conjurer n'était pas l'un des

moindres tourments de notre position déjà si accablée. Le ministre de la guerre n'avait pas un régiment à mettre en ligne en dehors des armées, desquelles il lui était impossible de détacher un soldat avant la résolution de l'Assemblée. Il avait cependant envoyé quelques bataillons de mobiles, sans se dissimuler que, malgré leur bonne volonté, ces jeunes gens, absolument inexpérimentés, ne pouvaient être d'un fort utile secours. M. de Bismarck, sur mes pressantes instances, m'avait promis de nous rendre, aussitôt après la signature des préliminaires, le plus grand nombre de prisonniers possible et de n'apporter aucune entrave à la libre circulation des troupes, que nous dirigerions sur notre colonie. — Et, en effet, dès les premiers jours de mars, le ministre de la guerre faisait partir trois mille hommes divisés en plusieurs convois. Ils arrivaient à Alger et à Philippeville au moment même où Mokrani levait l'étendard de la révolte. La seule annonce de leur débarquement produisit la meilleure impression et permit à nos généraux de prendre une vigoureuse offensive. Ce n'était point assez néanmoins ; il fallait multiplier ces renforts et surtout donner à l'administration centrale l'énergie, la décision, l'unité qui lui manquaient. La difficulté consistait à rencontrer l'homme capable d'atteindre ce résultat. Il devait être doué de qualités éminentes, d'un esprit à la fois souple et ferme, d'un sang-froid à toute épreuve, d'une volonté inébranlable. On ne pouvait le choisir parmi les généraux : il aurait représenté le régime militaire dont les populations ne voulaient à aucun prix, et les administrateurs civils, auxquels nous pouvions penser soulevaient tous des objections à peu près insurmontables. Nous songeâmes alors à un officier supérieur de la marine. Nous avions tous, pendant le siége, admiré la sagesse, le tact, l'habile modération de ceux qui avaient concouru à la défense. J'ai dit plus haut les services considérables qu'ils ont rendus; on ne saurait trop les louer, et la reconnaissance publique demeurera toujours au-dessous de leurs mérites.

Le conseil, ayant goûté cette idée, jeta les yeux sur M. le vice-amiral de Gueydon, qui fut nommé le 29 mars. Étranger à l'Algérie, il eut plusieurs conférences préparatoires avec ses représentants, qui avaient bien voulu se réunir chez moi; — ma vive sollicitude pour leurs intérêts expliquait l'honneur qu'ils me faisaient. J'avais d'ailleurs déclaré très-nettement que je ne consentirais à aucune nomination autre que celle d'un gouverneur civil, et que devant un refus je me retirerais. Or, M. de Gueydon, soutenu par plusieurs membres du conseil, manifestait une vive répugnance à accepter un pareil titre. Il réclamait une autorité souveraine et ne paraissait comprendre que le commandement absolu. Nous eûmes beaucoup de peine à le ramener et à vaincre les résistances sur lesquelles il s'appuyait. C'était cependant une question vitale. Notre fermeté l'emporta et le vice-amiral quitta Versailles avec la qualité officielle qui constatait le changement accompli dans le régime de notre colonie.

Il ne m'appartient pas de juger ici les actes de son administration. Je ne veux ni les critiquer, ni les défendre. Seulement, ce qui m'est permis de dire, c'est que la tâche qui lui était confiée était de nature à épouvanter les plus vaillants. Il allait dans un pays inconnu pour lui, profondément troublé, livré à une formidable insurrection et à l'agitation des discordes civiles. Il avait à la fois tout à apprendre et tout à faire. Il faut lui savoir gré de sa bonne volonté, de son courage, de son dévouement. Après avoir été reçu avec une extrême défiance, il eut l'art d'attirer à lui l'opinion ; — un instant même il put se considerer comme très-populaire. Grâce à son énergique impulsion, la révolte céda peu à peu. Il punit les tribus rebelles en leur imposant la réparation des dégâts immenses soufferts par les colons. Il leur fit à ce titre payer plus de trente millions, et la rigueur inexorable avec laquelle il poursuivit l'application de ce système ne contribua pas médiocrement à la pacification. Peut-être peut-on lui reprocher d'avoir abusé du séquestre et des confiscations; peut-être encore aurait-il pu empêcher des poursuites judiciaires qui eurent le grave inconvénient d'ajouter une répression à une répression et même d'altérer dans l'esprit des indigènes le principe sur lequel repose notre domination. Mais il serait injuste de ne pas reconnaître la haute intelligence, le coup d'œil et la résolution qu'il a montrés dans l'accomplissement de ses difficiles devoirs.

L'insurrection, qui au mois d'avril avait perdu son véritable chef, ne fut réellement domptée qu'à la fin de juillet. Dans cet intervalle de temps elle eut ses sanglants épisodes et ses émouvantes péripéties. Le siége de Bougie par les Kabyles que Ben Azis conduisait à l'assaut, rappelle par ses combats corps à corps les luttes du moyen âge et les exploits des croisés. Plusieurs fois les assiégeants, s'élançant à la voix de leurs mokaddems, escaladèrent les murailles et se firent égorger sur les parapets qu'ils mordaient avec rage. Nos soldats et nos miliciens rivalisèrent de bravoure. Leur héroïsme sauva la ville des horreurs du pillage et de la destruction.

Renforcés par deux avisos et une frégate dont l'artillerie décimait l'ennemi, ils exécutèrent de nombreuses et brillantes sorties, et le 23 juin ils firent lever le siége qui n'avait pas duré moins de six semaines.

Les soumissions ne tardèrent pas à suivre cet échec décisif. Les chefs les plus déterminés avaient cherché leur refuge vers le sud, nos colonnes les y traquèrent. L'un d'eux, Bou Mezrag, frère de Mokrani, ne voulait pas se rendre. Il avait combattu jusqu'à la dernière extrémité, fuyant et résistant à la fois. Abandonné par les siens, n'ayant plus avec lui qu'un serviteur qui n'avait pas voulu le quitter, il errait sur la limite du désert, demandant la mort au soleil de feu qui le dévorait, à la faim qui torturait ses entrailles. — Il fut vaincu par la soif. Manquant d'eau depuis six jours, réduit à boire son urine, il se livra à nos soldats qui ne pouvaient reconnaître dans ce spectre décharné le brillant caïd si longtemps admiré pour son élégance et sa bonne mine dans le riche cortége du bach agha.

Ainsi finit cette insurrection, la plus redoutable assurément de toutes celles qui aient menacé notre colonie. Au moment où elle éclata, nous paraissions sans forces pour l'arrêter, et ses fauteurs pouvaient prophétiser avec toute vraisemblance qu'elle allait nous jeter à la mer. Elle a échoué cependant, parce que, malgré les espérances que faisait naître notre affaiblissement, une grande partie de la population indigène s'est refusée à se prononcer contre nous. Au premier soulèvement, plusieurs tribus accoururent sous notre drapeau ; quelques-unes y restèrent fidèles jusqu'au dernier jour, mêlant leur sang au nôtre et se distinguant par de nombreux traits de bravoure. Plusieurs ne se laissèrent gagner à la révolte que pour sauver leurs familles et leurs terres des violences et des déprédations des insurgés. Dès que nous fûmes en mesure de les protéger elles revinrent à nous. En réalité, les populations ne mettaient aucun empressement à suivre leurs chefs, et si l'on en excepte celles qu'entraîna le fanatisme religieux, elles ne participèrent qu'à regret au mouvement. On put même signaler dans les incidents divers de cette lutte sanglante des actes de dévouement qui prouvent que le rapprochement des races est moins chimérique que ne le répètent les partisans de l'asservissement ou de la destruction des indigènes. Partout où ceux-ci étaient traités avec justice, on les vit se soustraire à la sédition et souvent défendre les français. Au mois de juin, abusant de la confiance qu'il avait su inspirer au colonel Bonvalet, le caïd des Ameurs-Dahra, Admed-Bey, cerna la nuit deux fermes isolées situées à trente kilomètres de Sétif, au lieu dit Tabarount. Il avait avec lui quinze cents cavaliers. Sommés de se rendre, les deux colons, dont le nom mérite d'être conservé, M. Perot et M. Casimir Fabre, répondirent fièrement qu'ils attendaient leurs agresseurs. Seuls, le premier avec trois, le second avec cinq domestiques, ils se barricadèrent et firent feu jusqu'à l'aube. Au milieu d'eux se trouvaient deux indigènes, Madani et Mohamed Seghir, qui ne les abandonnèrent point. Les cavaliers arabes les appelaient du dehors et les invitaient à sortir. « Quoi! criaient-ils à Mohamed, tu veux donc nous trahir » pour des Roumis! — Non, répondit Mohamed, je n'ai » pas changé, mais les Roumis ne m'ont jamais fait » que du bien, ce soir je suis Roumi pour mourir avec » les Roumis. »

De pareils faits contiennent des révélations que des

hommes politiques ne sauraient dédaigner. Quelles qu'aient été nos hésitations et nos fautes, nous avons pénétré la société indigène et nous en avons moralement conquis une partie. Ces obscurs et modestes travailleurs qui se sont attachés au sol et l'ont transformé, ont bien vite compris que l'Arabe était leur plus utile auxiliaire, et pour me servir de leur énergique et forte expression, le premier des colons. Ils ont tiré de lui ce qu'il pouvait leur donner, et, en échange de ces services, ils ont ouvert son esprit et développé ses bons sentiments. En se continuant, les relations sont devenues meilleures, et peu à peu les habitudes se sont modifiées, les défiances ont diminué, les haines se sont adoucies ; pourquoi des hommes livrés aux mêmes labeurs, appelés chaque jour à s'entr'aider, demeureraient-ils toujours insensibles à l'attrait réciproque qu'un semblable commerce amène naturellement? Les lois qui gouvernent l'humanité ne le veulent pas ; quand nous aurons le bon sens de nous y soumettre au lieu de les contrarier, nous préparerons avec efficacité, sinon l'assimilation, au moins le rapprochement pacifique et intéressé des deux sociétés destinées à se confondre par le travail, le bien-être et l'instruction. Là est l'arme la plus sûre contre les insurrections. L'expérience des douloureuses épreuves de 1871 ne sera pas perdue, et si, écrasés comme nous l'étions, vaincus et démembrés par la Prusse, pris à la gorge par une faction criminelle, sans argent, sans soldats, impuissants à nous mouvoir sur notre propre sol encombré par l'invasion, nous avons pu cependant maîtriser la rebellion en Algérie, nous sommes en droit d'avoir foi dans la solidité de notre domination, pourvu que nous ayons la sagesse d'en élargir les véritables bases : la justice dans l'administration et la sagesse dans le gouvernement.

§

Tous les malheurs qui nous accablaient à la fois, devaient nécessairement éloigner de nous les sympathies des puissances. Les efforts héroïques de nos armées, la vaillante résistance de Paris nous les avaient fait en partie regagner. Nous en avions eu la preuve dans les incidents du traité de préliminaires; et les mouvements d'irritation de nos adversaires nous avaient suffisamment révélé l'importance qu'ils attachaient à nous laisser absolument isolés. L'insurrection de la Commune servait leur politique en nous privant brusquement de tout appui : elle nous faisait tomber dans un discrédit sous le poids duquel nous demeurions sans force et sans action. A cet égard, rien n'était plus significatif et plus douloureux que le ton de la presse étrangère. Quelques-uns de ses organes prenaient hautement le parti des rebelles; d'autres, plus modérés, prophétisaient notre défaite; la plupart affectaient vis-à-vis de nous la raillerie et le mépris. Comment en présence de ces hostilités et de ces faiblesses eût-il été possible de parler librement au nom de la France et de faire entendre des représentations ? Sans me bercer d'illusions complaisantes, j'avais espéré que, tout en nous attachant scrupuleusement à l'observation des traités, nous pourrions agir sur l'opinion et préparer dans les négociations qui allaient s'ouvrir d'équitables compensations. Il fallait y renoncer et s'effacer tout à fait; aussi n'essayâmes-nous pas de saisir la conférence de Londres de réserves que nous dictait l'intérêt européen si étrangement sacrifié par la violence du vainqueur. Cette tentative ne nous aurait pas été permise. Lord Granville nous en avertit avec une vigoureuse netteté. Nous crûmes, dès lors, que la vraie dignité nous commandait le silence. Il eût été déraisonnable, autant qu'imprudent, d'élever un conflit. Nous aurions, sans utilité, indisposé la Russie et l'Angleterre, en nous diminuant nous mêmes. Notre ambassadeur, M. le duc de Broglie, rédigea et fit admettre un protocole très-convenable qui expliquait en excellents termes l'attitude négative que nous étions forcés de prendre. Nous ne manquions d'égards envers aucun de nos alliés : par là même, nous faisions ressortir leur regrettable indifférence, et laissant au cabinet britannique la responsabilité de l'aisance avec laquelle il abandonnait les traités de 1856, que seul il était intéressé à maintenir, nous nous contentions de consacrer en faveur du czar une concession qui ne pouvait nous nuire et qu'avant nous les autres cabinets avaient acceptée.

Telle fut la conclusion de cet épisode diplomatique, qui, en toute autre circonstance, pouvait amener une conflagration générale. Les ministres anglais se résignèrent sans débat, et l'on ne sait ce que l'on doit le plus admirer dans leur conduite, de la promptitude de leur décision, ou de leur habileté à en dissimuler la gravité. Il est difficile cependant qu'elle leur ait échappé, et ils ont pu deviner à ce premier symptôme que l'affaiblissement de la France pouvait avoir des inconvénients. Il est à craindre que cette leçon ne soit pas la dernière.

Pour nous, nous avions des embarras trop cruels pour songer à ce qui n'était que secondaire. Le mouvement insurrectionnel ne nous exposait pas seulement à périr sous les coups des factieux, il nous mettait dans la main de l'ennemi, libre de rompre les traités ou de nous en accabler en les exécutant à la lettre. C'est cette alternative qui nous a fait vivre chaque jour dans de mortelles inquiétudes. Chassés de Paris, nous étions encore le gouvernement de la France; mais, aux yeux d'un vainqueur qui s'enorgueillissait de prendre son intérêt pour guide exclusif, n'ayant plus la force, nous n'avions plus l'autorité. Aussi ne nous ménageait-on pas les observations blessantes, en nous répétant que, malgré nos déclarations, nous ne pouvions plus inspirer la même confiance. On nous invitait à préciser le délai dans lequel la répression serait achevée, et l'on nous avertissait que l'Allemagne, impatiente d'une solution, était disposée à intervenir. Cette menace faisait le fond de toutes ses communications et l'objet de toutes nos craintes. Son exécution nous apparaissait comme le plus horrible des malheurs, comme la suprême humiliation. Nous n'avons pas passé une heure sans travailler à la conjurer. Il serait difficile de présenter ici le détail de toutes les démarches, de toutes les négociations par lesquelles nous sommes parvenus à résoudre ces terribles difficultés, à arrêter les armées allemandes toujours prêtes à l'offensive. Le récit de quelques incidents donnera une idée suffisante des périls auxquels pendant deux mois la France a été livrée et qu'elle a pu éviter. Cependant, la paix de Francfort en porte la douloureuse trace. On verra un peu plus bas, l'abîme au bord duquel nous avons été retenus, et peut-être, en comprenant les sacrifices nécessaires que les pouvoirs publics ont dû ratifier, le lecteur sentira-t-il redoubler dans son âme la haine des guerres civiles et le désir ardent de chercher par l'application ferme et salutaire des institutions libres les moyens efficaces d'en prévenir le fléau.

§

Aussitôt arrivé à Versailles, je m'empressai d'écrire au général de Fabrice et de lui donner l'assurance de notre ferme résolution de combattre et de vaincre l'émeute. Je comprenais très-bien les appréhensions que notre échec devait faire naître, et je ne voyais qu'un moyen de les diminuer, si ce n'est de les dissiper : la plus rigoureuse ponctualité dans l'exécution de nos engagements, la plus entière franchise dans nos relations avec l'autorité allemande. Je n'ai jamais dévié de cette double ligne de conduite et je crois y avoir puisé une force réelle. Tout d'abord, néanmoins, je ne pouvais deviner la gravité et la durée de la résistance que nous allions avoir à surmonter. Très-désireux comme mes collègues de faire toutes les concessions compatibles avec notre devoir pour éviter l'effusion de sang, je pensais que les meneurs ne persévéreraient pas dans une voie qui n'avait pour eux d'autre issue que la ruine et le déshonneur. En effet, leur entreprise était aussi insensée que criminelle. Leur succès contre nous les livrait à la Prusse. La défaite était certaine, quelle que fût la main qui l'infligeât ; il était donc naturel d'espérer que la population de Paris ne se laisserait pas précipiter dans une aventure infailliblement désastreuse et qu'elle aurait raison de la minorité perverse qui voulait la dominer. La courageuse attitude des maires, l'effervescence de la garde nationale restée fidèle, le dévouement de plusieurs de ses chefs me fortifiaient dans ces illusions dont je transmettais à M. de Fabrice la sincère expression.

Il me répondait qu'il avait pleine confiance en nous, mais qu'il jugeait le mal plus profond que nous ne paraissions le faire nous-mêmes. Il ajoutait qu'il serait difficile à son gouvernement de garder une attitude passive en présence d'aussi redoutables désordres; que, directement menacée par leur explosion, l'armée allemande devait prendre des précautions nécessaires, et qu'elle était prête à couvrir Paris de feu au moindre acte d'hostilité contraire aux traités que nous venions de signer.

Ces terribles éventualités étaient précisément celles que je redoutais et que je voulais empêcher à tout prix; dès lors, il devenait indispensable d'avertir l'Assemblée et d'éclairer l'opinion en rendant publique la dépêche comminatoire de M. de Fabrice et ma réponse; je le fis dans ces termes à la séance du 22 mars :

« Messieurs, il n'est pas dans les usages, et il pourrait
» y avoir à cela beaucoup d'inconvénients, de communi-
» quer à l'Assemblée les éléments des incidents diplo-
» matiques, au moment où ils se produisent; mais dans la
» situation exceptionnelle qui nous est faite, il n'est pas
» permis au gouvernement de vous laisser ignorer un de
» ces incidents, malheureusement pressentis. En effet,
» vous pouvez vous rappeler les craintes que j'exprimais
» hier à cette tribune, sur des éventualités qui, peut-être,
» viendraient aggraver d'une manière déplorable les
» maux contre lesquels nous luttons.

» J'ai eu l'honneur de dire à l'Assemblée, ce qui est
» une vérité de bon sens, que l'entreprise criminelle qui

» a été dirigée à Paris contre le gouvernement et contre
» l'autorité de l'Assemblée, faisait courir à la France
» tout entière les dangers considérables d'une reprise
» immédiate, totale ou partielle, d'hostilités, et qu'il
» était fort à craindre que la ville de Paris, s'étant ainsi
» violemment séparée du pouvoir régulièrement et léga-
» lement institué, ne fût traitée en ennemie.

» Au moment même où je descendais de la tribune,
» je recevais de la chancellerie allemande une dépêche
» plus pressante que celle à laquelle j'avais fait allusion
» dans mon discours.

» Cette nuit encore, il m'en est arrivé une que je ne
» crois pas possible de cacher à l'Assemblée. Ce matin
» même, je l'ai expédiée à un de nos honorables collègues,
» qui est maire de Paris, avec la réponse que j'ai immé-
» diatement adressée à celui qui me l'envoyait.

» Voici comment cette dépêche est conçue :

« Rouen, le 21 mars, midi vingt.

» J'ai l'honneur d'informer Votre Excellence que, en
» présence des événements qui viennent de se passer à
» Paris, et qui n'assurent presque plus l'exécution des
» conventions dans la suite, le commandement..., » ceci
est une traduction littérale sur un texte allemand, ce qui
peut expliquer l'irrégularité de la phrase, — « le com-
» mandement supérieur devant l'armée de Paris interdit
» l'approche de nos lignes devant les forts occupés par
» nous, réclame le rétablissement dans les vingt-quatre
» heures des télégraphes détruits à Pantin, et traitera en
» ennemie la ville de Paris, si Paris use encore de pro-
» cédés contradictoires avec les pourparlers engagés et

» les préliminaires de paix, ce qui entraînerait l'ouver-
» ture du feu des forts occupés par nous.

» *Signé :* FABRICE. »

Voici ma réponse :

« Je reçois seulement ce soir, fort tard, le télégramme
» que Votre Excellence m'a fait l'honneur de m'adresser
» aujourd'hui même, à midi 20 minutes. Le mouvement
» insurrectionnel qui a triomphé à Paris n'a été qu'une
» surprise devant laquelle le gouvernement ne s'est mo-
» mentanément retiré que pour éviter la guerre civile.
» Il est l'œuvre d'une poignée de factieux, désavoués
» par la grande majorité de la population, énergique-
» ment combattus par les maires qui résistent courageu-
» sement.

» Les départements sont unanimes à le condamner et
» à promettre leur concours à l'Assemblée. Le gouver-
» nement le maîtrisera, et s'il ne le fait pas demain
» même, c'est pour épargner l'effusion du sang. Votre
» Excellence peut donc être rassurée ; nos engagements
» seront tenus. Elle ne voudra pas, en présence de ces
» faits et de notre déclaration formelle, infliger à la ville
» de Paris, protégée par des préliminaires de paix, les
» calamités d'une exécution militaire ; ce serait faire
» expier par des innocents le crime de quelques hommes
» pervers, ennemis de leur patrie. (Très-bien! Très-
» bien !)

» Quant aux dommages causés au télégraphe de Pan-
» tin, le gouvernement n'a malheureusement pas,
» quant à présent, les moyens de les réparer.
» Il en avise les maires, qui peut-être pourront y pour-

» voir, mais j'ai l'honneur de répéter à Votre Excel-
» lence que, grâce au bon sens de la majorité de la po-
» pulation de Paris, grâce à la ferme attitude de l'As-
» semblée et à l'appui sans réserve des départements, la
» cause du droit prévaudra, et sous peu de jours il me
» sera possible de donner une entière satisfaction à
» Votre Excellence pour celles de ces réclamations que
» justifient nos engagements.

» *Le ministre des affaires étrangères,*

» JULES FAVRE. »

» J'ai envoyé ces deux pièces à notre honorable col-
» lègue M. le maire du IIe arrondissement qui, vous le
» savez, a opposé une résistance courageuse à tous les
» efforts de l'émeute.

» J'ai reçu hier une réponse dans laquelle il me dit
» qu'il communiquera cette dépêche à ses collègues de
» Paris. Je ne pouvais faire autre chose dans la dou-
» loureuse extrémité où nous nous trouvons placés.

» Je dois dire cependant que ce matin même, de la
» part de l'état-major prussien, et sans qu'il me soit
» possible d'entrer dans des détails, il m'est arrivé une
» communication confidentielle, et que, sur les assu-
» rances formelles que j'avais données, comme membre
» du gouvernement, de la ferme intention de l'Assem-
» blée de rétablir le régime des lois, et de le faire,
» coûte que coûte, parce qu'il doit prévaloir sur toute
» espèce de résistance criminelle, l'état-major prussien
» est entré avec nous en des pourparlers qui nous font
» espérer que de semblables mesures ne seront que
» comminatoires.

» Je n'ai pas besoin de dire à l'Assemblée que tous
» mes efforts tendront à ce résultat. C'est mon devoir
» rigoureux et je l'accomplirai autant qu'il me sera pos-
» sible ; mais je voudrais, Messieurs, que ceux-là qui
» jettent la patrie dans un tel abîme de maux compris-
» sent la responsabilité qui pèse sur eux devant la civili-
» sation et devant l'histoire. » (Très-bien ! très-bien !)

Trois jours après notre situation paraissait s'aggraver. L'amiral de Saisset avait cru devoir quitter son quartier général et licencier les gardes nationales placées sous ses ordres; le général de Fabrice devenait plus précis et plus menaçant, il m'écrivit le 24 mars :

« Monsieur le ministre,

» A diverses reprises j'ai eu l'honneur d'exprimer à
» Votre Excellence les sentiments de confiance et de
» sympathie qui animent mon gouvernement à l'égard
» du vôtre.
» Je dois maintenant vous signaler une éventualité
» dans laquelle l'intérêt que l'Allemagne porte à la
» marche des événements en France prendrait locale-
» ment une forme active et se traduirait par des faits.
» J'entends parler de l'éventualité du réarmement même
» partiel de l'enceinte de Paris par les forces militaires
» ou quasi-militaires occupant la ville ou certains quar-
» tiers. Tout commencement d'action en ce sens serait
» nécessairement considéré par les commandants de nos
» troupes comme l'initiative d'hostilités dont l'armée
» allemande par sa position actuelle deviendrait le pre-
» mier objectif ; le retour immédiat d'hostilités sur toute

» la ligne faisant face à la ville en serait la conséquence
» inévitable. »

Ainsi nous en étions réduits à être rendus responsables des actes des insurgés, et tandis qu'égarés par leurs haines aveugles, ils appelaient sur la cité dont ils s'étaient emparés les foudres de l'artillerie prussienne, nous nous épuisions en efforts quotidiens pour les sauver de la honte d'une répression étrangère!

En même temps se produisit un incident étrange dont l'opinion publique s'émut avec raison, et qu'un de nos honorables collègues, M. Turquet, porta à la tribune. Le commandant allemand de Compiègne crut devoir adresser au chef militaire de Paris la communication suivante :

« *Commandement en chef du 3e corps d'armée.*

» Quartier général de Compiègne, le 21 mars 1871.

» Au commandant actuel de Paris.

» Le soussigné, commandant en chef, prend la liberté
» de vous informer que les troupes allemandes qui oc-
» cupent les forts du nord et de l'est de Paris, ainsi que
» les environs de la rive droite de la Seine, ont reçu
» l'ordre de garder une attitude amicale et passive, tant
» que les événements dont l'intérieur de Paris est le
» théâtre ne prendront point un caractère hostile et de
» nature à les mettre en danger, mais se maintiendront
» dans les termes arrêtés par les préliminaires de la
» paix.

» Mais, dans le cas où ces événements auraient un

» caractère d'hostilité, la ville de Paris serait traitée en
» ennemie.

» Pour le commandant en chef du 3ᵉ corps des
» armées impériales,

» *Le chef du quartier général, major-général,*
» *Signé :* Von Schlotheim. »

Le journal officiel de l'insurrection, dans son numéro du 23 mars, s'empressa d'insérer cette pièce en lui faisant les honneurs de ses plus gros caractères, il l'accompagnait de cette réponse anonyme émanée du comité central :

« *Au commandant en chef du 3ᵉ corps des armées impériales prussiennes.*

» Paris, le **22** mars 1871.

» Le soussigné délégué du comité central aux affaires
» extérieures, en réponse à votre dépêche en date de
» Compiègne, 21 mars courant, vous informe que la
» révolution accomplie à Paris par le comité central,
» ayant un caractère essentiellement municipal, n'est en
» aucune façon agressive contre les armées allemandes.

» Nous n'avons pas qualité pour discuter les prélimi-
» naires de la paix votée par l'assemblée de Bordeaux.

» *Le Comité central et son délégué*
aux affaires extérieures. »

Les insurgés avaient compris de quelle importance aurait été pour leur cause la reconnaissance de belligérants ; mais cette tentative n'était de leur part que l'abus d'une erreur, et un acte de surprise qui ne pouvait avoir de suite. Je demandai immédiatement des explications à M. le général de Fabrice qui me répondit le 26 mars :

« La communication purement militaire du comman-
» dant allemand avec le commandant temporaire de
» Paris n'a eu d'autre but que de dire que, en dehors de
» certaines éventualités qu'il était nécessaire de préciser
» en présence d'un pouvoir inconnu dont on ignorait
» les dispositions, les troupes allemandes conserveraient
» une attitude pacifique (Friedlich) et complétement
» passive. Le comité central, en publiant la rectification,
» a cru utile de changer attitude « pacifique » en atti-
» tude « amicale. »

Nous ne pouvions rien exiger de plus. La situation anormale de Paris comportait ces complications. Un mot de nous les aurait simplifiées en permettant à la Prusse une action coercitive. C'était précisément ce que nous refusions. Nous voulions que les forces françaises seules domptassent une révolte française. Toutefois nous ne pouvions atteindre ce but qu'en sortant de la convention de préliminaires, et pour cette dérogation le consentement du cabinet allemand était indispensable.

C'est ce que je fus chargé de démontrer à M. de Bismarck par l'intermédiaire du général de Fabrice. Nous obliger à ne pas dépasser le chiffre de quarante mille hommes, fixé pour la garnison de Paris, c'était nous condamner à l'impuissance et à la défaite. Or, un intérêt commun nous ordonnait d'en finir le plus promptement possible avec la sédition ; tant que nous serions arrêtés par elle, l'exécution des traités demeurerait suspendue, les troupes allemandes ne diminueraient pas leur effectif, nos malheureuses populations seraient livrées à l'insécurité et au marasme. I était donc nécessaire de se hâter ; j'insistai au nom de mon gouvernement pour obtenir la modification du traité du 26 février et le retour avant les conventions définitives d'un certain nombre de nos soldats prisonniers.

Il n'y avait rien à répondre à des considérations si justes : aussi M. de Bismarck consentit à entrer en négociation avec nous à ce sujet, mais en annonçant des restrictions graves de nature à nous créer de sérieux embarras. Voici comment s'expliquait M. de Fabrice dans sa dépêche du 25 mars 1871 :

« Le gouvernement allemand, tenant compte des diffi-
» cultés qui entourent le gouvernement français, s'abs-
» tient d'exiger, quant à présent, l'exécution des stipu-
» lations relatives à la distribution des troupes françaises
» et notamment au chiffre de la garnison de Paris.

» Cependant le gouvernement allemand ne saurait
» non plus se cacher que dans les événements dont Paris
» est le théâtre, l'imprévu c'est la règle, et que les hypo-
» thèses basées sur la logique ne sont pas toujours celles
» qui se vérifient.

» En conséquence, quoique je n'aie pas le moindre
» doute sur l'emploi que le gouvernement actuel de la
» France compte faire des troupes qu'il a l'intention de
» concentrer à Versailles, il importe cependant, pour
» sauvegarder nos intérêts, de nous entendre pour fixer
» une limite de temps et de nombre que cette concen-
» tration ne pourra dépasser.

» Je prie donc Votre Excellence de m'envoyer une
» personne munie de pleins pouvoirs... La discussion

» aura pour objet ces deux questions : 1° quel chiffre de
» troupes et de gardes nationaux le gouvernement
» français croit-il nécessaire pour rétablir l'ordre à
» Paris ; 2° et ce chiffre une fois fixé et atteint, quel
» nombre de jours croit-on nécessaire pour terminer la
» crise actuelle.

» Il serait entendu que, si la solution n'était pas
» amenée en dedans le délai convenu, nous exigerions
» le retour pur et simple à la situation militaire créée par
» les préliminaires.

» Votre Excellence peut être convaincue d'avance que,
» dans les arrangements qui nous restent à faire à cet
» égard, je prendrai à tâche, autant que possible, de
» tenir compte du désir et des intérêts de votre gouver-
» nement. »

Il nous était fort difficile de nous engager à un degré
quelconque en ce qui touchait le nombre de jours que
devait entraîner la défaite de l'insurrection. Aussi en
envoyant à M. de Fabrice le maire de Rouen, M. Nétien,
qui avait bien voulu recevoir les instructions de M. Thiers
et les porter au général allemand., j'écrivais à ce dernier
(26 mars) :

« Votre Excellence ajoute qu'il serait nécessaire de
» préciser le temps que prendront ces opérations. Nous
» avons un intérêt très-grand à ce qu'il soit le plus
» court possible. Voulant être parfaitement exact, je
» n'ose fixer un nombre de jours déterminé. Car, ainsi
» que Votre Excellence le dit avec une grande sagesse,
» l'imprévu vient trop souvent renverser ce que la
» logique avait combiné. La personne qui verra Votre

» Excellence pour la signature de la convention lui
» donnera sur ce point des indications précises. »

M. le maire de Rouen devait exposer les raisons qui nous faisaient regarder comme indispensable de porter la garnison de Paris, c'est-à-dire cette petite armée, à 80,000 hommes. Le prince de Bismarck ne voulut d'abord nous en concéder que 60,000. Nous revînmes à la charge, et le 3 avril M. de Fabrice m'avisait que le chancelier ne s'opposait pas absolument à l'augmentation de 80,000, qui avec 20,000 gardes nationaux que nous espérions alors, auraient présenté un effectif assez respectable. Toutefois le prince y mettait des conditions inacceptables, que M. de Fabrice me faisait connaître dans les termes suivants :

« A titre d'équivalent de cette concession, le gouver-
» nement allemand, en raison de la situation excep-
» tionnelle du moment, demanderait une augmentation
» des garanties destinées à sauvegarder ses intérêts pécu-
» niaires. Ainsi, il considérerait comme une garantie ad-
» ditionnelle un pacte qui lui rendrait le droit de pré-
» lever les impôts directs dans les territoires occupés,
» en à-compte des versements dus conformément aux
» traités.

» Dans le cas où le gouvernement français jugerait un
» semblable échange de concessions pratique dans les
» conjonctures présentes, le gouvernement allemand
» préparerait dans le plus bref délai, et en attendant
» l'arrivée des moyens de transport français nécessaires
» à cet effet, le départ de 20,000 prisonniers des armées
» de Metz et de Sedan, soit par mer, de Gluckstadt, soit

» par chemin de fer, d'Erfurt, Cologne et Mayence. Les
» détails de l'embarquement seraient à régler par télé-
» graphe entre le ministre de la guerre français et le
» général de Stosch. »

Nous avions certes un pressant besoin de soldats. Les obtenir à ce prix était impossible. Nous ne pouvions nous résigner à rendre à nos malheureuses populations occupées le joug pesant dont les avait délivrées la convention du 16 mars. Je le fis observer à M. de Fabrice dans les termes les plus pressants; il voulut bien lui-même être mon avocat près de M. de Bismarck, qui finit par nous donner nos prisonniers sans exiger des garanties supplétives.

Mais c'était pour ainsi dire à chaque heure que renaissaient des difficultés, et souvent j'étais près de me laisser aller au découragement en présence des obstacles de détail qui se multipliaient malgré mes efforts. C'étaient mille réclamations individuelles, des revendications de navires, des plaintes d'équipages, des questions d'administration, des questions d'argent surtout à l'égard desquelles le gouvernement allemand se montrait intraitable, ne tenant aucun compte de notre pénurie et de nos embarras, et mettant constamment la menace au bout de la demande. M. de Fabrice le sentait et je trouvais toujours en lui un intermédiaire conciliant. Plusieurs fois, au milieu d'échange de lettres trop vives, il me priait d'aller le voir. Je courais à Rouen, plus tard à Soisy; et quand nous nous étions loyalement expliqués, il s'apaisait et calmait M. de Bismarck. Le 30 mars il saisissait l'occasion d'une ratification de convention pour m'inviter à une entrevue qu'il croyait utile à nos deux pays; il m'écrivait :

« Quoique la qualité formelle du document qui est
» entre mes mains ne saurait nullement justifier par
» elle-même un déplacement de Votre Excellence, je
» serais cependant heureux si, pour d'autres raisons
» d'une importance majeure, Elle jugeait utile de faire
» de la formalité qui reste à accomplir le motif d'une
» entrevue.

» Le prince de Bismarck croit indispensable que le
» chef du pouvoir exécutif soit complétement renseigné
» quant aux vues du gouvernement allemand, et il dé-
» sire vivement qu'à cet effet nous puissions, sans don-
» ner prise à de fausses interprétations de la part du
» public français, trouver une occasion pour entrer,
» sans réserve et d'une manière approfondie, que ne
» comportent pas les longueurs de la correspondance,
» dans l'examen de la position qui pourrait, d'un jour à
» l'autre, être faite à l'Allemagne par les éventualités de
» la crise actuelle.

» Dans le cas où Votre Excellence se trouverait per-
» sonnellement empêchée, je la prierais de me mettre
» en rapport avec une personne dans les appréciations
» de laquelle elle aurait une entière confiance. Je ne
» saurais cependant me dissimuler les grands avantages
» qu'aurait, dans ces conjonctures graves, un échange
» d'idées direct, qui me mettrait à même de rapporter
» au chancelier les vues et les paroles de Votre Excel-
» lence, dont les déclarations seraient naturellement
» d'un autre poids que celles d'un délégué qu'il ne
» connait pas, lors même que la position de ce der-
» nier lui donnerait une facilité égale pour juger dans
» leur ensemble les divers éléments politiques du mo-
» ment. »

Je cédai avec empressement au désir du général, et je fus le trouver à Rouen. Dans cette conférence, nous crûmes régler tous les points litigieux ; nous nous trompions : ils reparaissaient sans cesse. Le moindre incident ramenait les ombrages de M. de Bismarck, et des prétentions qui paraissaient abandonnées se renouvelaient.

Ainsi, après avoir consenti à nous donner 80,000 hommes sans conditions, il revenait à la charge, se plaignant des retards de M. Pouyer-Quertier, qui faisait des miracles; son activité et son sang froid ne se démentaient pas un instant. On est en droit de s'étonner que, dans une telle crise, il ait pu trouver les vingt millions qu'il fallait payer chaque semaine, sans parler des autres versements accessoires qui lui étaient imposés. Seulement, on comprend qu'il pût manquer d'un ou deux jours; alors M. de Bismarck faisait des menaces. Le 3 avril, M. de Fabrice m'en transmettait l'écho :

« J'ai été dans la nécessité d'envoyer hier à M. le mi-
» nistre des finances deux télégrammes, dont la forme
» pressante m'était imposée par la situation dans la-
» quelle je me trouve en présence des dernières instruc-
» tions qui me sont parvenues de Berlin.

» Le chancelier d'Allemagne, après en avoir conféré
» avec M. de Moltke, m'a télégraphié sous la date d'hier
» qu'attendu qu'il est impossible de prévoir jusqu'à quel
» point les intentions loyales du gouvernement français
» trouveraient l'appui nécessaire pour pouvoir les réaliser,
» il est indispensable de régler la question d'argent de
» manière à désintéresser l'Allemagne de la crise inté-
» rieure actuelle, *dans laquelle elle se trouve exclue de*

» *toute coopération avec le gouvernement français.* En
» conséquence, le chancelier m'ordonnait de procéder à
» la reprise des impôts directs, et de m'entendre sans délai
» avec le gouvernement français sur les formes et mo-
» dalités de la mise à exécution.

» Dans ma réponse, j'ai pu donner les détails que
» M. Pouyer-Quertier avait bien voulu m'adresser par
» rapport au montant et aux dates des payements. Je
» me suis attaché à démontrer que les vues du gouver-
» nement français restant toujours les mêmes, la situa-
» tion générale me semblait plus claire depuis les der-
» niers jours, et que le succès remporté à Courbevoie
» me paraissait devoir être d'un effet moral considé-
» rable.

» Je ne doute pas que le prince de Bismarck ne
» trouve dans la situation d'aujourd'hui des indices suf-
» fisamment favorables pour rendre superflue l'applica-
» tion, quant à présent, d'une mesure à laquelle on
» n'aurait voulu recourir que dans le cas où l'état de
» choses actuel se serait maintenu à l'état de stagnation.

» Je croirais cependant manquer à la franchise dont
» l'attitude du gouvernement français me fait un devoir,
» si j'omettais de signaler dès maintenant les consé-
» quences de certaines éventualités. »

Les réserves dont le général de Fabrice nous entrete-
nait exprimaient la pensée constante du gouvernement
allemand, qui ne voulait pas admettre que nous aurions
la force de vaincre l'insurrection. Cependant, comme
l'indique cette dépêche, le succès de notre première
action militaire l'avait favorablement impressionné :
c'était, en effet, un événement capital qui dissipait des

craintes redoutables, et nous permettait d'affirmer qu'ainsi engagée, la lutte tournerait à notre avantage. Jusque-là on pouvait douter, non du courage, mais des dispositions de l'armée. Son devoir était net, l'accomplissement en était cruel. Victimes d'une guerre aussi mal conduite qu'elle avait été follement déclarée, brisés par les combats, les souffrances, les épreuves, la désorganisation, livrés à l'abandon, au découragement, à l'indiscipline, nos braves et malheureux soldats étaient troublés, incertains, hésitants. Beaucoup d'entre eux, affaiblis et humiliés par une dure captivité, auraient eu besoin de repos. Il fallait cependant qu'ils rentrassent tout de suite en campagne et qu'ils combattissent des concitoyens; ils pouvaient même se demander s'ils n'étaient pas en présence d'une révolution destinée à triompher, et contre laquelle, dès lors, une action sanglante était inutile. Ces réflexions se présentaient à tous les esprits ; elles expliquaient et la sage temporisation de M. Thiers et les efforts obstinés de plusieurs personnes considérables et bien intentionnées, cherchant à opérer un rapprochement. Le gouvernement y avait prêté les mains avec une entière loyauté. Plusieurs fois, à la tribune et dans ses proclamations, M. Thiers avait fait connaitre son sentiment par de généreuses et sincères déclarations. Il offrait un oubli absolu, à deux conditions auxquelles nous ne pouvions renoncer sans déshonneur, la soumission et le complet désarmement de l'insurrection et la punition des assassins. Il écartait, sans vouloir les examiner, toutes les propositions qui renfermaient une reconnaissance directe ou indirecte du droit de la Commune. L'Assemblée venait de rendre à Paris l'élection de ses magistrats municipaux. La revendication de ses franchises n'était donc plus qu'un prétexte mensonger, et ceux qui maudissaient si bruyamment les horreurs de la guerre civile pouvaient la faire cesser d'un mot, qui n'eût été qu'un hommage rendu à la souveraineté nationale, c'est-à-dire à leur propre principe.

La grande majorité de la population parisienne aurait accepté cette solution avec joie. Le comité central et la Commune la repoussaient. Ils n'avaient pu réunir autour des urnes plus d'un quart des électeurs inscrits; tous ceux des élus qui appartenaient aux idées modérées s'étaient démis : ils étaient donc forcés de saisir la dictature. La terreur devint l'âme de leur gouvernement. Puis ils poussèrent les fédérés à une bataille dans laquelle ils espéraient la défection de nos troupes. Tout fut organisé pour l'exécution de ce plan criminel. Le dimanche 2 avril, les insurgés s'avancèrent par Neuilly, débordant sur la rive gauche de la Seine, après avoir fortifié le pont et la caserne. Divisées en deux colonnes, placées sous les ordres du général Vinoy, nos troupes franchirent l'escarpement du Mont-Valérien et les hauteurs de Montretout, se rejoignirent au rond-point des Bergères, au tournant de la grande route de Saint-Germain. Une barricade interceptait le passage. Ce fut un instant solennel et lugubre. Cédant à un mouvement généreux, M. Pasquier, médecin en chef de l'armée, sortit des rangs pour essayer de faire entendre quelques paroles de raison et d'humanité. Il fut lâchement assassiné. A la vue de ce meurtre, la gendarmerie s'élança au pas de course, renversa les ouvrages et poursuivit les fédérés l'épée dans les reins jusqu'au delà du pont de Neuilly, qu'elle dégagea; la ligne la soutenait avec une impétueuse ardeur. Le général en chef ne voulut pas cependant qu'on allât plus avant. Il craignait justement d'exposer ses hommes, à découvert, au feu de mousqueterie partant de la caserne et des maisons. La partie était liée. On était sûr que désormais il n'y aurait plus de défaillance.

En rentrant à Versailles avec quelques centaines de prisonniers, les gendarmes et les soldats reçurent une ovation bien méritée. Ils venaient de sauver la France, car s'ils avaient faibli, elle tombait des mains de la Commune sous l'épée de la Prusse, et cette fois, c'en était fait de sa nationalité.

Les chefs insurgés sentaient la nécessité de frapper un grand coup; ils couvrirent les murs de la ville d'affiches annonçant leur victoire, et passèrent la nuit à préparer une expédition décisive. Le lendemain lundi 4 avril, dès la pointe du jour, ils débouchaient au nombre de plus de 40,000 dans la plaine de Nanterre. Ils occupèrent Rueil, Chatou, Bougival, formant un vaste demi-cercle qui devait se resserrer par Saint-Cloud et la Jonchère, et envelopper Versailles. Vers dix heures, nos colonnes s'ébranlèrent; déjà l'artillerie du Mont-Valérien avait dispersé un grand nombre de gardes nationaux. Il lui avait suffi de quelques obus. Le commandant du fort, voyant leur prompt effet, avait suspendu son tir. Les assaillants les plus déterminés s'étaient retranchés dans les maisons et derrière les barricades. Nos soldats se précipitèrent sur eux avec un irrésistible entrain. En quelques heures, toutes les positions étaient enlevées, la plaine entièrement balayée, et la bruyante armée de la Commune fuyait de toutes parts, dans un inexprimable désordre. L'action avait été brillante et peu meurtrière, les insurgés n'ayant tenu que faiblement. Flourens, qui, le matin, prophétisait une entrée triomphale à Versailles, s'était réfugié dans un petit cabaret de Rueil au moment où nos troupes pénétraient dans le bourg. Un capitaine de gendarmerie le somma de se rendre; Flourens lui répondit par un coup de revolver et le manqua. Le capitaine lui fendit la tête d'un coup de sabre. Ses restes furent rapportés à Versailles, où ils furent remis à sa famille.

Ainsi finit cet homme étrange, dont il est difficile de définir la personnalité. Rattaché par sa naissance, par ses études, par les habitudes premières de sa vie, aux classes les plus élevées, il ne paraissait pas destiné à la triste célébrité qu'il laissera après lui. Son père, savant illustre et littérateur distingué, rêvait pour lui une carrière honorable et brillante. Un instant il put croire que cette espérance ne serait pas déçue. Il put voir son fils, très-jeune encore, monter, comme suppléant, dans sa chaire du Jardin des Plantes. Malheureusement, en racontant l'histoire de notre globe, il émit des doctrines scientifiques dont l'orthodoxie du ministre de l'instruction publique s'offensa : il fut révoqué. Cette rigueur, bien excessive, le jeta, comme un déclassé, dans le tourbillon des aventures. Dévoré par une activité malsaine, mêlant aux ardeurs d'une pensée mal réglée toutes les faiblesses d'une vanité puérile, il devait être la proie de quiconque lui promettait l'agitation et le bruit. C'est ainsi qu'il passa plusieurs années au milieu des Crétois révoltés. Il y fut impétueux, désordonné, et lorsque la Porte fut à la veille d'étouffer la sédition, il s'échappa avec deux vénérables palycares, en compagnie desquels il courut théâtralement les principales villes de l'Europe, et se montra jusqu'en Amérique. Rentré à Paris, il s'affilia à la démagogie la plus violente, dont il devint l'idole. Il aurait été acclamé l'un des chefs de la France, au 4 septembre, si les députés de Paris ne lui avaient pas barré le passage. Il ne le leur pardonna pas. Depuis, jouant un double jeu, feignant de se livrer au général Trochu, à la condition que celui-ci lui conférerait une position élevée dans la garde nationale, et restant en réalité l'âme de toutes les conjurations dirigées contre le gouvernement, il se créa une véritable suprématie populaire, qui lui permettait de menacer et de frapper à son gré ceux qu'il avait l'air de protéger. A vrai dire, il n'était que l'écuyer de Blanqui, incapable d'un plan politique, et n'ayant d'autre ambition que de régner sur la foule par sa bonne mine et son courage. Aussi son influence n'allait-elle pas plus loin que la rue, et les habiles qui se servaient de son nom et de sa belle figure pour entraîner les masses ne le prenaient point au sérieux. Il n'en est pas moins vrai qu'il se détache de la tourbe dans le fond de laquelle il s'est misérablement perdu. En le voyant élégant et fier, presque chevaleresque, on songeait malgré soi à ce qu'il avait été, à ce qu'il aurait dû être. On aimait mieux le croire égaré que pervers; on est tenté d'être reconnaissant envers le sort, qui lui a procuré la faveur d'un trépas militaire, et qui a fermé ses yeux au moment où ils se seraient ouverts sur tant de turpitudes et de crimes.

La Commune essayait vainement de dissimuler sa déroute. La stupeur et la colère des fédérés en disaient assez l'étendue. Il ne fut plus question d'opérations offensives. Combattre l'armée à l'abri des murailles et des forts était la seule tactique possible. Par la même raison, nos soldats ne demandaient qu'à marcher contre les parapets derrière lesquels les factieux se retranchaient. Le mardi 5 avril, à cinq heures du matin, conduits par les généraux Pellé et Deroja, ils attaquaient la redoute de Châtillon, ouvrage considérable construit par nous contre les Prussiens. Les fédérés l'avaient couronné d'une artillerie formidable. Deux batteries de 12 étaient chargées d'en éteindre le feu. Nos troupes, impatientes, ne voulurent point attendre qu'elles eussent accompli leur tâche; elles se précipitèrent impétueusement, au pas de course, abordèrent résolûment l'escarpe, qu'elles escaladèrent. A sept heures, la victoire était complète : nous étions maîtres des canons et de 1,500 prisonniers. Lorsque leur longue et lamentable colonne arriva à Versailles, défendue contre les huées et les clameurs par nos cavaliers, il s'éleva du sein de la population qui couvrait l'avenue une immense acclamation. Cependant à l'enthousiasme qu'inspirait notre armée, se joignait la douleur de voir défiler ces bandes, souillées de poussière et de poudre, et dont la sombre expression semblait encore une insulte à la patrie! Hélas! parmi ces tristes victimes du fanatisme politique, il y en avait d'égarées et qui n'étaient dignes que de pitié! Mais n'était-ce pas une amertume de plus de sentir à quels abîmes nous pouvions être poussés par l'effort insensé d'hommes ignorants et trompés, qui n'avaient pas même conscience du forfait auquel ils s'associaient!

Ce succès capital nous avait coûté quelques morts et quelques blessés, au nombre desquels nous avions le regret de compter le brave général Pellé, atteint à la cuisse par un éclat d'obus, au moment où, partageant l'ardeur de ses soldats, il s'élançait, comme le plus humble et le plus vaillant d'entre eux, l'épée à la main, au-devant de la mitraille. Le général Deroja avait continué le mouvement sur Châtillon et sur Clamart. Une nouvelle ère d'opérations s'ouvrait donc devant nous, plus difficiles, plus périlleuses, mais plus décisives. Nous allions nous heurter aux forts de Vanves et d'Issy, qui formaient la ligne maîtresse de défense des insurgés, et que couvraient, au sud, Montrouge, Bicêtre et Ivry. Quelque formidables que fussent ces obstacles, il fallait les surmonter pour obtenir le front d'attaque d'où nos feux convergeraient avec ceux de Montretout et pulvériseraient le Point-du-Jour. Beaucoup estimaient l'entreprise impossible ; jusqu'à la dernière heure les Prussiens l'ont ainsi jugée. Ils y avaient échoué, et ne voulaient pas admettre que nous y réussissions.

§

L'énergie de nos actes devait exercer une influence favorable sur l'esprit du prince de Bismarck, et diminuer ses défiances. Un peu mieux édifié sur nos intentions, il consentit à porter le chiffre de notre effectif à 100,000 hommes. En nous mandant cette nouvelle, le général de Fabrice m'écrivait (7 avril) :

« Si le chancelier a cru pouvoir se désister de toute
» demande de garanties additionnelles, je ne doute pas
» que le gouvernement français n'y trouve une raison
» de plus pour dégager la responsabilité que M. le mi-
» nistre des finances a prise vis-à-vis de moi, quant à

» l'acquittement de ses engagements financiers, dans le
» délai fixé par lui-même... »

Mais, en même temps, il soulevait une difficulté grave, qui devait prendre entre nous des proportions beaucoup plus inquiétantes. Elle aurait infailliblement amené une rupture, si les négociateurs ne s'étaient appliqués, avec une constance persévérante, à opposer la plus entière sincérité aux malentendus que faisaient naître des explications irritantes et l'expression de pénibles soupçons.

Nos plénipotentiaires étaient réunis à Bruxelles pour discuter et rédiger le traité définitif de paix. M. le baron Baude était prêt à ouvrir les conférences. MM. de Goulard et de Clercq étaient à sa disposition; un incident tout personnel avait retenu l'honorable général du génie qui devait plus particulièrement débattre les questions de délimitation. M. de Bismarck en conçut de l'ombrage et me fit écrire, le 26 mars, par M. de Fabrice, que cet ajournement lui semblait très-fâcheux.

« Le chancelier d'Allemagne, disait le général, me
» charge de communiquer à Votre Excellence, comme
» son appréciation personnelle, qu'il croit que la situa-
» tion actuelle de Paris est venue ajouter un motif de
» plus à ceux qui conseillaient déjà précédemment la
» prompte ouverture des conférences. Dans un retard,
» l'opinion publique verrait l'hésitation du gouverne-
» ment français à assumer les responsabilités gouverne-
» mentales, tant qu'il ne se serait pas mis d'accord avec
» la partie dissidente de Paris. Le chancelier pense
» qu'en agissant de façon à détruire ce soupçon, le

» gouvernement français contribuerait puissamment à
» rétablir son autorité.

» En soumettant cette manière de voir à l'apprécia-
» tion de Votre Excellence, je saisis, etc... »

Je répondis sur-le-champ que mon désir était absolument conforme à celui du chancelier, mais qu'il fallait prendre en considération les obstacles matériels de toute nature qui nous entravaient. Je promis que sous peu de jours les plénipotentiaires seraient mis à même de commencer leurs travaux. Je fis mieux : dans une conversation avec M. de Fabrice, je le priai de faire savoir à M. de Bismarck que j'étais tellement sûr de dissiper tous les nuages si je pouvais causer avec lui, que je lui offrais un entretien, s'il le jugeait indispensable. Le chancelier n'agréa pas mon offre, et ses défiances ne tardèrent pas à se renouveler. La lettre suivante, de M. de Fabrice, ne les dissimule pas : en même temps, elle témoigne l'intention d'arriver promptement à une solution définitive.

« Rouen, le 3 avril 1871.

» Monsieur le ministre,

» Le prince de Bismarck m'écrit que la tournure que
» prennent les conférences de Bruxelles ne lui permet
» de considérer la conclusion de la paix définitive ni
» comme prochaine ni comme tout à fait assurée.

» Il paraît qu'en premier lieu les plénipotentiaires,
» des deux côtés, auraient accordé à des questions de
» pure forme une attention soutenue, qui leur aurait
» fait perdre de vue l'urgence qu'il y a, pour les deux
» parties, à sortir de l'état provisoire. Ensuite les plé-

» nipotentiaires français s'attacheraient à placer au pre-
» mier plan de la discussion des questions dont l'impor-
» tance politique se trouve si peu en proportion avec la
» place qu'on voudrait leur donner, que le chancelier
» d'Allemagne, pour se défendre d'un doute à l'endroit
» des motifs de cette attitude, a eu besoin de se rap-
» peler combien, dans ses conférences avec M. le chef
» du pouvoir exécutif et avec Votre Excellence, les vues
» de tous coïncidaient, quant à la nécessité de terminer
» la phase actuelle.

» Afin de raccorder les divergences apparentes qui se
» manifestent entre les opinions exprimées récemment
» par les membres du gouvernement français, avec la
» ligne de conduite suivie par la diplomatie française à
» Bruxelles, le prince de Bismarck voudrait pouvoir
» recourir à un mode d'explication plus direct.

» En conséquence, ne pouvant profiter, pour sa per-
» sonne, de l'expédient d'une entrevue, il désire vive-
» ment, qu'en vue d'accélérer l'œuvre de paix, les idées
» qu'il m'expose puissent être par moi communiquées
» verbalement à Vos Excellences, dont les apprécia-
» tions, que j'aurai à lui communiquer, le mettraient
» en mesure de juger d'une manière précise la position
» actuelle des deux cabinets.

» Dans le cas où Vos Excellences partageraient la
» manière de voir du chancelier, relativement aux avan-
» tages d'une entrevue, je me mettrais entièrement à
» leur disposition, à l'endroit et à l'heure qui me seraient
» indiqués.

» Si Rouen était choisi comme lieu de rendez-vous,
» un train express serait préparé pour y transporter
» Vos Excellences avec le moins de délai possible; si

» une autre localité semblait préférable, j'aurais l'hon-
» deur de les y attendre.

» Je prie Votre Excellence d'agréer l'assurance de
» mes sentiments de haute considération.

» *Signé :* DE FABRICE. »

Le lendemain j'étais à Rouen, et je n'avais pas de peine à démontrer au général de Fabrice que notre plus grand intérêt était d'arriver le plus promptement possible à la signature du traité de paix. Nos intentions à cet égard ne pouvaient être douteuses, et je lui en donnai une preuve irrécusable, en offrant au prince de Bismarck de convertir purement et simplement la convention des préliminaires en acte définitif, sauf à y ajouter la délimitation de Belfort ; les questions de détail auraient été renvoyées à des protocoles subséquents. J'insistai avec une extrême force pour qu'on renonçât enfin à un système de défiance aussi préjudiciable qu'injuste. Le prince de Bismarck ne pouvait nous supposer l'arrière-pensée, véritablement insensée, de ménager la Commune, de nous entendre avec elle, et de nous servir ensuite contre le gouvernement allemand de l'augmentation d'armée qu'il nous concédait. Pourquoi, dès lors, revenir sans cesse à cette insinuation blessante pour notre honneur ? Il voulait bien reconnaître notre loyauté ; je n'avais jamais eu, je n'aurais jamais d'autre arme à opposer à la puissance et à l'habileté de la Prusse. Cette ligne de conduite avait peut-être ses inconvénients. Je le suppliai de m'en laisser les avantages, et d'intervenir efficacement auprès du prince pour que nos relations, déjà si délicates, ne fussent plus embarrassées par ces pénibles discussions.

Le langage du général fut celui d'un homme de cœur et de sens. Il parut touché de mes raisons, et voulut bien m'assurer qu'il les transmettrait à Berlin. Toutefois, il ne me dissimula pas que l'irritation y était extrême, et que nous devions éviter avec un soin scrupuleux tout ce qui pourrait l'accroître. Le parti militaire ne pardonnait pas au chancelier d'avoir consenti à ce que les troupes victorieuses n'entrassent pas dans Paris pendant l'armistice et y entrassent si peu après les préliminaires. Il considérait l'insurrection de la Commune comme une excellente occasion de prendre une éclatante revanche, et tout retardement lui semblait une faiblesse. A ces critiques acerbes venaient se joindre celles des financiers, sans cesse aux aguets de la moindre inexactitude de nos payements, et faisant répéter par la presse, avec grands renforts d'injures, que l'administration de M. Thiers ne pouvait ni ne voulait tenir ses engagements. M. de Bismarck, en butte à toutes ces récriminations, avait le droit d'être impatient : c'était à nous à ne pas lui en fournir le prétexte.

Ces réflexions étaient sages, et je faisais tout ce qui était en moi pour m'y conformer. Mais à chaque instant, des incidents inattendus traversaient nos desseins. Tantôt c'était un navire capturé dont on nous réclamait la restitution : la marine ne le retrouvait pas, on nous menaçait de tout rompre, puis on s'apercevait que la chancellerie prussienne avait commis une erreur de nom ; tantôt on nous signalait mille prisonniers retenus contrairement aux traités, et, vérification faite, il se trouvait que les mille prisonniers sur le sort desquels on gémissait n'avaient jamais existé ; une autre fois, on nous reprochait amèrement de n'avoir pas payé 37 millions, tandis qu'ils attendaient, à Reims, les employés prussiens; au dernier moment, on nous en réclamait 44. Après un échange de duretés diplomatiques, tout à fait inutiles, on reconnaissait qu'on s'était trompé. Chaque jour tout semblait remis en question, et l'œuvre si difficile, si capitale du rapatriement de nos soldats était suspendue, au détriment de nos opérations. Nous convînmes, dans le but de parer à ces graves inconvénients, d'accréditer à Berlin, près de M. de Bismarck, et à Rouen, près de M. de Fabrice, un agent chargé de rendre nos rapports réciproques plus faciles et plus rapides. M. le colonel Delahaye, attaché militaire près notre légation d'Italie, accepta ce dernier poste, dans lequel il montra autant de tact que d'intelligence et de patriotisme. Il m'a été d'un secours bien précieux dans l'accomplissement de ma lourde tâche. Je serais bien ingrat de ne pas lui conserver une vive reconnaissance.

Établi à Rouen dans les premiers jours d'avril, il dut suivre le général de Fabrice, qui vint, le 14, fixer son quartier général à Soisy, près Enghien. Lorsqu'ils traversaient Saint-Denis, les crieurs faisaient retentir les rues de la bruyante annonce des victoires remportées par les fédérés. L'armée de Versailles était en pleine déroute, l'Assemblée tenue en échec; on promettait sa dispersion prochaine.

« Vous l'entendez, dit M. de Fabrice avec une émo-
» tion bien naturelle. Vous connaissez les dispositions
» de M. de Bismarck; ces funestes nouvelles vont l'exas-
» pérer, et je ne puis m'empêcher de les lui transmettre.
» — Que Votre Excellence s'en garde bien ! répondit
» M. Delahaye. Ces nouvelles sont certainement fausses.
» Le télégraphe va les démentir. »

Le colonel ne se trompait pas, mais la mauvaise humeur du chancelier n'en était pas moins très-prononcée : il nous faisait dire que nous n'agissions pas, que notre devoir était d'opérer le blocus de Paris et de le couvrir de mitraille; que nos lenteurs obligeraient l'armée allemande d'entrer en ligne; car c'était une opinion absolument accréditée à Berlin, et reposant sur l'autorité des hommes les plus compétents, que nous nous défendions avec peine à Versailles, mais que nous demeurions complétement impuissants à reprendre Paris.

Malheureusement, la presse étrangère était à peu près unanime à exprimer le même jugement. On serait étonné aujourd'hui de rencontrer, dans certaines feuilles, très-honnêtes et fort intéressées au respect des principes, les vœux les moins déguisés pour le succès de la Commune. M. de Bismarck pouvait donc, sans effort, revenir à ses défiances, et il ne nous les ménageait pas.

« Les demi-mesures, si peu en rapport avec la situation
» militaire, auxquelles le gouvernement français persiste
» à vouloir se borner vis-à-vis de l'insurrection, nous
» faisait-il écrire le 17 avril, ont l'effet d'ébranler notre
» confiance dans le succès final, et font naître des doutes
» quant au degré de franchise qu'on pourrait attribuer
» aux déclarations faites à Bruxelles à l'égard de
» Paris. »

Et comme si ce n'était pas assez de nous froisser par ces intolérables reproches, une dépêche du même jour reprenait la prétention, déjà plusieurs fois repoussée par nous, d'appliquer le système des réquisitions au plus léger retard dans le versement des sommes dues pour l'entretien des troupes d'occupation. Voici dans quels termes M. de Fabrice nous faisait connaitre cette décision :

« Soisy, 17 avril.

» Monsieur le ministre,

» Le gouvernement français a exprimé, par l'inter-
» médiaire de Votre Excellence et de M. le ministre des
» finances, le désir d'obtenir un sursis pour l'acquitte-
» ment intégral des dépenses de l'entretien de l'armée
» d'occupation. J'en ai référé au chancelier d'Alle-
» magne. Il me répond que l'Assemblée nationale,
» ayant voté un crédit de 72,000,000 pour fournir au
» gouvernement français les moyens de remplir ses en-
» gagements, la demande d'un atermoiement parait
» d'autant moins admissible, que ce délai entrainerait
» de graves inconvénients pour le gouvernement alle-
» mand. Celui-ci se voit donc hors d'état d'abandonner
» la base posée par la convention du 11 mars.

» Je me trouve, en conséquence, chargé de déclarer
» au gouvernement français que le payement intégral
» des sommes dues depuis le 15 courant ne saurait po-
» sitivement être ajourné davantage, et que, dès à pré-
» sent, tout retard met le gouvernement allemand dans
» la nécessité absolue de pourvoir d'une autre manière
» aux besoins de l'armée.

» Si les sommes fixées pour défrayer l'entretien de
» l'armée ne sont pas versées immédiatement, l'armée
» retournera forcément et de plein droit à l'état de
» choses antérieur à la convention. — Ce cas échéant,
» j'invite le gouvernement français à envoyer ici, sans
» délai, une personne autorisée à s'entendre avec moi
» sur le mode de répartition des réquisitions, devenues

» dès lors indispensables, afin d'éviter qu'en exécution
» des ordres très-précis donnés à cet égard, les troupes
» ne procèdent pas seules à se procurer leurs moyens de
» subsistance. — En réponse à la demande de rapatrie-
» ment des prisonniers, je suis chargé de rappeler les
» concessions nombreuses et considérables que mon
» gouvernement a faites, et qui, jusqu'ici, sont restées
» sans réciprocité. Le gouvernement allemand, en pré-
» sence du manque d'exactitude que le gouvernement
» français manifeste dans l'exécution de ses engage-
» ments, doit hésiter à continuer le rapatriement des
» prisonniers, qui, aux termes du traité, doit être subor-
» donné à l'évacuation de la rive droite de la Seine par
» l'armée française.

» Je prie Votre Excellence de porter ces communica-
» tions à la connaissance de son gouvernement, et je
» crois lui devoir d'ajouter que les ordres les plus for-
» mels viennent de m'être transmis dans le sens in-
» diqué.

» Veuillez agréer, etc. »

En réalité, le cabinet allemand n'avait aucune raison sérieuse de nous harceler par ces difficultés incessantes; et si quelque chose doit exciter l'étonnement, c'est qu'aux prises avec tant d'impossibilités, le gouvernement de la République n'ait pas succombé. Malgré quelques mouvements d'irritation bien naturelle, qu'il ne réprimait pas toujours, M. Thiers n'éprouvait ni trouble, ni hésitation, ni découragement. Suivant avec une inflexible persévérance la ligne qu'il s'était tracée, il écoutait, sans s'émouvoir, les avis les plus opposés, demeurait inaccessible aux espérances chimériques aussi bien qu'aux craintes exagérées. Il répondait du succès, mais il voulait frapper à coup sûr. Pour cela, il demandait 150,000 hommes, qu'il tenait surtout à prendre parmi nos prisonniers. Aussi ne passait-il pas un jour sans me faire réclamer leur rapatriement, et c'est ainsi que nous en avons, pièce à pièce, arraché d'abord 40,000, puis 80,000, et, de concessions en concessions, plus de 120,000, qui, avec les autres éléments fournis par l'intérieur, ont porté notre effectif à plus de 150,000. Ce chiffre de combattants exigeait la restitution d'un nombre double de prisonniers, car il fallait en écarter les soldats libérés. A l'arrivée de chaque colonne sur la frontière, l'intendance faisait le triage. Les hommes étaient habillés, équipés, enrégimentés, et passaient immédiatement sous le drapeau. Quelques semaines ont suffi à ce travail. M. Thiers le surveillait avec une infatigable activité. En même temps, il visitait les campements, présidait à l'établissement des batteries, s'occupait des moindres détails et pénétrait tous les chefs de corps de cet esprit de vigilance, de dévouement, de discipline dont il portait en lui le sentiment si vif et si profond. Grâce à cette énergique impulsion, la troupe se montrait pleine d'entrain et de confiance, et chaque jour elle s'affermissait par de nouveaux et sérieux avantages. Tandis, en effet, que l'administration formait, avec une merveilleuse rapidité, le gros de l'armée qui devait entrer en ligne à la fin d'avril, et dont les éléments lui parvenaient à Cherbourg, à Lille, à Lunéville, nos généraux utilisaient le peu de troupes qu'ils avaient sous la main, et commençaient à prendre une offensive sérieuse. Le 7 avril, le général Montaudon, ayant sous ses ordres les brigades Galiffet et Besson, attaquait hardiment la position de Neuilly et de Courbevoie, qu'il enlevait après un court et brillant combat. Il est vrai que ce succès était chèrement acheté. Le brave général Besson tombait foudroyé par la mitraille. Relevé grièvement blessé, le général Péchot succombait au bout de quelques jours. Le général Montaudon lui-même était atteint au bras par un éclat d'obus. Chefs et soldats rivalisaient d'ardeur et de dévouement. Chacun sentait que la victoire devenait une question d'honneur autant que de salut. Douze jours après, une action plus sanglante s'engageait à Asnières, où les insurgés avaient élevé de formidables redoutes, soutenues par des locomotives blindées portant des pièces d'artillerie. Conduits encore par le général Montaudon, qui avait voulu les commander malgré sa blessure, nos soldats abordaient impétueusement tous ces obstacles et les culbutaient. Les fédérés fuyaient en désordre, et s'entassaient sur le pont de bateaux destiné à protéger leur retraite. Un grand nombre de ces malheureux trouvaient la mort dans la Seine.

Le cercle se resserrait donc autour de l'insurrection. Nous allions bientôt ouvrir nos travaux de cheminement. Notre armée touchait à peu près au chiffre que les Allemands se reprochaient de nous avoir accordé. Quatre-vingt-seize pièces de marine de gros calibre, placées en batterie à Montretout et à Meudon, devaient accabler de leurs feux croisés Issy, Vanves, le Point-du-Jour, la porte Maillot. Il fallait faire brèche à une distance de près de huit kilomètres. M. Thiers annonçait qu'il y réussirait : beaucoup d'officiers le contestaient, mais tous le secondaient avec le même esprit de sacrifice et de patriotisme. Le 27, le général

Faron attaquait, avec une incomparable vigueur, le village des Moulineaux, solidement fortifié, et s'y établissait après une action sanglante. Bravant les projectiles des deux forts, qu'on n'avait point encore réduits, il s'emparait, le 30, du cimetière des Carrières et du parc d'Issy. Nous gagnions ainsi chaque jour du terrain, et plus était précieux le sang que nous coûtait sa conquête, plus se fortifiait dans l'âme des nôtres le sentiment profond de la nécessité du succès. Ce qu'il y avait d'horrible à donner la mort à des Français et à la recevoir de leurs mains, cette extrémité lamentable qui nous faisait canonner ce Paris que nous avions défendu cinq mois, au milieu de tant de privations et de souffrances, cette humiliation, cette douleur, cette colère patriotique, à la pensée de tant d'ingratitude et de folie, nous jetaient tous dans une exaltation fiévreuse et sombre, qu'il faut avoir ressentie pour s'en faire une idée exacte. Elle s'accroissait, s'il est possible, par les tentatives que renouvelaient chaque jour les hommes les plus divers d'origine, d'intelligence et d'intention, nous apportant de prétendues propositions de conciliation, ou des plans de surprise qu'aurait favorisés la connivence de quelques-uns des insurgés. Quant aux ouvertures de pacification, nous n'avions rien à ajouter aux instructions si patriotiques de M. Thiers, s'exprimant en ces termes, dans une circulaire aux préfets, le 14 avril :

« L'insurrection donne plusieurs signes de fatigue et
» d'épuisement : bien des intermédiaires sont venus à
» Versailles porter des paroles, non pas au nom de la
» Commune, sachant qu'à ce titre ils n'auraient pas
» même été reçus, mais au nom des républicains sin-

» cères qui demandent le maintien de la République, et
» qui voudraient voir appliquer des traitements modérés
» aux insurgés vaincus. La réponse a été invariable :
» personne ne menace la République, si ce n'est l'insur-
» rection elle-même. Le chef du pouvoir exécutif persé-
» vérera loyalement dans les déclarations qu'il a faites à
» plusieurs reprises. Quant aux insurgés, les assassins
» exceptés, ceux qui déposeront les armes auront la vie
» sauve. Les ouvriers malheureux conserveront pendant
» quelques semaines le subside qui les faisait vivre.
» Paris jouira, comme Lyon, comme Marseille, d'une
» représentation municipale élue, et, comme les autres
» villes de France, fera librement les affaires de la cité.
» Mais pour les villes, comme pour les citoyens, il n'y
» aura qu'une loi, une seule, il n'y aura de privilége
» pour personne. Toute tentative de sécession essayée
» par une partie quelconque du territoire contre une
» autre sera énergiquement réprimée en France, ainsi
» qu'elle l'a été en Amérique.

» Telle a été la réponse, sans cesse répétée, non pas
» aux représentants de la Commune, que le gouverne-
» ment ne saurait admettre auprès de lui, mais à tous
» les hommes de bonne foi qui sont venus à Versailles
» s'informer des intentions du gouvernement. »

Ce langage satisfaisait peu ces officieux, qui, la plupart, entraînés par un sentiment irréfléchi, ne se rendaient pas compte de nos devoirs. Quelques-uns n'étaient
que des espions, qui espéraient surprendre près de nous
des indications utiles à leurs affidés. Je ne saurais dans
quelle catégorie ranger un personnage étrange, tristement célèbre par le rôle qu'il a joué à Londres, à

Wilhelmshœhe, au quartier général du roi de Prusse et au camp du maréchal Bazaine, M. Régnier. Il parut un matin chez M. Thiers, qui l'écouta avec sa bienveillance ordinaire ; averti de sa présence, le ministre de l'intérieur le fit arrêter, et je m'étonne qu'on n'ait pas saisi cette occasion pour instruire sur sa conduite, qui méritait au plus haut degré un minutieux éclaircissement judiciaire.

Nous devions être tout aussi défiants envers les révélateurs prétendus des défaillances de la Commune. Presque tous nous faisaient entendre que plusieurs de ses chefs seraient accessibles à de grosses sommes d'argent. Nous ne pouvions, à aucun point de vue, entrer dans une pareille voie, qui n'était, en réalité, qu'une tentative frauduleuse au profit de quelques aventuriers. D'ailleurs, dans ce groupe de factieux qui imposaient leur tyrannique autorité, on ne voyait pas se détacher une individualité dont le repentir ou l'avidité aurait pu être utilisé. C'était par des armes ostensibles et directes qu'il les fallait atteindre. Le bon sens et l'honnêteté nous commandaient de ne pas nous abaisser à de suspectes négociations.

Un jour, cependant, nous fûmes mis à une cruelle épreuve, et les sentiments qui nous agitèrent auraient été bien plus poignants encore, si nous avions deviné l'avenir. Le 6 avril, avait été rendu, par la Commune, le monstrueux décret des otages. En instituant un jury d'accusation chargé de statuer sur le sort des personnes prévenues de complicité avec le gouvernement de Versailles, la Commune ordonnait que toutes celles que le jury mettrait en accusation seraient retenues comme otages de la ville de Paris. L'article 5 ajoutait que l'exécution d'un prisonnier de guerre ou d'un partisan du gouvernement de la Commune serait sur-le-champ suivie de l'exécution d'un nombre triple des otages désignés par le sort.

Le même jour, l'archevêque de Paris, M. Darboy, M. Deguerry, curé de la Madeleine, et plusieurs autres ecclésiastiques étaient incarcérés. La semaine suivante, ils nous faisaient parvenir par un abbé, qui semblait remplir une mission officielle, une lettre par laquelle ils affirmaient qu'on leur rendrait la liberté si nous consentions à délivrer Blanqui, condamné à mort par la justice militaire, à la suite de la sédition du 22 janvier. Cette pénible réclamation pouvait difficilement devenir la base de pourparlers réguliers. Les vénérables et infortunées victimes qui nous la soumettaient n'avaient reçu aucune garantie qui pût sanctionner une transaction. Nous l'examinâmes néanmoins, et, ne voulant pas seuls assumer la responsabilité d'une réponse, nous prîmes l'avis de la commission parlementaire, qui avait été nommée pour nous assister comme une sorte de comité consultatif. Nos quinze collègues furent unanimes et reconnurent, comme nous l'avions fait nous-mêmes, que nous n'avions pas le droit de disposer d'un individu régulièrement frappé par la justice criminelle. Aucun de nous, à ce moment, ne croyait la vie des captifs sérieusement menacée. Nous écartions avec horreur l'idée d'abominables assassinats. Hélas! nous n'avions pas assez présumé de la perversité humaine. Mais, nous eût-elle été révélée dans sa hideuse vérité, nous n'aurions pu, sans déshonorer notre cause, signer avec la Commune un traité d'échange entre Blanqui et Monseigneur de Paris.

Nous ne devions, en effet, à aucun prix, abandonner

la ligne de conduite que nous nous étions tracée. Accepter des conditions quelconques de l'insurrection, c'eût été reconnaître son droit de belligérant, et, par là même, effacer celui de la souveraineté nationale représentée par l'Assemblée. Chaque jour on essayait de nous faire tomber dans ce piége, et le moindre incident qui paraissait nous y engager était habilement exploité contre nous. Ce fut ainsi que les journaux de la Commune interprétèrent le consentement donné par M. Thiers à un répit de vingt-quatre heures qui pût permettre aux malheureux habitants de Neuilly de sortir des caves où ils s'étaient réfugiés pour se préserver des obus. L'autorité allemande, si prompte au soupçon, en prit ombrage. M. de Fabrice témoigna ses alarmes à M. le colonel Delahaye en termes si vifs, que je dus immédiatement envoyer à ce dernier le télégramme suivant :

« *A M. Delahaye, à Soisy.*

» Paris, 24 avril 11 heures trois quarts du soir.

» Vous paraissez, dans la lettre que je reçois ce soir,
» concevoir quelques inquiétudes à propos d'un pré-
» tendu armistice qui aurait été conclu entre nous et les
» insurgés, et du silence de notre canon. Il n'y a eu
» aucun armistice, et M. Thiers l'affirme énergique-
» ment dans un télégramme dont je regrette l'éten-
» due, qui m'empêche de le transcrire ici en entier.
» J'ai consenti, dit-il, à une suspension d'hostilités de
» quelques heures, suspension purement de fait, pour
» faire sortir des caves de Neuilly les malheureux qui y
» sont enfermés. Je m'en suis expliqué de manière à ne
» laisser aucun doute. Au lieu d'un acte d'humanité auquel

» je me prête bien volontiers, on voudrait, par une ruse,
» se faire reconnaître la qualité de belligérant. Je ne
» l'accorderai jamais. » Vous pouvez donc être bien
» tranquille sur ce point et tranquilliser M. de Fabrice.
» Quant au silence du canon, j'espère que demain il ne
» vous préoccupera plus. Je ne sais comment vous ré-
» péter que nous agirons vigoureusement, et qu'il est
» insensé de nous prêter une connivence avec l'insur-
» rection. »

N'était-il pas, en effet, décourageant de réfuter sans cesse les mêmes objections, de se heurter aux mêmes défiances? On nous les opposait cependant avec une désespérante persévérance. J'ai parlé plus haut des retards apportés, par les fonctionnaires allemands, à compter les trente-sept millions que nous avions mis à leur disposition à Reims, Nancy et Rouen. Ma réponse aux reproches de M. de Fabrice peindra mieux que je ne le pourrais faire et la position intolérable qui nous était faite et notre constant effort pour calmer des préventions qui rendaient tout impossible :

« *A M. le général de Fabrice.*

» Versailles, 26 avril 1871, 4 h. 15.

» Je reçois la dépêche de M. le colonel Delahaye,
» relative au non-payement des sommes promises. Cet
» incident ne peut être que le résultat d'une erreur pas-
» sagère. J'en informe de suite M. le ministre des
» finances. J'avise aussi mes collègues de la marine et
» de la guerre. En ce qui concerne ce dernier, j'ai
» l'honneur de faire observer à Votre Excellence qu'elle

» réclame mille prisonniers environ, sans préciser à
» quel corps ils appartiennent, ni où ils sont retenus. Je
» n'en insiste pas moins pour que tous les prisonniers
» retenus soient relâchés. — J'ai écrit à Bruxelles que
» notre désir de faire une paix définitive était tel, que
» nous sommes prêts à signer comme un traité de paix
» la convention de préliminaires, sans y ajouter un mot,
» si ce n'est pour la délimitation de Belfort et la natio-
» nalité des habitants appartenant aux territoires cédés.
» Il y a plus de quinze jours que j'ai fait cette proposi-
» tion, et Votre Excellence sait que j'ai voulu la porter
» moi-même à Berlin. Mes intentions et celles du gou-
» vernement ne peuvent donc être un instant douteuses.
» J'en dirai autant de notre résolution d'en finir avec
» l'insurrection. Nous avons attaqué hier Issy, avec
» 48 bouches à feu. Nous avons continué toute la nuit,
» nous ne cessons pas le jour. Nous le réduirons. Nous
» prendrons Paris de vive force. Ainsi, nous prouvons
» notre bonne foi et notre vigueur. Maintenant, je
» réitère toutes les propositions faites en mon nom par
» M. Delahaye, je suis prêt à en aller causer demain
» avec Votre Excellence, si elle le juge nécessaire. Pour
» ma part, je le désire, convaincu que je ferai dispa-
» raître, par de très-simples explications, tous les em-
» barras qui semblent renaître comme à plaisir, lorsque
» je m'épuise en efforts de tous les instants pour les dé-
» truire. Je reçois à l'instant la copie de la dépêche du
» ministre des finances, qui, je l'espère, lèvera toute
» difficulté.

» Veuillez, etc. »

Je croyais que tout était fini, je me trompais : quelques heures après, je recevais une note dans laquelle on nous réclamait, non 37, mais 44 millions, et, comme toujours, on nous menaçait de réquisitions militaires et d'intervention : je reprenais la plume et je télégraphiais à M. Delahaye :

« 26 avril, 6 h. 35 du soir.

» Je reçois votre dernier télégramme ; je ne puis
» l'expliquer que par un dessein arrêté de tout rompre,
» dessein dont les précédentes communications n'étaient
» que l'avant-coureur. Il a été convenu entre M. de
» Fabrice, M. Pouyer-Quertier et moi, par compte
» exactement réglé, qu'on payerait aujourd'hui 37 mil-
» lions. Je ne sais quel incident a entravé ce payement,
» mais, comme M. Pouyer-Quertier me l'écrit, comme il
» l'a télégraphié à M. de Fabrice, il n'y a là qu'un mal-
» entendu, que nous pensons faire cesser aujourd'hui
» même. Mais voici qu'au lieu de 37 millions, on en ré-
» clame 44. Autant avouer qu'on cherche une querelle.
» Je ne suis point en mesure de la soutenir. Depuis
» le 22 janvier, j'ai prodigué les preuves de bon vouloir
» et de loyauté, je me suis épuisé à aplanir toutes les
» difficultés; quand je les crois étouffées, elles renaissent.
» Je suis à bout de forces.

» Maintenant je vous répète ce que j'ai tantôt télé-
» graphié à M. de Fabrice. L'action militaire ne s'arrê-
» tera plus : Issy est attaqué par une formidable artille-
» rie ; les généraux espèrent qu'il sera forcé de se rendre.
» Maîtres de cette position, nous ferons une brèche et
» nous entrerons.

» J'offre d'aller à Soisy, confirmer ce que j'écris.
» Seulement je ne veux maintenant y aller que lorsque

» les autres questions seront réglées, et qu'on ne viendra
» pas, sur mes talons, réclamer 7 millions de plus qu'il
» n'est dû. J'offre de convertir le traité préliminaire en
» traité définitif, et de faire disparaitre cette perpétuelle
» et irritante objection que nous ne voulons pas la paix.
» Si le général de Fabrice ne voit pas dans tout ceci les
» garanties les plus solides qu'on puisse imaginer, je
» n'ai plus rien à dire. Seulement, j'offre derechef
» d'aller demain à Soisy, si vous pensez ma présence
» utile. »

Le lendemain j'étais à Soisy ; tout s'expliquait, et le général de Fabrice m'aidait loyalement à conjurer l'orage. Mais à peine dissipé, il se reformait, et de nouveaux griefs m'obligeaient à recommencer les mêmes justifications. Ne pouvant plus continuer un tel état de choses, offensé d'entendre perpétuellement mettre en doute la sincérité du gouvernement dont j'étais l'interprète, je rédigeai un long *memorandum*, dans lequel nos droits et nos prétentions étaient soigneusement exposés, et que terminait une déclaration très-nette de la conduite que nous entendions suivre. Je demandai au prince de Bismarck de donner ou de refuser son adhésion à nos idées, très-déterminé, dans le dernier cas, à lui laisser la responsabilité de l'exécution de ses menaces, que nous ne pouvions plus souffrir. M. Thiers revit ce travail, y fit quelques légères modifications et l'approuva ; ce document se terminait ainsi :

« Résumant la situation tout entière, le soussigné
» établit les points suivants :
» Le gouvernement français, à peine institué, a signé

» la paix, quelque douloureuse qu'elle fût, et il ne l'a
» pas signée pour la rompre trois mois après.

» Il ne songe pas même à en modifier les conditions,
» quelque dures qu'elles soient, et il est prêt à convertir
» les préliminaires en traité définitif, moyennant un
» tracé précis des frontières, qui n'est que provisoire-
» ment et vaguement indiqué dans les préliminaires.

» Quant aux conditions de ces préliminaires, elles ont
» été exécutées, tant pour les prises que pour le paye-
» ment des sommes immédiatement exigibles.

» Quant au chiffre de l'armée devant Paris, il est tel
» qu'on l'avait approximativement fixé par une conven-
» tion ultérieure, car il est de 110,000 hommes, qui ne
» donnent pas 100,000 combattants. Il avait été dit,
» d'ailleurs, qu'on ne regarderait pas à quelques mille
» hommes de plus ou de moins. Et en nous refusant de
» laisser rentrer les prisonniers, on nous prive du moyen
» de réprimer les insurgés de Lyon, Marseille.....

» Sans doute le gouvernement allemand est libre de
» son action, et nous n'avons aucun moyen de le con-
» traindre à ne pas favoriser indirectement l'insurrec-
» tion, mais il ne pourra, dans aucun cas, nous accuser
» d'avoir violé les conditions de la paix ou d'avoir mé-
» nagé l'insurrection. Si ce double reproche était impu-
» table à l'une des deux parties contendantes, ce ne
» serait pas à nous. »

J'accompagnai l'envoi du *memorandum* d'une dépêche extrêmement vive, dans laquelle je conjurais
M. de Fabrice de faire connaître au prince de Bismarck
que nous étions à bout de patience. J'ajoutai que, fort
touché de la confiance personnelle qu'il voulait bien me

témoigner, je ne pouvais accepter l'exception que le prince paraissait faire envers mes collègues, exception qui n'était que le résultat d'une injuste prévention, et je sollicitai de lui une prompte réponse. Nos relations étaient trop tendues pour qu'une solution ne fût pas indispensable.

Le lendemain 30 avril, j'avais l'heureuse fortune de pouvoir lui annoncer deux bonnes nouvelles, de nature, je l'espérais au moins, à faire impression sur l'esprit du chancelier.

« *A M. le général de Fabrice*

» Paris, 30 avril 1871.

» J'ai l'honneur de transmettre à Votre Excellence le
» télégramme suivant, que je reçois de M. le général de
» Cissey : « Nos troupes vont de mieux en mieux. Si
» une sommation qui vient d'être faite à la garnison du
» fort (Issy) ne suffit pas, nous la réduirons par la force.
» Officiers et troupes sont dans l'enthousiasme. » Votre
» Excellence voit que je ne me suis pas trop engagé. Je
» lui ai promis, non de réussir, le succès n'appartient
» qu'à Dieu, mais de faire tout mon possible pour y
» parvenir. Nous avons pour nous notre bon droit et le
» dévouement de nos braves soldats; nous triomphe-
» rons, je l'espère, des résistances et des inerties. »

Même jour :

« J'ai l'honneur d'envoyer à Votre Excellence copie
» textuelle des deux bulletins annonçant la prise de la
» ferme de Bonamy et celle du parc et du cimetière
» d'Issy. Nos soldats s'avancent donc résolûment, et,

» quoi qu'il arrive, ils accompliront leur œuvre glo-
» rieuse, malgré les entraves imprévues qui peuvent leur
» être opposées. Leur résolution croît avec le danger, et
» l'on peut tout attendre d'eux. Hier, les délégués de la
» franc-maçonnerie sont venus nous demander une con-
» ciliation. Nous leur avons répondu qu'il n'y en avait
» qu'une : la soumission sans condition à l'autorité légi-
» time de l'Assemblée. Notre devoir est de joindre les
» actes aux paroles, et nous nous y efforçons. »

Mais au moment même où j'essayais de ramener le prince de Bismarck à des sentiments de modération et de confiance, il me faisait communiquer, par M. de Fabrice l'exorbitante réclamation qu'on va lire, et qui ne tendait à rien moins qu'à faire attribuer à la Prusse, en compensation de l'augmentation des charges que lui imposait la prolongation du séjour en France d'une partie de son armée, une valeur que plus tard elle a reconnu être de trois cent vingt-cinq millions de francs. Voici la dépêche :

« Soisy, 2 mai 1871.

» Monsieur le ministre,

» Votre Excellence a bien voulu, par sa note du
» 30 dernier, exprimer le désir d'avoir des explications
» relativement aux réclamations dont j'avais eu l'hon-
» neur de l'entretenir dans ma communication du
» 29 dernier.

» A ce sujet, le prince de Bismarck m'avait chargé de
» faire valoir qu'en principe les frais de la guerre, tels
» qu'ils sont fixés par les préliminaires, ne correspondent
» approximativement qu'avec les dépenses qu'on avait

» eues jusqu'à cette époque, ou que la situation, telle
» qu'elle se présentait jusqu'au commencement du mois
» de mars, laissait prévoir. Tout, à ce moment-là, fai-
» sait pressentir le prochain retour à l'état pacifique, la
» réduction des cadres et le licenciement des réserves.
» Les événements du 18 mars ont ajourné indéfiniment
» la réalisation de ces espérances. L'Allemagne, tant
» qu'elle n'a pas la garantie d'un état de choses solide,
» ne peut songer à désarmer. De là résultent des frais
» nouveaux considérables, mais qui ne pourront être
» évalués qu'après la fin de la phase imprévue qui en a
» été la cause. Pour fixer, dès à présent, la compensa-
» tion, il faudrait, à défaut du chiffre exact, qui dépend
» de la durée de l'état de choses actuel, s'arrêter à un
» équivalent de convention. Le gouvernement français
» pourrait, par exemple, prendre sur lui de dédommager
» la Compagnie du chemin de fer de l'Est, et acquitter
» par là tous les frais additionnels. Le prince de Bis-
» marck considère cette manière de compenser comme
» la moins désavantageuse pour le gouvernement fran-
» çais, parce qu'elle présente le double avantage d'une
» détermination immédiate et d'un chiffre qui, selon
» toute probabilité, resterait beaucoup en dessous du
» total de nos dépenses actuelles.

» Veuillez agréer, monsieur le ministre, les assu-
» rances de mes sentiments de haute considération.

» DE FABRICE. »

Il fallait en finir. Une dernière dépêche, plus menaçante que toutes les autres, m'était parvenue. M. de
Fabrice eut la bonté de comprendre mon irritation, et
de la calmer par l'expression des sentiments les plus

sympathiques. En même temps, il me fit observer que si je voulais éviter un conflit, il était nécessaire de faire des concessions au prince, et de lui promettre quelques nouvelles garanties. La position était horrible. Cependant je ne pouvais me dissimuler que la prolongation de notre lutte contre la Commune, l'opinion qu'on se faisait généralement, en Allemagne, des difficultés, beaucoup disaient de l'impossibilité de notre succès, nous commandaient des sacrifices, et qu'il était plus sage de les accepter que d'amener une rupture, qui nécessairement devait tout perdre. Sans m'inquiéter des embarras que nous susciterait infailliblement une si périlleuse résolution, ne consultant que mon devoir et me résignant à ce qui me paraissait inévitable, j'autorisai M. de Fabrice à télégraphier à Berlin que je ne repoussais pas un entretien avec M. de Bismarck sur les bases indiquées. Seulement, je déclarai ne plus vouloir aller à Berlin; je demandai que M. de Bismarck fît la moitié du chemin. Je rentrai à Versailles dans une agitation facile à concevoir.

M. Thiers voulut bien me donner sa complète approbation. Deux jours s'écoulèrent sans réponse. Dans la nuit du deuxième, on me remit un télégramme de M. de Bismarck, me proposant une entrevue à Francfort-sur-le-Mein ou à Mayence. M. Thiers était endormi : je le réveillai pour lui communiquer cette nouvelle. Je répondis sur-le-champ au prince que j'étais prêt à partir le lendemain. Quelques heures après, je recevais de lui le télégramme suivant :

« Pour des affaires qu'il ne m'est plus permis d'ajour-
» ner, je vous prie de bien vouloir différer d'un jour

» votre départ. J'arriverai à Francfort vendredi ou
» samedi, de bonne heure, et y serai à votre disposition
» samedi, le 6.

» *Signé :* DE BISMARCK. »

Le jeudi 4 mai, je quittai Versailles pour prendre, à Pantin, le convoi qui devait me conduire à Francfort.

CHAPITRE VI.

NÉGOCIATIONS DE FRANCFORT.
SIGNATURE DU TRAITÉ DE PAIX DU 10 MAI 1871.
SA RATIFICATION PAR L'ASSEMBLÉE.
NOUVELLE ENTREVUE A FRANCFORT.
PRISE DE PARIS PAR LES TROUPES RÉPUBLICAINES.
SITUATION GÉNÉRALE DE LA FRANCE.

Extrême gravité de l'incident soulevé par l'Allemagne. — Ce que la Commune nous avait fait perdre. — Projet de protestation au moment de la signature du procole de la conférence de Londres. — Il n'y est point donné suite. — Dispositions favorables des cabinets neutres. — L'insurrection de Paris nous les aliène. — La Prusse a-t-elle été complice de cette insurrection? — Elle consent à l'augmentation de notre armée. — Elle nous menace sans cesse d'intervention. — Véritable attitude de la Prusse. — Ses procédés, en exaspérant la population de Paris, ont contribué à produire les excès de la Commune. — Le cabinet allemand demande un supplément de garantie. — M. Pouyer-Quertier. — Gravité de la situation. — Départ du ministre des affaires étrangères et du ministre des finances pour Francfort. — Entrevue avec M. de Bismarck. — Le chancelier exige un supplément de garanties. — Ultimatum remis par lui. — Discussion de l'ultimatum. — M. de Bismarck renonce à la prétention de remettre aux Prussiens la garde des portes de Paris. — Question de la délimitation de Belfort. — Propositions d'échange de quelques kilomètres sur la frontière du Luxembourg contre la vallée de Giromagny et ses dépendances. — Relations commerciales. — Signature du traité définitif. — Approbation de M. Thiers. — Négociation relative à la cession des chemins de fer. — Visite aux prisonniers. — Retour des plénipotentiaires, à Versailles. — Dernières violences de la Commune. — Proclamation du gouvernement aux habitants de Paris. — Explications de M. Thiers à l'Assemblée. — Démolition de la maison de M. Thiers. — Préparatifs d'attaques. — Le ministre des affaires étrangères présente le traité à l'Assemblée. — Commission pour l'examen du traité. — Rapport de M. de Meaux concluant à l'adoption du projet de ratification. — M. l'amiral Fourrichon. — M. le général Chanzy. — M. Peltreau-Villeneuve. — M. Depeyre. — M. Victor Lefranc. — M. le général Chareton. — M. Thiers. — Opinion de M. le colonel Denfert. — L'Assemblée vote la ratification du traité. — Impatience de la Prusse. — Succès continus de l'armée contre l'insurrection. — Prise du fort de Vanves. — Propositions relatives à la reconstruction de la maison de M. Thiers. — Sanglant despotisme de la Commune.— Deuxième entrevue de Francfort. M. de Bismarck. — Échange des ratifications. — Opinion de M. de Bismarck sur la Commune. — Télégramme de M. Thiers. — Une dépêche de M. Thiers annonce l'entrée des troupes dans Paris. — Incident du 16 juin 1871. — Dépêche menaçante de M. de Bismarck. — Prise de Paris par l'armée républicaine. — Dévouement de Ducatel. Incendie des principaux monuments. — Le Louvre est préservé. — Sages exhortations de M. Thiers. — Sa circulaire aux préfets. — Massacre des otages. — Chaudey. — Férocité de Raoul Rigault. — L'archevêque de Paris et ses compagnons d'infortune. — Résistances des derniers otages. — Leur délivrance. — Réflexions sur les causes de l'insurrection. — Division des classes. — Abus de l'autorité. — Responsabilité de la nation entière. — Le remède est dans l'effort commun de la science et de la liberté. — Résistance de M. Thiers et de l'Assemblée aux propositions de transportation en masse des insurgés. — Le gouvernement ne propose pas de loi d'exil contre les Bonaparte. — Il ne croit pas non plus pouvoir demander le retour de l'Assemblée à Paris. — Ni la présidence de M. Thiers pour cinq années. — M. Thiers ne songe qu'à réorganiser et à délivrer la France. — Dureté de la Prusse. — Succès de l'emprunt de deux milliards. — Discours de M. Pouyer-Quertier. — Revue du 29 juin. — Allocution de M. le président Grévy.— Représentations de la Prusse.—L'internationale.

De toutes les crises que j'avais traversées depuis la déclaration de guerre, celle que j'allais aborder m'apparaissait comme l'une des plus redoutables, et pour l'affronter résolûment, je n'avais pas trop du courage que donnent la nécessité et le sentiment du devoir. Je ne pouvais en prévoir ni les incidents, ni la solution, et les conjectures les plus vraisemblables devaient me faire craindre une rupture avec le chancelier, c'est-à-dire la reprise des hostilités. Telle me semblait être la signification forcée des duretés calculées, des défiances systématiques, des exigences offensantes qui avaient fini par rendre les relations entre les deux gouvernements à peu près impossibles. J'étais fort excusable d'y voir la preuve d'un parti pris, quand je savais l'irritation qu'avaient fait naître dans le cœur de beaucoup de généraux et d'officiers prussiens l'interdiction de l'entrée dans Paris pendant l'armistice et la brusque retraite des régiments allemands, à peine admis à déboucler leurs sacs sur l'avenue des Champs-Élysées. Par des raisons toutes différentes, M. de Bismarck partageait ces appréhensions. Lorsque nous fûmes tombés d'accord, il m'avoua être parti de Berlin convaincu de l'impossibilité d'une conciliation. Combien nous étions loin des jours, cependant si douloureux, du traité de préliminaires, et à quel affaiblissement funeste nous condamnaient les cruelles dissensions civiles que nous avions été impuissants à prévenir, qu'on nous accusait d'être impuissants à réprimer! Lorsqu'au 26 février, les conditions que nous imposait notre implacable vainqueur furent connues, elles déterminèrent en notre faveur une véritable réaction dans l'opinion de l'Europe et dans les dispositions des puissances neutres. Il était permis, sans trop de présomption, d'espérer que nous y trouverions un appui lors des négociations définitives. J'y avais compté, et je ne voulais négliger aucune occasion de profiter de ces chances, si faibles qu'elles fussent. Notre abnégation, au moment de la signature des protocoles de la conférence de Londres, avait été généralement fort bien interprétée : le mérite en revient à M. Thiers. J'étais peut-être trop enclin à me laisser entraîner par la violence de la douleur qui m'avait déchiré lorsqu'il avait fallu mettre mon nom au bas de l'acte stipulant la cession de nos droits sur nos provinces. Tout en reconnaissant que nous subissions une œuvre de force, j'aurais voulu réserver le droit sacré de nos concitoyens. La certitude d'un refus absolu, et même d'une provocation hautaine, me fit renoncer à mon dessein. Il me semblait plus acceptable après la consommation de notre sacrifice. La Prusse n'avait plus rien à craindre d'une protestation faite au nom d'un principe indéniable; et c'était pour nous une satisfaction morale en même temps qu'un honneur de le rappeler. Je rédigeai un projet de note, dont j'aurais demandé l'insertion dans le protocole d'ouverture; il y était dit :

« En signant les préliminaires qui serviront de base à
» la conclusion de la paix définitive, la France a subi la
» loi des événements contre laquelle elle a résisté tant
» qu'elle a cru la lutte possible. Aujourd'hui elle veut
» exécuter complétement ses engagements; elle se borne
» à demander que cette exécution, si rigoureuse pour
» elle, lui soit rendue possible par une interprétation
» équitable. Elle estime, en même temps, qu'il y a de sa
» part une obligation de conscience à préciser nettement
» la nature et l'étendue des sacrifices qui lui sont imposés.

» Ainsi, en ce qui concerne les habitants des dépar-
» tements sur lesquels elle a renoncé à son droit de
» souveraineté, elle n'a pu disposer des volontés qui
» conservent leur indépendance morale et civile, et qui,
» suivant les règles du droit naturel, ne peuvent être ni
» aliénées ni opprimées.

» La France a le devoir de faire, au cours des pré-
» sentes négociations, respecter ce principe toutes les
» fois qu'il pourra se concilier avec les exigences de la
» situation actuelle et les conditions déjà arrêtées par
» les préliminaires.

» Elle s'y croit d'autant plus fondée que l'Allemagne
» a constamment affirmé, par ses hommes d'État et
» dans ses assemblées, qu'elle voulait seulement se ga-
» rantir contre les attaques extérieures. Elle adoptera
» donc les combinaisons qui satisferont ce désir sans
» blesser les droits ci-dessus rappelés….. »

M. Thiers n'approuva ni le fond ni la forme de ce document. Répondant à mes scrupules, il me fit observer que nulle personne sensée ne nous reprocherait d'avoir aliéné le droit imprescriptible des Alsaciens-Lorrains. La guerre nous avait expulsés du territoire qu'ils habitent ; ne pouvant le reprendre, nous nous étions bornés à céder ce que nous n'avions plus, et cela, pour sauver le reste de la France. Protester au nom d'un principe que nous n'avions plus le pouvoir de faire respecter n'était conforme ni au sérieux ni à la dignité que nous commandait l'excès de notre malheur. Je me rendis à ces raisons. D'ailleurs, notre ambassadeur à Londres, M. de Broglie, était de l'avis du président du conseil ; et pressenti discrètement sur nos intentions éventuelles, lord Granville avait indiqué, avec une certaine fermeté, sa résolution de proposer nettement à la conférence de ne pas souffrir une déviation dans l'ordre de ses travaux. Il avait ajouté que notre condescendance à cet égard produirait un excellent effet, et qu'après avoir obtenu nos bons offices, les cabinets neutres auraient plus de peine à nous marchander les leurs.

Cette impression fut celle de la Russie. Le prince de Gortshakoff ne cacha pas sa satisfaction de l'autorisation que le gouvernement de la République avait donnée au duc de Broglie de signer les protocoles de la conférence

de Londres; cette question épineuse, disait-il, étant réglée, on aurait plus de facilités à nous offrir un concours que jusque-là on avait dû réserver. Notre chargé d'affaires nous signalait, comme ayant une particulière importance, un article publié par le *Journal de Saint-Pétersbourg*, dont le caractère semi-officiel n'était pas un mystère, dans lequel on rendait hommage à l'esprit de conciliation qui avait inspiré les négociateurs. L'article renfermait la phrase suivante, dont l'allusion était suffisamment transparente : « La limitation des droits de
» souveraineté de la Russie dans la mer Noire était un
» monument de la faiblesse humaine qui ne sait pas
» s'arrêter dans le succès, et qui, perpétuant dans la
» paix les passions de la guerre, en dépose de nouveaux
» germes, même dans les traités destinés à y mettre
» fin. »

Très-imbus des mêmes idées, les ministres anglais nous laissaient entendre qu'au moment de la rédaction du traité définitif, une action collective était possible et même désirable. Des assurances identiques nous parvenaient de Florence, de Vienne, de Madrid. Il n'y avait donc rien d'excessif à supposer que l'Europe sortirait enfin de son inertie et se préoccuperait des intérêts généraux, si gravement compromis par les victoires de la Prusse. Depuis le 4 septembre, nous n'avions cessé de l'y convier, en essayant de réveiller en elle le sentiment de solidarité qui est la meilleure garantie de sa prospérité. Nos échecs ne nous avaient pas découragés, et, pour ma part, je demeurais toujours convaincu de la possibilité, et surtout de l'efficacité de son intervention. La crainte qu'en témoignait le chancelier en était une preuve irrécusable, et j'avais pu en juger par la vivacité de ses interpellations, quand, au cours de nos conférences du mois de février, il reçut communication de la note envoyée par lord Granville à lord Loftus. Saisir l'opinion publique des questions à résoudre, et, par sa pression, déterminer l'action des cabinets neutres, me semblait la seule voie à suivre, et je ne désespérais pas de m'y engager avec profit. La fatale insurrection de Paris renversait tous ces plans. Elle éloignait ceux qui osaient commencer à nous soutenir, elle fortifiait les haines déchaînées contre nous, elle fournissait de plausibles prétextes aux calomnies les plus grossières. Au lieu de prévenir les exigences de la Prusse par la stricte exécution de nos engagements, nous en étions réduits à réclamer d'elle des tempéraments qui nous permissent de combattre et de vaincre la sédition. C'est ainsi que nous devions lui demander la modification de la clause du traité du 26 février, qui limitait à 40,000 hommes l'effectif dont nous pouvions disposer, au nord de la Loire, jusqu'à la signature des conventions définitives. J'ai dit, plus haut, comment elle s'était départie de la rigueur du texte, en nous accordant le retour de nos prisonniers et une armée d'un peu plus de 100,000 hommes. En agissant ainsi, elle ne prenait conseil que de son intérêt, mais elle repoussait à l'avance, par une démonstration péremptoire, l'imputation de complicité avec la Commune, accueillie plus tard trop légèrement par quelques esprits prévenus, se décidant plus sur les apparences que par l'étude attentive des faits.

Sans doute, il est, au premier aspect, fort naturel de chercher la main de l'ennemi dans une insurrection qu'il a toujours prophétisée, et qui achève la ruine de son adversaire. La vraisemblance de sa participation se for-

tifie par la manifestation des sentiments que lui inspire
la lutte intestine engagée sous ses yeux. Ainsi, il est
certain que, dans les différents postes qu'ils occupaient
autour de Paris assiégé par nos troupes, plusieurs officiers prussiens ont laissé éclater la joie que leur causaient
nos désastres; beaucoup en ont conclu qu'ils y avaient
coopéré ; mais ces probabilités, ces indices ne suffisent
pas à établir une accusation aussi grave, et l'historien doit
demander des éléments de conviction plus sérieux. Il ne
peut repousser aucun de ceux qui le conduisent à la démonstration de la vérité, même alors que cette vérité
contrarie des préjugés respectables ou détruit une ver-
sion qui flatte les susceptibilités nationales. Pour moi, je
n'hésite point à affirmer que le gouvernement allemand
n'a ni préparé ni provoqué l'insurrection de la Commune :
loin de là, il en a vivement désiré la prompte répression ;
il a modifié et interprété la convention diplomatique de
manière à nous permettre de la dompter. Qu'aurions-nous
pu faire s'il nous avait contraints à exécuter rigoureusement la clause de la convention qui nous interdisait
d'avoir plus de 40,000 hommes au nord de la Loire?
Où pouvions-nous trouver des forces militaires prêtes
à entrer en ligne, si ce n'est dans les camps retranchés
où nos prisonniers auraient pu être retenus? Notre salut
était au prix de ces concessions : il est vrai qu'elles nous
ont été disputées pied à pied, et qu'il a fallu, pour les
obtenir, d'incessants et pénibles efforts. En définitive,
elles nous ont été faites ; les rangs des armées qui nous
enveloppaient se sont ouverts devant nos soldats accou-
rant à la défense de la patrie. Les généraux prussiens
nous ont, à plusieurs reprises, pressés d'accepter un
investissement qui aurait réduit la sédition par la fa-

mine. Nous ne pouvions y consentir, pas plus qu'à laisser bombarder la partie des remparts que les rebelles avaient armés, au mépris de la convention d'armistice. J'avais réclamé de M. de Fabrice l'exécution stricte de cette convention : celui-ci m'avait répondu qu'il était prêt à envoyer une sommation en ce sens, en me faisant observer toutefois, qu'en cas de refus, il ouvrirait le feu. Je le priai de tout ajourner, voulant, avant toute chose, éviter l'intervention prussienne. Il en fut de même du passage de nos troupes sur le territoire de Saint-Denis et d'Argenteuil, occupé par l'ennemi. Il nous aurait permis de pénétrer dans l'intérieur de Paris par un point sur lequel nous n'étions pas attendus et qui n'était pas gardé. L'entreprise pouvait avoir ses hasards et surtout ses inconvénients politiques ; la majorité du conseil des ministres estima qu'elle devait être réservée. Cette décision causa un vif mécontentement à M. de Bismarck, qui avait eu beaucoup de peine à vaincre la résistance de son comité de la guerre ; il nous reprocha avec une extrême dureté de ne pas profiter des avantages qu'il nous concédait, de vouloir, par là, éterniser les opérations du siège. Or, je l'ai dit plus haut, leur prolongation faisait subir au gouvernement allemand un incontestable dommage. On ne cessait de nous le rappeler comme le motif légitime des impatiences du chancelier et de sa résolution fermement arrêtée de nous imposer le concours armé, dont, jusqu'ici, nous étions parvenus à conjurer l'humiliation.

Cependant la mesure paraissait comble, et les dernières dépêches laissaient peu de place à l'espérance d'une transaction. M. de Fabrice lui-même subissait l'influence de ces intimations. Ses conversations avec le

colonel Delahaye étaient l'écho des menaces venues de Berlin. « L'état de choses actuel ne peut se continuer,
» disait-il; l'Allemagne souffre trop de maintenir une
» armée aussi nombreuse hors de son territoire; tous ses
» intérêts sont compromis. Lorsque M. Jules Favre et le
» général de Valdan sont venus me trouver à Rouen,
» l'insurrection ne devait vivre que huit jours. Ils pré-
» tendaient même que la possession des forts ne vous
» importait en aucune façon, qu'ils étaient désarmés et
» démantelés, que les insurgés ne pourraient s'y établir,
» et cependant vous n'avez pas encore le fort d'Issy.
» Plus tard, lorsque M. Jules Favre est venu à Soisy.
» vous comptiez sur des intelligences dans la place et
» sur une surprise : vos espérances ont encore été dé-
» çues; maintenant, vous commencez un nouveau siége
» de Sébastopol. Vous serez certainement vainqueurs,
» mais combien de temps cela durera-t-il? Les intérêts
» allemands ne peuvent plus longtemps rester en souf-
» france. Il va falloir que vous vous décidiez à accepter
» notre concours, ou, si vous le refusez, à rentrer dans
» les termes des préliminaires, c'est-à-dire à vous retirer
» sur les bords de la Loire et à nous laisser agir seuls.
» Je pense que tout cela va être réglé à Francfort, ou
» tout au moins que le terrain y sera déblayé; il faut
» qu'une grande partie de notre armée rentre en Alle-
» magne, elle ne pourra le faire que lorsque la révolu-
» tion sera domptée et désarmée. »

Et comme le colonel Delahaye lui répondait que l'armée, qui versait son sang pour vaincre la sédition, ne consentirait jamais à abandonner honteusement son poste de combat pour se cantonner derrière la Loire, qu'il faudrait l'y contraindre par la force, c'est-à-dire recommencer la guerre contre la France, le général ajoutait :

« Je ne saurais comprendre vos scrupules. Nous
» sommes dans un péril commun, pourquoi ne pas nous
» réunir? Ce ne serait pas pour vous aider que nous
» attaquerions Paris, ce serait pour notre propre cause,
» pour le succès de notre politique. D'ailleurs, toute la
» province battrait des mains à notre entrée en scène,
» et si votre armée en était blessée, il faudrait en prendre
» son parti. Les armées ne doivent ni raisonner ni réflé-
» chir. Ainsi avons-nous fait après Sadowa, et nous ne
» nous en sommes pas trop mal trouvés. »

§

Ces entretiens, dont je me borne à transcrire la substance, étaient en tous points conformes aux instructions de M. de Bismarck. Ils résument ses idées et ses actes, et démontrent que, loin d'encourager l'insurrection, la Prusse, dont elle contrariait les desseins et compromettait les intérêts, a constamment voulu employer la force contre elle ; qu'elle ne s'est arrêtée que devant nos pressantes sollicitations et nos promesses réitérées d'accomplir seuls l'œuvre douloureuse pour laquelle elle ne cessait de nous proposer son aide effectif. On a dit, je le sais, qu'il y avait eu là, de sa part, une machiavélique habileté : qu'après avoir allumé la sédition, elle l'avait hautement désavouée, dans le double but d'échapper à la réprobation de l'Europe et de nous forcer à accepter la honte de son appui. Mais cette dernière explication me semble inadmissible, puisque, maîtresse absolue de la situation, elle a consenti à ne point intervenir, et nous a laissé la responsabilité de notre effort, ainsi que les avantages de notre victoire.

Cette conclusion me paraît nettement se dégager des faits, impartialement étudiés. Le désir d'être juste et vrai envers tous, même envers un ennemi, me faisait un devoir de la présenter telle qu'elle s'impose à mon esprit : elle n'a, d'ailleurs, rien qui puisse choquer notre patriotisme. En reconnaissant les fautes, les erreurs, les fatalités qui ont rendu possible l'insurrection de la Commune, en flétrissant les crimes qui ont souillé son règne néfaste, on peut dire que le fardeau de notre malheur serait aggravé si, au lieu d'être l'explosion spontanée des colères, des souffrances, des passions de la grande cité, la sédition qui nous a mis à deux doigts de notre perte eût été le fruit odieux d'une conspiration ourdie entre l'étranger victorieux et quelques-uns de nos concitoyens égarés. Nous n'avons donc rien à perdre à ce que l'opinion publique soit éclairée sur cet incident. D'ailleurs, s'il est avéré que la Prusse n'a pas été l'auxiliaire directe des rebelles, n'est-il pas incontestable que, par l'abus inique qu'elle a fait de sa victoire, elle peut être considérée comme l'une des causes les plus certaines de leurs excès ? Les conditions exorbitantes de la paix, le stérile outrage d'un semblant de prise de possession infligé à une ville qui venait de s'illustrer par une héroïque défense, ne devaient-ils pas allumer dans les âmes une soif de vengeance aveugle, une fureur insensée de représailles, une sorte de délire poussant la multitude aux violences et aux désordres? Les forfaits qui ont, avec raison, épouvanté le monde, n'ont-ils pas été inspirés par les procédés que l'armée allemande a inaugurés, au mépris de toutes les lois jusqu'ici respectées dans les guerres des peuples civilisés ? N'est-ce pas elle, en effet, qui, la première, a pratiqué la monstrueuse théorie des otages, n'est-ce pas elle qui a inventé l'usage du pétrole et l'art d'incendier des villes entières pour satisfaire un mouvement de haine, ou simplement pour charmer ses loisirs ? Les ruines de Saint-Cloud sont encore la vivante preuve de ces actes sauvages. On y conserve, à l'hôtel de ville, un volet extérieur sur lequel un major allemand a fait tracer à la craie cette inscription significative : « *Dieses Haus ist bis auf weiteres zu schonen...* Cette » maison est à épargner jusqu'à nouvel ordre. » J'ai rapporté plus haut des proclamations de chefs de corps, menaçant de paisibles habitants de mettre le feu à leurs demeures s'ils ne payaient pas, dans un délai de quelques heures, des tributs exorbitants. Plusieurs fois, pendant le cours de la guerre, des officiers ont ordonné à leurs soldats d'entourer de paille imbibée d'huiles essentielles, et de réduire ainsi en cendres des fermes et des chaumières appartenant à des paysans qui avaient osé résister aux envahisseurs de la patrie. Ces actes de froide barbarie ont porté leurs fruits : le succès de ceux qui y ont eu recours en a fait un exemple et un encouragement. Les insurgés de la Commune n'ont été que des imitateurs. On ne peut pas dire que la Prusse ait mis dans leurs mains les torches qu'elle venait de promener sur nos villages détruits, mais en voyant, du haut de leurs retranchements, la sinistre lueur des flammes qui dévoraient Paris, plusieurs de ses généraux ont pu croire que, maîtres de la cité, leurs soldats lui infligeaient le traitement dont ils avaient ailleurs tiré un si utile parti.

§

Nous étions loin de prévoir ces crimes au moment où allaient s'ouvrir les négociations de Francfort, et nous ne songions qu'à préserver la capitale et la France, même au prix des plus grands sacrifices, des éventualités terribles qu'entraînait nécessairement avec elle l'ingérence armée de la Prusse dans la répression de la sédition. Aussi m'étais-je résigné à subir, dans une certaine mesure, les exigences de M. de Bismarck. J'avais cédé aux instances de M. de Fabrice, me demandant l'autorisation d'annoncer une entente possible sur un supplément de garanties à donner au gouvernement allemand. Mais quelles devaient être ces garanties? Le général n'avait pu même me le faire pressentir. J'étais donc, sur ce point, dans une ignorance poignante. Très-déterminé à ne pas laisser rouvrir le feu contre Paris, je ne pouvais cependant me rendre à discrétion. M. Thiers avait bien voulu m'accorder les pleins pouvoirs les plus étendus pour la négociation, sauf à lui en référer pour la conclusion. J'étais profondément touché de sa confiance; j'en étais encore plus effrayé : je désirais n'en pas porter seul le poids. Je me rappelais trop bien les cruelles conséquences de l'isolement dans lequel on m'avait laissé lors de la discussion de l'armistice. Je demandai à être assisté de mon collègue, M. de Goulard, et de M. de Clerc, ministre plénipotentiaire, l'un et l'autre déjà chargés, avec M. Baude, de la négociation du traité définitif de paix, qui se poursuivait à Bruxelles. M. de Bismarck s'était amèrement plaint de leurs lenteurs, qu'il prétendait être calculées. Ce reproche était absolument injuste, et s'il avait pu atteindre quelqu'un, c'eût été uniquement le représentant de la Prusse, M. de Balan, qui ne cessait de nous susciter des difficultés de détail, et se refusait, sous mille spécieux prétextes, à ouvrir un protocole. J'étais sûr de rencontrer, dans nos deux honorables agents, toutes les ressources nécessaires à la complète explication des points litigieux, toutes les lumières de l'expérience, tout l'appui d'un dévouement consciencieux. Je voulais plus encore : il me fallait l'autorité d'une haute situation officielle, et surtout la hardiesse du coup d'œil et l'esprit de décision indispensables dans des conjonctures aussi critiques, et en face d'un contradicteur tel que le prince de Bismarck.

Nul, dans le cabinet, ne possédait à un degré aussi éminent que M. Pouyer-Quertier ces qualités essentielles. Il les avait montrées dans la direction du département des finances, où il avait eu à combattre, où il avait surmonté des obstacles de nature à décourager l'homme d'État le plus hardi. Son esprit souple et fin, heureusement dissimulé par l'impétueuse vivacité d'une belle humeur constante et d'une inaltérable bonhomie, son habileté consommée en affaires, son merveilleux aplomb, en faisaient un négociateur de premier ordre, surtout dans un débat où il fallait enlever plus que discuter. Il avait déjà réglé avec les généraux et les intendants prussiens plusieurs points importants, et, dans la préparation des conventions qui les avaient tranchés, il avait été à la fois ferme et conciliant, facile sur la forme, vigilant et tenace sur le fond des choses dans lesquelles l'intérêt de la France était engagé. Je ne pouvais souhaiter un meilleur auxiliaire ; il accepta sans hésiter la pénible mission de partager le poids de mes soucis et de ma responsabilité. Je ne saurais assez dire combien son assistance nous a été précieuse. Il a droit à toute la reconnaissance du pays; je serais ingrat si je lui-marchandais la mienne.

En quittant Versailles, je ne lui avais point caché mes inquiétudes, et, sans lui communiquer tous les détails des entretiens de M. de Fabrice, je lui avais laissé voir que nous touchions à une de ces heures critiques où la moindre fausse mesure pouvait entraîner d'incalculables désastres. Il comprenait comme moi qu'il eût été insensé, et presque criminel, de se raidir contre la fatalité des événements, que le véritable patriotisme nous commandait de mettre de côté toutes les susceptibilités de l'amour-propre national, pour empêcher le renouvellement de la guerre, et conserver l'indépendance de notre action.

Le chancelier avait fixé le rendez-vous à Francfort, au samedi 6 mai. Nous ne voulions faire aucun mystère de cette entrevue avec lui : cependant la prudence nous défendait d'annoncer à l'avance notre départ. Un incident faillit, au dernier moment, tout compromettre. J'avais demandé à M. de Franqueville, directeur général des chemins de fer, de nous préparer un train direct. Craignant d'éveiller l'attention publique et de nous exposer à quelque accident, il nous conseilla de prendre le train ordinaire, qui s'éloignait de Paris à sept heures du soir. Ce train s'arrêtait quelques minutes à Pantin. M. de Franqueville m'engagea fortement à ne pas y monter à cette station, qui n'est qu'à une distance de trois cents mètres du rempart. Il me fit observer que nous courrions le danger d'y être enlevés par les insurgés. Nous ne tînmes pas compte de cette observation, et le jeudi 4 mai nous nous dirigeâmes vers Pantin, chacun dans une voiture séparée. J'étais accompagné de M. de Fénelon, sous-chef de mon cabinet, et de mon fidèle Lutz, dont j'avais pu, dans mon voyage de Ferrières, apprécier l'intelligence et le dévouement. M. Pouyer-Quertier avait près de lui notre honorable collègue, M. de Bastard. Nous n'avions pas déterminé notre itinéraire. M. Pouyer-Quertier, ayant changé de chevaux près de Nanterre, je le dépassai; je franchis le pont d'Argenteuil, il continua par la rive droite, sans trop se soucier des projectiles qui pouvaient l'atteindre; je cheminai sur la rive gauche et j'arrivai à Saint-Denis seul, et déjà sur le tard. La veille, j'avais refusé une escorte, que M. de Fabrice m'avait proposée : il me paraissait trop dur de voyager sous la protection des uhlans. Nous fîmes quelques minutes halte à la grande place qu'on nomme la Patte d'Oie, et Lutz descendit pour demander la route de Pantin, qu'aucun de nous ne connaissait. Aussitôt un homme, très-proprement vêtu, s'approcha de ma voiture, dont la glace était baissée, et, d'un ton fort insolent, me somma de lui exhiber mes papiers. — Ce serait à moi, lui dis-je, d'exiger les vôtres. Je devine ce que vous êtes, et d'un mot je pourrais vous faire arrêter; retirez-vous. Sans être intimidé, il répliqua avec un geste menaçant : — Tu, es le citoyen Jules Favre, tu vas à Pantin; on va t'y faire ton affaire! Et il disparut. En effet, il y avait à la gare un rassemblement tumultueux : les soldats du poste se montrèrent et le continrent. Le train qui devait nous emmener m'attendait depuis quelques minutes. M. Pouyer-Quertier était en proie à une inquiétude bien naturelle. Qui nous avait trahis? Qui avait organisé cette manifestation? Comment ses auteurs avaient-ils eu la maladresse de me prévenir par une audacieuse bravade? Pourquoi les journaux de la Commune n'ont-ils pas cherché dans ces faits un prétexte de calomnies contre moi? Je ne l'ai jamais su. Mais j'avoue avoir été, pendant une demi-heure, cruellement tourmenté à la pensée qu'un hardi coup de main pouvait faire avorter la mission dont j'étais chargé, et fournir à M. de Bismarck une nouvelle occasion de donner un libre cours à son irritation, déjà si difficile à maîtriser.

§

Notre voyage ne pouvait être que triste. Le souvenir de Metz et de Strasbourg nous oppressait sur cette voie de fer mutilée par l'épée victorieuse de la Prusse. A Dieuze, nous étions sur le sol étranger. Nous suivîmes la vallée de la Sarre, puis celle de la Nahr. Le lendemain, vers quatre heures du soir, nous entrions dans la gare de Mayence, où nos cœurs se brisaient en voyant les trophées et le feuillage dont elle était encore ornée. Deux heures après, nous étions à Francfort. Nous y descendîmes au milieu d'une foule nombreuse, dont l'attitude nous parut respectueuse, et même sympathique. Nous étions à peine installés à l'hôtel de Russie, que nous recevions la visite d'un secrétaire du chancelier, nous annonçant que ce dernier n'arriverait que dans la nuit, et que le lendemain à midi il se présenterait chez moi; je lui fis répondre que je tenais à le prévenir, et, en effet, le samedi 6 mai, à l'heure indiquée, accompagné de M. Pouyer-Quertier, j'entrais dans le salon du prince de Bismarck, qui était descendu à l'hôtel du Cygne.

Il me parut affecter de nous accueillir avec une certaine froideur; de notre côté, nous n'avions aucune peine à être plus que réservés. Je lui exposai en quelques mots les motifs qui m'avaient fait désirer une entrevue :
« Fort de mes intentions et de celles de mon gouverne-
» ment, ne doutant pas que le cabinet allemand et
» l'homme d'État qui en était l'âme et le chef ne vou-
» lussent sincèrement conclure avec nous une paix défi-
» nitive, et nous permettre d'agir dans notre entière
» indépendance, pour en finir avec l'insurrection de
» Paris, — je venais provoquer de loyales explications,
» dissiper des malentendus, et rétablir entre la France
» et l'Allemagne la communauté de vues sans laquelle
» les négociations ultérieures étaient impossibles. Cette
» communauté de vues, que j'avais cru exister depuis
» l'armistice, et surtout depuis le traité de préliminaires
» entre le chancelier et moi, était évidemment troublée
» par des appréciations erronées. Il me semblait aussi
» facile que désirable de rendre aux faits leur caractère
» véritable, et d'aboutir ainsi à une entente : au sur-
» plus, il importait aux deux puissances de préciser net-
» tement leur volonté; tout, même une rupture, étant
» préférable à l'incertitude qu'avaient fait naître entre
» nous des débats jusqu'ici stériles, et dont nous ne pou-
» vions plus subir la prolongation. »

Pendant que je parlais, le chancelier ne cessait d'attacher son regard sur M. Pouyer-Quertier. Il étudiait attentivement l'expression de son visage, et paraissait inquiet et mécontent. Cette impression ne tarda pas à se dissiper, et fit bientôt place à une cordialité presque

confiante. La simplicité familière avec laquelle mon habile collègue abordait les questions, le tour à la fois vif et précis de son entretien, le naturel qui lui faisait mêler la plaisanterie aux choses sérieuses, et donner à sa pensée une forme à la fois incisive et substantielle, lui conquirent promptement un véritable crédit, et lui permirent d'obtenir, sur certains points importants, des concessions inespérées. Mais ce ne fut que dans les conférences suivantes que s'opéra ce changement. Le ton de la première fut, sinon agressif, au moins tout à fait désobligeant. Le prince s'étendit longuement sur la gravité des événements qui s'étaient accomplis en France, depuis la signature des préliminaires. « Cette gravité,
» dit-il, est telle, que l'Allemagne serait en droit de con-
» sidérer le traité du 26 février comme n'existant plus,
» puisque l'exécution de ses principales clauses est de-
» venue impossible. Elle peut, à son choix, ou l'aban-
» donner ou vous mettre en demeure de remplir stricte-
» ment les engagements qu'il vous impose. Il y a là une
» situation entièrement nouvelle, à laquelle il est urgent
» de pourvoir. Nos intérêts, de plus en plus compromis,
» nous en font une loi. Je n'ai cessé de vous le rappeler
» dans mes dernières dépêches; nous ne suspectons pas
» la bonne foi du gouvernement français, mais nous
» craignons qu'il n'ait pas la force de dominer les em-
» barras qui le menacent. Quand nous nous sommes liés
» avec lui, il était, en apparence au moins, investi de la
» plénitude de sa souveraineté : aujourd'hui il est chassé
» de sa capitale qu'il assiége depuis près de deux mois,
» avec beaucoup de chances de ne pas la soumettre. La
» sédition, triomphante à Paris, peut, d'un moment à
» l'autre, éclater dans plusieurs grandes villes. Si elle

» est victorieuse, ses chefs s'empresseront de tourner
» contre nous les forces que nous avons laissées s'orga-
» niser, et qui, réunies à celles de la Commune, pourront
» se jeter sur nos troupes et nous obliger à recommencer
» une lutte sanglante. C'est là une éventualité à laquelle
» nous ne saurions nous résigner. A un autre point de
» vue, le traité du 26 février n'est pas moins ouverte-
» ment violé. L'article 3 stipulait qu'aussitôt après la
» ratification, et suivant une entente entre les deux gou-
» vernements, neuf départements occupés seraient en-
» tièrement évacués, six autres le seraient jusqu'à la
» rive gauche de la Seine, que l'armée française se reti-
» rerait derrière la Loire, et qu'après le payement du
» premier demi-milliard les départements de l'Est
» seraient également évacués. Ainsi, dans un délai très-
» court, la majeure partie de notre armée devait rentrer
» en Allemagne, et mettre fin à un éloignement intolé-
» rable et ruineux. Vous n'ignorez pas, en effet, les
» souffrances qu'il cause à nos populations et les charges
» dont il grève notre Trésor. Dans le calcul des troupes
» auxquelles vous devez la subsistance, nos intendants se
» sont trompés à notre désavantage de 150,000 hommes,
» que nous sommes forcés de nourrir. Nous n'avons pas
» réclamé, pensant qu'il ne s'agissait que de quelques
» jours. Aujourd'hui cette erreur nous coûte plusieurs
» millions, et le mal ne fait que s'aggraver. Votre gou-
» vernement semble ne tenir aucun compte de ces
» choses. Nous lui avons permis de porter son armée à
» plus de 100,000 combattants, nous lui avons rendu
» plus de 80,000 prisonniers, il n'en est que plus exi-
» geant ; il semble éterniser le siège de Paris, il ne nous
» a point encore restitué tous les navires capturés. Nous

» ne voulons plus, nous ne pouvons plus le suivre dans
» cette voie. D'un autre côté, vos plénipotentiaires de
» Bruxelles ajournent systématiquement les discussions
» d'où doit sortir la paix définitive : ils s'efforcent de
» modifier à votre profit les conditions du traité de pré-
» liminaires, et n'ont aucun souci de hâter leurs travaux.
» Ainsi, tout se trouve remis en question, et nous voyons
» s'évanouir nos garanties. L'empereur m'a ordonné
» d'en stipuler de nouvelles, en en faisant le sujet d'une
» convention additionnelle. Si vous refusez d'y adhérer,
» nous réclamerons de vous la stricte exécution du traité
» du 26 février, et notamment la retraite derrière la
» Loire de la partie de votre armée qui excède
» 40,000 hommes. Nous nous réserverons notre liberté
» d'action pour la répression de l'insurrection de Paris,
» aussi bien que pour le siége des négociations ulté-
» rieures, qui ne doivent plus se poursuivre à Bruxelles. »

«—Ce que propose Votre Altesse, répondis-je, n'est ni
» plus ni moins que la reprise des hostilités. Nous épui-
» serons tous les moyens propres à prévenir un résultat
» si calamiteux pour nos deux pays. Cependant, nous
» nous y résignerons sans hésiter, si, profitant de nos
» malheurs, vous entendez augmenter nos charges, déjà
» si écrasantes. Nous croyons avoir atteint la limite
» extrême des sacrifices; prétendre aller au delà, c'est
» nous contraindre à une lutte désespérée. Je comprends
» tout autrement vos intérêts et les nôtres. Vous accusez
» nos plénipotentiaires de prolonger sans utilité leurs
» délibérations : je pourrais, mes dépêches officielles à
» la main, établir que nous n'avons cessé de solliciter
» une prompte solution, que, seul, votre agent prend à
» tâche de retarder. Je vous offre de couper court à ces

» temporisations, en concluant sur l'heure le traité défi-
» nitif de paix. Je ne puis mieux prouver notre bon vou-
» loir et la droiture de nos intentions. Que deviennent,
» dès lors, les reproches de Votre Altesse sur les len-
» teurs des opérations du siège de Paris? Vous n'avez
» point oublié qu'au 18 mars, c'est-à-dire il y a moins
» de six semaines, nous n'avions pas 15,000 hommes
» pour commencer une entreprise dont les difficultés et
» les périls ne vous sont pas inconnus. Grâce à vos con-
» cessions, je le reconnais et je vous en remercie, le
» nombre de nos soldats s'est accru, il est aujourd'hui
» d'un peu de 100,000, bien faible assurément, en
» comparaison de celui de votre armée de siège. Cepen-
» dant nous avons avancé sans relâche : Châtillon, les
» Moulineaux, Meudon, Courbevoie, Asnières sont tom-
» bés en notre pouvoir. Le fort d'Issy succombera d'un
» moment à l'autre. Nos cheminements nous conduisent
» à trois cents mètres des remparts, et nos batteries de
» Montretout sont prêtes à faire la brèche que nos braves
» troupes sont impatientes de franchir. Et c'est à ce mo-
» ment que vous nous parlez de rétrograder sur la Loire,
» c'est-à-dire d'assurer le triomphe de la Commune et
» de lui donner pour auxiliaire nos populations soule-
» vées à la seule idée de votre intervention! Votre
» Altesse nous parle de l'inexécution des traités! Est-elle
» notre fait? Peut-on citer un seul de nos actes qui
» n'ait été inspiré par le désir loyal de les respecter?
» Sommes-nous responsables de la force majeure? Il
» serait injuste, autant qu'inutile, de nous imputer l'in-
» surrection de Paris, contre-coup presque inévitable
» de nos désastres, et que la dureté de nos vainqueurs
» a singulièrement aggravé. Au lieu de lui donner l'ap-

» pui de la guerre étrangère, cherchons dans la signa-
» ture immédiate de la paix une nouvelle force pour la
» réduire promptement; alors, libres de cet embarras,
» nous reviendrons, pour ne plus nous en écarter, aux
» traités dont nous n'avons jamais méconnu l'autorité. »

« — Je ne refuse pas d'une manière absolue cette solu-
» tion, répliqua le chancelier ; je suis même disposé à la
» préférer à toute autre, ce qui vous prouve suffisam-
» ment que nous n'avons nul dessein de vous pousser à
» des extrémités que je redouterais autant que vous.
» Mais vous ne pouvez pas nier que la crise actuelle
» n'ait diminué notablement votre crédit politique, et,
» par là, amoindri nos sûretés. Ne les rencontrant plus
» au même degré dans votre action personnelle, nous
» devons les chercher dans l'extension de la nôtre. Nous
» désirons un gage plus efficace de la conclusion de la
» paix dans les conditions du traité de préliminaires,
» puis, du payement de la contribution de guerre. Je
» crois que si nous nous entendons sur ce point, nous
» aurons bien vite réglé tous les autres. »

Je fis observer au chancelier que tout dépendait de la nature et de l'étendue du gage, je lui demandai de les préciser.

« Nous voudrions, me répondit-il, demeurer maîtres
» d'apprécier le moment où votre gouvernement, enfin
» victorieux, comme je l'espère, présentera une solidité
» suffisante pour nous permettre d'évacuer votre terri-
» toire. Ainsi serait modifié le traité du 26 février,
» stipulant la restriction successive de notre occupation,
» proportionnellement au versement de chaque demi-
» milliard, et, après le quatrième, ne l'imposant plus qu'à
» six départements, avec un effectif réduit à 50,000

» hommes. Vous n'avez rien à craindre de cette innova-
» tion. Notre intérêt le plus pressant est de faire rentrer
» nos troupes ; c'est le vœu de l'Allemagne : nous serions
» imprudents et coupables de ne pas nous y soumettre.
» Dès que l'ordre sera rétabli chez vous, nous évacuerons
» votre territoire dans la mesure la plus large possible ;
» mais une trop grande précipitation pourrait vous être
» funeste autant qu'à nous-mêmes : nous vous deman-
» dons aussi, comme une condition essentielle de sécu-
» rité pour nos troupes, la faculté de leur confier la
» garde des portes de Paris, et de leur faire faire des
» patrouilles dans la zone, jusqu'ici demeurée neutre,
» entre nos lignes et vos remparts. Il ne s'agit là que de
» l'exercice d'un droit de police qu'on ne peut nous con-
» tester, et qui préviendra de fâcheux désordres. »

« — Je ne repousse pas non plus cette ouverture, dis-je
» à mon tour au chancelier. Je propose seulement de
» renvoyer à une discussion ultérieure les questions
» d'application et de détail, et d'arrêter tout d'abord
» entre nous cette première solution, que nous conclu-
» rons dès aujourd'hui la paix définitive. Nous avons, à
» cet égard, mon collègue et moi, des pouvoirs aussi
» complets que possible. Si Votre Altesse accepte cette
» base de négociations, elle est acquise. Je n'en réfé-
» rerai pas moins à M. Thiers, et je prendrai ses ordres
» pour le supplément de garanties que je demande à
» Votre Altesse d'examiner et de débattre attentivement
» avec elle, ainsi que pour les autres difficultés touchant
» au fond même du traité, notamment la délimitation
» de notre frontière du côté de Belfort, et la cession de
» la partie du chemin de fer de l'Est située sur le terri-
» toire des départements annexés. J'ai la conviction qu

» le désir sincère de mettre fin à une situation incertaine,
» et par là même périlleuse, nous déterminera les uns
» et les autres à un accord définitif, cent fois plus avan-
» tageux à nos deux nations que la meilleure convention
» provisoire. »

Le prince de Bismarck goûta cet avis et nous félicita cordialement d'avoir ainsi prévenu de graves complications. « Je ne puis vous cacher, ajouta-t-il, que je suis
» porteur d'un *ultimatum*. J'ai ordre de vous le remettre.
» Grâce à la franchise de vos explications, je le considère
» comme inutile ; cependant je ne puis me soustraire à
» l'obligation de vous le communiquer. Je vous prie,
» d'ailleurs, de le recevoir, ne fût-ce que pour couvrir
» votre responsabilité vis-à-vis de votre Assemblée, qui,
» appelée à ratifier notre convention, ne doit point
» ignorer les nécessités sous l'empire desquelles elle
» sera intervenue. »

Nous n'avions aucune objection à faire. Nous prîmes congé du chancelier après cet entretien, qui avait duré près de quatre heures, et dont je n'ai pu indiquer que la substance. Informé sur-le-champ de ce premier résultat, M. Thiers nous répondit par une affectueuse approbation.

Le lendemain dimanche 7 mai, à midi précis, le prince de Bismarck, en grand uniforme, accompagné de tout le personnel de sa légation, nous rendait notre visite de la veille. Il avait voulu environner cette démarche, toute naturelle en elle-même, d'un apparat très-contraire à ses habitudes, afin d'imprimer à son ultimatum une particulière solennité. Il nous dit, en effet, que, tout en protestant contre tout sens comminatoire que nous pourrions attacher au document qu'il allait porter à notre connaissance, plein d'espoir, d'ailleurs, après les explications déjà échangées entre nous, d'arriver à l'arrangement amiable qu'il désirait fort, il avait dû, pour se conformer aux instructions positives de son gouvernement, et pour déterminer exactement nos situations respectives, nous donner lecture et copie de la note qu'il nous priait d'entendre. Il lut alors, d'une voix grave et pénétrée, ce qui suit :

« Francfort-sur-Mein, le 7 mai 1871.

» Monsieur le ministre,

» En m'en référant à notre entretien d'hier, j'ai l'hon-
» neur de faire observer à Votre Excellence que la France
» est aujourd'hui dans une situation essentiellement dif-
» férente de celle que nous avions en vue au moment de
» la signature du traité de paix préliminaire, et que le
» gouvernement de la République n'a pas conservé dans
» la même mesure qu'alors la faculté de remplir tous ses
» engagements. L'insurrection de Paris, en changeant
» la situation, a compromis l'avenir sur lequel nous
» avions cru pouvoir compter. Depuis que le gouverne-
» ment français s'est vu obligé d'abandonner Paris aux
» forces de l'insurrection, et de se placer en dehors des
» stipulations de la paix préliminaire pour trouver les
» moyens de rétablir son autorité méconnue, nous de-
» vons craindre que des incidents analogues ne se repro-
» duisent encore, même dans le cas où le gouvernement
» français parviendrait à s'emparer de nouveau de la ca-
» pitale. Si, jusqu'à présent, nous nous sommes abstenus
» d'attaquer Paris, pour mettre un terme à une situation
» qui n'a pas été prévue par le traité du 26 février,

» et qui ne saurait se prolonger sans préjudice pour nos
» intérêts, si nous avons consenti à une concentration
» de troupes françaises assez considérable pour pouvoir
» compliquer notre situation, dans le cas d'une tour-
» nure imprévue des événements, nous ne pouvons pas
» cependant conserver plus longtemps la même attitude
» passive à l'égard d'un état de choses qui est en contra-
» diction avec les stipulations du traité de paix prélimi-
» naire, si la France ne consent pas à donner plus de
» force à ce dernier en nous accordant pour l'avenir
» des garanties qui mettraient les intérêts allemands à
» l'abri des effets des troubles qui pourraient encore
» compromettre le repos de la France. Nous préférerions
» trouver ces garanties dans la stricte exécution des
» conventions conclues jusqu'à présent, c'est-à-dire dans
» la consignation derrière la Loire des troupes françaises
» qui se trouvent en dehors de Paris, à moins que le
» gouvernement ne consente à un arrangement d'après
» lequel les troupes allemandes continueraient, après le
» payement du premier demi-milliard de l'indemnité et
» la ratification du traité de paix définitif, à occuper les
» forts de Paris situés sur la rive droite de la Seine, avec
» la partie correspondante de la zone neutre, jusqu'à
» l'enceinte de la ville, ainsi que les portes de la capi-
» tale sur la rive droite de la Seine, de manière que
» l'évacuation du territoire français prévue par le traité
» du 26 février se bornerait provisoirement aux dépar-
» tements de la Somme, de la Seine-Inférieure et de
» l'Eure, et que l'évacuation, dans l'étendue stipulée
» par l'article 3 des préliminaires, ne serait effectuée
» qu'au moment où la situation politique, en France,
» serait suffisamment consolidée pour offrir la garantie

» que le gouvernement français est et restera en mesure
» de suffire à ses obligations envers l'Allemagne. Il serait
» contraire aux intérêts de l'Allemagne de prolonger
» l'occupation au delà du temps strictement nécessaire
» pour permettre à la France de consolider son gouver-
» nement, car les frais qui, pour l'Allemagne, résultent
» du maintien de nos armées en France, sont bien plus
» considérables que toutes les sommes pour lesquelles la
» France y contribue.

» Les intérêts des deux pays ne nous permettent pas
» de laisser subsister une situation qui laisse les deux pays
» dans l'incertitude, tant sur l'avenir de leurs relations
» réciproques que sur la durée d'un état de choses qui
» n'est ni la paix ni la guerre.

» Pour en sortir, nous tâcherons dans nos conférences
» actuelles de nous mettre d'accord sur les questions
» principales à régler par le traité de paix définitif. Si
» nous n'y réussissions pas, et si le gouvernement fran-
» çais se refusait à nous accorder les garanties que j'ai
» eu l'honneur d'indiquer à Votre Excellence par ce qui
» précède, l'Allemagne se réserverait avant tout le droit
» d'intervenir de son côté contre l'état de choses irrégu-
» lier qui existe à Paris, et d'insister en même temps
» sur la stricte exécution de la stipulation qui prescrit
» au gouvernement français de retirer ses troupes au
» delà de la Loire. Veuillez, etc.

» *Signé :* DE BISMARCK. »

En recevant la copie de cette dépêche, j'insistai particulièrement sur les observations qui en avaient précédé la lecture. Je dis au chancelier que, dans les dispositions où nous nous trouvions, je la regardais comme

correspondant à un état de choses qui n'existait plus : j'ajoutai que, tout en en tenant compte, je ne l'acceptais qu'avec le commentaire dont son auteur lui-même l'avait accompagnée. Dans ces termes, je demandai à commencer immédiatement la délibération. Le prince me répondit par quelques paroles pleines de courtoisie ; une foule nombreuse l'attendait à sa sortie de l'hôtel : elle l'accueillit par des acclamations qui ne me parurent ni unanimes ni enthousiastes.

Une heure après j'étais chez lui. La discussion devait tout d'abord porter sur la question des garanties. Elle ne fut pas toujours exempte d'une certaine vivacité. Un moment même, elle prit un ton inquiétant, et je craignis de voir se renouveler la scène provoquée, lors de nos conférences sur le traité de préliminaires, par la note de lord Granville. M. de Bismarck semblait encore contester notre désir d'arriver promptement à la conclusion de la paix. Comme je lui opposais d'énergiques dénégations, il s'anima et me dit : « Vos actes sont
» plus significatifs que vos paroles, et ce que nous en
» apprenons nous rassure peu. Vous n'avez pas perdu
» l'espérance, bien chimérique à mon sens, d'intéresser
» l'Europe à votre cause ; et vous pensez qu'avec son
» intervention vous parviendrez à modifier les conditions
» de la paix : vous cherchez partout des hostilités qui
» nous créent des embarras. Tout récemment encore,
» c'est à la Russie que vous vous adressiez. C'est ce que
» me fait savoir, ce matin même, notre ambassadeur à
» Saint-Pétersbourg..... »

J'interrompis le prince : « Je demande à Votre Altesse,
» dis-je avec une fermeté intentionnelle, de me tenir
» pour blessé par de semblables paroles. Je ne dissimule

» pas les efforts que j'ai faits dans le but de réveiller en
» Europe un sentiment de justice et de solidarité. A
» l'heure actuelle, je serais encore heureux d'accepter
» son arbitrage, que l'Allemagne a toujours impérieuse-
» ment repoussé. Mais je suis incapable de jouer un
» double jeu en vous suscitant des inimitiés au moment
» même où nous venons de signer la paix. C'est à la
» loyauté de Votre Altesse que j'en appelle, je lui de-
» mande la communication immédiate de la dépêche
» qu'elle incrimine. Je ne la connais point, elle émane
» d'un de vos agents; je suis sûr cependant qu'elle sera
» le démenti formel de vos insinuations. »

Après quelques objections, le prince se fit apporter le télégramme; l'ambassadeur prussien y rendait compte d'une conversation qu'il avait eue, le jour même, avec M. de Gortschakoff; le chancelier russe lui avait affirmé que l'empereur verrait avec plaisir les cabinets de Versailles et de Berlin renoncer réciproquement à un système de défiance dangereux pour l'un et pour l'autre; que le meilleur moyen d'y arriver était de précipiter la conclusion de la paix définitive. M. de Gortschakoff avait même dit qu'il savait la France disposée en ce sens; qu'il avait reçu communication d'une note du ministre des affaires étrangères émettant le vœu que l'empereur de Russie voulût bien user de son influence sur son vénérable oncle l'empereur d'Allemagne pour obtenir ce résultat.

« Vous le voyez, m'écriai-je, loin de contrarier les
» desseins de Votre Altesse, je m'y suis associé : au lieu
» de provoquer des retards, je me suis appliqué à accé-
» lérer les négociations. Laissons donc de côté, je vous
» en prie, ces accusations sans portée, contraires à vos

» propres renseignements, et ne pouvant que nous éloi-
» gner du but que nous voulons atteindre. »

« — Je le souhaite, aussi bien que vous, répondit M. de
» Bismarck, mais je n'en constate pas moins ces tenta-
» tives persistantes d'ingérence européenne, en vous
» répétant, ce que j'ai eu déjà maintes fois l'occasion de
» vous faire observer, que nous entendons nous en
» affranchir d'une manière absolue. »

« — Je le sais, répliquai-je, et je m'en étonne peu.
» L'heure n'est pas venue de nous expliquer à cet égard,
» il me suffit d'avoir relevé une erreur de Votre Altesse,
» et par là même rétabli la franchise de nos procédés
» envers elle. »

Cet incident vidé, nous examinâmes la question des garanties, et nous essayâmes vainement de décider le chancelier à se contenter de la conclusion définitive de la paix. Nous épuisâmes, M. Pouyer-Quertier et moi, toutes les argumentations tirées de la certitude de notre succès contre la Commune, et de celle, non moins grande, de la sécurité offerte à l'Allemagne par notre intérêt à la payer ponctuellement. « A vrai dire, disions-
» nous, l'occupation du territoire français constitue une
» rigueur inutile et n'ajoute rien à votre gage. Maîtres
» de l'Alsace et de la Lorraine, vous nous tenez à la
» gorge et vous avez tout le pays sous la main. L'insur-
» rection a plutôt augmenté que diminué votre pouvoir
» sur nous. Votre premier demi-milliard est prêt. Le
» crédit que nous donnera la victoire rendra faciles et
» prompts les versements ultérieurs. A quoi bon dès
» lors aggraver si durement les conditions du traité de
» préliminaires? Stipuler que vous vous retirerez quand
» vous reconnaîtrez que notre gouvernement est solide-

» ment assis, c'est nous faire subir votre volonté arbi-
» traire, c'est réduire nos populations au désespoir par
» la perspective d'une servitude indéfinie. C'est multi-
» plier les chances de conflit alors que nous avons les
» uns et les autres intérêt à les prévenir.

» — Vous oubliez, repartit le chancelier, que cette oc-
» cupation dont vous vous plaignez pèse sur nous plus
» lourdement que sur vous-mêmes. Notre armée c'est la
» nation. Transportée sur votre sol, elle appauvrit le
» nôtre. Chaque famille s'irrite d'une absence que la
» guerre ne légitime plus. Nous demandons à être seuls
» juges de l'opportunité de la rentrée de nos troupes, non
» pour les retenir inutilement chez vous, mais pour ne
» pas être forcés plus tard de les y rappeler. Sur ce
» point au surplus les ordres de l'empereur sont formels
» et nous ne pouvons rien vous concéder. »

Devant cette inflexible résistance sur le principe, nous n'avions plus qu'à discuter son application et nous efforcer de la rendre moins dure. Le débat fut long et pénible. Cependant nous obtînmes qu'après le payement du troisième demi-milliard l'évacuation des quinze départements visés dans le traité de préliminaires s'effectuerait de droit, quelle que fût l'opinion du cabinet prussien sur notre situation politique. C'était un contrôle et un frein à son arbitraire. Nous ne pouvions d'ailleurs méconnaître la valeur des arguments de M. de Bismarck en ce qui touchait la rentrée des troupes allemandes, le fait les a complétement justifiés.

Il nous était impossible de nous montrer aussi conciliants sur la prétention soulevée par l'ultimatum de remettre aux Prussiens la garde des portes de Paris. Je m'étonne que l'état-major allemand ne l'ait pas compris. Nous lui opposâmes un refus péremptoire. C'était se faire une étrange illusion que de supposer aux habitants de Paris la patience de souffrir tranquillement la présence à leurs portes de factionnaires étrangers. Les conflits seraient nés spontanément, et nul ne pouvait prévoir leurs conséquences. Après plusieurs pourparlers avec son conseil militaire, M. de Bismarck céda, et l'on ne conserva de l'article projeté que la faculté laissée aux chefs de corps de faire faire des patrouilles dans la zone neutre autour de la ville. Il en fut peu usé : trop encore, puisque deux accidents en résultèrent. Près de Bougival, un bateau à vapeur, dont le pilote n'avait pas respecté la consigne prussienne, fut assailli par une fusillade qui atteignit un malheureux voyageur. Quelques jours après, un capitaine de la garde nationale fit feu sur un officier ennemi. Les patrouilles furent supprimées et l'ordre se rétablit de lui-même.

Ainsi fut réglée cette épineuse question des garanties supplémentaires, non certes comme nous l'aurions voulu, moins mal cependant que nous n'aurions pu le craindre. L'Assemblée, comme on le verra un peu plus bas, le pensa ainsi, en approuvant ce mot significatif de M. de Meaux, rapporteur de la commission chargée d'examiner le traité : « Cette paix est à nos yeux la plus douloureuse, » mais en même temps la plus inévitable qu'ait connue » notre histoire. » Ceux qui nous accusent d'avoir montré trop de condescendance en présence des exigences de l'ennemi, oublient que nous étions entièrement à sa merci. Incapables de lui résister sur les champs de bataille, nous ne pouvions dans les négociations lui arracher une concession qu'en couvrant notre intérêt personnel du sien propre, ou en faisant valoir des considérations d'équité et de bon sens auxquelles il ne demeurait pas toujours insensible. Les légères et cependant importantes modifications que nous eûmes le bonheur d'obtenir dans la délimitation de la frontière en sont la preuve.

Le dernier paragraphe de l'article 1ᵉʳ du traité du 26 février avait réservé ce point grave; on y lit en effet: » La ville et les fortifications de Belfort restent à la » France avec un rayon *à déterminer ultérieurement.* » On a reproché à M. Thiers et au ministre qui l'assistait de n'avoir pas fait préciser l'étendue de ce rayon. Il y aurait eu une grande imprudence à l'essayer. On se rappelle le caractère presque violent du débat engagé, à propos de Belfort, entre M. Thiers et M. de Bismarck. Ce dernier ne céda qu'après plusieurs heures de lutte. M. de Moltke et l'empereur Guillaume ne furent pas moins opiniâtres. Discuter le fait accessoire de la délimitation avec ceux qui se repentaient peut-être d'avoir été trop commodes sur le fait principal, c'était courir à une défaite certaine. D'ailleurs nous étions, les uns et les autres, enfermés dans le cercle d'un délai fatal qui nous interdisait toute délibération sur des sujets dont l'examen pouvait être ajourné. Il fut donc sage de renvoyer la fixation du rayon de Belfort à une époque ultérieure que nous présumions devoir être plus calme, par conséquent plus favorable. Telle qu'elle était formulée, la question du rayon nous assurait la portée du canon autour de la forteresse; M. de Bismark l'avait estimée à sept kilomètres. Aucun de nous n'avait insisté. Ce *minimum* nous était donc acquis; nous avions un grand intérêt à le dépasser.

Nous nous appliquâmes à démontrer au chancelier

que l'Allemagne n'avait aucune raison sérieuse de nous contester ce qui était pour nous d'une importance capitale. En nous abandonnant Belfort, il ne pouvait avoir eu l'intention d'anéantir ou tout au moins de diminuer notablement la valeur de cet avantage, ce qui arriverait infailliblement si la ville était privée de ses éléments essentiels de vitalité. Or une certaine invétison lui était indispensable pour ses approvisionnements et la conservation de ses relations quotidiennes. D'ailleurs l'hémicycle tracé au compas avec un rayon de sept kilomètres ne donnait pas la ligne de frontière qui, à défaut de limites naturelles, doit toucher à des agglomérations d'habitants. Le rédacteur du projet préparé par l'état-major allemand dans l'hypothèse de l'annexion de Belfort s'était inspiré de ces idées. Suivant le tracé des faîtes, en descendant du nord au midi, il atteignait la haute montagne connue sous le nom de Ballon d'Alsace. A cet endroit, la chaîne des Vosges se bifurque, elle jette vers l'est son rameau principal, s'abaissant progressivement de plus de sept cents mètres jusqu'au-dessous des collines de Champagney, entre Sennapagny et Evette. C'est précisément la ligne d'abord choisie par l'état-major et qui, prolongée entre les hauteurs de Salbey à gauche et de Châteauvillars à droite, enveloppait Belfort dans la frontière germanique. L'autre rameau, formé par un système de montagnes plus larges et de vallées plus profondes, court au sud-ouest et s'efface au-dessous de Saint-Germain près Bethonvilliers, à quelques kilomètres au-dessus de Menoncourt et de Fontaine.

Entre ces deux rameaux, dont l'écartement à leur base est d'environ vingt kilomètres, se trouvent la vallée de Giromagny et la route de Belfort au Ballon d'Alsace.

Cette vallée et le bourg, chef-lieu de canton qui lui donne son nom, sont le siége de riches et nombreuses industries. Leur possession nous assurait une communication précieuse avec le point culminant des Vosges. Elle nous permettait de réclamer comme annexes nécessaires les deux villages de Raon-l'eau et Raon-Plaine, situés sur le versant oriental du Ballon et commandant la route stratégique qui se relie à la vallée de Champagney. Nous exposâmes avec une grande insistance tout ce qu'avaient de respectable le vœu des populations, leurs traditions, les liens qui les unissaient à Belfort. Nous demandâmes aussi d'élargir à l'ouest et au sud la frontière dont la rectification au nord nous paraissait si bien justifiée. M. de Bismarck après nous avoir longuement et vivement combattus, nous promit d'étudier nos propositions avec le désir d'en agréer tout ce qui lui paraîtrait acceptable. Il ajouta que peut-être nous donnerait-il, en partie au moins, satisfaction si de notre côté nous lui présentions un équivalent sur une autre portion de notre territoire. Nous nous récriâmes en lui faisant observer qu'il ne s'agissait pas ici d'un marché dans lequel une concession comportait une compensation ; que la nécessité seule nous arrachait les provinces annexées à l'Allemagne ; qu'au moment de régler la délimitation définitive, nous pouvions bien retenir une partie du sol et des habitants qui nous étaient enlevés, nous n'avions pas le droit de disposer de ce qui nous avait été laissé et garanti par le traité de préliminaires. Le chancelier s'éleva contre cette opinion, il invoqua les précédents, l'avantage des transactions, même dans des conventions de ce genre. Il nous annonça qu'il télégraphierait le soir même à Berlin : de notre côté, nous fîmes connaître l'état des négociations à M. Thiers qui voulut bien envoyer son approbation et ses encouragements,

A la séance suivante, le lundi 8 mai, le chancelier nous fit connaître ce qu'il s'était borné la veille à nous indiquer. L'Allemagne consentait à nous donner autour de Belfort le territoire que nous réclamions, mais elle nous demandait sur la frontière du Luxembourg une bande de terrain de dix kilomètres environ, partant du petit village d'Hussigny pour aller rejoindre entre Avril et Moyeuvre le tracé primitif. Nous perdions ainsi sept mille Français et dix mille hectares, mais nous reconquérions vingt-sept mille Français et six mille hectares dans le Haut-Rhin. Deux raisons importantes pouvaient déterminer le cabinet allemand à nous faire cette proposition : en premier lieu, le désir de se procurer les riches gisements de minerais de fer qui abondent dans cette contrée; en second lieu, l'avantage de diminuer l'étendue de notre frontière contiguë au Luxembourg, réduite par là à peu près d'un tiers. Le chancelier en faisait valoir une troisième moins appréciable au point de vue de la politique positive. Le territoire que la Prusse voulait recouvrer avait été, disait-il, le théâtre d'engagements multipliés, quelques-uns meurtriers. Les restes d'un grand nombre d'officiers et de soldats y reposaient. L'empereur tenait à posséder leurs tombeaux. Nous n'avions pas à réfuter de telles considérations, fort respectables mais, à nos yeux, purement accessoires. Nous nous préoccupions avant tout de l'intérêt capital qu'avait la France à maintenir autour de Belfort un champ d'action assez étendu pour couvrir la place et servir utilement son offensive. Il nous semblait que cet intérêt mis en balance avec celui de la conservation d'un gîte minéral et de quelques villages sur la lisière du Luxembourg, il ne pouvait y avoir aucune hésitation possible. Seulement cette hésitation était permise en face de la nécessité cruelle qu'on nous imposait de retrancher du sol national une partie de ce qui lui était attribué par le traité de préliminaires. Nous fîmes observer à M. de Bismarck qu'une si délicate question était au-dessus de notre compétence. Elle touchait à la souveraineté : l'Assemblée seule devait la trancher. Nous nous arrêtâmes à un moyen terme consistant à présenter une alternative, sur laquelle la Chambre se prononcerait : ou un rayon de sept kilomètres enveloppant Belfort sans autre modification de la frontière, ou l'extension que nous venons d'expliquer avec l'échange de dix kilomètres de confins le long du Luxembourg. Ainsi fut rédigé l'article premier de notre projet de traité.

Les dispositions subséquentes, bien que minutieusement examinées, ne donnèrent pas lieu à des débats utiles à rappeler. Le chancelier m'accorda sans trop de peine la restitution immédiate de vingt mille prisonniers qu'il était indispensable de diriger sans délai sur l'Algérie, où ils furent un précieux secours contre l'insurrection. On stipula que le repatriement général continuerait avec la plus grande célérité possible. Une fois que nous étions d'accord, cette clause était toute naturelle ; il était de l'intérêt de l'un et de l'autre des contractants de l'exécuter sans retard.

Nous nous entendîmes moins facilement sur les traités de commerce. Les cruels événements que nous venions de traverser nous en avaient affranchis. Nous avions reçu mission d'assurer le maintien du *statu quo* en réservant ainsi l'avenir. M. de Bismarck mit une véritable véhémence à s'y opposer. Il nous déclara qu'il aimait mieux recommencer la guerre à coups de canon que de s'exposer à la guerre à coups de tarifs. M. Pouyer-Quertier soutint vaillamment la lutte et ne dut céder que devant la certitude d'une rupture. Il fut convenu que les deux gouvernements prendraient pour base de leurs relations commerciales le régime et le traitement réciproque sur le pied de la nation la plus favorisée. Pour ma part, je ne pouvais éprouver beaucoup de chagrin d'une semblable solution : je la considérais, je la considère encore comme la plus avantageuse au développement de notre production et de nos échanges.

Après avoir ainsi réglé les difficultés principales, en renvoyant à des conventions additionnelles leurs conséquences et leurs détails, nous entreprîmes de compléter notre œuvre en déterminant le prix et les conditions de la cession de la partie du chemin de fer de l'Est située sur les territoires annexés. Nous avions fait venir, à Francfort, pour être constamment en communication avec eux et ne rien faire sans les avoir consultés, les directeurs de cette grande Compagnie. Ils nous fournissaient les renseignements qui nous étaient nécessaires dans la discussion. Nous ne pûmes cependant tout d'abord nous entendre. Nous étions d'accord sur les autres points le 9 mai au soir. On nous pressait de Berlin et de Paris. Nous reconnûmes qu'il fallait en finir et qu'il valait mieux ajourner cette question spéciale que de prolonger un débat où tout semblait avoir été dit. La Compagnie réclamait 400 millions; M. de Bismarck en offrait 100. L'écart paraissait infranchissable. Nous prîmes rendez-vous pour le lendemain mercredi 10 mai dans le but de signer le traité.

Ce jour-là, en effet, réunis dans un salon de l'hôtel du Cygne, pour la France, le ministre des affaires étrangères, le ministre des finances et M. de Goulard, pour l'Allemagne, M. le prince de Bismarck, M. le comte d'Arnim et M. le comte de Hatzfeld, nous apposâmes nos signatures au bas de l'acte que la ratification de l'Assemblée nationale et celle de l'empereur d'Allemagne allaient rendre définitif[1]. Mon émotion et ma douleur étaient grandes et cependant l'amertume des sentiments qui m'agitaient s'adoucissait à la pensée que la France venait d'échapper à un péril suprême, et que n'ayant plus désormais à craindre le renouvellement d'une lutte dans laquelle elle aurait infailliblement succombé, elle pouvait plus facilement triompher de l'insurrection : il me sembla en voir le gage dans le télégramme qui nous arrivait de Versailles au moment même où nous consommions notre douloureux sacrifice. Mon chef de cabinet, M. de Pontécoulant, nous annonçait la prise du fort d'Issy tombé au pouvoir de nos soldats avec cent neuf canons, des vivres et des provisions de toute espèce. Il ajoutait : « Je suis chargé de vous » transmettre l'approbation entière du président du » conseil pour tous les arrangements intervenus entre » vous et M. de Bismarck. »

J'éprouvai une vive satisfaction à communiquer cette bonne nouvelle au chancelier qui en parut assez impressionné. C'était, en effet, une conviction bien arrêtée chez lui comme chez le plus grand nombre de ses com-

---

[1] Voir aux Pièces justificatives.

patriotes que nous échouerions dans notre attaque contre les ouvrages défendus par les insurgés. M. de Fabrice me l'avait plusieurs fois exprimée, en essayant de la justifier par des considérations stratégiques. — J'étais bien heureux de pouvoir la combattre par des faits décisifs. Peut-être cet événement ne fut-il pas tout à fait sans influence sur les dispositions de M. de Bismarck, qui consentit à reprendre immédiatement la négociation relative à la cession du chemin de fer; elle fut suivie avec autant d'ardeur que d'habileté par M. Pouyer-Quertier, et, après quelques heures de discussion, elle aboutit aux articles additionnels qui accompagnent le traité. L'avis de M. le comte de Henckel, mandé par le chancelier, contribua beaucoup à ce résultat; ceux du ministre des finances prussien, de plusieurs financiers, que le télégraphe de Berlin avait transmis le matin même, n'y furent pas non plus inutiles. Tout en faisant subir à la Compagnie une réduction nécessaire, M. Pouyer-Quertier refusa de la laisser descendre au delà d'un minimum de 325 millions; ce fut moyennant le payement de cette somme, qui devait être, jusqu'à due concurrence, compensée avec le deuxième demi-milliard de notre rançon, que le gouvernement français s'engagea à racheter à la Compagnie de l'Est la partie de son chemin cédée au gouvernement allemand.

§

L'article 18 et dernier du traité fixait à dix jours seulement le délai dans lequel les ratifications devaient être échangées. L'empereur d'Allemagne pouvait la donner le lendemain. Il en était tout autrement de l'Assemblée nationale française enchaînée par les formes de son règlement, et disposée peut-être à se montrer peu bienveillante pour l'ingrat travail de ses négociateurs. Nous n'avions donc pas de temps à perdre. Cependant nous ne pûmes résister au désir de porter quelques consolations à nos infortunés concitoyens retenus prisonniers dans les camps de Mayence et de Coblentz.

Le camp établi à une distance d'environ trois kilomètres de la première ville renfermait vingt-cinq mille hommes. Nous nous y fîmes conduire le lendemain matin. Rien ne saurait rendre la cruelle impression que nous causa cette visite. Parvenus au sommet d'une colline qui dominait l'enceinte, nous aperçûmes son vaste périmètre entouré de fossés profonds, de fortes palissades, et gardé par une ligne de factionnaires fort rapprochés les uns des autres; dans le milieu, on voyait de longs baraquements, quelques bâtiments de service, quatre infirmeries, une construction légère destinée à l'exercice du culte; puis une indescriptible cohue de débris de tous nos malheureux régiments, confondus pêle-mêle, fantassins, cavaliers, artilleurs, couverts d'uniformes en lambeaux, la plupart, les cheveux et la barbe incultes, portant sur leurs figures amaigries la trace de la souffrance et l'empreinte des passions qui les agitaient. Nous étions attendus; car, aussitôt que nos voitures furent en vue, ce fut dans cette masse profonde un ébranlement soudain. Elle se répandait de toutes parts avec des mouvements irréguliers et tumultueux que les gendarmes prussiens, galopant le sabre au poing, étaient impuissants à contenir. Au bout de quelques minutes cependant on parvint à la former en colonnes dans la double haie à travers laquelle on pouvait s'avancer. Nous mîmes pied à terre à la porte du camp. Une immense acclamation de Vive la France! nous salua. Je mis le chapeau à la main, tous les fronts se découvrirent, et nous parcourûmes, M. Pouyer-Quertier et moi, ces rangs improvisés, serrant toutes les mains qui nous étaient tendues, nous arrêtant tous les dix pas pour prononcer quelques mots de sympathie et d'encouragement. C'était un spectacle navrant et touchant à la fois que celui de tous ces braves, brisés par la fortune, portant la faute des criminelles folies qui avaient perdu la patrie, innocentes victimes de l'ineptie de leur souverain et de la présomptueuse confiance de la nation! Leurs mâles visages, décharnés et flétris, exprimaient mieux que les plus éloquentes paroles les douleurs et les privations de tout genre auxquelles ils étaient en proie. Ils levaient vers nous leurs bras désarmés comme pour nous demander le fer qui leur avait été arraché. La colère et le désir de la vengeance flamboyaient dans les regards d'un grand nombre. Beaucoup aussi étaient calmes et résignés. Les réponses de chacun variaient suivant les caractères, et l'on y devinait tour à tour l'emportement ou la douceur. Plusieurs soignaient amoureusement de petits jardins qu'ils avaient plantés, et dans lesquels ils avaient toujours l'art de reproduire un souvenir de la France. Tous éprouvaient une joie bien naturelle en recevant la bonne nouvelle que nous leur apportions. Mais cette joie avait les expressions les plus diverses. Chez les uns, elle éclatait en bruyants transports; chez les autres, elle se manifestait par une sorte de saisissement. Ceux-ci se précipitaient au-devant de nous et semblaient vouloir nous serrer dans leurs bras;

ceux-là se répandaient en injures contre les Allemands. La plupart se plaignaient violemment d'avoir été brutalement traités, quelques-uns cependant tenaient un langage contraire. On pouvait, en les entendant tous, reconnaître, une fois de plus, que dans un malheur commun, c'est surtout en lui-même que l'homme trouve le secret de sa force ou la source de son irritation. De quelques groupes partirent de véhémentes imprécations contre l'Empire, rares toutefois; tandis que les cris de Vive la République! retentirent plusieurs fois à nos oreilles. Je racontai en quelques mots, aux différents auditeurs successivement réunis autour de moi sur mon parcours, les principaux incidents de l'insurrection de la Commune. Je rencontrai partout une indignation véritable. Tous me donnèrent l'assurance qu'ils étaient prêts à combattre le despotisme de la démagogie. Cette visite dura plus de deux heures. Nous ne pouvions nous arracher aux empressements et aux démonstrations de tous ces nobles cœurs, avides de recueillir enfin un écho de la France et de s'ouvrir à l'espérance de la revoir bientôt. Au moment de notre départ, la musique militaire exécuta de la manière la plus brillante des morceaux de nos premiers maîtres. Elle termina son mâle concert par le chant de *la Marseillaise,* et nous nous quittâmes, émus tous jusqu'aux larmes, en répétant l'acclamation qui nous avait accueillis, accompagnée d'étreintes, de paroles patriotiques et de cris A revoir!

Quelques heures après, nous étions à Coblentz. Les quinze mille prisonniers qu'on y avait rassemblés étaient gardés dans deux campements, l'un, sur les hauteurs, l'autre, dans la vallée sur la rive droite du Rhin. Ils nous semblèrent soumis à un régime un peu moins dur que celui de Mayence. On l'attribuait à l'esprit de modération et de justice du général chargé du commandement. Il avait su se faire aimer, et l'on ne pouvait faire de lui un plus bel éloge. Sa mansuétude et sa tolérance avaient parfaitement réussi; les bons sentiments qu'il avait fait naître lui assuraient une docilité presque constante qui simplifiait singulièrement sa difficile tâche. Il avait permis à nos soldats de se construire une salle de spectacle, et ceux-ci s'étaient acquittés de cette œuvre artistique avec une merveilleuse habileté. Les habitants de Coblentz s'y étaient intéressés. Chacun avait voulu y coopérer, et l'on avait pu applaudir des vaudevilles et des opéras-comiques très-spirituellement interprétés par nos jeunes compatriotes, assez téméraires pour ne pas reculer devant l'idée de confier les rôles féminins à ceux de leurs camarades qui semblaient le plus s'éloigner de la rudesse guerrière. Le succès avait été si grand qu'il avait fallu en régaler les dames de Coblentz, qui, plusieurs fois pendant l'hiver, s'étaient fort réjouies à ces représentations. Nous eûmes nous-mêmes beaucoup de peine à nous soustraire à leur charme. Pendant que nous visitions le camp, acteurs et actrices s'étaient mis sous les armes. Nous aurions voulu de grand cœur rendre hommage à leur talent, et nous y fûmes sollicités avec la plus aimable insistance. Nous ne retînmes le machiniste, prêt à lever le rideau, qu'en invoquant la brièveté du délai de dix jours laissé aux formalités de la ratification. C'était pour ne pas nous exposer à condamner nos intelligents comédiens à végéter plus longtemps dans les lignes d'un camp retranché allemand que nous nous privâmes du plaisir de les entendre; et, après avoir reçu la sérénade militaire, nous obtînmes d'eux la permission de prendre congé, en leur montrant les portes de la France que nous étions impatients de leur ouvrir.

§

Partis de Mayence le soir même, nous arrivâmes à Versailles dans l'après-midi du vendredi 12 mai. M. Thiers nous accueillit avec une affectueuse cordialité. Il voulut bien nous dire que nous venions de rendre au pays un service signalé en précipitant les négociations et en concluant la paix; il était du reste plein de confiance. Il regardait notre succès comme prochain, comme assuré. Les événements de chaque jour le faisaient croire. Le gouvernement insurrectionnel confessait son affaiblissement en redoublant de violence; il avait supprimé presque tous les journaux, multiplié les arrestations, confisqué les offices ministériels et les grandes usines; battu dans toutes les rencontres, il couvrait les murs de la ville de proclamations mensongères célébrant ses victoires, il décrétait la formation d'un comité de salut public réunissant tous les pouvoirs, il incarcérait ses propres capitaines, maintenait la captivité des otages, répandait ses émissaires dans les départements et y faisait prêcher la Jacquerie : « Frère, lisait-on dans un » écrit répandu à profusion par ses ordres, on te trompe; » non, le travail ne donne pas la propriété, elle se trans- » met par le hasard ou se gagne par ruse : les riches » sont des oisifs, les travailleurs sont des pauvres et res- » tent pauvres. Cela n'est pas juste, frère paysan, ne le » sens-tu pas?... Paris veut, écoute bien, travailleur des

» campagnes, pauvre journalier, petit propriétaire que
» ronge l'usure, bordier, métayer, fermier, vous tous
» qui semez, récoltez, suez pour que le plus clair de vos
» produits aille à quelqu'un qui ne fait rien; ce que
» Paris veut, en fin de compte, c'est la terre au paysan,
» L'outil à l'ouvrier, le travail pour tous. »

Heureusement ces détestables excitations demeuraient stériles, et les tristes prédicateurs de la spoliation étaient partout repoussés. Dans les grandes villes, ils rencontraient quelques adeptes : leurs déclamations calomnieuses contre le gouvernement et l'Assemblée portaient leurs fruits. Sous prétexte d'arriver à une conciliation, ils appelaient les citoyens à la révolte en les invitant à nommer des délégués qui devaient arrêter l'effusion du sang, et terminer la lutte par une transaction. Quelques hommes bien intentionnés furent séduits par ces criminelles manœuvres, et c'est ainsi que se prépara le projet d'une Convention qui devait se réunir à Bordeaux, et dont il fallut un peu plus tard empêcher la convocation en mettant les fauteurs de ce mouvement sous la main de la justice. Chaque jour, à Versailles, nous recevions la visite d'officieux qui, en se prévalant de l'horreur prétendue de la guerre civile, nous demandaient de traiter avec les rebelles. Nous leur répondions invariablement que nous n'ouvririons l'oreille à aucune proposition avant l'entière et absolue soumission des séditieux. Tel fut notre constant langage. Nous le tinmes une dernière fois avant d'attaquer Paris de vive force; nous pûmes faire afficher dans l'intérieur de la ville une proclamation, où, après avoir rappelé l'origine de l'Assemblée, née du suffrage universel, et du gouvernement, né de l'Assemblée, il était dit :

« En présence de ce gouvernement, la Commune,
» c'est-à-dire la minorité qui vous opprime et qui ose se
» couvrir de l'infâme drapeau rouge, a la prétention
» d'imposer à la France ses volontés. Par ses œuvres,
» vous pouvez juger du régime qu'elle vous destine. Elle
» viole les propriétés, emprisonne les citoyens pour en
» faire des otages, transforme en déserts vos rues et vos
» places publiques où s'étalait le commerce du monde ;
» suspend le travail dans Paris, le paralyse dans toute
» la France, arrête la prospérité qui était prête à renaître,
» retarde l'évacuation du territoire par les Allemands et
» vous expose à une nouvelle attaque de leur part, qu'ils
» se déclarent prêts à exécuter sans délai si nous ne ve-
» nons pas nous-mêmes comprimer l'insurrection.

» Nous avons écouté toutes les délégations qui nous
» ont été envoyées, et pas une ne nous a offert une
» condition qui ne fût l'abaissement de la souveraineté
» nationale devant la révolte, le sacrifice de toutes les
» libertés et de tous les intérêts. Nous avons répété à ces
» délégations que nous laisserions la vie sauve à ceux
» qui déposeraient les armes ; que nous continuerions le
» subside aux ouvriers nécessiteux. Nous l'avons promis,
» nous le promettons encore. Mais il faut que cette in-
» surrection cesse, car elle ne peut se prolonger sans que
» la France y périsse.

» Le gouvernement qui vous parle aurait désiré que
» vous pussiez vous affranchir vous-mêmes des quelques
» tyrans qui se jouent de votre liberté et de votre vie.
» Puisque vous ne le pouvez pas, il faut bien qu'il s'en
» charge ; et c'est pour cela qu'il a réuni une armée sous
» vos murs, armée qui vient au prix de son sang, non
» pas vous conquérir, mais vous délivrer.....

» Il dépend de vous de prévenir les désastres qui sont inséparables d'un assaut. Vous êtes cent fois plus nombreux que les sectaires de la Commune. Réunissez-vous ; ouvrez-nous les portes qu'ils ferment à la loi, à l'ordre, à votre prospérité, à celle de la France. Les portes ouvertes, le canon cessera de se faire entendre, le calme, l'ordre, l'abondance, la paix rentreront dans vos murs ; les Allemands évacueront votre territoire, et les traces de vos maux disparaîtront rapidement.

» Mais si vous n'agissez pas, le gouvernement sera obligé de prendre pour vous délivrer les moyens les plus prompts et les plus sûrs. Il vous le doit, à vous, mais il le doit surtout à la France, parce que les maux qui pèsent sur vous pèsent sur elle, parce que le chômage qui vous ruine s'est étendu à elle et la ruine également, parce qu'elle a le droit de se sauver si vous ne savez pas vous sauver vous-mêmes.

» Parisiens, pensez-y mûrement, dans très-peu de jours nous serons dans Paris. La France veut en finir avec la guerre civile, elle le veut, elle le doit, elle le peut. Elle marche pour vous délivrer. Vous pouvez contribuer à vous sauver vous-mêmes, en rendant l'assaut inutile et en reprenant votre place dès aujourd'hui au milieu de vos concitoyens et de vos frères. »

Ce patriotique appel à la raison et au devoir avait déjà été fait à la tribune avec tout le prestige d'une généreuse éloquence. Dans la séance du 27 avril, M. Thiers, communiquant à l'Assemblée des renseignements sur les événements de Paris, et laissant pressentir les rigoureuses nécessités auxquelles le condamnait la criminelle obstination des rebelles, exprimait à la fois et sa douleur et sa persistance dans une politique de clémence, et son inébranlable volonté de ne reculer devant aucune extrémité légale pour abattre la rébellion :

« Croyez-vous, s'écriait-il, que c'est sans effroi et
» sans souffrance que je préside, en vertu du titre que
» vous m'avez donné, à une guerre civile? Je vous le
» dis, c'est avec une parfaite résolution que je m'acquitte
» de la mission que vous m'avez confiée, mais c'est en
» même temps avec une douleur aussi vive que ma réso-
» lution est énergique. (Nombreux applaudissements.)

» Eh bien, voici mon examen de conscience, et je
» souhaite qu'il soit celui de tout le monde. Oui, je me
» le demande très-souvent : y a-t-il eu un jour, un seul,
» où le droit ait été plus clairement, plus évidemment
» de notre côté, et où le contraire du droit ait été de
» l'autre côté? . . . .

» Je me suis dit : nous avons devant nous quelques
» dictateurs odieux qui se sont emparés d'une multitude
» égarée, qui la tyrannisent, qui la conduisent malgré
» elle, et d'un autre côté, siégeant dans cette enceinte,
» la représentation tout entière du pays. . . . .

» Eh bien, une Assemblée librement élue, élisant
» librement le pouvoir, je le demande, s'il y a un droit
» au monde, ce droit n'est-il pas ici? . . . . .

» Le droit, il est en nous, dans la mesure de votre
» confiance. Il est là, et, en dehors de nous, il n'y a que
» l'usurpation, et l'usurpation la plus odieuse. . . . . .

» Vous ne demandez qu'une chose : réorganiser le
» pays, ce que nous pouvons tous faire en parfait
» accord. Nous pouvons nous présenter la tête levée,
» dire ce que nous voulons, tandis que ceux contre les-

» quels nous avons la douleur d'employer la force,
» ceux-là, quand on les interroge, sont dans l'impossi-
» bilité de dire ce qu'ils veulent. Ils parlent vaguement
» de franchises municipales? Oh! j'ai sondé! J'ai forcé
» à s'expliquer ceux qui parlaient de ces franchises mu-
» nicipales. Je leur ai dit : Que voulez-vous? Que
» chaque cité fasse ses affaires? Eh bien, on vient de
» donner au pays une loi qui, sous ce rapport, a le plus
» concédé de franchises municipales; aucune, jamais
» encore, n'en avait autant concédé. Que voulez-vous?
» Que la Commune soit souveraine? Oh! je le sais bien,
» on nous demande, non-seulement que chaque ville
» nomme ses représentants, ce qui est tout simple, mais
» que chaque ville nomme ses chefs, que chaque ville
» soit une république.

» Si c'étaient des républiques pouvant s'entendre
» entre elles, à la bonne heure. Mais on veut que chaque
» commune ait son armée, son général, de manière que
» vous auriez dans le pays trente-sept mille républiques,
» ayant chacune leur armée régulière.

» Or, qu'est-ce que cela? C'est le plus absurde, le
» plus insolent démenti lancé, savez-vous à quelle auto-
» rité? à celle de la République. . . . .

» Oui, je le répète, pour que cela soit bien entendu de
» tous, il n'y a pas ici de gouvernement contre la forme
» de gouvernement que vous avez trouvée, que vous
» maintenez, sans vous engager pour l'avenir.

» Il n'y a d'autre conspiration que celle qui est à
» Paris, dans les rangs de l'insurrection.

» Quant à ceux qui déposeront les armes, ils auront
» la vie sauve; quant à ces ouvriers qu'on égare, et
» contre lesquels on emploie le stimulant de la misère

» pour en faire les soldats de la sédition, vous qui re-
» présentez une nation généreuse, vous pourrez, en
» attendant que, par leur retour au travail, ils aient
» trouvé du pain, leur donner temporairement un
» secours.

» Puis la souveraineté du pays sera reconnue; l'armée
» française, qui a le droit de parcourir avec fierté toutes
» les parties du territoire, ira partout où vos ordres
» voudront qu'elle soit, à Paris comme ailleurs.

» On nous a demandé la paix, la voilà!

» Et si l'on n'a pas le bon sens de comprendre que la
» France, c'est-à-dire nous, Messieurs, n'en peut pas
» accorder une autre, j'espère que notre fermeté à tous,
» notre constance dans le péril et l'héroïsme de l'armée
» feront enfin rentrer le bon sens dans l'esprit de ceux
» qui ont le malheur de lui faire une telle injure! (Ap-
» plaudissements prolongés.) »

Après de tels avertissements, après une démonstration si minutieuse du droit en vertu duquel agissait le gouvernement, que restait-il à faire, sinon user sans faiblesse des moyens suprêmes? M. Thiers n'hésita pas un instant. Il pouvait lire chaque jour les horribles menaces proférées contre lui. Il connaissait le décret qui livrait au marteau des démolisseurs sa maison; ou plutôt celle de sa femme et de sa belle-sœur. Qu'elle lui était légitimement chère! et combien la stupide violence qui allait la détruire devait avoir à ses yeux le caractère d'une lâche profanation! Là s'étaient accomplis les plus grands événements de sa vie; là, les années avaient accumulé le trésor ineffable des souvenirs de l'esprit et du cœur. Presque tous les hommes importants de l'époque avaient passé par cette demeure et y avaient

laissé leur empreinte ; lentement formées par le goût délicat du maître, de précieuses collections artistiques en étaient l'ornement inimitable. La science, l'histoire, les lettres y avaient leurs archives mêlées aux correspondances intimes, aux papiers de famille, aux documents de toute espèce : voir la sauvage brutalité de quelques êtres pervers souiller ce sanctuaire, disperser et anéantir en un jour le fruit de tant de travaux, les muets témoignages de tant de nobles élans, de tant de généreuses passions, de tant d'affections sacrées ; sentir que l'ignorance, la haine et l'ineptie vont pénétrer au milieu des mystères domestiques les plus augustes, violer audacieusement les secrets de l'amitié; que le vol, l'insulte, la débauche viennent s'asseoir triomphants au foyer honoré pendant un demi-siècle par d'illustres labeurs, par de doux et intelligents loisirs, est une épreuve qui semble au-dessus du courage du philosophe le mieux préparé aux coups du sort. M. Thiers la supporta sans faiblir. Je n'ai saisi qu'une seule fois, sur sa figure si expressive et si mobile, une trace fugitive de l'impression cruelle que lui causa cette barbare exécution. On venait de lui apporter la nouvelle du pillage de son cabinet, il entrait dans la salle du conseil, il nous communiqua la dépêche en la commentant en termes émus, ses yeux se mouillèrent de larmes: ce ne fut qu'un éclair. « Au fait, s'écria-t-il, je suis trop heureux de
» souffrir pour mon pays; quand je vous vois, vous, mes
« chers amis, si tristes de ma mésaventure, je me dis
« qu'elle soulèvera l'indignation de tous les cœurs géné-
» reux de la France, et je suis plus que vengé. » Puis il s'occupa des affaires avec cette lucidité merveilleuse, cette verve toujours présente, cette grâce inépuisable

qui sont les attributs de son incomparable nature. Il nous avait laissé deviner sa blessure; nous avions pu juger à la fois et sa profondeur et la grandeur d'âme avec laquelle les souffrances en étaient dominées.

Ce qu'il faut ajouter, c'est que jamais l'odieux attentat dont il était victime n'eut sur la conduite politique de M. Thiers une influence quelconque; il n'en eut pas même sur son langage, dans lequel il ne fit éclater aucun accent particulier de colère. Je l'ai entendu impétueux, véhément, terrible, quand il apprit les incendies de Paris et qu'il put craindre l'anéantissement du Louvre. La passion qui inspirait ses ardentes récriminations était digne du forfait. Quand il parlait du sac de sa maison, il avait l'air d'être adouci par le désir de ne pas mettre son intérêt en balance avec ceux de la patrie. D'ailleurs, il connaissait trop bien l'aveugle fureur des partis et les excès des insurrections, pour s'étonner des actes criminels dont sont victimes ceux qui les bravent. Aussi suivit-il le plan qu'il s'était tracé, sans se laisser détourner par aucun incident, ni troubler par aucune émotion. Tout de même que dans la première phase de la lutte il s'était obstinément refusé à précipiter les opérations, ne voulant agir que lorsque le retour de nos prisonniers lui aurait formé une armée suffisante, de même, dans la seconde, il se montra inflexible contre les temporisateurs, les conciliateurs officieux, les alarmistes de toute espèce qui l'étourdissaient de leurs terreurs, vraies ou fausses, de leurs prophéties sinistres et de leurs critiques importunes. Contrairement à l'avis de beaucoup des généraux, il s'était engagé à faire une brèche à près de quatre mille mètres de distance. Par ses ordres et sous ses yeux, quatre-vingt-seize pièces de gros calibre avaient été mises en batterie à Montretout, et leurs feux convergents devaient frapper à un même point les remparts du Point-du-Jour. En attendant cette formidable attaque, nos troupes avançaient toujours, et bientôt elles allaient toucher à la contrescarpe, dont, au 12 mai, elles n'étaient plus éloignées que de cent cinquante mètres environ. Après la chute d'Issy, Vanves ne pouvait plus tenir, on comptait d'un moment à l'autre qu'il se rendrait. Libres ainsi sur leurs derrières et sur leurs flancs, nos soldats marchaient avec un admirable entrain, provoquant le dénoûment suprême si impatiemment désiré par eux.

Telle était la situation stratégique lorsque nous arrivâmes de Francfort. Le télégraphe, qui nous avait tenus au courant, ne pouvait entrer dans les détails que nous fûmes heureux de recueillir de la bouche de M. Thiers; mais plus nous partagions sa confiance, plus il nous paraissait indispensable d'éviter une discussion irritante sur le traité. Nous avions à craindre, chez les uns, les scrupules exagérés, chez les autres, les flatteries à l'adresse de leur popularité, chez un grand nombre, l'explosion de sentiments patriotiques peu éclairés. Il nous était permis de supposer que quelques députés chercheraient dans ce triste épisode une occasion de contrecarrer le gouvernement. Il fallait agir avec promptitude et franchise. M. Thiers aurait voulu retarder de vingt-quatre heures la communication à l'Assemblée, afin de pouvoir faire précéder le texte de la convention d'un exposé de motifs arrêté en conseil. Je connaissais l'impatience de mes collègues, et je la comprenais. La séance allait s'ouvrir, je demandai à présenter un simple récit des faits qui expliquaient et justifiaient le traité,

Sans préparation aucune, je montai à la tribune, où je m'expliquai dans les termes suivants [1] :

« Je ne crois pas que le moment soit venu d'entrer dans
» les développements que la discussion du traité que j'ai
» l'honneur de soumettre à la sanction de l'Assemblée
» peut nécessiter : ils me paraîtraient de tous points pré-
» maturés; lorsqu'une commission aura été nommée,
» lorsqu'elle aura présenté son rapport à l'Assemblée,
» nous serons en situation de répondre avec plus de fruit
» aux questions qui pourront nous être adressées, et de
» faire passer sous les yeux de l'Assemblée les documents
» propres à éclairer sa religion.

» Je lui propose donc de renvoyer l'examen du traité
» à la discussion des bureaux de lundi, et, si elle me le
» permet, je me bornerai à de très-courtes observations
» pour lui en faire comprendre en deux mots l'éco-
» nomie.

» L'Assemblée le sait, avant la fatale et criminelle
» insurrection du 18 mars, la France, malgré ses mal-
» heurs, pouvait rouvrir son cœur à l'espérance. De
» toutes parts, elle recueillait des témoignages d'intérêt,
» et je pourrais dire de respect. Elle pouvait se flatter
» d'exécuter, dans un temps très-court, la plupart des
» engagements qu'elle avait contractés envers l'Alle-
» magne, quelle que fût leur énormité, et de reconquérir
» ainsi la liberté de son territoire, de son travail et de
» son action.

» Malheureusement, tout a été remis en question par
» ces funestes événements. Il ne m'appartient pas de
» vous dire comment les dispositions auxquelles je viens

[1] Séance du 13 mai 1871.

» de faire allusion ont été changées, vous le devinez
» sans peine. Mais ce que vous ne savez pas encore
» assez, c'est qu'à partir de ce moment, nous avons eu
» constamment à lutter contre des pensées de défiance
» qui pouvaient nous être fatales. Non pas, Messieurs,
» qu'elles atteignissent notre honneur, mais elle lais-
» saient douter de notre force, et il nous a fallu une
» insistance de chaque jour pour conserver le doulou-
» reux mais précieux privilége de faire nos affaires
» nous-mêmes, et de rétablir sur le territoire de la
» France, si profondément atteint par les crimes des
» séditieux qui l'agitent, l'ordre et la paix, qui ne peu-
» vent y refleurir que par la sévère et ferme exécution
» des lois. (Vive adhésion.)

» Nous y sommes parvenus, et cependant ce n'a point
» été sans de grandes angoisses. Tout récemment en-
» core, — j'aurai l'honneur d'en justifier lors de la
» discussion, si l'Assemblée l'exige, — il a été douteux
» de savoir si la paix serait maintenue. (Mouvement.)

» Je puis affirmer sans témérité, et je ne serai pas
» démenti par le chancelier de l'empire, que, lorsqu'il
» est venu à Francfort, il était lui-même inquiet des
» éventualités que telles ou telles dispositions pouvaient
» faire naître.

» Nous nous sommes efforcés, mon honorable col-
» lègue M. le ministre des finances et moi, de dissiper
» toutes ces méfiances. Pour cela notre politique était
» simple, elle consistait à demeurer sincères.

» En effet, Messieurs, nous avons toujours voulu que
» la France exécutât ses obligations quelles qu'elles
» fussent, et dès l'instant qu'un traité la liait, que ce
» traité avait reçu la consécration de l'Assemblée sou-

» veraine, l'honneur du gouvernement consistait dans
» la fidélité de son exécution. (C'est vrai! — Très-
» bien ! très-bien !)

» Aussi, les défiances dissipées, les plénipotentiaires
» n'ont pas tardé à reconnaître que le plus grand intérêt
» des deux nations consistait à résoudre immédiatement
» les principales difficultés, et à signer dans le plus bref
» délai un traité de paix définitif.

» C'était le moyen véritable de faire cesser toutes les
» incertitudes, d'établir solidement les bases interna-
» tionales sur lesquelles doit reposer le gouvernement
» de la France. Et cette idée, Messieurs, était telle chez
» celui qui a l'honneur de paraître devant vous que
» lorsque, à la date du 9 avril, M. le prince de Bismarck
» élevait déjà des doutes sur nos dispositions, je lui
» avais fait l'offre de nous rencontrer à Bruxelles, ou
» même d'aller moi-même à Berlin, sentant que la gra-
» vité de la situation et l'intérêt de mon pays devaient
» me faire complétement écarter toute question d'éti-
» quette, et je demeurais convaincu que de franches et
» loyales explications de la part du gouvernement fran-
» çais, présentées par moi, nous auraient permis d'arriver
» au but que nous avons atteint cette semaine.

» Cependant, il ne nous a pas été possible, quel que
» fût notre désir et quels qu'aient été nos efforts, de
» secouer complétement la lourde chaine que l'insurrec-
» tion de Paris fait peser sur nous.

» Nous avons déjà eu l'occasion de vous le dire, et il
» faut que la France entière le sache, c'est aux criminels
» qui ont usurpé le pouvoir à Paris, non pas pour y
» faire prévaloir tel ou tel système, mais pour y donner
» le scandaleux exemple de l'assouvissement stérile des

» plus malfaisantes passions... (Très-bien! très-bien!),
» c'est, dis-je, à ces hommes seuls que revient la res-
» ponsabilité de la prolongation et de l'aggravation des
» douleurs de la patrie. (Marques générales d'assenti-
» ment).

» Il ne nous a pas été possible, en effet, de mécon-
» naître que la situation de l'Allemagne en présence
» de cette insurrection était devenue difficile. Elle lui a
» imposé la nécessité, si douloureuse pour nous, de pro-
» longer son occupation, c'est-à-dire ses dépenses
» extraordinaires en même temps que l'éloignement de
» son territoire d'une partie de sa population.

» Et alors que nous sommes parvenus à dissiper toute
» espèce de doute sur nos intentions, comme sur la pos-
» sibilité d'accomplir nos obligations, il ne nous a pas
» été possible de refuser à l'Allemagne ce que, d'ailleurs,
» elle exigeait de nous, c'est-à-dire une prolongation
» d'occupation qui correspondit au rétablissement com-
» plet de l'ordre.

» C'est là, Messieurs, le triste et douloureux tribut
» que nous payons à ces agitations civiles, que, jus-
» qu'ici, nous n'avons pas pu désarmer par la raison, mais
» dont nous triompherons par la force, car, cette fois,
» la force est la sanction du droit, et nous ne reculerons
» devant aucune de ses nécessités. (Très-bien! très-
» bien!)

» Quant aux autres clauses, elles sont à peu près celles
» que vous connaissez. Le traité préliminaire a été con-
» verti en traité définitif.

» Grâce à la fermeté de M. le ministre des finances
» qui a, sur ce point, soutenu un combat heureux,
» nous sommes parvenus à maintenir le terme de trois

» ans qui nous était accordé pour la dernière et la plus
» lourde partie de la contribution de guerre.

» Quant aux autres, si nous avons devancé les termes,
» comme le traité vous le prouvera, c'est qu'en devan-
» çant les termes, nous devançons également la libéra-
» tion obligatoire de l'occupation de notre territoire.
» (Très-bien! très-bien!)

» Telle a été, sur ce point, l'économie de notre traité.
» L'obligation qui nous est imposée de payer ces lourdes
» sommes sera cependant atténuée dans une certaine
» mesure par la partie du traité qui a trait au rachat
» des chemins de fer, moyennant la somme de 325 mil-
» lions, qui sera imputée sur le second et sur le troi-
» sième demi-milliard que nous payerons à l'Allemagne.

» La partie du traité qui touche au commerce sera de
» votre part, je n'en doute pas, l'objet d'un examen
» approfondi. M. le ministre du commerce, comme
» M. le ministre des finances, avec une autorité et une
» compétence qui ne m'appartiennent pas, vous démon-
» trera, j'en suis sûr, que nous avons obtenu tout ce
» qu'il était possible dans la situation qui nous était
» faite. Je suis convaincu qu'il faudrait peu de temps au
» patriotisme et à la sagesse de l'Assemblée pour se
» livrer à l'examen du traité que nous avons l'honneur
» de lui soumettre, s'il n'y avait une question spéciale
» qui provoquera de sa part un examen de détail. Cette
» question touche à la délimitation territoriale..

» L'Assemblée n'a certainement pas oublié que,
» grâce à l'insistance de l'honorable président du con-
» seil, — car c'est surtout à lui que cette noble victoire
» est due; et ce ne sera pas la seule, j'en ai la conviction,
» — grâce, dis-je, à son insistance, l'Allemagne nous

» abandonne Belfort, seulement au moment où le traité
» des préliminaires était conclu, la situation était telle-
» ment tendue et, nous pourrions dire, sans crainte
» d'exagérer, nous traversions de tels brasiers, qu'il
» était imprudent de s'y arrêter. Aussi lorsque nous
» demandâmes une délimitation, sur la réponse qui
» nous fut faite que cette difficulté pourrait faire rompre
» l'engagement qui avait été pris par l'Allemagne, nous
» ne dûmes pas insister.

» La question de délimitation autour de Belfort reste
» donc incertaine. Cette question s'est présentée dans
» l'échange des notes que les plénipotentiaires se sont
» réciproquement communiquées. Là on ne s'est point
» entendu, et il était assez naturel que nous fussions
» exigeants outre mesure quand il s'agissait de ces chers
» absents que la fortune contraire nous a seule forcés
» d'abandonner.

» L'Allemagne aurait parfaitement dû comprendre
» quelles étaient les susceptibilités de nos cœurs quand
» nous disputions ainsi pied à pied ceux qui n'ont pas
» cessé d'être Français et que nous aimerons toujours
» comme s'il étaient encore des compatriotes. (Assenti-
» ment unanime.)

» Seulement, il fallait arriver à une conclusion. Celle
» à laquelle l'Allemagne avait abouti était de nous laisser
» seulement le rayon de la zone militaire, ce qui était
» inadmissible ; et nous n'avons pas eu de peine à faire
» comprendre au chancelier, qui s'est rendu dès les pre-
» miers mots, qu'il était indispensable que le rayon de
» Belfort comprit au moins la distance qui séparait cette
» place et ses ouvrages de la frontière française.

» Ceci nous donne en moyenne environ 8 à 9 kilo-

» mètres; mais, comme vous le verrez, messieurs,
» d'après le traité, une offre nous a été faite de nous
» abandonner un territoire plus considérable et des po-
» pulations plus nombreuses qui forment à peu près
» tout l'arrondissement de Belfort. Seulement on nous
» demande en échange des terrains qui sont situés
» contre la frontière du Luxembourg.

» Il ne nous a pas paru qu'il nous fût possible, —
» bien que nous soyons parvenus à diminuer du côté de
» ce que nous cédons à mesure que nous augmentions
» du côté qu'on nous abandonnait, — il ne nous a pas
» paru, dis-je, possible de trancher une si délicate
» question.

» Vous comprenez quelles sont les difficultés qu'elle
» soulevait. Retrancher, par un traité, quelques com-
» munes, — car il s'agit de quelques communes qui,
» par le traité préliminaire de paix, ont été déclarées
» françaises, — c'est là, Messieurs, une résolution que
» le souverain seul peut prendre, et nous, qui avions
» l'honneur de le représenter dans les mesures de notre
» mandat, nous avons cru que nous commettrions une
» sorte d'usurpation si nous préjugions cette question.

» Elle est donc restée entière; et, grâce à l'économie
» de l'article qui passera sous vos yeux, c'est une alter-
» native qui vous est soumise et que vous avez à ré-
» soudre. Vous interrogerez les intérêts stratégiques,
» économiques, industriels et sociaux, et vous vous
» prononcerez dans la liberté de votre conscience ; alter-
» native douloureuse sans doute, qui ne laisse de choix
» qu'entre deux sacrifices ; mais comme elle nous est
» commandée par cette impérieuse fortune qui nous a
» trahis, nous sommes condamnés à faire l'un ou l'autre

» virilement, et ce sera, Messieurs, l'œuvre de votre
» patriotisme.

« Telle est, en quelques mots, l'économie du traité
» qui a tranché en outre d'autres questions secondaires.

» Et maintenant, si l'Assemblée me le permet, je lui
» en ferai la lecture, en ajoutant cependant que nous
» devons nous montrer reconnaissants à l'égard des
» honorables plénipotentiaires qui, depuis qu'ils ont été
» chargés de la tâche difficile de défendre les intérêts de
» la France, s'en sont acquittés avec autant de zèle que
» de patriotisme. Ce sont eux qui ont préparé l'œuvre à
» laquelle nous avons donné notre assentiment. »

La lecture du traité fut accueillie avec un sentiment
de douleur bien naturelle. Des murmures de désapprobation éclatèrent à la clause qui nous condamnait à subir
une prolongation d'occupation, et surtout à accepter le
gouvernement allemand comme juge des preuves du rétablissement de l'ordre en France. Après avoir accompli
ma douloureuse tâche, je racontai ainsi notre visite à nos
soldats prisonniers.

« Je n'aurais plus, Messieurs, après avoir soumis ce
» traité à vos délibérations, qu'à descendre de cette tri-
» bune, si je n'avais encore à vous demander la permis-
» sion de vous dire un mot de nos malheureux soldats
» prisonniers.

» Vous avez vu, par l'un des articles du traité que je
» viens d'avoir l'honneur de vous lire, que le repatrie-
» ment de ces prisonniers allait recommencer pour ne
» plus être interrompu. Il l'avait été, contrairement aux
» stipulations des préliminaires du 26 février, à raison
» même des inquiétudes de l'Allemagne et de l'état nou-
» veau qu'avait créé l'insurrection de Paris.

» Nous étions, M. le ministre des finances et moi, fort rapprochés de Mayence et de Coblentz, et bien que nous ayons un intérêt capital à ne pas retarder volontairement d'un seul jour la communication que nous avions à vous faire et la délibération qu'elle provoque, nous avons pensé que nous serions excusés par vous si nous employions un jour à visiter les camps où gémissent nos malheureux compatriotes. (Très-bien ! très-bien !)

» Dans la journée d'avant-hier, mon honorable collègue, M. le ministre des finances et moi, nous nous sommes rendus dans les camps qui sont, deux à Mayence et deux à Coblentz.

» Je ne veux pas apporter à la tribune l'écho des impressions douloureuses qui nous ont agités quand nous avons été, dans le premier de ces camps, en face de 18,000 de nos malheureux soldats placés sous le joug de la servitude étrangère. (Sensation.)

» Nous avons cependant la consolation de dire que nous les avons trouvés moins abattus, plus résistants et plus forts que ne le pouvait faire supposer l'étendue de leur infortune. Quelques-uns, en effet, sont là depuis la bataille de Wœrth.

» Vous dire tout ce qu'ils ont souffert depuis ce temps, du climat, d'un hiver exceptionnel, des privations de toute nature, et surtout les tortures que leur imposaient la défaite, les malheurs de la patrie et l'absence de tout ce qu'ils aiment, est assurément impossible. Ils y ont cependant résisté, et nous les avons trouvés debout et fiers, heureux de recevoir la bonne nouvelle que nous leur apportions. Et jamais impression n'a

» été plus douce que celle de la joie que nous avons vue
» éclater sur leurs traits.

» Nous les avons trouvés, en même temps, sympa-
» thiques à tout ce qui se passe en France. Il nous a été
» impossible, vous le comprendrez, de les interroger
» tous, comme nous l'aurions voulu. Dans cette seule
» journée, nous en avons passé en revue près de 40,000,
» et, partout où il y en avait à notre portée, nous avons
» voulu au moins les voir. Nous nous sommes adressés
» au plus grand nombre, nous n'avons entendu que
» très-peu de plaintes, malgré la légitimité que ces
» plaintes auraient eue, et pas une seule parole disso-
» nante sur leur patriotisme ; mais partout nous avons
» remarqué la confiance, l'amour du sol natal, et, en
» même temps, le sentiment de la grande leçon qui devait
» profiter à la France.

» Oui ! c'est là, je le dis avec un triste orgueil, ce que
» nous avons pu recueillir dans les communications de
» chacun d'entre eux. Ils avaient compris quels étaient
» désormais les devoirs qui leur étaient imposés, et, le
» premier de tous, celui qu'ils revendiquaient avec le
» plus d'ardeur, était la défense de l'ordre, des lois et de
» l'Assemblée souveraine qui les représentait. (Applau-
» dissements sur un grand nombre de bancs.)

» Nous n'avons trouvé nulle part la trace d'une pensée
» factieuse ou discordante. Nous avons pu, en quittant
» nos malheureux compatriotes, leur donner l'espérance
» que bientôt ils auraient la consolation de revoir leur
» patrie, et que la patrie, de son côté, leur ouvrirait les
» bras avec une légitime fierté, car ils ont souffert pour
» elle, ils se sont sacrifiés pour sa noble cause, et ce n'a
» point été la faute de leur courage si le drapeau qu'ils

« portaient si dignement a été un instant incliné par la
» défaite. (C'est vrai! c'est vrai!) Nous leur avons dit
» que l'Assemblée leur était aussi sympathique que le
» gouvernement, que nos cœurs étaient confondus dans
» une même pensée d'affection et de désir de leur repa-
» triement. (Très-bien! très-bien!)

» On avait fait courir parmi eux cette calomnie, ré-
» sultant certainement des manéges et des intrigues de
» partis, qu'il ne s'agit pas aujourd'hui de dévoiler, mais
» qui, un jour, seront flétris devant l'histoire, on avait
» fait courir parmi eux cette calomnie que le gouverne-
» ment et l'Assemblée s'entendaient pour ne pas les faire
» rentrer en France. (Oh! oh!)

» J'ai pu leur répondre que la correspondance du
» gouvernement était là pour protester contre ces
» odieuses inventions; que je n'avais pas passé un jour,
» interprète fidèle des sentiments unanimes de cette
» Assemblée, sans protester contre la résistance de
» l'Allemagne au repatriement de nos braves soldats, et
» sans demander qu'ils nous fussent rendus. (Très-
» bien! très-bien!)

» Ils vont revenir bientôt, Messieurs; malheureuse-
» ment pas aussi vite que nous le voudrions, car leur
» grand nombre — et je n'ose pas en dire ici le chiffre
» — rend l'évacuation relativement très-lente; mais ils
» peuvent être certains que nous y mettrons toute l'ar-
» deur possible, et il ne dépendra pas du gouverne-
» ment qu'ils puissent souffrir du moindre retard
» volontaire.

» J'ai reçu déjà, ce matin, de l'honorable général de
» Fabrice, un télégramme qui m'annonce que les
» 20,000 prisonniers destinés à servir en Algérie, après

» leur réorganisation, sont partis, et que, aussitôt après
» la ratification du traité de paix, les 40,000 ou
» 50,000 hommes qui sont le plus rapprochés seront
» expédiés en France.

» Ils verront donc, dans un avenir prochain, la cessa-
» tion de leurs longues souffrances ; ils seront reçus par
» nous, Messieurs, comme des citoyens qui ont noble-
» ment accompli leur devoir... (Oui! oui!) et, je le
» répète, tous, nous retrempant dans le malheur com-
» mun, nous serons bientôt dignes des jours meilleurs,
» qui, certainement, nous sont réservés par Dieu. (Ap-
» plaudissements. — Mouvement prolongé.) »

La discussion des bureaux fut sommaire. Chacun sentait l'inutilité d'un débat, et renvoyait à la commission la responsabilité d'explications qui pouvaient n'être pas sans inconvénient. Composée en majorité de députés peu indulgents pour M. Thiers [1], cette commission nous fit craindre un instant une opposition systématique, dont les conséquences auraient été funestes. Un de ses membres, que sa situation spéciale devait désigner comme bien informé, affirma que le gouvernement avait dédaigné l'appui des grands cabinets de l'Europe ; un autre accusa les négociateurs d'avoir sacrifié les intérêts commerciaux de la France ; plusieurs se plaignaient de notre condescendance envers l'Allemagne, et prétendaient qu'avec un peu plus de fermeté nous aurions conservé les conditions, déjà très-dures, des préliminaires. On nous reprocha aussi d'avoir accepté les offres de

---

[1] Les membres de cette commission étaient : MM. de Chaudordy, Rivet, Peltreau de Villeneuve, Martel (Pas-de-Calais), de Goulard, Victor Lefranc, Leurent, de Corcelles, Jauréguiberry, Benoist-d'Azy, de Meaux, Ricard, de Bondy, Toupet des Vignes, Target.

M. de Bismarck, pour un échange de territoire que le droit acquis des habitants restés français rendait impossible.

Avertis de ces dispositions inquiétantes, nous demandâmes à être entendus. M. Thiers tint à honneur de nous accompagner et de nous défendre; il le fit avec une rare vigueur. Prenant à partie celui de nos collègues qui avait parlé de notre présomptueuse indifférence en face d'une bienveillante intervention de la diplomatie, il le somma de produire ses preuves, et lui donna un démenti qui ne fut point relevé. Il reconnut que la conservation de notre liberté commerciale aurait été préférable; nous l'avions énergiquement réclamée, et nous n'avions cédé que devant la certitude d'une rupture. Ceux qui nous blâmaient voulaient-ils la guerre? Qu'ils eussent le courage de le dire. Les conjonctures où nous nous trouvions exigeaient une entière franchise. Il était facile de se plaindre. Pouvait-on agir autrement? Là était la seule, la vraie question. Si l'on était forcé d'avouer que nous avions fait le possible, diminuer l'autorité du gouvernement par des critiques stériles était l'œuvre de mauvais citoyens. Quant aux échanges proposés, il se réservait d'en démontrer, à la tribune, les incontestables avantages. Il défiait un homme de guerre de les nier, à plus forte raison de les refuser.

Son argumentation fut véhémente : on y sentait le souffle d'une conviction ardente et l'ascendant d'une logique implacable. L'opposition n'essaya pas de soutenir la lutte. Justement ému des reproches de condescendance qui nous avaient été adressés, j'exposai en peu de mots la succession d'efforts par lesquels nous avions, depuis six semaines, retenu le bras de la Prusse, constamment levé sur Paris, et calmé les susceptibilités du chancelier, nous menaçant sans cesse de renouveler les hostilités. La commission voulut bien déclarer que nous avions rempli notre devoir; j'achevai de l'en convaincre en lui racontant au milieu de quels incidents j'avais dû faire le voyage de Francfort. Enfin je lui donnai lecture de l'ultimatum de M. de Bismarck. J'espérais que le patriotisme de mes collègues me dispenserait de faire connaître ce document en séance publique : chacun le comprit, et M. de Meaux, nommé rapporteur, fut chargé de conclure à l'adoption du projet de loi.

Nous étions au 16 mai : il fallait que les ratifications fussent échangées à Francfort, au plus tard, le 20. Le temps marchait. On attendit cependant la dernière heure, car ce fut seulement dans la séance du jeudi 18 mai que le projet de loi portant acceptation du traité fut mis en discussion. Clair, substantiel et mesuré, le rapport de M. de Meaux démontra la douloureuse mais inévitable nécessité d'un vote approbatif [1], en proclamant que des désastres sans précédent pouvaient seuls déterminer la France à subir de telles extrémités ; le rapport en déclinait hautement la responsabilité, et la renvoyait à ceux-là seuls qui sont coupables de la ruine de la patrie.

« Au moment, disait-il, où votre résolution va devenir
» définitive, la commission, votre organe, a droit et besoin
» de répéter cette parole : Nous prenons Dieu, notre pays,
» l'Europe, le monde à témoin : non, ce n'est pas nous
» qui valons à la France ce traité qui la mutile. Le mo-
» ment de débattre les responsabilités durant la guerre
» n'est pas encore venu ; mais deux choses apparaissent,
» incontestables et manifestes, c'est que si l'étranger est

---

[1] Voir les Pièces justificatives, n° 22.

» entré chez nous il y a neuf mois, c'est l'Empire qui
» l'a attiré, et s'il y reste aujourd'hui sous Paris, c'est la
» Commune qui le retient. »

Tel était, en effet, l'irrécusable enseignement qui ressortait de nos désastres et de leur inévitable dénoûment. Un autre s'en dégageait non moins nettement, c'était l'obligation de se soumettre sans phrase : la plainte stérile est un acte de faiblesse, et le silence est la seule dignité du vaincu. L'amiral Fourrichon conseilla cette fière résignation par ces quelques paroles, qui méritent d'être citées :

« Je viens très-respectueusement demander à l'Assem-
» blée de se prononcer sans débats publics sur la ques-
» tion du traité de paix qui est soumis à sa ratification
» souveraine.

» Il est vrai que les négociateurs allemands, enivrés
» de leurs succès, enhardis par nos discordes civiles,
» semblent s'être proposé de mettre la France hors
» d'état de se relever ; mais ce n'est pas en se débattant
» sous l'étreinte de la force et de la violence que nous
» nous préparerions à conjurer le péril de ses odieux
» desseins, de ses sauvages espérances.

» Notre intérêt, d'accord avec notre honneur, nous
» commande une autre attitude, une conduite diffé-
» rente. A l'adversaire implacable, qui, dans sa vic-
» toire, ne garde aucun sentiment de modération et de
» justice, répondez par la dignité du silence, par la rési-
» gnation dans le malheur. Nous y gagnerons le respect
» et les sympathies du monde.......

« Je voterai le cœur percé de douleur, je voterai
» ce lamentable traité, et, je vous en conjure, quelles
» que soient vos résolutions individuelles, ne discutons

» pas la question, encore indécise, de l'échange de ter-
» ritoire, et gardons-nous de faire aucune demande qui
» pourrait nous attirer de nouveaux refus. »

Ce sage avis ne prévalut pas. Mais en le combattant à la tribune, le général Chanzy le justifia. A quoi bon, en effet, condamner solennellement un vote auquel on ne peut opposer que des allégations démenties par les faits? Il est fort aisé de dire qu'un traité est humiliant, et qu'il faut le rejeter. Mais l'expression de cette opinion est dérisoire si elle n'est suivie de l'indication du parti à prendre après ce rejet. Or, c'est là précisément ce qu'omettaient le général et ceux qui partageaient son sentiment, raisonnant toujours comme si le gouvernement eût été le maître de repousser les conditions que lui dictait le vainqueur. Lorsque le général disait : « Je
» demande que l'on s'en tienne strictement, dans l'éta-
» blissement du traité définitif, aux conditions admises
» dans celui des préliminaires que vous avez voté à
» Bordeaux. » Quand il ajoutait, en développant la même conclusion : « Vous avez accédé aux dures conditions
» des préliminaires; c'est plus que l'orgueil de l'Alle-
» magne ne devait espérer après la résistance qui nous
» honore aux yeux du monde entier. En acceptant, sans
» essayer de les repousser, ces exigences nouvelles, que
» rien de sérieux ne justifie, qui nous dit qu'il n'en
» surgira pas d'autres pendant la durée de l'occupation
» qu'elle nous fait subir? Ne faisons pas un traité inexé-
» cutable, » il oubliait, tout en le reconnaissant d'ailleurs, que depuis six semaines nous luttions sans succès pour obtenir ce qu'il demandait, et que nous n'avions négligé aucun effort pour nous soustraire à la **dure nécessité** que nous subissions.

Au surplus, le général Chanzy fut le seul à conseiller d'une façon absolue le rejet du projet de loi. Après lui on se borna à critiquer par des raisons diverses l'échange de territoires proposé par l'Allemagne. M. Peltreau de Villeneuve invoqua le droit incommutable acquis aux communes du département des Ardennes que l'acceptation de l'échange faisait passer sous la domination allemande. L'argument avait une grande force, surtout au point de vue du sentiment, mais il était cependant facile de répondre que le traité de préliminaires n'avait pas un caractère définitif, et que les parties qui l'avaient signé s'étaient réservé le droit de le modifier.

Ce ne fut pas dans le but de rappeler ces principes et de calmer ainsi les honorables scrupules de son collègue que M. Depeyre monta à la tribune. Il n'avait d'autre dessein que de satisfaire une rancune politique en insultant ceux qui ont cru que l'honneur ordonnait à la France de se défendre contre l'invasion jusqu'à épuisement de ses forces. Après avoir protesté de son patriotisme et de sa douleur, après avoir fait l'éloge de la Restauration qui, suivant lui, avait réparé les fautes du premier Empire, l'orateur s'écria :

« Messieurs, vous allez voter des milliards, vous allez
» amoindrir la France, et je crois qu'en ce moment,
» avant de déposer dans l'urne ce vote fatal et obligé, il
» est bon de dire et de dire bien haut à qui remonte la
» responsabilité de ces désastres et de ces douleurs qui
» tiennent vos âmes muettes et courbées.

» Ces désastres, ils ont été l'œuvre du second Empire,
» l'œuvre de la dictature républicaine..... »

A ces mots, malgré les applaudissements d'une partie de la droite, M. Depeyre fut violemment interrompu :

personne n'osa le soutenir dans cette tentative de provocation, à laquelle M. Victor Lefranc opposa une protestation éloquente et indignée. Heureusement pour la dignité de l'Assemblée l'incident n'eut pas de suite, et M. le général Chareton put, avec la grave autorité qui lui appartient, faire valoir les considérations techniques suffisantes, à son sens, pour faire rejeter l'échange proposé par le projet de loi. Il alla jusqu'à dire que l'importance stratégique de Belfort avait été exagérée. Il la nia au point de vue offensif, et déclara que, dans tous les cas, cette forteresse n'avait pas besoin des annexes qu'on ne pouvait lui donner qu'aux dépens de nos compatriotes des Ardennes.

Il était temps que le gouvernement intervînt. Nul mieux que son illustre chef ne pouvait restituer au débat sa vérité et sa grandeur. Il le fit dans un discours admirable, que je regrette de ne pouvoir transcrire en entier, car il renferme, sous la forme élevée, entraînante, pathétique, familière à l'orateur, le résumé de toutes les raisons, la réponse à toutes les objections, l'expression de tous les sentiments qui devaient faire briller la lumière et enchaîner les convictions.

Dans la première partie de sa harangue, M. Thiers s'attacha à démontrer, contrairement à l'opinion de M. le général Chareton, qu'après la perte de Strasbourg, Belfort était devenu notre plus précieux boulevard du côté de l'Alsace. Ainsi s'expliquait et se justifiait l'insistance désespérée avec laquelle il avait combattu pour arracher à M. de Bismarck la possession de cette glorieuse cité. Ici je ne puis résister au plaisir de mettre sous les yeux du lecteur le passage si émouvant que voici :

« Beaucoup de savants militaires discutent la question
» de savoir s'il vaut mieux une frontière d'eau qu'une
» frontière de montagne, et il y a beaucoup à dire pour
» et contre. Mais, quoi qu'il en puisse être, nous conser-
» vons la frontière des Vosges. Cette frontière disparait
» quand on descend vers le sud. Tout le monde sait qu'il
» y a une interruption entre l'extrémité des Vosges et
» le commencement du Jura, et c'est là ce qui a fait
» donner à cette position le nom de *Trouée de Belfort*.

» Trouée de Belfort! Faites attention à ce mot. La
» langue faite par les peuples est toujours bien faite.
» Elle est faite avec l'instinct naturel qui nait de la vue
» des choses. Eh bien, les peuples, dans tous les temps,
» se sont aperçus qu'entre le ballon des Vosges et la
» ligne du Jura, il y a un creux profond par lequel, à
» toutes les époques, les invasions ont passé. Aussi
» a-t-on créé une place pour fermer cette trouée, qui
» ouvre entre les Vosges et le Jura un facile passage.

» Messieurs, vous le dirai-je? prêt, résigné que j'étais,
» à tous les sacrifices, quand je dis tous, c'est dans une
» certaine mesure cependant, au moment même où je
» sentais la nécessité de la paix, j'avoue que j'ai été
» saisi d'une sorte de désespoir lorsqu'on nous a de-
» mandé Belfort.

» Oui, j'ai été saisi d'un désespoir patriotique, et moi,
» qui regardais la paix comme absolument nécessaire,
» je me suis demandé s'il ne valait pas mieux continuer
» la guerre plutôt que de céder cette porte de l'est de la
» France.

» C'est en effet par Belfort que les armées allemandes
» pénétreront pour arriver vers le Sud; et, s'il était pos-
» sible que la neutralité suisse fût jamais violée, c'est

» par Belfort que devraient encore passer les armées en-
» nemies. Belfort est donc la porte de la France. Cette
» place acquiert maintenant plus d'importance pour
» nous que naguères n'en avait Strasbourg quand nous
» le possédions.

» Lorsqu'on n'a pas Strasbourg, il faut avoir Belfort.
» Ceux qui disent le contraire sont des aveugles, qu'ils
» me permettent ce mot. Ils n'ont jamais étudié une
» carte de France.

» J'ai lutté, Messieurs, j'ai lutté toute une journée
» avec désespoir; et, alors que je regardais la continua-
» tion de la guerre comme une affreuse calamité, je me
» suis demandé si, dans le cas où on nous enlèverait la
» dernière porte de notre pays, il fallait céder. J'ai lutté
» avec un désespoir si énergique et si sincère que j'ai
» persuadé un négociateur très-opiniâtre, et malheureu-
» sement trop autorisé par la victoire. Je lui ai fait sentir
» la nécessité de ne pas nous imposer le dernier sacrifice.
» A toutes mes instances, il répondait : Je ne puis pas;
» et il m'a fallu, après des efforts pendant une journée
» entière, conquérir les deux plus grandes autorités de
» la Prusse, l'autorité royale et l'autorité militaire, pour
» arracher cette concession pénible.

» Mais, même après cette conquête, il y avait une
» chose qui me tourmentait : je me demandais si, en
» obtenant Belfort sans un rayon suffisant, j'avais vrai-
» ment obtenu quelque chose. A cet égard, je vais vous dire
» ce qu'il faut entendre par rayon. Ce n'est pas seule-
» ment le rayon qu'on trace autour d'une place, c'est la
» domination de la contrée voisine. Du reste, j'expli-
» querai le mot tout à l'heure.

» Je me disais à moi-même que, si je ne pouvais ob-

» tenir un rayon suffisant autour de Belfort, je n'avais
» presque rien fait.

» Mais, voyant la difficulté de pousser plus loin le
» triste avantage que je venais de remporter en luttant
» contre deux autorités toutes-puissantes en ce moment,
» voyant que, si j'insistais plus longtemps, peut-être
» n'obtiendrais-je pas même Belfort, je m'arrêtai, la
» journée entière s'était écoulée : quatorze heures de lutte,
» oui, quatorze heures de lutte nous avaient épuisés les
» uns et les autres, et enfin l'on nous concéda ces mots :
» Rayon militaire qui sera ultérieurement fixé.

» Je me suis contenté de cette promesse, me disant
» que lorsque l'on convertirait les préliminaires de paix
» en traité définitif, nous discuterions sur le rayon qu'il
» faudrait tracer autour de Belfort avec un périmètre
» convenable...

» Sans doute Belfort, même comme simple place, ne
» mériterait pas le peu de cas que vient d'en faire l'ho-
» norable préopinant. Belfort n'aurait toutefois qu'une
» valeur très-limitée. Mais Belfort situé sur l'éperon des
» Vosges qui descend dans cette vallée qu'on appelle la
» Trouée de Belfort, Belfort, maître de la vallée de la
» Savoureuse et en commandant le cours, devient la
» continuation de notre frontière et la rattache aux
» Vosges et au Jura.

» Mais pour cela il fallait, non pas deux ou trois kilo-
» mètres de plus, il fallait rattacher en entier le canton
» de Giromagny, par notre gauche, au ballon de l'Alsace.

» On dit : Mais, pour défendre Belfort, il suffisait du
» premier rayon qu'on nous offrait.

» Oui, sans doute, pour défendre Belfort; mais, si
» l'on veut défendre toute la ligne qui s'étend du ballon

» d'Alsace jusqu'au Jura, il faut être maître de cette
» petite vallée qu'oh appelle la vallée, de Giromagny,
» c'est là le point vraiment important. . . . . . .

. . . .

» On nous dit que donner le rayon dont je viens de
» parler c'est assez, et que nous pourrons toujours nous
» garder contre les ouvrages qu'on élèvera autour de la
» place de Belfort.

» Mais par là nous ne sommes pas reliés au ballon
» d'Alsace, on peut passer par notre gauche, tourner
» Belfort, rejoindre la route qui, par le ballon d'Alsace,
» descend en Lorraine sur les frontières, et alors la gar-
» nison renfermée dans Belfort ne pourrait plus arrêter
» une armée allemande qui aurait gagné la grande route
» au-dessous de Belfort, franchi la Savoureuse et passé
» par le ballon d'Alsace pour descendre en Lorraine.

» Il était donc nécessaire que nous conservassions
» tous ces terrains, car ce n'est pas la place seule de
» Belfort qu'il faudra fortifier, il faudra occuper les
» passages supérieurs, il faudra y créer des ouvrages
» extérieurs, des ouvrages fermés qui seront les dépen-
» dances de cette place, qui concourront avec elle à
» compléter la barrière de la France contre l'Allemagne.

» Ainsi, avec les terrains qui nous sont concédés,
» nous pouvons fermer la route complétement, nous
» rattacher au ballon d'Alsace et faire de Belfort une
» des places les plus importantes de l'Europe, tandis
» que, sans ces terrains, Belfort devient une place
» comme une autre. Il n'a plus l'importance qu'il avait
» et qu'il doit avoir.

» Je regarde donc comme un immense avantage que
» nous obtenions autour de Belfort tous les terrains

» qu'on nous a concédés, c'est-à-dire la vallée de Giro-
» magny. Cette annexe est capitale, et je serais déses-
» péré si l'on commettait la faute de repousser un avan-
» tage pareil. »

M. Thiers ne fut pas moins complet, pas moins puissant en démontrant que la cession des quelques kilomètres le long de la frontière du Luxembourg, exigée par l'Allemagne en échange du rayon agrandi de Belfort, ne compromettrait ni la défense, ni la politique, ni l'industrie de la France. Sans doute, en acceptant cet échange, nous abandonnions une partie des richesses minérales qui abondent dans ces contrées, et c'est là, sans doute, ce qui expliquait l'intérêt des propositions qui nous étaient faites. Mais ce qui nous restait de ces richesses était plus que suffisant pour les besoins du travail national, nous n'avions donc pas à nous inquiéter et nous pouvions sans crainte adopter la combinaison qui nous donnait le moyen de faire respecter la partie la plus vulnérable de notre frontière de l'Est. Nous n'avions pas davantage à nous préoccuper de l'inconvénient de mettre la Prusse entre nous et le Luxembourg, puisque nous gardions les deux tiers de notre confin avec cet État, auquel nous unissent tant de liens utiles à resserrer.

Après avoir ainsi, par une argumentation victorieuse, établi le service rendu au pays par la nouvelle fixation du rayon autour de Belfort, M. Thiers aborda les critiques dirigées contre le principe même du traité, — et là, son impitoyable dialectique triompha sans peine des dangereuses erreurs de ses adversaires. La légitime autorité de M. le général Chanzy seule avait pu leur donner quelque prestige; il fallait le détruire : l'illustre orateur ne faillit point à ce devoir.

» Je passe maintenant, dit-il, à un autre ordre d'idées.
» Que Dieu me garde de rien dire de blessant pour de
» braves militaires qui ont défendu le mieux qu'ils ont
» pu les frontières de la France; mais il y en avait un
» fort distingué qui, tout à l'heure, à cette tribune,
» s'élevait contre le traité et qui disait que ce traité était
» une cruelle humiliation, un affreux sacrifice. Je ne le
» méconnais pas, mais vous en parlez, pardonnez-moi
» une expression vulgaire, vous en parlez à l'aise, vous
» qui n'avez pas signé ce traité; pour le bien apprécier,
» il faudrait consulter ceux qui ont eu la douleur d'y
» apposer leur signature. Mais je vous assure que pour
» ceux-là, il n'est besoin d'exagérer le malheur de ce
» traité. Ceux-là le sentent profondément; oui, dans
» ce jour de discussion, dans ces débats qui ont été
» terminés par cette signature, j'ai cruellement souf-
» fert, je souffrirai toute ma vie de l'obligation où
» je me suis trouvé d'apposer mon nom au bas de cet
» acte. Je m'étais flatté, comptant sur la Providence
» et sa justice, qu'un autre que moi signerait ce traité de
» paix, car, je puis le dire, s'il y a quelqu'un en France
» qui ait le droit de refuser sa signature à ce traité,
» c'est moi! (Applaudissements.)

» Moi, qui, au milieu des outrages les plus violents
» qu'un homme ait pu recevoir à la tribune, ai persisté
» à soutenir la paix, je m'étais dit que si je n'avais pas
» pu empêcher la guerre, je n'aurais pas la douleur d'en
» recueillir les conséquences; eh bien! la destinée, qui
» a dirigé ma vie comme Dieu l'a voulu, a fait de
» moi, de moi qui m'étais inutilement opposé à la
» guerre, l'homme qui a été appelé à en recueillir les
» conséquences déplorables.

» Aujourd'hui, vous sentez dans votre justice, et per-
» mettez-moi de l'ajouter, dans la proximité où vous
» êtes des événements, vous sentez que nous n'avons
» fait que ce que nous ne pouvions pas ne pas faire.

» Je ne le sais que trop : plus tard la calomnie s'élè-
» vera, elle commence déjà. Le jour des préliminaires,
» on a à peine parlé contre le traité ; il n'y a que deux
» mois d'écoulés, et l'on commence à dire sur ce traité
» des choses que je ne veux pas répéter à la tribune, mais
» qui sont d'indignes calomnies.

» Je ne me fais pas davantage d'illusion sur l'avenir.
» Je sais bien que cet acte, que je regardais comme le
» plus patriotique de ma vie, sera calomnié.

» Tout à l'heure l'honorable général Chanzy, qui par-
» lait contre ce traité, disait : Ce sont les diplomates
» qui signent les traités ; permettez-moi de dire main-
» tenant : Ce sont les militaires qui les font. (Bravos.)

» *M. le général Chanzy.* Il fallait les laisser faire.
» (Bruit.)

» *M. le chef du pouvoir exécutif.* A ce sujet je vou-
» drais encore vous citer une anecdote qui, malgré la
» tristesse des circonstances, peut, à cause de son
» à-propos, être rappelée ici.

» On vantait un jour le prince de Talleyrand devant
» Napoléon ; le prince de Talleyrand qui a été un grand
» politique et un grand diplomate et qui, en 1815,
» eut l'honneur de soutenir la dignité de la France
» accablée ; le prince de Talleyrand était félicité devant
» l'Empereur d'un de ces grands traités, d'un de ces
» traités immortels dont on n'a pas effacé la grandeur
» en renversant la colonne... (Applaudissements.)

» Napoléon écoutait ces félicitations et prenant le

» prince de Talleyrand par la main, il lui dit avec cette
» familiarité dont il savait souvent si bien user : Tal-
» leyrand, convenez que je suis bien pour quelque chose
» dans ce traité?

» Pour ma part, j'ai discuté les opérations qui ont été
» entreprises sur les bords de la Loire; je les ai discutées
» avec les membres du gouvernement, et je pourrais
» dire sur ces opérations des choses qui feraient com-
» prendre que peut-être on aurait pu mieux faire pour
» seconder le grand acte de Paris se défendant quatre
» mois. Mais laissons cela.

» Je dirai seulement à ces militaires, à qui je ne
» reproche pas leurs malheurs, de ne pas nous reprocher
» nos malheurs à nous.

» Votre malheur, à vous, c'est de n'avoir pas eu des
» armées assez bien organisées, d'avoir été mal dirigés,
» d'avoir été conduits à suivre des plans, à mon avis,
» déplorables.

» Voilà votre malheur. Le nôtre, c'est d'avoir reçu la
» France battue, vaincue, réduite à sa dernière res-
» source ; car sa grande ressource était Paris, et Paris
» avait été contraint d'ouvrir ses portes.

» Ainsi, Messieurs, ne nous accusons pas réciproque-
» ment! (Très-bien! très-bien!) Soyons généreux les
» uns envers les autres.

» J'honore le militaire à qui je viens d'adresser ces pa-
» roles; mais je le prie de ménager les hommes d'État qui
» n'ont pas été dans le champ de la politique, plus heu-
» reux qu'il ne l'avait été dans les champs de la guerre.

» Pardonnez-moi cette digression ; je reviens au
» sujet qui nous occupe.

» Non, Messieurs, ce traité une fois admis et on ne

» pouvait pas ne pas l'admettre, il fallait le signer,
» autrement on aurait précipité la France dans des dé-
» sastres effroyables, plus grands encore que ceux qu'elle
» venait d'essuyer. Mais ce traité signé, il est arrivé que,
» pendant les deux mois qui se sont écoulés depuis les
» préliminaires, des ombrages sont survenus : d'une
» part, la Prusse nous voyait à Bruxelles faire des
» efforts pour améliorer le traité, d'autre part, elle
» voyait sous les murs de Paris une armée de cent vingt
» mille hommes.

» Elle en a conçu des ombrages, elle s'est demandé
» si les efforts que nous faisions à Bruxelles ne décelaient
» pas une arrière-pensée, laquelle serait, après avoir
» terminé la guerre civile, de recommencer la guerre
» étrangère. Ces ombrages ont été un moment assez
» graves pour qu'il fallût ouvrir de nouvelles négociations.

» L'honorable ministre des affaires étrangères et
» l'honorable ministre des finances se sont transportés à
» Francfort. Je n'y étais pas, mais j'ai su et je devais
» savoir tout ce qui se passait. Je suis étranger à leur
» œuvre, mais je dirai qu'on ne peut défendre plus cha-
» leureusement, plus habilement, avec plus d'opiniâtreté
» qu'ils ne l'ont fait les intérêts de la France. (Très-
» bien! très-bien!)

» Je suis certain qu'on ne pouvait faire mieux, et je
» n'hésite pas, sans vouloir donner à ma parole plus de
» valeur qu'elle n'en doit avoir, à les couvrir de ma
» responsabilité, et à me rendre solidaire de l'œuvre
» qu'ils vous ont présentée. (Très-bien! très-bien!)

» Quant à l'échange qui est laissé à votre libre ar-
» bitre, croyez-moi, Messieurs, l'intérêt industriel que
» nous avons là est de peu de valeur.

» Ce qui vous a été dit sur le Luxembourg est une
» pure chimère.

» Il n'y a pas d'intérêt militaire à traverser le Luxem-
» bourg; il faudrait que nous fussions bien aveugles
» pour tenter de traverser une contrée où nous trouve-
» rions la redoutable place de Luxembourg occupée par
» l'ennemi; la voie est celle de Sambre-et-Meuse, il n'y
» en a pas d'autres.

» En compensation de ce sacrifice qui n'en est pas
» un bien sérieux, qui n'en est un que sous le rapport
» industriel, et, sous ce rapport-là, il est compensé
» outre mesure par la richesse de nos autres provinces
» minières, en compensation de ce sacrifice, il y a en ba-
» lance la place de Belfort avec un rayon qui permet d'en
» faire une frontière et de rattacher la gauche d'une
» armée française au Ballon d'Alsace et de l'appuyer aux
» contrées du Jura.

» Belfort est plus qu'une place, c'est un camp re-
» tranché qui peut abriter cent mille hommes, et quant
» à moi, je serais plein de douleur s'il était possible que
» l'Assemblée n'acceptât pas l'échange qui lui est pro-
» posé.

» Voilà comment je résume ma pensée. Vous la con-
» naissez maintenant tout entière, mais j'avais oublié de
» vous citer une autorité bien plus grande et qui, celle-là,
» mérite d'être comptée. C'est celle du brave défenseur
» de Belfort, le colonel Denfert-Rochereau : Voici ce
» qu'il écrivait à un député de ses amis :

» Je lis ce matin dans le *Journal officiel* le texte du
» traité de paix définitif et la proposition qui s'y trouve
» contenue relativement à Belfort. Je pense que c'est à

» la diplomatie française qu'appartient la proposition
» d'agrandir la zone de territoire primitivement cédée
» autour de Belfort. — Je pense donc qu'elle sera ac-
» ceptée par l'Assemblée nationale.

» Toutefois, comme elle ne peut l'être qu'au prix de
» rétrocessions regrettables sur un autre point, ce qui
» pourrait entraîner contre son adoption une certaine
» opposition, je crois de mon devoir de te dire que la
» conservation de Belfort à la France serait dénuée
» d'importance sans cet agrandissement de territoire,
» car on ne pourrait organiser la défense d'une manière
» convenable.

» La forteresse ne peut être organisée comme il con-
» vient dans l'intérêt de la défense, que si l'Assemblée
» adopte la proposition qui nous assurera la possession
» des cantons de Belfort, Delle et Giromagny et la route
» de Belfort à Remiremont par le Ballon d'Alsace.

» Mon opinion pouvant être de quelque poids en
» cette matière, j'ai cru devoir la donner à un de tes
» collègues de la droite afin qu'elle soit communiquée
» en cas d'opposition pour faire pencher l'Assemblée en
» faveur de la détermination la plus profitable à la dé-
» fense du pays.

» *Signé :* Denfert-Rochereau. »

Après la communication de ce grave document le vote ne pouvait plus être incertain. M. le général Ducrot l'appuya par quelques observations décisives. M. le général de Chabaud-Latour parla dans le même sens. Sur cinq cent trente et un votants, quatre cent trente-trois se prononcèrent pour la ratification, quatre-vingt-dix-huit la repoussèrent. Soixante-quatre députés crurent devoir s'abstenir. Parmi ces derniers figurent M. le duc d'Aumale et M. le prince de Joinville[1].

§

Pendant que l'Assemblée délibérait, M. de Bismarck continuait à nous harceler, et chaque jour le général de Fabrice me transmettait l'écho des ses plaintes impatientes. Dès le 15 mai il me faisait savoir que l'Empereur avait donné sa ratification et s'étonnait que nous ne fussions pas en mesure de lui remettre la nôtre. « J'ai
» mes coudées moins franches que M. le prince de Bis-
» marck, télégraphiais-je, le 18, à M. Delahaye; il a
» sa ratification. J'attends la mienne. Je pense cepen-
» dant que la Commission fera son rapport demain et
» que le vote aura lieu jeudi. » En même temps, comprenant fort bien qu'une nouvelle conférence entre le chancelier et moi pouvait être utile pour régler définitivement des questions de détail importantes, relatives aux échanges de territoires, j'écrivais à M. de Fabrice que j'étais prêt à retourner à Francfort, si le prince voulait y venir de son côté. Il me semblait que des explications contradictoires et confidentielles après la conclusion de la paix devaient avoir sur la politique des deux pays une influence salutaire. M. de Bismarck m'ayant fait répondre que sa santé ne lui permettait pas un déplacement, j'écrivis, le 17 mai, à M. de Fabrice par l'intermédiaire de M. le colonel Delahaye :

---

[1] Voir aux Pièces justificatives, n° 23.

« J'avais pensé qu'une entrevue nouvelle entre M. le
» prince de Bismarck et nous, était utile pour arrêter
» certains points de détail touchant à la délimitation et
» qui sont restés incertains. Si la Chambre accepte
» l'offre qui lui est faite par l'Allemagne d'un périmètre
» plus étendu autour de Belfort, nous avons la promesse
» de M. le prince de Bismarck d'avoir le sommet du
» Donon avec les villages de Raon-l'Eau et Raon-sur-
» Plaine, la commune d'Igney permettant à Cirey de ne
» pas subir la servitude d'un passage à travers le terri-
» toire allemand pour son chemin de fer, enfin la com-
» mune de Moyeuvre échangée contre la forêt de
» Neuchef. Le prince ne s'est pas engagé sur ces points.
» Mais il nous a laissé espérer qu'avec l'échange ils
» pourraient être résolus en notre faveur. Il faut donc,
» et je vous prie de le demander à M. de Fabrice, qu'il
» donne à M. le comte d'Arnim des instructions très-
» précises à cet égard. Il en sera de même à l'égard des
» questions qui seront soumises aux négociateurs. Il sera
» nécessaire de les préciser. C'est par ces raisons que
» j'avais cru nécessaire de faire de nouveau le voyage.
» M. de Bismarck étant souffrant ou ne jugeant pas à
» propos de venir à Francfort, je prierai M. de Goulard
» de vouloir bien s'aboucher avec M. le comte d'Arnim,
» à moins d'indication contraire; car je demeure tou-
» jours à la disposition du chancelier. »

Le lendemain le prince me fit savoir qu'il était rétabli et qu'il serait bien aise de profiter de l'échange des ratifications pour s'entendre avec moi sur plusieurs points essentiels. Évidemment celui qui le préoccupait le plus, était la prompte répression de l'insurrection ; car après nous avoir annoncé, par deux dépêches successives, qu'il activait sans relâche le retour de nos prisonniers, que cinquante mille hommes allaient immédiatement être embarqués à Gluckstadt et que le rapatriement par voie de fer ne serait pas discontinué, il donnait l'ordre à M. de Fabrice de nous télégraphier ce qui suit :

« Soisy, le 19 mai 1871.

» Monsieur le Ministre,

» Dans une dépêche arrivée hier au soir, le prince de
» Bismarck laisse sentir combien il désire voir terminé,
» dans un bref délai, l'état d'incertitude créé par la posi-
» tion anormale de Paris. Le rapatriement de vos
» troupes, dont l'ajournement porte atteinte à d'innom-
» brables intérêts, reste nécessairement subordonné à
» la reconnaissance de l'autorité du gouvernement ac-
» tuel par la nation française entière. Les vues de mon
» gouvernement coïncident donc avec celles du vôtre en
» ce qui regarde d'arriver à la pacification complète le
» plus promptement possible.

» J'ai, en conséquence, l'honneur de prier Votre
» Excellence de vouloir bien peser de tout le poids de
» son influence sur l'accélération des opérations mili-
» taires.

» Veuillez agréer, etc.

» Fabrice. »

Nous n'avions pas besoin de cette intimation indirecte ; notre intérêt nous commandait une action rapide. La vigueur de nos généraux, l'entrain de nos soldats, devaient la rendre aussi prompte qu'irrésistible. Le 23 mai, les fusiliers marins, soutenus par une compagnie du 4ᵉ bataillon de chasseurs à pied et des partisans du 113ᵉ de ligne, sous les ordres du général Osmond, occupaient les maisons situées à la jonction de la route stratégique avec celle de Châtillon, coupant ainsi toute communication entre les forts de Montrouge et de Vanves. Le brave commandant de Pontécoulant enlevait, après un brillant combat, le couvent des Oiseaux et le lycée de Vanves. Le lendemain, le fort lui-même, vivement serré, était abandonné par ses défenseurs qui y laissaient une vingtaine de canons, quatre mortiers et des munitions de toute espèce. Nos troupes ne s'arrêtaient donc point et leur ardeur croissait avec l'impuissant et funeste délire des insurgés. Ceux-ci, exécutant un décret de la Commune qui demeurera un monument de honte et d'ineptie, renversaient la colonne Vendôme, au sommet de laquelle ils avaient attaché un drapeau tricolore, associant l'étendard national au stupide outrage infligé à l'un de nos plus glorieux trophées militaires. Ils commençaient à démolir la maison de M. Thiers et provoquaient ainsi une éclatante protestation de l'Assemblée contre cette œuvre de vandalisme sauvage. Dans la séance du 17 mai, M. le comte Jaubert déposait la proposition suivante :

« La maison de M. Thiers, président du conseil des
» ministres, chef du pouvoir exécutif de la République
» française, sera relevée aux frais de l'État. »

Il justifiait ce projet en quelques paroles accueillies par d'unanimes applaudissements :

« Messieurs, l'orateur français aurait dédaigné de
» plaider *pro domo suâ*, même après un glorieux consu-

» lat. J'ai pensé que, peut-être, il appartenait au prési-
» dent de la Commission dont l'honorable M. Bertaud
» est rapporteur, de convier l'Assemblée à ce grand acte
» de justice nationale. »

Renchérissant sur la pensée de son collègue, M. Depeyre et plusieurs de ses amis voulaient qu'on adoptât la rédaction plus accentuée que voici :

« Considérant qu'un arrêté de la prétendue Com-
» mune de Paris a ordonné la démolition de l'hôtel de
» M. Thiers, chef du pouvoir exécutif;
» Considérant que, par cet odieux attentat, la pré-
» tendue Commune de Paris a voulu se venger sur le
» chef du pouvoir exécutif de l'énergique répression qu'il
» poursuit en ce moment, au nom de la souveraineté
» nationale, contre la plus criminelle des insurrections. »

Du reste, ce n'était pas seulement contre les monuments et les édifices que le gouvernement insurrectionnel déployait sa fureur. Entraîné par la fatalité de ses forfaits, il menaçait de proscription et de mort tous ceux qui osaient lui résister. Il ordonnait l'enrôlement forcé dans les bataillons de marche de tous les hommes de trente à quarante ans, et il instituait un comité spécial, chargé de traduire les réfractaires devant la cour martiale; il décrétait d'arrestation les prêtres présents à Paris, il décidait enfin que tous les prisonniers retenus par le verdict du jury d'accusation seraient par là même déclarés otages, et que toute exécution d'un prisonnier de guerre ou d'un partisan de la Commune serait suivie de l'exécution de trois otages. C'est ainsi que, prévoyant leur chute prochaine, ces dictateurs impuissants cherchaient à la conjurer par la terreur. Dans une allocution prononcée à l'Hôtel de ville pour féliciter les destructeurs de la Colonne, Miot s'écriait :

« Jusqu'ici, notre colère ne s'est exercée que sur des
» choses matérielles, mais le jour approche où les
» représailles seront terribles et atteindront cette
» réaction infâme qui nous mine et cherche à nous
» écraser. »

Et Ranvier ajoutait : « La colonne Vendôme, la mai-
» son de M. Thiers, la chapelle expiatoire, ne sont que
» des exécutions matérielles, mais le tour des traîtres et
» des royalistes viendra inévitablement si la Commune y
» est forcée. »

Le programme des abominables assassinats qui devaient quelques jours plus tard épouvanter le monde était donc nettement tracé, et les scélérats qui l'ont docilement suivi avaient reçu leur mot d'ordre. Mais il fallait que nulle voix ne s'élevât contre eux, et les derniers organes de la presse disparaissaient. Les cachots se remplissaient. Troublés par le pressentiment du sort qui les attendait, les chefs de la Commune s'y précipitaient les uns les autres. Cluseret, Rossel, Masson, payaient tour à tour leur tribut au démon de la défiance et de la peur. Les membres du comité de salut public se décimaient également et nos soldats avançaient toujours. L'heure de l'expiation suprême allait sonner. Cette fois les assurances que j'avais si souvent données à M. de Bismarck de la certitude de notre victoire devenaient enfin une réalité.

§

Il paraissait encore en douter, lorsque nous le revîmes à Francfort, le dimanche 20 mai. M. Pouyer-Quertier avait bien voulu m'accompagner encore; son insistance, son habileté contribuèrent puissamment à la solution favorable de plusieurs difficultés de délimitation sur lesquelles il eut à lutter contre une vive résistance.

Grâce à lui, nous eûmes la satisfaction d'arrondir un peu notre frontière à l'est de Belfort, en la reculant de quatre kilomètres environ derrière le bourg de Fontaine, ce qui nous donnait quelques villages de plus que le tracé primitif. Malgré nos efforts, nous dûmes laisser en suspens la revendication de Raon-sur-Plaine et de Moyeuvre, admises un peu plus tard par les soins de nos négociateurs. Enfin, M. Pouyer-Quertier discuta opiniâtrément les conditions d'exécution de nos payements de l'indemnité de guerre, et parvint à faire accepter celles qui paraissaient les plus avantageuses.

Notre conférence avait commencé à trois heures de l'après-midi; elle ne se termina qu'à onze heures du soir, par l'échange des ratifications; cependant l'instrument n'était pas complet. Il fallut, pour les dernières signatures, s'ajourner au lendemain matin lundi 21 mai. M. de Bismarck avait eu d'abord la pensée d'appeler près de lui son ministre des finances. Le télégramme était prêt. Il ne le fit point partir; et, s'adressant très-gracieusement à M. Pouyer-Quertier : « J'ai réfléchi, lui » dit-il, que nous n'avions pas besoin d'intermédiaire, » et qu'entre nous tout s'arrangerait très-bien. » En effet, il témoignait à mon collègue une véritable sympathie. Celui-ci la devait à la rondeur de ses manières, à l'abondance et à la dextérité de son argumentation. Comme tous les hommes vraiment pratiques, M. de Bismarck apprécie avant tout chez son interlocuteur la simplicité et la précision. Je l'ai souvent entendu se flatter d'avoir trompé ses adversaires en leur disant la vérité. Peut-être alors n'était-il pas fâché qu'on attribuât sa sincérité à un calcul; ce que je puis affirmer, c'est qu'il paraît d'autant plus à l'aise, qu'avec lui on va plus directement au fait; la vive familiarité de M. Pouyer-Quertier l'avait charmé. Il lui fit plusieurs concessions précieuses, notamment en ce qui touche l'emploi de nos billets de banque dans nos payements. Il en accepta pour cent millions dans notre premier versement, bien que le traité que nous venions de ratifier en prononçât l'exclusion formelle.

Pendant qu'on préparait les actes officiels, la conversation s'engagea sur la situation politique et militaire.

« Le roi, nous dit le chancelier, est un peu inquiet de
» votre nouvelle demande de dix mille prisonniers. Il
» a cru y voir la preuve que vous êtes encore bien loin
» d'une solution, et il ne peut supporter l'idée d'un plus
» long retard. Nos troupes ne le veulent pas davantage.
» Nous vous promettons de les faire rentrer en Alle-
» magne en grand nombre, et, sous ce rapport, de dé-
» passer de beaucoup les termes du traité. Mais nous
» vous demandons d'agir promptement. »

« — Tel est si bien notre dessein, répondis-je,
» qu'aujourd'hui même on commence l'ouverture de
» la brèche avec la pensée de donner l'assaut au plus
» tard mardi. »

En me félicitant de cette bonne nouvelle, le prince aborda un sujet plusieurs fois débattu entre nous, celui de la sommation que le chef de l'armée allemande devait adresser aux insurgés pour qu'ils eussent à désarmer les remparts, en vertu de la convention d'armistice. On se rappelle ce que j'ai dit plus haut à propos des communications qui m'avaient été faites à cet égard par M. de Fabrice, et ma prière de suspendre toute sommation qui aurait mis le commandant prussien dans la nécessité d'attaquer Paris. Le chancelier reconnut qu'il valait mieux nous laisser les maîtres de notre action.

« Cependant, ajouta-t-il, nous ne pouvons répondre
» de rien. Avouez que nous avons mille fois le droit
» d'user de rigueur. Ce n'est pas un parti contre lequel
» vous luttez. C'est un ramas de brigands violant les
» lois sur lesquelles reposent toutes les civilisations.
» Pouvons-nous assister les bras croisés au renverse-
» ment des monuments publics, à la destruction des
» propriétés privées, peut-être au meurtre de l'ar-
» chevêque? Notre abstention ne se comprend plus ;
» nous ne pouvons vous la promettre que pour bien
» peu de temps, et encore sans nous engager. »

J'avais d'autant plus de droit de calmer ces inquiétudes par d'énergiques assurances, que je recevais de Versailles les dépêches les plus formelles me permettant d'affirmer que d'un moment à l'autre nous serions maîtres de Paris. Le 21 mai à midi, M. Thiers m'envoyait le télégramme suivant :

« Que M. de Bismarck soit bien tranquille. La
» guerre sera terminée dans le courant de la semaine.
» Nous avons une brèche faite du côté d'Issy. On est

» occupé à l'élargir en ce moment. La brèche à la
» Muette est commencée et très-avancée. Nous en en-
» treprenons une à Passy et au Point-du-Jour. Mais nos
» soldats travaillent sous la mitraille, et, sans notre
» grande batterie de Montretout, ces témérités seraient
» impossibles. Mais des œuvres de ce genre sont
» sujettes à tant d'incidents qu'on ne peut assigner de
» terme fixe à leur accomplissement. Je supplie M. de
» Bismarck, au nom de la cause de l'ordre, de nous
» laisser accomplir nous-mêmes cette répression de
» brigandage anti-social, qui a pour quelques jours
» établi son siége à Paris. Ce serait causer un nouveau
» préjudice au parti de l'ordre en France, et dès lors en
» Europe, que d'agir autrement. Que l'on compte sur
» nous, et l'ordre social sera vengé dans le courant de
» la semaine. Quant à nos prisonniers, je vous ai mandé
» ce matin les vrais points d'arrivage : il est trop tard
» pour recourir aux transports maritimes. Les cadres
» des régiments sont tout prêts à nos frontières de
» terre, et les prisonniers arrivés y seront versés immé-
» diatement. Du reste, on ne les attend pas pour agir,
» mais c'est une réserve prête à tout événement. Mille
» tendres amitiés. »

Ces instructions résumaient exactement les craintes patriotiques qui nous agitaient depuis plus de deux mois, et dont l'intensité redoublait au moment même où, par notre propre effort, nous semblions toucher au but si laborieusement poursuivi. Je les exposai à M. de Bismarck avec toute l'énergie dont j'étais capable.

« Vous nous avez souvent répété, lui dis-je, que nous

» ne pouvions inspirer confiance à votre gouvernement
» qu'en faisant preuve de force. Je le crois comme vous ;
» et c'est pourquoi nous vous conjurons de ne pas nous
» prêter un secours qui serait l'éclatante démonstration
» de notre faiblesse. Mais c'est surtout vers l'avenir que
» je regarde, et j'en veux écarter les éventualités ter-
» ribles que nous lui préparerions, si, pour gagner quel-
» ques heures, nous faisions le sacrifice de notre autorité
» morale sur la nation. Cette nation, vous en connaissez
» les défauts et les qualités ; elle est impressionnable à
» l'excès, et c'est par le sentiment qu'il faut la conduire.
» Elle refuserait son estime et son concours au pouvoir
» que les rigueurs de la fortune auraient réduit à accep-
» ter l'aide de l'ennemi ; elle le mépriserait et le briserait
» à la première occasion. Or, il est de notre intérêt
» commun que la France aime et soutienne le gouver-
» nement qu'elle s'est donné. C'est à cette condition
» que nous pourrons assurer la paix et remplir nos
» engagements. A peine vous demandons-nous quelques
» jours de patience. J'espère que maintenant c'est seu-
» lement par heures que nous devons compter. Bientôt
» vous vous réjouirez d'avoir cru en nous et de nous
» avoir ainsi laissé le crédit sans lequel nous nous expo-
» sons tous à des périls, tout au moins à des embarras
» incalculables. »

Le chancelier voulut bien accueillir favorablement ces observations. Il expédia sous mes yeux les ordres les plus pressants pour le rapatriement de nos prisonniers. Il fallait obtenir le libre passage par la Belgique de ceux qui étaient cantonnés près de cette frontière. M. Baude mit la plus grande diligence à le réclamer, et, le jour même, il me faisait parvenir le consentement du cabinet. Toutes les difficultés semblaient s'aplanir. Les signatures avaient été apposées à l'acte d'échange des ratifications : il était quatre heures. M. Pouyer-Quertier demanda à retourner immédiatement en France. Je l'aurais suivi, si M. de Bismarck ne m'avait prié de ne partir que le lendemain, il voulait consacrer la soirée à causer confidentiellement avec moi de nos affaires.

Demeuré seul avec MM. de Goulard et de Fénelon, je me fis conduire dans la campagne; j'avais besoin de soulager mon cœur brisé par les émotions des deux cruelles semaines que je venais de traverser. Le soleil baissait rapidement, et ses rayons obliques donnaient au paysage ce charme particulier qui captive l'âme et en calme les agitations. Nous nous arrêtâmes près de grands noyers bordant une route d'ailleurs assez insignifiante, sur laquelle nous cheminâmes quelques instants en nous entretenant de nos inquiétudes et de nos espérances. Mais, ni l'intérêt de cette conversation, ni la douce mélancolie du spectacle qui frappait nos yeux ne purent apaiser ma secrète angoisse. Je me sentais comme submergé par la tristesse. Je ne pouvais distraire ma pensée de l'assaut de Paris; je songeais aux malheureuses victimes de cette lutte impie, et je frémissais à l'idée qu'en cas d'échec momentané les Prussiens écraseraient les insurgés sous nos yeux, au risque de soulever la France entière. Je rentrai à l'hôtel l'esprit obsédé par de sinistres présages. Une dépêche nous y attendait. M. de Fénelon et moi, nous la déchiffrâmes avec anxiété. Elle était de M. Thiers, et nous y lûmes, avec un transport de joie bien naturel, ce qui suit :

« L'armée est dans Paris. La porte de Saint-Cloud » vient de s'abattre sous le feu de notre artillerie. Le

» corps du général Douai entre en ce moment. Les
» corps des généraux Ladmirault et Clinchamp s'ébran-
» lent pour le suivre. Nous sommes au Trocadéro, à
» l'Arc de Triomphe, à l'École militaire ; j'espère que
» dans la journée nous aurons la ville entière. »

Sans perdre une minute, j'expédiai la copie de ce télégramme à M. de Bismarck. Lorsque je le revis à neuf heures, je pus deviner l'impression produite sur lui par ce dénoûment que, jusqu'à la fin, il avait cru impossible sans l'assistance de l'armée allemande. Je devinai son étonnement, où perçait un léger dépit. Quand il me répétait que nous ne prendrions pas Paris de vive force, il se rappelait certainement que ses généraux ne l'avaient point essayé, et qu'ils avaient jugé plus prudent d'affamer la grande capitale que de la réduire. Nos troupes avaient été plus hardies, et leur victoire diminuait singulièrement le mérite d'une soumission arrachée par le manque de vivres. Cependant il se montra satisfait et confiant.
« Soyez sûr, me dit-il, que, dans l'application, nous
» adoucirons autant que possible l'exécution du traité.
» J'avais l'ordre de vous imposer les aggravations que
» vous avez eu la sagesse d'accepter. En cas de refus,
» nous vous aurions sommé de faire retirer au sud de
» la Loire tout l'excédant des quarante mille hommes
» que vous accordaient les préliminaires, et nous au-
» rions recommencé le bombardement de Paris. Quand
» j'ai quitté Berlin, j'étais préparé à cette éventualité, et
» je pensais que vous la recherchiez vous-même. Nous
» supposions qu'augmentant chaque jour le nombre de
» vos soldats, vous aviez le dessein de transiger avec la
» Commune, de vous réunir à ses défenseurs, et de

» vous jeter tous ensemble sur nous. Convenez que cette
» crainte n'était pas déraisonnable, alors surtout que,
» malgré nos demandes réitérées, vous sembliez prendre
» à tâche de nous dissimuler le plus possible l'accrois-
» sement de votre effectif, et de traîner systématique-
» ment en longueur les opérations du siége. Au surplus,
» tout cela est maintenant passé, et nous ne devons les
» uns et les autres songer qu'au moyen de rapprocher
» deux nations qui ont un intérêt puissant à renouer de
» bonnes relations.

» — Je crains, lui répondis-je, que, malgré notre
» bon vouloir réciproque, il ne soit plus facile de
» former ce vœu que de le réaliser. Les conditions de la
» paix que vous nous avez dictée s'y opposent. Nous
» nous y conformerons scrupuleusement. Nous ne
» pouvons rien promettre de plus. Je ne suis pas ce-
» pendant téméraire en vous donnant l'assurance que
» nous éviterons avec soin tout prétexte de dissentiment.
» Il y a longtemps que j'ai exprimé à Votre Altesse
» le vif désir de rétablir officiellement nos rapports diplo-
» matiques. Nous devons avoir mutuellement à cœur de
» les reprendre sans retard et d'en confier la direction
» à des hommes éclairés et conciliants. Aller maintenant
» au delà serait au moins prématuré.

» — C'est aussi mon avis, reprit le chancelier, mais je
» ne saurais admettre qu'en nous étant favorable dans la
» crise que vous aviez provoquée, le jeu de la fortune
» ait brisé à jamais tout espoir de pacification sérieuse.
» Vous savez mieux que personne sous l'empire de
» quelles nécessités nous avons agi. Nous aurions vaine-
» ment essayé de lutter contre la volonté de la nation
» allemande; je vais plus loin, nous aurions trahi ses

» intérêts, si nous ne nous étions mis en garde contre
» de nouvelles agressions de la France. Nous ne les
» souhaitons pas, nous ne les redoutons pas non plus ;
» nous sommes prêts à subir toutes les éventualités.
» Mais, pour ma part au moins, je persiste à croire
» qu'on doit beaucoup attendre du temps. Je vais peut-
» être vous étonner ; la France gagnera plus à une con-
» duite franchement pacifique qu'à l'excitation systéma-
» tique des haines suscitées par cette guerre. Vous me
» permettrez de ne pas m'étendre davantage sur un
» sujet si délicat ; je tiens seulement à vous répéter que
» je ne suis pas l'ennemi de votre pays, et je vous le
» prouve en vous proposant comme notre ambassadeur
» près de votre gouvernement un diplomate dont vous
» connaissez l'esprit naturellement bienveillant, et qui
» ne saurait vous être désagréable. »

Je remerciai le chancelier, et de mon côté, je lui nommai celui que M. Thiers m'avait autorisé à lui désigner comme destiné à l'ambassade de Berlin ; puis, comme je lui témoignai quelques appréhensions sur les difficultés qui l'attendaient, il me dit avec une extrême vivacité :

« Vous vous trompez très-fort : il sera le plus heureux
» de vos ministres. *Nous le tiendrons dans du coton;*
» Accablé de prévenances et d'empressements, il n'aura
» qu'à le vouloir pour nous devenir nécessaire. Vous
» vous faites, je le vois bien, une idée inexacte de l'opi-
» nion publique en Allemagne : cette opinion est toute
» à la paix. Je ne parle pas, bien entendu, de certains
» militaires, non plus que des exaltés ou des courtisans
» de popularité, qui s'intitulent *gallophobes* afin d'attirer

» l'attention et d'exploiter la crédulité des sots. Ceux
» qui dirigent l'État et ceux qui le soutiennent sont plus
» sages : ils connaissent les caprices de la fortune. Si
» jamais ils en avaient douté, la soudaineté imprévue de
» nos victoires les aurait éclairés. Il ne leur convient pas
» de livrer nos éclatants succès au hasard d'aventures
» nouvelles. Voilà ce que votre ambassadeur saura dans
» quelques semaines, et ce qu'un plus long commerce
» avec nous lui démontrera de plus en plus.

» — Je n'ai pas, répliquai-je, la liberté de répondre à
» Votre Altesse avec la franchise qui lui est facile. Je
» comprends vos bonnes dispositions; vous excuserez
» ma réserve en ce qui concerne les nôtres. Je m'abstiens
» donc de vous suivre dans la recherche de nos senti-
» ments mutuels, mais je vous prie d'appliquer vos
» maximes en soulageant nos malheureuses populations,
» en diminuant le poids de l'occupation qui les écrase :
» c'est le meilleur moyen d'arriver à cette situation nor-
» male, dont vous préjugez avec tant de complaisance
» les heureux effets.

» — C'est aussi ce que nous ferons, dit le chancelier; il
» nous sera d'autant plus aisé de nous entendre sur ce
» point, que nos intérêts sont les mêmes. Si vous vou-
» liez prêter l'oreille aux conversations engagées dans
» nos régiments, vous n'y recueilleriez qu'un vœu, le
» retour au foyer. Ce vœu est aussi celui de chaque fa-
» mille allemande; la presse nous le rappelle avec une
» insistance qui va jusqu'à l'hostilité. Nous avons dû
» cependant y résister quand l'insurrection de Paris
» nous a obligés à vous demander de nouvelles garan-
» ties. Il dépend maintenant de vous de les rendre inu-
» tiles. Pourquoi, d'ailleurs, ne profiteriez-vous pas des

» stipulations contenues dans le traité de préliminaires ?
» Après le payement des deux premiers milliards, vous
» pouvez nous proposer une combinaison financière; si
» elle est sérieuse, nous nous empresserons d'y adhérer,
» et, dans ce cas, l'évacuation totale pourrait être fort
» prochaine. »

Je promis au chancelier de rendre compte à mon gouvernement des détails de notre conversation. Il était minuit; je voulais prendre congé de lui, il me demanda de lui donner encore la matinée du lendemain mardi 22, pour régler avec moi un assez grand nombre d'affaires litigieuses. Cette seconde conférence eut le même caractère que la première; je regrette de ne pouvoir reproduire, même en les analysant, les jugements portés par le chancelier sur beaucoup de points de politique générale, et sur plusieurs personnages importants, qui furent accessoirement le sujet d'un entretien consacré aux affaires. Le chancelier me parut radieux. Cette satisfaction me perçait le cœur : je sentis, comme l'avait dit M. de Meaux, que je venais d'accomplir un des actes « les plus douloureux et les plus inévitables. » Je n'en pouvais prendre mon parti. En me quittant, M. de Bismarck me répéta qu'en se félicitant de la conclusion définitive de la paix, il l'attribuait à mon intervention personnelle.

« Vous me faites un honneur que je ne mérite pas,
» lui répondis-je; je me suis borné à reconnaître loyale-
» ment et à subir sans murmurer l'empire de la néces-
» sité. Cependant, puisque Votre Altesse veut bien me
» montrer quelque confiance, je lui demande de s'adres-
» ser directement à moi toutes les fois qu'elle craindra
» un conflit. Je ne suis plus pour longtemps à mon

» poste; tant que je l'occuperai, je serai heureux que
» les bons sentiments de Votre Altesse me permettent
» d'être utile à mon pays. » Le prince me le promit, et
nous nous séparâmes.

Quelques semaines après, il eut l'occasion de se souvenir de cette parole. L'aventure est trop étrange, et se rattache trop intimement à ce que je viens de conter pour que je ne sollicite pas du lecteur la permission d'intervertir l'ordre chronologique des événements pour en placer tout de suite le récit sous ses yeux.

§

Le 16 juin 1871 fut pour la ville de Berlin un jour mémorable. L'armée allemande fut reçue triomphalement dans ses murs. Rien n'avait été épargné pour la solennité de cette fête militaire. Après les revues, les harangues, les défilés, vinrent les banquets, où l'on but largement à la gloire de la patrie. L'empereur, les princes, M. de Moltke et M. de Bismarck furent les héros de cette fastueuse journée; l'écho de ces joies bruyantes retentit jusqu'à Versailles, où il augmenta l'amertume de nos ordinaires tristesses. Plusieurs fois ma pensée inquiète m'avait transporté au milieu de nos vainqueurs, dont l'allégresse me semblait insulter à notre douleur. A huit heures du soir, on me remit une dépêche de M. le prince de Bismarck. Elle était datée de Berlin, de cinq heures et demie de l'après-midi. Je n'en ai pas le texte sous les yeux, mais elle portait en substance ce qui suit : « J'apprends, par les rapports de
» nos généraux, que vos soldats occupent le terrain ré-

» servé aux nôtres dans la zone des Lilas, du Raincy et
» de Romainville. J'ai l'honneur d'avertir Votre Excel-
» lence que s'ils ne se retirent pas immédiatement der-
» rière leurs lignes, nos troupes vous attaqueront aujour-
» d'hui même, à minuit. »

Je lus par deux fois cet incompréhensible message, pour me convaincre que je n'étais pas la dupe d'une illusion. Quelque haute que fût sa situation, quelque respecté que fût son pouvoir, M. de Bismarck n'avait pas le droit de transmettre une communication purement militaire; je n'avais, de mon côté, aucune qualité pour la recevoir. Mais me rappelant l'engagement qu'il avait bien voulu prendre envers moi à Francfort, pensant d'ailleurs que le moment était peu propice à de formalistes susceptibilités, lorsque nous avions à peine quatre heures devant nous pour empêcher les Parisiens d'être réveillés au bruit du canon, je sautai sur ma plume, et j'expédiai au prince le télégramme suivant :

« Le télégramme que je reçois de Votre Altesse me rem-
» plit d'étonnement. Le mouvement dont elle parle, et
» que, bien entendu, j'ignore complétement, ne peut être
» que l'effet d'un malentendu; et je prie Votre Altesse de
» ne pas l'interpréter autrement. Je la prie aussi de con-
» tremander tout ordre agressif qui pourrait être funeste
» à nos deux pays. J'envoie de suite copie de cette dé-
» pêche au maréchal de Mac Mahon et au ministre de la
» guerre. Mais je puis assurer Votre Altesse qu'il n'y a,
» de notre part, aucune pensée hostile, et que nous ne
» songeons qu'à exécuter nos engagements. »

En même temps, je télégraphiai au maréchal de Mac Mahon ce qui suit :

« Je reçois à l'instant de M. de Bismarck le télé-
» gramme le plus inattendu. Il me dit que le comman-
» dant en chef des troupes allemandes lui mande que,
» près des Lilas, le Raincy, Romainville, les troupes
» françaises ont occupé le terrain réservé aux Alle-
» mands, en établissant leurs avant-postes à vingt-cinq
» pas des lignes allemandes, et que les protestations du
» commandant ont été inutiles.

» Le prince, en exprimant un regret que cette provo-
» cation trouble la confiance qui commençait à renaître,
» me demande d'en faire rechercher l'auteur. Il me dit
» que les troupes allemandes ont reçu l'ordre d'attaquer
» à minuit, si le terrain n'est pas évacué hors la portée
» de fusil.

» Il ajoute qu'il a pris l'ordre de l'empereur, pour
» faire suspendre le mouvement de retraite vers l'Alle-
» magne.

» Je télégraphie au prince que tout cela ne peut être
» que le résultat d'une erreur, et que je vous en préviens
» de suite.

» Je vous conjure d'envoyer, sans perdre une minute,
» un officier sur les lieux, et de donner des ordres pour
» que tout prétexte de collision soit ôté à l'armée alle-
» mande. »

Enfin, j'écrivis au ministre de la guerre, en lui renou-
velant l'avis donné au maréchal et la prière d'agir sans
retard, afin de prévenir un engagement qui pourrait avoir
de terribles conséquences.

Tout cela fut fait pendant le sommeil de M. Thiers,
qui, lorsque les affaires le lui permettaient, se couchait

de six à huit heures. Je n'avais pas voulu troubler son repos.

Mais comme toutes les dépêches passaient sous ses yeux, il vit, en s'éveillant, celle de M. de Bismarck. Il me fit appeler; je le trouvai fort irrité. Il me donna des ordres que déjà j'avais exécutés. Cela ne lui suffisait point. Il m'a souvent répété : « Ne vous contentez jamais » d'ordonner ; contrôlez toujours l'exécution. » Je croyais, cette fois, n'en avoir pas besoin, lorsque c'était au commandant en chef de l'armée de Paris et au ministre de la guerre que je m'adressais. M. Thiers voulut expédier une personne sûre au quartier général. La pluie tombait à torrents. Mon chef de cabinet, M. de Pontécoulant, partit immédiatement.

Une heure et demie après, le maréchal me répondait en ces termes :

« Le chargé d'affaires de Prusse et M. de Nostilz,
» ayant appris indirectement le conflit survenu, sont
» venus à mon quartier général. Je leur ai expliqué que
» ce n'était que par suite d'une erreur que nos troupes
» occupaient les Lilas, Romainville et le Raincy; que
» ces troupes allaient rentrer dans Paris. Ils en ont
» informé par le télégraphe le général prussien; je pense
» que cette affaire n'aura pas de suite. M. de Ponté-
» coulant m'a remis la lettre de M. Thiers et repart
» pour Versailles. »

Je recevais une communication analogue du ministre de la guerre. A onze heures et demie, le maréchal m'annonçait que nos troupes, qui s'étaient, par mégarde, avancées de quelques mètres au delà de leurs lignes, avaient rétrogradé. Tout était donc terminé, et je pus télégraphier au chancelier :

« J'avais raison d'affirmer à Votre Altesse que l'inci-
» dent dont elle m'a avisé n'avait rien de sérieux. Il n'y
» a eu de la part de nos généraux aucun fait intention-
» nel, un simple avertissement a fait cesser le malen-
» tendu. Seulement Votre Altesse m'a condamné à une
» véritable usurpation de pouvoir en m'obligeant à
» adresser des réquisitions aux militaires, qui ne relèvent
» pas du ministère des affaires étrangères. Ce qui m'ex-
» cuse, c'est que je ne faisais que suivre Votre Altesse
» dans une voie où régulièrement deux chefs de corps
» devaient figurer. Je n'en remercie pas moins très-
» cordialement Votre Altesse; et je la conjure de ne
» jamais faire autrement toutes les fois qu'il s'agira de
» prévenir un conflit entre nos deux nations. »

Le prince ne répliqua rien à cette dépêche. Je ne puis croire qu'elle lui ait déplu. Dans tous les cas, ce n'est pas dans cette intention que je l'avais écrite. Je savais fort bien qu'il attachait peu d'importance aux formes officielles, et qu'il pouvait, sans orgueil déplacé, se reconnaître toutes les compétences. Seulement, je me demandais, je me demande encore comment, à propos d'un détail complétement secondaire, il nous avait exposés à une reprise d'hostilités qui avait tout l'air d'une équipée; comment il n'avait pas compris le danger d'une sommation qui, expédiée de Berlin à cinq heures et demie du soir, soumise à toutes les chances de la transmission, à tous les hasards de l'incertitude ou de l'absence d'un ministre, nous laissait à peine le temps matériel d'empêcher une explosion en pleine paix, et la stérile effusion du sang ravivant une lutte éteinte, jetant la perturbation et l'effroi dans une grande cité encore émue par de si terribles catastrophes?

« Un seul coup de fusil tiré, me disait M. Thiers, » et notre emprunt avortait! »

§

En arrivant à Cologne, le 22 mai dans la matinée, je trouvai cette courte dépêche de M. Thiers : «.Je » rentre de Paris, où j'ai vu de bien terribles spectacles ; » nous sommes établis à l'Arc de Triomphe, au Troca- » déro, à l'École militaire et sur les points principaux. » Ce sont nos gros canons qui ont tout fait et rendu » inutile un assaut qui aurait pu être sanglant. Venez, » mon ami, partager notre satisfaction. » Le lendemain 23 j'étais à Versailles, à six heures du matin, et je recueillais, de la bouche du président lui-même, les détails des événements accomplis pendant les deux précédentes journées qui nous donnaient la victoire, sans avoir encore fait cesser le combat.

C'est sous les ordres du général Douay que s'étaient avancées les colonnes d'attaque auxquelles était réservé l'honneur d'affronter les périls de l'escalade et de l'entrée de vive force par la brèche que notre artillerie avait pratiquée dans les remparts. Sous le feu meurtrier des assiégés, et en moins de cinq jours, ces valeureux soldats avaient parcouru à la sape, à travers le bois de Boulogne, le vaste espace compris entre la Seine et la muraille d'enceinte. Le 21 mai, à trois heures après midi, ils se trouvaient près de la porte de Saint-Cloud, contre laquelle le feu de toutes nos batteries était dirigé avec la plus extrême énergie. Tout à coup, près de cette porte, au bastion n° 64, apparaît un homme qui, en risquant mille fois sa vie, fait signe à la troupe en agitant un mouchoir blanc en guise de drapeau parlementaire. Craignant une embûche, dont plusieurs fois déjà ils avaient été victimes, nos officiers hésitaient, lorsque, ne consultant que son audace, le commandant de l'avant-garde, le capitaine de frégate Trèves, après avoir défendu à ses hommes de le suivre, s'élança seul au-devant de l'inconnu qui paraissait l'appeler. Cet inconnu était Jules Ducatel, piqueur au service municipal de Paris; il avait fait déjà plusieurs reconnaissances périlleuses : ayant constaté que notre artillerie avait délogé les insurgés, il venait, en bravant héroïquement la mort, en avertir nos troupes et les mettre à même de pénétrer dans la ville sans donner l'assaut.

Ainsi, grâce au dévouement de ce brave citoyen, l'enceinte était franchie, Paris était entamé, et l'on pouvait espérer que les insurgés, comprenant qu'il était désormais inutile de prolonger leur criminelle résistance, déposeraient les armes ou prendraient la fuite. Malheureusement il n'en fut rien, et leur rage insensée parut redoubler avec la certitude de leur défaite. La porte d'Auteuil venait de tomber sous le canon du général Douay, dont le corps d'armée tout entier s'établissait sur ses ruines après une action sanglante. Celui du général Ladmirault était entré par la porte de Passy. Et, tous deux, sans perdre une minute, guidés par Ducatel, s'avançaient vers le Trocadéro. On le disait miné. M. Thiers était accouru près du maréchal de Mac Mahon; ce fut pour eux un moment plein d'angoisses.

La montre à la main, ils suivaient la marche de nos soldats; ils ne respirèrent que lorsqu'un signal convenu leur annonça l'heureux succès de cet acte de hardiesse.

Pendant ce temps, entraîné par sa bravoure, Ducatel abordait seul la barricade qui barrait le quai de Grenelle, haranguait les insurgés et obtenait d'eux qu'ils se retirassent. Il faillit être victime de sa généreuse action. Saisi par ceux-là mêmes qui paraissaient lui céder, il fut traîné à l'École militaire au milieu des plus grossiers outrages. Il allait être fusillé, lorsque l'apparition de nos soldats le sauva.

Ce fut ainsi que, par l'héroïsme d'un seul, furent préservées tant de précieuses existences qui auraient été infailliblement sacrifiées dans la fureur d'un assaut. Ce résultat inappréciable ne fut cependant pas le plus important; en accélérant de vingt-quatre et peut-être de quarante-huit heures la prise de possession de Paris, Ducatel a peût-être, je devrais dire certainement, arraché la ville entière à la destruction par le feu. Les scélérats qui promenèrent l'incendie sur plusieurs points à la fois, commençant par les monuments publics, continuant leur œuvre infernale sur les maisons particulières, avaient rêvé un embrasement général; c'était le forfait grandiose qui eût vengé leur défaite : ne pouvant garder Paris, ils le livraient aux flammes. Le temps leur a manqué. L'histoire doit s'incliner avec une respectueuse reconnaissance devant celui qui a joué sa vie pour ne pas le leur laisser.

A ce moment, nous étions bien loin de prévoir cette épouvantable catastrophe : tout semblait au contraire nous permettre de croire que la lutte touchait à son terme. Nous ne tardâmes pas à être cruellement détrompés. Le 23 mai, à cinq heures du matin, je fus éveillé par un message de M. Thiers qui m'appelait à la présidence : je le trouvai dans une indescriptible émotion. Tenez, me dit-il en me tendant une dépêche, lisez. Je vis avec stupeur que dans la nuit l'incendie avait été allumé au palais des Tuileries, au ministère des finances, aux palais du quai d'Orsay et de la Légion d'honneur ; on craignait pour le Louvre. Quelques heures après on nous annonçait que le Palais-Royal et l'Hôtel de ville étaient en feu. Pendant ce temps nos soldats n'avançaient que lentement, arrêtés à chaque pas par des barricades qu'il fallait tourner en cheminant à travers les maisons. Celle de la place de la Concorde était d'une hauteur formidable, protégée par une tranchée profonde, hérissée de pièces d'artillerie. Le général Douay l'enleva, malgré les efforts désespérés de ses défenseurs ; puis il courut aux bâtiments embrasés et sauva les précieuses collections de nos musées en faisant pratiquer dans l'édifice une large coupure. Mais déjà la bibliothèque du Louvre n'était plus qu'un monceau de cendres ; la science et l'art perdaient d'inimitables richesses. La bibliothèque Mazarine allait avoir le même sort, des tonneaux de pétrole y étaient accumulés, lorsque l'irruption subite de nos braves marins mit en fuite les scélérats prêts à consommer leur œuvre de destruction. La préfecture de police, le palais de justice, plusieurs salles des Gobelins, les bâtiments du grenier d'abondance étaient successivement la proie des flammes. Des misérables, parmi lesquels, on a honte de le dire, se trouvaient quelques femmes et quelques enfants, versaient du pétrole par les soupiraux des caves et y jetaient ensuite des mèches enflammées. C'est ainsi que furent consumées de nombreuses maisons dans les rues de Lille et du Bac, dans la rue Royale, dans la rue du Monthabor. Un mouvement d'horreur éclata sur les bancs de l'Assemblée lorsque, dans la séance du 25 mai, M. Thiers fit connaître officiellement ces monstrueux forfaits. Cependant, bien qu'il s'associât à l'unanime indignation de ses collègues, il leur fit entendre ces nobles et sages paroles pour les exhorter au calme et à l'union :

« On nous demande, Messieurs, ce qu'il faut faire en
» présence de ces abominables crimes, quel remède
» appliquer; on nous demande notre avis, quels sont
» nos moyens.

» Permettez-moi de vous dire que le premier de tous
» est de conserver notre sang-froid, le second c'est
» l'union; car, dans les situations si graves où nous
» sommes placés, nous ne pouvons sans union qu'abou-
» tir à des résultats contestés et contestables; vous affai-
» bliriez le pouvoir, vous ne lui apporteriez aucun
» secours..... Je suis certain, ajoutait-il, que l'insurrec-
» tion est vaincue, et, je l'espère, vaincue à jamais;
» après les crimes dont elle vient d'épouvanter le monde,
» je suis certain que jamais, dans l'avenir, notre pays
» n'assistera à de pareils spectacles! »

Le même jour, le chef du pouvoir exécutif adressait aux préfets et faisait afficher dans toutes les communes de France la circulaire suivante :

« Versailles, le 25 mai 1871.

» Nous sommes maîtres de Paris, sauf une très-petite
» partie qui sera occupée ce matin. Les Tuileries sont

» en cendres, le Louvre est sauvé, la partie du ministère
» des finances qui longe la rue de Rivoli a été incendiée.
» Le palais du quai d'Orsay, dans lequel siégeaient la
» cour des comptes et le conseil d'État, a été incendié
» également; tel est l'état dans lequel Paris nous est
» livré par les scélérats qui l'opprimaient et le déshono-
» raient. Ils nous ont laissé douze mille prisonniers :
» nous en aurons certainement de dix-huit à vingt mille.
» Le sol de Paris est jonché de leurs cadavres. Ce spec-
» tacle affreux servira de leçon, il faut l'espérer, aux
» insensés qui osaient se déclarer partisans de la Com-
» mune. La justice, du reste, satisfera bientôt la con-
» science humaine, indignée des actes monstrueux dont
» la France et le monde viennent d'être témoins.

» L'armée a été admirable. Nous sommes heureux,
» dans notre malheur, de pouvoir annoncer que, grâce
» à la sagesse de nos généraux, elle a essuyé très-peu
» de pertes. »

Quand M. Thiers adressait à la Chambre et aux départements ces douloureuses communications, la Commune n'avait point encore mis le comble à ses hideux
forfaits. La plupart de ses membres avaient fui. Quelques-uns disputaient sa dictature expirante à l'inexorable et terrible répression sous les coups de laquelle
elle s'écroulait. Ivres de rage, ils voulaient faire de
Paris un brasier qui aurait dévoré ses habitants et ses
libérateurs. Cependant ce n'était point assez : enve-
loppés par notre armée, qui les enfermait dans un cercle
de fer se repliant sur lui-même pour les écraser, n'ayant
plus d'autre alternative que de tomber dans la mêlée
comme Delescluze, ou de rentrer sous terre comme

ceux qu'on a vus reparaître à l'étranger, ils se donnèrent la volupté des lâches, ils se baignèrent dans le sang des infortunés qu'ils retenaient depuis plusieurs semaines en prison sous le nom d'otages. L'une des premières, l'une des plus touchantes victimes de ce massacre fut Chaudey, fusillé à Sainte-Pélagie dans la journée du 26 ; républicain ardent, ami et exécuteur testamentaire de Proudhon, défenseur infatigable des libertés populaires, Chaudey avait courageusement lutté contre l'Empire ; depuis le 4 septembre, il avait montré un dévouement à toute épreuve à la cause de la défense nationale. Nommé adjoint à la mairie de Paris, après la retraite de MM. Brisson et Floquet, il était devenu l'un des soutiens les plus intrépides de cette administration, dont les éminents services peuvent défier toutes les calomnies. Travailleur opiniâtre, sans cesse debout, généreux, charitable, esclave de son devoir, ne reculant devant aucun effort pour soulager les besoins d'une population en proie aux plus cruelles privations, il devait se croire plus qu'un autre à l'abri de la persécution. Il avait cependant refusé de plier devant le despotisme de la Commune. Un courageux article, publié par lui dans le journal *le Siècle,* le fit incarcérer. Il avait aussi attaqué le délégué à la préfecture de police, Raoul Rigault, l'un des plus sanguinaires acteurs de ces exécrables saturnales. Ce monstre se fit une joie féroce de l'égorger lui-même. Il vint à Sainte-Pélagie, où Chaudey était emprisonné. Il le couvrit de plates et sinistres injures ; puis, par un odieux raffinement de cruauté, il dressa son acte de décès en sa présence, le lui lut, et présida froidement à son exécution. Le glorieux martyr mourut sans proférer une plainte, si ce n'est pour sa vaillante femme et son jeune fils : êtres chéris qu'il aimait avec idolâtrie et qu'il allait laisser sans ressources.

Le matin du même jour, quinze frères hospitaliers avaient été égorgés à la Butte-aux-Cailles : ces humbles religieux, admirables pendant le siége, avaient été comme brancardiers un modèle achevé de courage, d'abnégation et de simplicité. Pourquoi le peuple qui avait tant de fois applaudi à leur héroïsme les laissait-il, en plein jour, abattre comme un vil bétail? Pourquoi de la foule en délire qu'ils traversaient pour se rendre au supplice, ne s'échappait-il que des cris de mort? Qui peut le dire exactement? Qui sondera jamais le mystère de férocité dans lesquels s'abîment quelquefois, en un seul instant, les sentiments humains des masses égarées? Beaucoup d'hommes sérieux se faisaient, il y a quelques années, cette illusion que le retour des scènes hideuses de la révolution de 93 ne se reproduirait plus. 1871 les a dépassées, sans qu'on en trouve l'explication dans le vertige des périls extérieurs, invoqués si souvent comme excuse des exécutions et des massacres qui déshonorent notre histoire.

Comment, en effet, comprendre qu'au moment où nul ne doutait plus de la victoire définitive et rapide de nos troupes, maîtresses de près des trois quarts de la ville, les insurgés se soient complu au meurtre, comme si, après avoir échoué dans leur tentative de destruction de Paris et de la France, ils attachaient leur gloire à provoquer l'exécration de la postérité en paraissant devant elle couverts d'un sang innocent versé par pure fanfaronnade de crime! Cependant cette épouvantable surprise ne nous a pas été épargnée. Plus de deux cents personnes, arrêtées pendant le cours de l'insurrection, gémissaient dans les cachots de Mazas, au milieu de quelles angoisses, celui-là seul le sait qui a été le témoin de leurs souffrances solitaires! Le mardi 23, les prisonniers furent extraits de Mazas et transférés à la Grande-Roquette. Le mercredi soir, six d'entre eux furent arrachés à leurs cellules et invités à descendre dans la cour où les gardes nationaux les fusillèrent. Ces illustres et nobles victimes étaient : Mgr Darboy, archevêque de Paris; M. Deguerry, curé de la Madeleine; M. Ducoudray, père jésuite; M. Allard, père jésuite; M. Bonjean, président de chambre à la Cour de cassation. Tous se montrèrent calmes, résignés, quelques-uns rayonnant d'une sublime exaltation. Grossièrement insulté par ses bourreaux, Mgr Darboy entendit mêler à leurs vociférations le nom de liberté : « Ne profanez pas » ce mot, s'écria-t-il avec force, c'est à nous seuls qu'il » appartient de le prononcer, car nous mourons pour » la liberté et pour la foi! » M. Deguerry, les yeux levés au ciel, dominait le tumulte en récitant les psaumes; doux et silencieux, M. le président Bonjean semblait bénir son sacrifice. Tous auraient touché des cœurs de bronze. Ils ne trouvèrent pas grâce devant le fanatisme de la haine et de la peur.

Après cette première boucherie, les infortunés qui semblaient avoir été épargnés purent croire à leur délivrance. Du fond de leurs cachots, ils apercevaient la sombre lueur des incendies, ils entendaient le canon tonner sans trêve; le feu de la mousqueterie ne se ralentissait pas davantage. L'intérieur de la prison était un chaos. L'agitation fiévreuse des gardiens, les perpétuelles allées et venues des personnages du dehors, les cris tumultueux, les ordres et contre-ordres, tout faisait présager d'affreuses et suprêmes convulsions. Cependant leurs anxiétés se prolongèrent pendant deux jours sans solution. Dans la nuit du vendredi au samedi, trente-huit gendarmes furent parqués dans un étroit préau; on leur adjoignit seize autres prisonniers parmi lesquels les rapports officiels citent : trois pères jésuites, MM. Benzy, Caubert, Ollivaint; deux missionnaires, MM. Perny et Houllers; deux séminaristes, MM. Gard et Seigneray; le secrétaire de l'archevêque, M. Petit; deux prêtres, M. l'abbé Polanchin et M. Sabatier, vicaire de Notre-Dame de Lorette; enfin, comme par une amère dérision du sort, le trop fameux banquier Jecker, qu'une circonstance aussi fatale que fortuite avait perdu : il venait chercher un passe-port à la préfecture de police; l'employé ayant incorrectement orthographié son nom, il s'empressa de le rectifier. Quoi ! lui dit son interlocuteur, seriez-vous le Jecker dont il a été tant question pendant la guerre du Mexique? Le malheureux balbutia, voulut sortir, il était retenu. Ce fut ainsi qu'il tomba sous les balles de la Commune. Rapprochés des gendarmes et devinant bien, malgré les dénégations de leurs gardiens, ce qu'on allait faire d'eux, les prêtres exhortaient leurs compagnons d'infortune. Les trente-quatre victimes furent poussées dehors et cheminèrent entourées de gardes nationaux avinés jusqu'au cimetière du Père-Lachaise dans l'enceinte duquel on les fusilla. Enfin, dans la matinée du samedi, vingt-quatre autres personnes succombaient immolées dans les murs de la prison. Vers dix heures, les cannibales voulurent achever leur œuvre. Mais à mesure que l'approche de plus en plus pressante de nos troupes jetait parmi eux le trouble et la confusion, l'espoir ranimait le courage des malheureux voués à la mort. Un gardien nommé Pinet, que la Commune avait conservé à son poste, donna le signal de la résistance. Alors s'engagea un combat horrible dont les incidents sont impossibles à décrire et que les témoins oculaires eux-mêmes auraient peut-être peine à raconter. Les détenus se promirent les uns aux autres de lutter corps à corps avec leurs assassins et de se laisser déchirer par eux plutôt que de se livrer. Ils se barricadèrent dans leurs chambres et leurs corridors. Une centaine de soldats, restés aux mains des séditieux à la prise de la caserne du Prince-Eugène, devinrent le principal centre de l'action. Écumant de rage, les bourreaux s'épuisaient en vains efforts et ne réussissaient pas à vaincre les obstacles accumulés sur un étroit espace. Meubles, ustensiles de toutes sortes, matelas, tout ce qui était tombé sous la main des assiégés avait servi de rempart. Au pandémonium du dedans se joignait le tumulte de la rue; la voix vengeresse de notre artillerie se faisait entendre de plus en plus distinctement; enfin, allait sonner l'heure de la justice. A cinq heures, les assaillants s'enfuyaient en désordre, et les prisonniers arrachés au supplice tombaient dans les bras de nos soldats, qui trouvaient dans leur salut la meilleure, la plus noble récompense de leurs vaillants sacrifices!

§

Ce serait une tâche supérieure aux forces humaines que d'entreprendre le récit de mille épisodes touchants ou terribles qui signalèrent cette lamentable tragédie. Chacun d'eux éveillerait dans l'âme l'horreur, la honte et le dégoût; à vrai dire, aucun n'ajouterait à l'effroi, à la colère, à la stupeur que fait naître l'ensemble de ces faits qui nous apparaissent comme un insolent et lugubre défi au progrès des mœurs, à la raison, à la science. Et c'est alors que, se débattant dans une sorte de cauchemar, l'esprit retombe de tout son poids comme écrasé sous le doute et penché sur les abimes du néant. Faut-il, à la suite de certains empiriques, désespérer de l'avenir, et lancer dans le vide de stériles malédictions? Au contraire, est-il sage de se rassurer en accusant la révolution, l'incrédulité, le libertinage de la pensée? Cette dernière explication, si elle est la vraie, console en ouvrant la voie du salut, c'est-à-dire le retour au droit divin, à l'asservissement de l'esprit et de la conscience, désormais subordonnés aux interprètes sacrés de la foi. Mais outre que ces remèdes augustes sont empruntés à des temps dont la barbarie a rendu plusieurs fois possibles de pareilles monstruosités, on ne peut méconnaître que leur application est absolument inconciliable avec les tendances modernes et que, malgré tous les efforts de quelques hommes respectables, de beaucoup d'autres qui le sont fort peu, le monde est entraîné d'un côté opposé. Ce n'est donc pas l'affranchissement de l'âme humaine qui est la cause du mal, ce n'est pas sa mise à la chaîne qui la guérira. Ceux qui le disent se payent d'illusions et de mots, ou cherchent à tromper; si jamais ils avaient le pouvoir, ils ramèneraient de nouvelles et plus atroces violences. Cependant celles que nous regardions comme impossibles, nous les avons vues. Il serait trop commode de prétendre, en niant l'évidence, qu'elles aient été l'œuvre isolée d'un petit groupe de malfaiteurs. Non, elles se sont accomplies avec la complicité d'une partie de la population de

Paris, avec le concours, ou tout au moins l'approbation de gens jusque-là paisibles, laborieux et que nul n'aurait osé soupçonner d'actes aussi abominables. C'est pour l'historien, pour le philosophe, pour l'homme d'État un devoir rigoureux d'aller au fond des ténèbres d'iniquité et d'aberration où se cache la raison d'être de ces apparentes anomalies, et d'en dégager la clarté, même sinistre, si elle peut faire briller la vérité.

Or, la fureur des passions les plus ardentes allumées par de vives souffrances individuelles, par les malheurs de la patrie, par les fautes vraies ou supposées du gouvernement vaincu, ne peut seule brusquement jeter dans le crime ceux que leurs habitudes, leurs antécédents, leur intérêt personnel, semblent défendre de ses perverses sollicitations. Pour s'y abandonner avec ce facile entraînement, il faut qu'ils en portent en eux le germe. Malheureusement, ce germe ne se révèle que trop bien au sein de la société française. On le rencontre caché dans cette disposition funeste qu'on appelle la division des classes, animées les unes envers les autres d'un fatal esprit de défiance, quelquefois de haine. Le grand mouvement de 89 a fait l'unité politique, administrative, judiciaire. Jusqu'ici il n'a rien changé au fractionnement social. J'ai tort, il l'a aggravé. Le tiers état en se rapprochant de la noblesse ne lui a point enlevé ses prétentions et ses préjugés, et lui-même il a oublié son origine; il s'est accoutumé à se considérer comme seul digne du pouvoir, et il s'ingénie à le conserver; au lieu de se confondre avec la nation, il a voulu se retrancher dans un camp prévilégié. S'y maintenir est sa première préoccupation, et il pense de bonne foi que tout serait perdu s'il était débordé. Il veut sincèrement le bien public, mais il ne le croit possible qu'à la condition de tenir les classes laborieuses en tutelle. De là un système de législation, de gouvernement, de finances, absorbant toute initiative au profit de l'État, et froissant ceux qui voudraient librement se conduire eux-mêmes. On ne se contente pas de leur interdire l'indépendance dans les actes, on entreprend de commander à leurs âmes. La puissance publique s'impose à elle comme le dépositaire de la vérité politique, morale et religieuse. Elle est un sanctuaire où se distribuent les sacrements civils; elle lance les excommunications et décrète les pénitences. C'est ainsi qu'elle se flatte de guider, de modérer, de réprimer.

L'Empire a présenté l'application la plus complète de ce régime. Il a fait régner l'ordre extérieur, et ceux qui prennent le silence pour la paix ont pu se réjouir. Aujourd'hui, nul ne doute que ce calme officiel ne cachât un travail redoutable, se poursuivant sans relâche, et rendant chaque jour plus profonde la ligne de démarcation qui sépare les classes. On avait beau multiplier les caisses de secours, les sociétés mutuelles placées sous la férule des préfets, instituer des comices, des concours, des prix régionaux, les travailleurs des villes et des champs, les artisans, les petits propriétaires, tout ce monde actif, vaillant, attaché au sol, au métier, aux mêmes industries, subissait avec impatience la compression de ses maîtres d'école; il n'y voyait qu'une source de priviléges, souvent d'iniquités, et s'accoutumait peu à peu à la haïr. Au milieu du trouble causé par cet antagonisme, il ouvrait l'oreille aux bruits de la science arrivant jusqu'à lui, et il s'étonnait de les trouver en contradiction flagrante avec les leçons de l'Église. Géné à la fois par l'autorité ecclésiastique et par l'autorité civile, il ne voyait plus dans le prêtre qu'un agent du pouvoir, d'autant plus dangereux qu'il était revêtu d'un caractère sacré, et qu'il condamnait au nom de Dieu tout sincère élan de liberté. Ainsi se sont développés, au sein des masses, des sentiments d'aversion et de défiance, que des ambitieux, des charlatans et des ignorants ont surexcités. On a répandu partout cette doctrine que la richesse de quelques-uns était un obstacle à la prospérité du plus grand nombre; on a conseillé hautement l'anéantissement des capitalistes, accusés de réduire le peuple à la misère. En même temps, nées dans les sphères les plus élevées, se propageaient les funestes et sauvages maximes qui font un crime de l'opinion politique d'un adversaire, et le dénoncent au mépris et à la vengeance de tous, non parce qu'il a mal fait, mais parce qu'il a mal pensé. Je pourrais pousser plus loin cette énumération : je m'arrête; de plus amples détails sont inutiles; si j'ai pu établir, par des faits irrécusables, qu'en 1871, un double système de défiance avait ulcéré les âmes et détruit la plupart des ressorts moraux qui les retiennent, lorsque arrachées violemment à leur équilibre habituel, aveuglées par la colère, le ressentiment et la peur, elles perdent la notion du juste et n'écoutent plus que la voix des passions; sans toutes ces causes, les malheurs dont nous avons été victimes n'auraient pas été accompagnés des honteux excès qui souilleront à jamais l'insurrection de la Commune, à elle seule déjà si criminelle. Mais, ayons le courage de le dire, la nation tout entière en a sa part de responsabilité, tout de même que tout entière aussi elle est étroitement obligée de prendre les moyens les plus énergiques pour en prévenir le retour. Ce serait, de la part des membres d'une communauté politique et sociale, une singulière légèreté de conscience que de se dégager de tout lien de solidarité dans un cataclysme public, dont l'explosion a été certainement déterminée par une série d'erreurs et de fautes de la communauté elle-même. Je comprends autrement le sentiment de la nationalité. Fier de la grandeur de mon pays, humilié par son abaissement, souffrant de ses douleurs, je suis atteint au cœur par les événements qui entachent son honneur, et je sens que je n'aurais pas fait mon devoir si, croyant connaitre un moyen de salut ou de réparation, je préférais le repos commode de l'indifférence aux inconvénients inévitables auxquels expose la critique des idées reçues. Eh bien, dans ma conviction profonde, la France est condamnée à des calamités de la même nature que celles dont je viens d'esquisser le lugubre récit, si elle n'a pas la sagesse d'entrer dans une voie nouvelle. Je dis la France, et à dessein, car, en réalité, elle est maitresse d'elle-même, et il ne lui manque que la réflexion nécessaire à l'intelligence de ses devoirs et de ses intérêts, que la fermeté indispensable à l'accomplissement des uns, à la satisfaction des autres. Qu'elle ne délègue ses pouvoirs qu'à des hommes résolus à travailler sans relâche au rapprochement et à la fusion des classes, c'est-à-dire à la constitution définitive et légale de la famille politique française. Il est temps, en effet, de rompre sans retour avec les traditions d'un passé qui divisait la société en deux grandes catégories, les gouvernants et les gouvernés. Ces deux termes ne peuvent plus exprimer qu'une différence de fonctions, jamais une différence d'intérêts. La nation se gouvernant elle-même ne saurait, sans abdiquer, comprimer l'essor de ses propres libertés ; elle doit en faire la base fondamentale de ses institutions et de sa législation : elle doit rétablir la confiance et la concorde par l'impartiale et rigoureuse exécution des lois, par le respect scrupuleux de la justice, par la diffusion de l'instruction à tous les degrés de la hiérarchie sociale. Le jour où les citoyens se sauront vraiment libres, ils se sentiront également responsables, et jaloux de leurs droits, ils admettront que celui d'autrui, comme le leur, soit protégé par de sévères pénalités. Le gouvernement leur apparaîtra comme leur défenseur naturel, comme l'expression de leur volonté en ce qu'elle a d'équitable et de désintéressé. Alors les rapports des hommes entre eux se modifieront forcément : maîtres de penser, de parler, d'écrire, d'étudier, d'enseigner, de s'associer, de se secourir sans craindre aucune entrave, ils reconnaîtront que ces forces collectives et individuelles ne peuvent être contenues et dirigées que par une mutuelle bienveillance, et qu'après tout, le plus court et le plus sûr, en un régime d'expansion absolue, est encore de s'aimer les uns les autres. C'est là le dernier mot de cette révolution morale, qui peut sembler une chimère, mais qui, à mon sens, sortira infailliblement du double effort de la science et de la liberté. Les agitations auxquelles les sociétés européennes sont en proie la font clairement pressentir; il dépendra de la sagesse des classes les plus éclairées qu'elle s'accomplisse sans secousse. Formée à la dure leçon du malheur, cédant enfin aux généreux sentiments qui l'ont guidée dans toutes les grandes crises, la France, plus que toute autre nation, peut prendre l'initiative de cette transformation nécessaire. Ou je me trompe fort, ou déjà elle devine le noble rôle qui lui est échu, elle se recueille, et puisant dans l'excès même de ses épreuves le secret des résolutions à la fois héroïques et sensées, elle prépare au monde la surprise et la consolation d'un ordre de choses dans lequel disparaîtront progressivement les haines et les erreurs qui lui ont été si funestes.

C'est à réaliser ce salutaire dessein que s'appliqueront désormais les hommes de cœur ; c'est leur succès qui effacera les hontes de la Commune ; il étouffera dans leurs germes des passions insensées, qui l'ont à la fois suscitée et déshonorée.

§

Il eût été à souhaiter qu'au lendemain de leur laborieuse et décisive victoire, l'Assemblée et M. Thiers pussent inaugurer cette politique. Ils parurent y incliner, lorsque, repoussant les conseils d'une inintelligente réaction, ils refusèrent d'écraser sous le coup d'une mesure de salut public les derniers débris de l'émeute abattue. Ce sera leur honneur devant l'histoire d'avoir obstinément voulu rester dans la légalité, d'avoir vaillamment abordé et heureusement mené à fin une entreprise qui paraissait impossible, celle de donner à chacun des trente mille insurgés arrêtés la garantie d'un examen et d'un jugement contradictoires. A mon sens, ce n'était point assez : la grandeur des événements qui venaient de s'accomplir exigeait davantage. A la violence des émotions qui agitaient encore toutes les âmes, à l'attente fiévreuse d'actes hardis répondant au besoin impérieux d'ordre et de paix, on pouvait juger combien il était nécessaire d'adopter une ligne de conduite à la fois ferme et généreuse, de se montrer aussi confiants envers la nation qu'inflexibles devant les ennemis de sa souveraineté. La situation commandait avant tout la stabilité du pouvoir. Rien n'était plus dangereux pour le salut commun que de le laisser faible et précaire, incessamment livré à toutes les fluctuations, à toutes les intrigues des partis. Très-convaincus que, privé d'assiette solide et définitive, il s'énerverait de plus en plus et demeurerait impuissant pour le bien, plusieurs hommes politiques sollicitaient vivement M. Thiers de proposer à l'Assemblée la constitution d'une présidence nommée pour cinq années; ils y ajoutaient deux projets de loi, auxquels ils n'attachaient pas une moindre importance, et qui auraient, en effet, exercé une influence considérable sur la marche des affaires. Le premier excluait du territoire français les membres de l'ex-dynastie impériale, et assimilait à l'attentat contre la sûreté de l'État toute tentative de restauration napoléonienne; le second ramenait l'Assemblée à Paris, où elle reprenait le siége de ses travaux.

Qu'y avait-il, en effet, de plus logique, de plus moral, de plus rigoureusement conforme au respect de l'ordre et des lois, que de fermer les frontières de la France à la race funeste qui trois fois les a ouvertes à l'étranger, et qui s'est enfuie en laissant notre sol mutilé? Qu'y avait-il de plus juste que d'arrêter, au moment où elles commençaient leur œuvre impie, les audacieuses conspirations fomentées par les séides de l'Empire? Ce n'était là que la conséquence naturelle et la sanction obligée du vote de déchéance acclamé par l'Assemblée. Vainement aurait-on essayé d'opposer une objection honnête et de bonne foi. Aurait-on allégué le caractère odieux des proscriptions? Qui l'eût fait? Le Deux-Décembre l'aurait-il osé, lui couvert du sang des bourgeois inoffensifs lâchement assassinés sur les boulevards, lui qui maintint le bannissement du comte de Chambord et des princes d'Orléans, en y ajoutant, pour ces derniers, la confiscation, lui qui arracha à leurs familles, à leurs foyers, plus de cinquante mille citoyens innocents, pour les livrer au climat dévorant de Cayenne ou de l'Algérie? Mais ce n'était pas par son propre exemple, pas même par celui des gouvernements qui l'avaient précédé, qu'on l'aurait confondu ; c'était surtout par l'énormité de son parjure et de ses crimes, c'était par son esprit de ruse et de violence, c'était par ses habitudes de corruption et d'embauchage, c'était enfin par le soulèvement de la conscience publique, ne pouvant admettre que la veuve et le fils de celui qui nous a perdus viennent afficher sous nos yeux, en plein cœur de Paris, l'insulte de leurs prétentions factieuses! Nous avions le devoir étroit de protéger contre leurs coupables manœuvres des populations ignorantes, trop accessibles encore aux intrigues et aux calomnies. Il fallait que la Chambre et le gouvernement montrassent résolûment de quel côté était le bon droit, duquel était l'usurpation. L'opinion le réclamait, la diplomatie le désirait. De toutes parts on attendait un acte de vigueur et de sens, mettant le pays à l'abri de nouveaux coups de force ou de funestes agitations. M. Thiers et l'Assemblée reculèrent devant le sentiment honorable de répulsion que leur inspirait une loi de persécution personnelle ; beaucoup de bons esprits pensent encore que l'intérêt de la nation et l'équité devaient l'emporter sur ces ménagements inopportuns.

Quant au retour du gouvernement à Paris, il eût été

l'une des résolutions les plus sages, les plus fécondes en
heureux résultats. Il aurait, d'une manière éclatante, démontré à la France et à l'Europe le triomphe définitif de
l'autorité légitime. Les partis coalisés, cherchant toujours
dans nos discordes civiles un moyen de préparer leur
avénement, ne cessaient de répéter que la capitale était
un foyer menaçant d'anarchie, que la représentation nationale n'y serait point en sûreté, que ses délibérations
ne seraient jamais calmes dans le tumulte de la cité révolutionnaire. Plusieurs députés soutenaient de bonne
foi cette opinion ; beaucoup en faisaient une arme de
guerre : nul ne semblait songer que, dans un État centralisé comme le nôtre, chez un peuple ardent et mobile, avant tout guidé par l'imagination et le sentiment,
changer brusquement l'axe moteur, rompre avec les
traditions, méconnaître la puissance créatrice de tous
les éléments de force morale, scientifique, industrielle
que renferme Paris, est une aberration fatale, portant
au mouvement social administratif et politique un préjudice irréparable. On ne peut calculer mathématiquement, ni chiffrer par une formule la déperdition de richesse à laquelle cette fausse conception a condamné la
France. Étant admis cependant, ce que personne ne
conteste, que le temps et l'effort représentent une valeur
appréciable, on peut se faire une idée de cette déperdition, lorsqu'on réfléchit que, depuis le mois de
juillet 1871, chaque affaire traversant un ministère a
subi un retard moyen de cinq jours, ce qui porterait le
nombre des jours perdus à quinze cents, ou environ
trois années. En multipliant ce total par celui des affaires
expédiées, on voit à quel effrayant résultat on aboutit.
Veut-on un autre exemple ? Chacun sait que les séances

de l'Assemblée durent à peine, en moyenne, trois heures, et que celles des commissions sont aussi et nécessairement plus courtes que si la Chambre siégeait à Paris. On reste certainement beaucoup au-dessous de la réalité en évaluant à deux heures par jour la diminution dans la durée du travail imposée par le séjour à Versailles. Depuis trois ans, les sessions ont annuellement occupé au moins huit mois, qui, défalcation faite des dimanches, représentent deux cents jours, ou six cents pour les trois années, et pour les trois années encore, douze cents heures, ou deux cents jours environ entièrement perdus.

Aussi ne faut-il pas s'étonner de la langueur et de la stérilité des travaux de l'Assemblée. Au surplus, ce n'est pas seulement par le défaut d'emploi de temps, c'est par son gaspillage, c'est par le trouble particulier imprimé à l'esprit par de continuelles allées et venues, que les députés, malgré leur bonne volonté et leur zèle, se trouvent à chaque instant interrompus et gênés. On peut affirmer que tant qu'un pareil état de choses se continuera, il leur sera difficile de se livrer à des études réellement sérieuses. Ils iront toujours au plus pressé, ils ajourneront forcément tout ce qui n'aura pas un caractère d'urgence, et le parlement verra de jour en jour diminuer son crédit et son action politique.

Ces graves et indiscutables inconvénients ne sont pourtant que secondaires, si on les compare aux mécontentements, aux inquiétudes, aux défiances qu'inspire à la population de Paris, à une partie de celle de la France et de l'étranger, la prolongation indéfinie de cette sécession officielle. Nos relations avec nos voisins en sont péniblement affectées ; plusieurs de nos industries n'y ont pas résisté : d'un autre côté, retranchée à Versailles, la représentation nationale s'isole de plus en plus, elle cesse de participer à la vie de Paris, elle se fait une opinion factice : elle se nourrit d'illusions, elle se croit au-dessus de tout contrôle, et, confiante dans sa sécurité matérielle, qu'elle attribue à son éloignement de Paris, elle s'abandonne sans contrainte aux rêves les plus dangereux.

Sans doute, au moment où prévalait le parti du séjour à Versailles, on ne prévoyait pas toutes ces conséquences. M. Thiers espérait que les ressentiments de la majorité s'apaiseraient ; il hésitait à lui imposer une résolution qu'elle n'aurait acceptée qu'à regret. Dans cette circonstance, comme dans plusieurs autres, il douta de lui, et craignit de provoquer un conflit. Cependant il en serait certainement sorti victorieux. Il était l'homme nécessaire, on lui aurait cédé ; mais il était avant tout le grand patriote, le citoyen scrupuleux et désintéressé par excellence ; il ne voulait rien hasarder qui pût compromettre la réorganisation et la libération du pays.

Ce furent également ces nobles mobiles qui lui firent écarter le projet d'une présidence quinquennale ; comme il était le seul qui en pût être investi, il ne voulut pas qu'on pût le soupçonner d'avoir obéi aux suggestions de l'intérêt personnel. Déjà vivement sollicité pendant la lutte contre la Commune, il avait invariablement répondu : « Je rougirais de profiter des déchirements de » la patrie pour consolider mon pouvoir. Nous cause- » rons de cela quand nous serons maîtres de Paris. » Maître de Paris, il opposa les mêmes raisons, présentées sous un autre aspect. « J'ai, disait-il, fait mon de- » voir sans faiblesse : après avoir épuisé tous les moyens

» de conciliation, j'ai usé de la force : le Point-du-Jour
» et Auteuil disent assez si j'y ai molli. La répression a
» été terrible, elle a tué la démagogie pour trente ans.
» Je n'ai pas besoin de récompense, et bien que la pré-
» sidence n'en fût pas une, on le croirait, ce qui suffirait
» à diminuer le peu que j'ai fait et à empêcher ce qui
» me reste à faire. Ne changeons rien à l'état de choses
» actuel et qui nous permet de reconstituer la France,
» de la délivrer de l'occupation étrangère. »

En écoutant ce langage dont je ne saurais reproduire la vigueur et le charme, je me prenais à réfléchir tristement combien il est difficile à l'homme d'État, auquel le sort a remis le gouvernail au plus fort de la tempête, d'échapper aux piéges que lui tendent les généreuses qualités de son cœur. J'admirais la simplicité avec laquelle M. Thiers, oubliant ses services et sa gloire, repoussait la puissance que lui offrait la fortune, cette fois intelligente et juste. Mais je m'affligeais pour la France de voir encore ajourner, peut-être gravement compromettre, la création d'un gouvernement stable dont elle avait un impérieux besoin. M. Thiers seul pouvait le lui donner. Qu'importaient dès lors les jugements iniques dont il pouvait être victime? Les indignes calomnies de la haine, la bassesse, la mauvaise foi de ses ennemis, les insultes des ingrats, les bruyantes attaques des sots ont-elles diminué quelque chose de ses mérites? Elles les ont rehaussés. Je ne sais rien en effet de plus véritablement grand que le dédain d'un homme de bien, défiant les injures et les mensonges, et vengé de leurs excès par la seule évidence des sacrifices qu'il a faits pour son pays. Celui de M. Thiers acceptant la présidence pour cinq années eût été certainement considérable. Il devinait à l'avance à quelles accusations il serait exposé. Aucune cependant ne pourrait être aussi redoutable que celle que la postérité serait en droit de formuler contre lui, si pour ne pas paraître agir dans un intérêt personnel, il s'était refusé à devenir le chef d'un gouvernement régulier.

Or, on lui disait : ce qu'il faut à la France, c'est moins encore un homme qu'une institution. Elle aura l'un et l'autre, si vous consentez à être pendant cinq ans le premier magistrat de la République. Vous mettrez ainsi un terme aux scandaleuses menées des prétendants qui se disputent la nation comme une proie. Vous réduirez au néant les projets insensés de quelques agitateurs qui n'ont d'autre levier pour soulever les masses que la prétendue conspiration de l'Assemblée en faveur de la monarchie. Nul ne pourra vous reprocher de méconnaître les droits de la représentation nationale, seule dépositaire de la souveraineté, par là même seule arbitre de la forme du gouvernement, car vous les proclamez tout le premier, puisque c'est avec son concours que vous constituerez celui qui déjà existe de fait ; d'ailleurs, elle n'en peut établir aucun autre. Vous lui avez promis, à Bordeaux, de conserver intact le dépôt que vous receviez de ses mains. Vous lui avez tenu fidèlement parole. Seulement si vous croyez avec plusieurs de vos amis que le salut public réclame impérieusement une présidence de cinq ans, votre devoir est de le déclarer nettement ; la Chambre, mise en demeure par vous, se prononcera.

Ces raisons et beaucoup d'autres encore, développées avec une opiniâtre insistance, n'ébranlèrent point l'illustre chef du pouvoir exécutif. Aujourd'hui, après trois ans et demi écoulés, il est permis de croire qu'il eût mieux fait de se placer au-dessus des scrupules auxquels il s'arrêta. Lorsque Washington, investi du commandement des armées de l'indépendance, sentit que l'autorité allait lui échapper, il écrivit au congrès pour revendiquer la dictature. Il dut, pour s'y résoudre, singulièrement faire violence à son caractère; car jamais homme public ne fut moins ambitieux et plus désireux de ne le point paraître. Il s'oublia lui-même : il ne pensa qu'à son pays et put ainsi le délivrer du joug de l'Angleterre. Tout aussi grand patriote que le héros américain, M. Thiers était, comme lui, prêt à tous les sacrifices. Seulement, il ne crut pas à la nécessité de celui qu'on lui conseillait. Il pensa que son abnégation augmenterait son prestige et lui rendrait plus facile l'accomplissement de sa tâche. En cela il se trompait. La haine des partis s'accroît en proportion des ménagements qu'on leur accorde. Ce qu'ils pardonnent le moins c'est la générosité ou la faiblesse de ceux qui les épargnent. Ils ont chèrement fait expier sa magnanimité à celui qui n'avait qu'une ferme parole à prononcer pour les courber sous le joug légal d'une république constitutionnelle.

Mais en maintenant, parce qu'il le considérait comme encore inévitable, le régime provisoire décrété au mois de février précédent, M. Thiers consacrait les admirables ressources de son infatigable activité et de sa vaste intelligence à relever la France et à purger son sol en mettant dans sa main la colossale rançon qu'elle devait livrer à l'ennemi. Les difficultés qu'il avait à vaincre pour atteindre ce but étaient immenses, et l'on comprend que beaucoup d'hommes pratiques les jugeassent insurmontables. L'occupation allemande couvrait plus du tiers du territoire, et les souffrances qu'elle occasionnait devenaient chaque jour plus intolérables. Le département des affaires étrangères s'épuisait en protestations, en représentations, en plaintes; sans cesse de nouveaux faits ravivaient les querelles et faisaient craindre des conflits. Nous succombions sous le poids des charges de l'entretien des troupes auquel s'ajoutaient de continuelles exigences. Partout où un doute se présentait dans l'interprétation des traités, le gouvernement prussien le tranchait à son avantage avec une inflexible dureté. Ainsi, aux termes de l'article 7 des conventions de Francfort du 10 mai, le payement des 500 millions devait avoir lieu dans les trente jours qui suivraient le rétablissement de l'autorité du gouvernement français dans la ville de Paris, délai bien court quand on songe aux embarras de toute nature auxquels nous étions condamnés après notre douloureuse victoire. Le chancelier ne voulut nous laisser aucun répit. M. Fabrice me fit savoir qu'il entendait prendre le 1er juin pour point de départ des trente jours. Je me récriai vivement et, faisant valoir les raisons décisives qui ne permettaient pas de considérer l'ordre comme rétabli à cette date, je demandai un sursis de vingt jours, il me fut refusé. Je revins de nouveau à la charge et, le 15 juin, j'écrivais à M. de Nostilz de Walvitz, qui remplaçait M. de Fabrice, rappelé en Allemagne :

« Monsieur le chargé d'affaires, je reçois la dépêche
» en date d'hier par laquelle vous me faites savoir que
» M. le prince de Bismarck ne peut accepter la date
» du 20 juin comme le point de départ des trente jours
» qui, à partir du rétablissement de l'autorité française

» à Paris, nous est accordé par le traité de paix pour le
» payement du premier demi-milliard.

» M. de Bismarck ne vous a pas chargé de nous dire
» s'il maintient la date du 1er juin qu'il avait fixée par
» une première dépêche.

» Je n'ai pas besoin d'insister longuement pour dé-
» montrer que la fixation de cette date ne saurait être
» admise. La bataille s'est prolongée dans Paris du 21 mai
» au 29. Nous sommes entrés au milieu des ruines.
» Nos principaux édifices et notamment le ministère des
» finances étaient en cendres. Ces désastres imprévus
» ne nous ont pas permis de reprendre aussitôt que
» nous l'aurions voulu l'exercice de l'autorité régulière,
» et malgré toute notre bonne volonté nous ne pourrons
» être prêts qu'à l'époque fixée par M. le ministre des
» finances. Nous vous avons payé 125 millions par anti-
» cipation. J'ose espérer que M. le prince de Bismarck
» se rendra à ces raisons.

» Je lui demande donc, s'il n'accepte pas le 20 de ce
» mois, de nous donner au moins jusqu'au 15 juillet.
» M. le ministre des finances ne peut être prêt avant
» cette époque. Il croit en la fixant rester exactement
» dans les termes du traité, puisqu'à l'heure où je parle
» l'autorité du gouvernement n'est point encore régu-
» lièrement rétablie ; c'est le pouvoir militaire seul qui
» en est investi. »

Le cabinet prussien ne se rendit qu'en murmurant. Mais sa rigueur n'eut d'autre conséquence que de faire éclater la puissance prodigieuse de notre crédit. Le 30 juin, je transmettais à M. le comte de Waldersée, qui représentait provisoirement l'Allemagne à Paris, le bordereau de mon collègue des finances, M. Pouyer-

Quertier, fixant la date des payements des 375 millions formant le complément du premier demi-milliard : le 5 juillet, 100 millions ; le 10, 100 millions, le 15, 175. La veille il avait proclamé, aux applaudissements unanimes de la Chambre, l'heureux résultat de l'emprunt de 2 milliards voté huit jours auparavant. En moins de six heures la souscription avait dépassé d'une fois et demie le chiffre demandé. Elle avait produit 5 milliards. A Paris seulement elle s'était élevée à 2 milliards 500 millions. Le contingent de la province, qui n'avait jamais atteint 250 millions, avait donné cette fois plus d'un milliard. Ce succès étourdissant, obtenu au lendemain de nos désastres, prouvait mieux que les plus éloquentes paroles l'énergique vitalité de la nation, la sympathie profonde qu'elle inspirait à l'opinion, mais surtout l'énergie de sa volonté et son ferme dessein de demeurer supérieure à l'adversité. Aussi le ministre pouvait-il dire au milieu de l'adhésion de tous :

« C'est à la France, pour la plus grosse part, que re-
» vient l'honneur de cet emprunt. Elle a eu confiance en
» elle-même. Oui, Messieurs, nous avons vu, non
» sans émotion et non sans confiance dans l'avenir, toutes
» les épargnes, toutes les petites économies venir aider
» le pays à se soustraire à la domination de l'étranger.

» Chacun a compris son devoir, chacun a compris
» l'acte patriotique qu'il accomplissait en prêtant jus-
» qu'au dernier centime de ses économies à notre mal-
» heureuse France.

» Je n'ajouterai qu'un mot : c'est que les conditions
» dans lesquelles s'est opérée cette réalisation de l'em-
» prunt dépassent nos espérances et nous permettent de
» remplir nos engagements envers l'Allemagne plus ra-

» pidement que nous ne l'avions pensé et bien avant les
» termes qui nous ont été imposés.

» Le devoir du gouvernement, le devoir du ministre
» des finances, c'est de chercher et de trouver le moyen
» de hâter autant que possible la délivrance définitive
» du pays, et c'est avec un profond sentiment de con-
» fiance et de bonheur que nous pouvons faire espérer
» à tous que nous n'attendrons pas les échéances de
» l'emprunt pour faire disparaître les étrangers du sol
» de la patrie. »

Ces nobles et consolantes paroles, accueillies par une triple salve de bravos, étaient l'exacte expression de la vérité. La France venait de révéler des ressources que nul ne pouvait soupçonner; elle attestait ainsi ce qu'elle était malgré ses revers, ce qu'elle aurait été si elle avait su se conduire avec sagesse, ce qu'elle pouvait être encore si elle mettait à profit les dures leçons du sort. Ses ennemis furent frappés de stupeur, ses amis osèrent lui adresser leurs espérances et leurs vœux : « Le succès
» de l'emprunt français, écrivait un des journaux suisses
» les plus autorisés, quelle que puisse être la part de la
» spéculation, est à coup sûr un fait surprenant. Paris
» seul a plus que couvert la somme demandée, la pro-
» vince a fourni un milliard, l'étranger deux milliards, et
» l'on mande de Francfort que la maison de Rothschild a
» dû refuser des offres s'élevant à un chiffre colossal, la
» souscription ayant été close la veille au soir. Par cette
» souscription, la France a fourni la double preuve
» qu'en dépit des sacrifices terribles que la guerre et la
» révolution lui ont imposés, elle dispose encore de
» grandes ressources et qu'elle envisage avec confiance
» l'ère de sa régénération. L'étranger a également prouvé

» qu'il ne doute pas du prompt relèvement d'un pays si
» cruellement éprouvé. Que les élections complémen-
» taires qui vont avoir lieu aboutissent en faveur de la
» politique de M. Thiers, c'est-à-dire des républicains
» modérés et du parti de la liberté unie avec l'ordre et
» la confiance, et l'avenir de la France prendra un
» nouvel essor dans le pays et hors du pays. »

L'Allemagne elle-même ne pouvait se soustraire au sentiment de haute estime que lui inspiraient nos généreux efforts et notre scrupuleuse fidélité dans l'exécution de nos engagements; dès le 10 juin, M. de Bismarck faisait savoir au général de Fabrice, qui nous en informait :

« Qu'en présence des efforts loyaux du gouverne-
» ment français pour remplir les obligations du traité de
» paix, et de la preuve de force dont le gouvernement
» français vient de faire preuve (sic), il avait en lui la
» confiance la plus absolue, et qu'il le lui témoignait
» en faisant immédiatement rentrer un nombre très-
» considérable de troupes. »

Enfin, comme pour ajouter à ces heureux symptômes un signe éclatant de vigueur, un gage certain de sécurité et d'espoir, le gouvernement voulut rendre à l'armée de Paris un hommage bien mérité en la passant en revue le 29 juin. Ce fut une fête militaire qui laissera d'impérissables souvenirs dans l'esprit de tous ceux qui y assistèrent. Tout contribuait à la rendre émouvante et solennelle. C'était la première fois depuis nos désastres que nos soldats se réunissaient sous les yeux de leurs chefs et de leurs concitoyens. Que de tragiques événements avaient rempli la période qui les séparait des jours d'illusion et d'enivrement, où, séduits par de fallacieuses assurances, ils marchaient vers l'Allemagne comme au-devant d'un triomphe! En quelques semaines, le sol s'était ouvert sous leurs pas et les avait dévorés! La mort avait fauché leurs rangs, et ceux qu'elle avait épargnés en avaient été réduits à la regretter, tant elle eût été pour eux préférable aux tortures d'une longue captivité! Libres enfin, palpitant de joie à l'idée de revoir leur patrie, ils l'avaient retrouvée se déchirant misérablement elle-même, et il leur avait fallu, à eux déjà brisés par le fer de l'ennemi, marcher à de nouveaux combats contre leurs compatriotes. Victorieux, après deux mois de luttes sanglantes, ils n'avaient même pas eu la consolation de pouvoir se réjouir de leur succès. La défaite de la Commune n'avait pu leur faire oublier celle que la Prusse leur avait infligée. Aussi, sur le champ de manœuvre où les attendaient le gouvernement et Paris tout entier, parurent-ils à la fois glorieux et tristes. On devinait qu'ils portaient le double fardeau des douleurs et des espérances du pays. Il furent accueillis avec enthousiasme. Les régiments de Metz, les garnisons de Belfort et de Bitche, les cuirassiers de Reichshoffen, les marins, illustrés par leur admirable conduite pendant le siége, reçurent tour à tour de brillantes ovations. Les élèves de Saint-Cyr et de Saumur, la gendarmerie, l'artillerie furent salués par de longs vivat. Modeste et grave, l'infanterie, fort remarquée pour sa belle tenue, en eut sa large part. En passant devant l'Assemblée et le gouvernement, les généraux et les officiers abaissaient leurs épées, les soldats présentaient les armes : on leur répondait par des acclamations que répétait la foule répandue dans tout le bois de Boulogne. C'était un spectacle grandiose, au-dessus duquel planait l'âme de la patrie. A la vue de ces mâles et fiers visages, de ces colonnes profondes, s'avançant et se développant avec l'ordre et la méthode d'une sévère discipline, on se sentait revivre. On laissait son cœur se rouvrir à l'espérance. La France militaire reparaissait, prête encore, mais cette fois mieux conduite, à racheter de tout son sang son honneur et son droit si injustement sacrifiés. Le *Journal Officiel*, après avoir raconté les détails de la journée, ajoutait :

« La grosse cavalerie vient de passer au grand trot
» en faisant trembler le sol. Le duc de Magenta s'ap-
» procha du pavillon du chef du pouvoir exécutif. Celui-
» ci descend de la tribune pour aller à sa rencontre et
» presse la main de l'illustre maréchal en le félicitant
» avec effusion.

» Les cris de vive Thiers! vive Mac Mahon! éclatent
» de toutes parts.

» Lorsque le président du conseil est remonté dans le
» pavillon, les cris de vive Thiers! éclatent avec une
» nouvelle force et se prolongent pendant plus de dix
» minutes. Le public abandonne les places qu'il occu-
» pait, se presse autour de la tribune du président, et
» fait retentir l'air de ses applaudissements et de ses
» bravos.

» Les mêmes acclamations, poussées par une foule
» toujours grossissante, saluent M. Thiers au moment
» où il quitte la tribune. Elles suivent longtemps la voi-
» ture qui ramène à Versailles le chef du pouvoir exé-
» cutif de la République française.

» Hier, nous demandions deux milliards à l'emprunt.
» Il en a donné cinq. Aujourd'hui, nous montrons à
» l'Europe une armée de cent mille hommes, pleine de

» vaillance, admirablement commandée et qui vient de
» sauver la civilisation. La France, déshabituée de bon-
» heur depuis les désastres accumulés sur elle par les
» fautes de l'Empire, commence à se reconnaître et à se
» sentir. »

Le lendemain, à l'ouverture de la séance, M. le président de l'Assemblée Grévy faisait entendre des paroles non moins significatives. Après avoir rappelé le magnifique spectacle offert par l'attitude de l'armée, après lui avoir rendu hommage au nom de la représentation nationale, il disait :

« Messieurs, un pays qui, au lendemain de tels désas-
» tres, sait tirer de son sein de telles ressources est tou-
» jours la grande nation.

» Ses revers ont pu le courber, ils ne l'ont point
» abattu : il dépend de ceux qui le dirigent, il dépend
» de vous, de votre sagesse, de votre patriotisme, qu'il
» reprenne bientôt la grande place qui n'a jamais pu
» cesser de lui appartenir. »

L'Assemblée tout entière s'associa, par ses applaudissements réitérés, à l'expression de ses nobles sentiments. Certes, ils étaient bien naturels, et leur sincérité fait pardonner facilement leur tour un peu emphatique. Toutefois, il est permis de se demander si la sagesse ne conseillait pas d'en modérer l'effusion. Le cabinet prussien en fut vivement irrité ; et, deux jours après, je reçus de son représentant officiel, M. le comte de Waldersée, une note comminatoire conçue dans des termes peu obligeants : on nous invitait à revenir aux stipulations du traité du 26 février, qui nous obligeait à renvoyer derrière la Loire toute la portion de l'armée de Paris excédant quarante mille hommes. Avant de ré-

pondre à ce document, je priai M. de Waldersée de venir causer avec moi. Je ne lui cachai pas mon émotion : « Votre gouvernement, lui dis-je, se trompe
» absolument, s'il nous suppose capables d'accepter
» d'injustes humiliations. Nous sommes encore durement
» éprouvés, nous ne sommes pas disposés à subir d'inac-
» ceptables exigences. Nous venons de donner à l'Europe,
» de vous donner à vous-mêmes une preuve éclatante
» de notre ferme dessein d'exécuter nos engagements
» dans toute leur rigueur. Nous avons seuls combattu et
» vaincu une formidable insurrection, pris de vive force
» une ville de deux millions d'habitants qui vous a ré-
» sisté cinq mois, et que vous n'avez réduite que par
» famine. Nous avons, pour le succès de cette entreprise,
» versé le plus précieux de notre sang. En abattant la
» démagogie révoltée contre les principes d'une autorité
» libérale, nous avons servi la cause de tous les gouver-
» nements. Notre tâche est loin d'être finie ; elle pour-
» rait être suivie de déplorables retours, si notre main
» désarmée était impuissante à contenir ceux que nous
» avons soumis. Et c'est le moment que vous choisissez
» pour diminuer notre effectif ! M. le prince de Bismarck
» n'y a pas réfléchi, et je suis convaincu qu'il ne per-
» sévérera point dans son intimation. Quant à moi, je
» vous demande la permission de vous déclarer que je
» n'en accepterai pas une seconde, et j'ai quelque rai-
» son de supposer que mon gouvernement est dans les
» mêmes sentiments. C'est, du reste, à votre loyauté,
» à votre prudence, à votre sens si droit que j'en ap-
» pelle. Est-il possible que nos relations continuent si
» vos dépêches sont empreintes d'une acerbe défiance ?
» Nous voulons être modérés, patients ; nous savons

» tout ce que notre situation nous commande de réserve
» et de sacrifice. Mais nous n'admettrons jamais qu'on
» doute de nos intentions, ou qu'on nous rende la ges-
» tion de nos affaires impossible. J'attends de vous une
» bonne réponse, et ce ne sera qu'après l'avoir reçue,
» que je vous adresserai celle que je vous dois officiel-
» lement. »

Cette allocution parut impressionner mon interlocuteur. Il me promit de la transmettre sur-le-champ au chancelier. Celui-ci voulut bien reconnaître que je n'avais pas tout à fait tort, et nous gardâmes, sans autre difficulté, la libre direction de nos mouvements militaires.

§

Ainsi, peu à peu, grâce à la conduite à la fois prudente et ferme de M. Thiers, les difficultés semblaient s'aplanir : nous ressaisissions par lambeaux notre liberté d'action si cruellement enchaînée par la défaite, et nous pouvions entrevoir le jour où il nous serait permis de travailler efficacement à la libération et à la reconstitution du pays. Ces deux grands résultats à atteindre étaient l'objet de nos continuelles préoccupations, et chacun d'eux, à des degrés et par des motifs très-différents, paraissait devoir se heurter à de sérieux obstacles. Ainsi que je l'ai dit plus haut, les hommes les plus compétents persistaient à considérer comme impossible le payement en trois années d'une somme de cinq milliards, et beaucoup insistaient avec force pour qu'on usât de la faculté stipulée par le dernier paragraphe de l'art. 3 du traité des préliminaires, qui nous autorisait à substituer un arrangement financier au versement effectif de notre énorme rançon. Le cabinet prussien se montrait favorable à cette combinaison. Ses plénipotentiaires, réunis à Francfort, insinuaient volontiers qu'il serait fait bon accueil à tout expédient qui abrégerait la durée de l'occupation. Les nôtres ne pouvaient que partager cet avis, et l'active correspondance échangée entre eux et le département des affaires étrangères prouve à quel point était vif le désir d'un prompt succès, à quel point aussi on se crut plusieurs fois fondé à concevoir de prochaines espérances. Il ne m'appartient pas d'en dire davantage sur un sujet si délicat. Cependant je puis ajouter, sans indiscrétion, que M. Thiers, avec la décision d'esprit et la merveilleuse sagacité qui lui valaient une autorité morale si légitime, combattit énergiquement tous ces systèmes qui, en nous procurant l'apparence d'une libération anticipée, prolongeaient, en les transformant, nos engagements envers l'Allemagne. Il voulait arriver à une solution nette et définitive et il aimait mieux la retarder que de la compromettre par des mesures provisoires. L'événement a complétement justifié cette opinion qui en juillet 1871 froissait nos patriotiques impatiences. Notre illustre chef a eu raison de croire à la puissance financière de la France. Il a deviné l'immense effet politique que produirait la réalisation effective d'une opération jugée impraticable, et marchant hardiment à son but, sans se laisser détourner par la pusillanimité des uns, par la trop grande ardeur des autres, il a conduit à bien sa gigantesque entreprise, devançant de six mois l'exécution de nos engagements et ne permettant pas à l'ennemi, intégralement soldé, de conserver l'ombre d'un prétexte pour différer d'une minute l'abandon de son gage.

Des considérations analogues, bien que s'appliquant à des faits d'une tout autre nature, guidèrent le gouvernement dans les graves résolutions qu'il eut à prendre à l'égard des insurgés arrêtés dans le cours et à la suite de l'action militaire. Leur nombre dépassait trente mille, et l'on peut se figurer la confusion lamentable, les douleurs et les désordres qu'entraînait avec elle une pareille accumulation de prisonniers. Leur transportation en masse, après une vérification administrative sommaire, semblait le seul moyen d'en finir avec cet embarras et ce danger. Les exemples de 1848 et de 1851 avaient tracé la voie. Les membres du cabinet furent unanimes à repousser ces funestes précédents, et malgré les difficultés presque insurmontables que présentait l'action régulière de la justice, nul ne voulut priver des garanties d'un jugement contradictoire un seul des malheureux tombés entre les mains de nos soldats. Du reste, il le faut dire à son honneur, l'Assemblée nationale n'aurait pas accepté une proposition qui les aurait arrachés à la protection du droit commun, tous nous comprenions la nécessité d'une répression sévère, mais nous n'aurions pas souffert qu'elle s'accomplît en vertu de mesures exceptionnelles entachées d'arbitraire et pouvant cacher les plus révoltantes iniquités.

Les prisonniers furent donc livrés aux conseils de guerre, et cette immense instruction s'acheva en moins de dix-huit mois. En même temps le garde des sceaux présentait un projet de loi qui érigeait en délit la simple affiliation à la Société internationale des travailleurs et créait des pénalités particulières destinées à frapper tous ceux de ses membres coupables d'infraction aux lois. L'exposé des motifs justifiait ces rigueurs en rappelant les doctrines anarchiques et sauvages de l'Internationale et surtout sa participation à l'insurrection de la Commune, ainsi que l'audacieuse obstination de ses chefs persistant à se vanter de leurs crimes et déclarant ouvertement la guerre à toute autorité établie.

En réalité, le mouvement d'où était sorti le vaste complot qui menaçait les institutions de la société moderne était-il aussi profond que le faisait croire la jactance de quelques agitateurs? Pouvait-il inspirer de sérieuses alarmes? N'y avait-il pas lieu d'étudier sur tous les points où ils se produisaient les symptômes de ce mal dont la contagion semblait se répandre rapidement en altérant les notions de la vérité et du devoir?

Ces questions s'étaient depuis longtemps déjà posées à mon esprit. Pendant les derniers mois du siége M. le préfet de police Cresson n'avait cessé de me signaler le travail occulte de l'Internationale, sans me fournir du reste aucune preuve précise à l'appui de son opinion. Je savais comme lui que parmi les conspirateurs toujours prêts à profiter de nos malheurs pour s'emparer du pouvoir se rencontraient des adeptes de l'association, mais leur action était exclusivement politique, et ceux qui la subissaient n'en auraient pas voulu admettre d'autre. L'insurrection du 18 mars fut l'œuvre du comité central de la garde nationale dans lequel l'Internationale était représentée et non dominante. Peut-être s'accentua-t-elle un peu plus dans la Commune. Toutefois elle ne réussit pas à s'imposer aux meneurs qui restèrent plutôt des jacobins que des socialistes.

Néanmoins, le concours prêté par elle aux forfaits de ce règne monstrueux avait été trop patent et trop néfaste, le cynisme des sectaires qui en revendiquaient la responsabilité épouvantait trop légitimement la conscience publique, pour qu'il ne fût pas de notre devoir de rechercher par une investigation minutieuse les faits qui avaient rendu possible une si criminelle association et les mesures qui pouvaient en arrêter le développement, sinon en détruire complétement le germe. A mon sens, il y avait un grand avantage à donner à ces investigations un caractère général et une éclatante publicité. On ouvrait ainsi un vaste champ d'étude permettant de saisir les principaux éléments du problème en tenant compte des circonstances et des lieux; en même temps, on manifestait hautement la ferme résolution d'en finir avec les coupables appels à la violence.

Tel fut le sens de la circulaire qu'à la date du 6 juin 1871 je crus devoir adresser à nos agents diplomatiques[1]. Après avoir expliqué par quelles causes complexes la sédition de Paris avait pris naissance, s'était propagée, fortifiée, pour aboutir à l'horrible catastrophe qui en avait marqué le dénoûment, j'essayais d'indiquer la part qu'il fallait assigner dans ce lugubre épisode à l'action de l'Internationale : quelle qu'elle fut et de quelque manière qu'on la jugeât, elle révélait un désordre et un danger sur lesquels il n'était plus possible de fermer les yeux. Ce qui en faisait la gravité particulière, c'était la diffusion dans toutes les contrées de l'Europe des doctrines, de la propagande et de la constitution de cette formidable association. On

---

[1] Voir le *Journal officiel* de ce jour.

la trouvait partout, se disant prête au combat, sapant tous les gouvernements, attaquant la société dans ses principes essentiels, ruinant la morale, déchaînant au milieu des populations l'esprit de haine et de destruction. Les chefs des différentes nations dont l'existence était ainsi mise en question ne pouvaient plus longtemps tolérer ces menées. Dépositaires de la force qui garantit la paix publique, placés par l'élévation de leur rang à une hauteur qui leur rendait faciles l'examen et l'appréciation des faits, ils avaient intérêt à se concerter pour rechercher en commun si un remède efficace pouvait être appliqué à un mal si redoutable. Dans tous les cas, de ces études combinées, poursuivies avec impartialité, devaient ressortir des vérités salutaires, profitables surtout aux hommes égarés dont l'Internationale tyrannisait la conscience. Il me semblait donc opportun et politique d'ouvrir une négociation devant aboutir à une enquête générale sur tout ce qui touchait à la Société internationale, sur les moyens d'en arrêter les progrès et d'en réprimer les audacieux excès. La dure leçon que nous avait donnée le malheur nous faisait une obligation de mettre les cabinets de l'Europe en demeure de coopérer avec nous à cette œuvre de salut. Je demandais qu'on engageât des pourparlers avec eux et qu'on recueillît, pour nous les transmettre, tous les renseignements qui pouvaient dès à présent nous éclairer.

Je précisai avec plus de détails ces instructions dans une seconde circulaire confidentielle datée du 23 juin. Très-convaincu que le succès de l'Internationale était dû principalement au relâchement des liens sociaux, je pensais qu'en suivant avec méthode les phases de son développement, on pourrait mesurer la rapidité de sa propagation à l'affaiblissement de la cohésion morale des milieux où elle apparaissait. Si l'expérience justifiait cette appréciation, il fallait en conclure que c'était surtout dans la législation économique et civile que se trouvait le remède à lui opposer. La répression et la pénalité, indispensables comme intimidation et comme frein, ne pouvaient être que secondaires. Le trouble des esprits, et les conceptions erronées étant le principe du mal, il était nécessaire de demander aux institutions publiques tout ce qu'elles pouvaient contenir et répandre d'instruction et de notions de justice. C'était déjà un fait considérable et propre à provoquer de salutaires réflexions, de voir les gouvernements entrer résolûment dans l'examen des intérêts et même des exigences des classes ouvrières; détruire, par l'autorité des faits vérifiés au grand jour, les exagérations et les chimères préconisées par les agitateurs; encourager, par l'enseignement, par le crédit, par la liberté tous les efforts qui peuvent réunir les hommes, féconder leur activité et rendre leurs relations réciproques plus douces et plus cordiales. Les chancelleries parurent accepter ces idées, et les réponses faites à mes ouvertures m'autorisèrent à croire qu'elles seraient accueillies avec faveur. La Belgique, l'Angleterre, l'Italie, la Suisse se montrèrent particulièrement bien disposées. On m'écrivait de Berne que ma circulaire avait donné l'éveil aux membres du conseil fédéral, et que l'un d'eux, ex-président du conseil national, voulant bien reconnaître la justesse des aperçus qui y étaient émis, affirmait que les autorités surveillaient de très-près les affiliés de l'Internationale, qu'elles étaient prêtes à concourir avec nous à une étude commune qui ne pouvait avoir que d'utiles résultats. Du reste, le même homme politique, causant à cœur ouvert de ce grave sujet, ajoutait ces paroles significatives : « Il faut flétrir » bien haut les excès de la Commune, mais, en même » temps, avouer que le soulèvement qui les a amenés n'a » rien de fortuit ni d'inexplicable. Ce n'est pas seulement » par la répression qu'on aura raison des éléments sub- » versifs : le développement des principes de justice so- » ciale sera plus puissant contre eux que les châtiments » les plus impitoyables. En Suisse, l'Internationale est » moins redoutable qu'en France, parce que les con- » trastes de pauvres à riches n'y ont pas creusé les » mêmes abîmes. La République a de tout temps cher- » ché à adoucir les malheurs et l'indigence qui résultent » du manque de travail ; elle a créé un nombre considé- » rable d'établissements de crédit, de caisses de pré- » voyance, d'asiles, d'hospices. L'État doit pourvoir à » une meilleure et plus complète éducation, supprimer » tous les obstacles qui gênent la liberté de circulation, » restaurer les institutions destinées à l'assistance des » pauvres et des enfants....... »

Ces sages observations étaient en concordance parfaite avec celles qui étaient recueillies dans les autres parties de l'Europe. En résumant une longue note où il répondait à mes questions, notre ministre près la cour du Danemark s'exprimait ainsi :

« Les principales causes auxquelles on attribue l'éloi- » gnement de la classe ouvrière en Danemark pour les » doctrines qui trouvent ailleurs un si facile accueil sont » les suivantes :

» 1° Les institutions politiques du royaume, qui ga- » rantissent à tous une parfaite égalité de droits ; c'est » ce que rappelait, il y a quelques jours à peine, au

» sein d'une réunion populaire, M. Haneim, ancien ou-
» vrier lui-même, et actuellement chef du parti démo-
» cratique dans la seconde chambre;

» 2° La diffusion universelle de l'instruction publique,
» qui est restée avant tout chrétienne et patriotique;

» 3° Le rapprochement, au sein des unions ouvrières,
» d'hommes appartenant à tous les rangs de la société
» et l'échange réciproque d'idées et de sentiments qui
» s'y accomplit sous l'action de lectures, de conférences,
» de conversations de tous les jours et de toute nature;

» 4° Enfin, les conditions économiques satisfaisantes
» où se trouve le travailleur, telles que l'élévation rela-
» tive des salaires, l'absence des écarts subits entre
» l'offre et la demande, qui se produisent fréquemment
» dans les grands centres de production, entraînant
» avec eux les grèves et les chomages. »

Les mêmes constatations, les mêmes enseignements ressortent de la dépêche de notre ministre de Suède :

« L'ouvrier suédois, m'écrivait-il, doit avoir les qua-
» lités de ses compatriotes comme il en a les défauts;
» une de ses grandes et évidentes qualités est le respect
» inné de la loi, une foi religieuse accentuée, qu'elle
» soit orthodoxe, où dissidente, ou sectaire, une certaine
» dignité personnelle. L'individu y est peu porté à faire
» le sacrifice de sa volonté à une autorité absolue et ca-
» chée, qui ne se fait sentir qu'en exigeant une obéis-
» sance passive et des cotisations sans contrôle. L'in-
» struction publique obligatoire ouvre les intelligences,
» les habitue de bonne heure et généralement aux idées
» simples et justes, à la réalité et à la pratique des
» choses qui sont les ennemis naturels des théories in-
» sensées et immorales.

« Une grande décentralisation administrative, une
» large vie communale, qui va s'élargir encore, apprend
» de bonne heure à tous les difficultés de la vie sociale ;
» mais ils n'en montrent pas le communisme comme la
» solution, il n'apparaît que comme un despotique abru-
» tissement. »

Enfin, j'emprunte les quatre lignes suivantes à la lettre d'un de nos consuls les plus intelligents d'Espagne :

» Dans plusieurs provinces du Nord, dans les pro-
» vinces basques surtout, là où la propriété est morce-
» lée, la population est bonne, et là, au contraire, où
» il y a de grands domaines, comme en Andalousie, les
» idées de socialisme sont déjà en faveur. »

Cette dernière raison explique le succès des doctrines de l'Internationale en Russie. Nulle part les sociétés secrètes ne se sont multipliées avec plus de facilité. Nulle part leurs organisateurs n'ont poussé aussi loin la hardiesse des théories subversives. Les procès dans lesquels de sévères condamnations ont été prononcées contre les nihilistes, ont soulevé un coin du voile qui cache leurs sinistres conceptions : ces révélations ont suffi pour jeter l'épouvante dans les hautes classes ; elles n'ont pu cependant les éclairer complétement sur les périls qui les menacent. Le despotisme, qui est leur seule garantie, fomente incessamment de sourdes révoltes, et ses procédés, à la fois implacables et arbitraires, font de tout acte d'opposition le point de départ d'une conspiration ou d'une association ténébreuse. Aussi, l'Internationale s'était-elle promptement rapprochée des agitateurs, que la police s'épuisa à faire rechercher sans pouvoir les découvrir ; elle avait obtenu d'eux un concours actif et de précieux moyens de recrutement. Le gouvernement comprenait la gravité d'une pareille alliance, et, très-décidé à la combattre, il témoignait un réel empressement à entrer dans nos vues.

Placée dans de tout autres conditions, protégée par le libre jeu de ses institutions séculaires, familiarisée avec les franchises de la discussion dans la presse et dans les réunions publiques, dans le parlement, l'Angleterre croyait n'avoir rien à craindre d'une société qui rencontrait sur son sol les rivalités, la concurrence, l'hostilité des puissances du même ordre, mieux assises et plus populaires. Ainsi, les *trades-unions* avaient fait à l'Internationale une guerre ouverte qui n'avait pas peu contribué à éloigner ses membres de toute participation aux menées politiques. Lord Granville constatait, avec une légitime satisfaction, qu'un très-petit nombre de sujets anglais avaient été compromis dans l'insurrection de Paris. Selon lui, les odieuses forfanteries de quelques fanatiques qui paraissaient se faire gloire d'accepter la solidarité des forfaits de la Commune, ne trouvaient aucun écho et ne provoquaient aucun désordre. Cependant, il consentait volontiers à examiner de plus près les faits qui touchaient à l'organisation, aux progrès et aux actes de l'Internationale : il nous affirmait que son collègue de l'intérieur, M. Robert Bruce, allait se livrer à une enquête minutieuse et sévère, et il nous promettait de nous en communiquer les résultats.

Il ne m'appartient pas de dire quelle a été la suite donnée à cet échange d'idées. J'ai tout lieu de croire qu'il s'est borné aux informations que je viens d'analyser. Quelques semaines après, je quittais le ministère ; l'habile et prudent homme d'État auquel était, après moi, confiée la direction du département, estima sans doute qu'il y avait peu d'utilité à poursuivre ces négociations. Je respecte son opinion, sans abandonner la mienne, et je regrette qu'on n'ait pas profité de cette occasion pour entreprendre l'étude collective d'un problème qu'il serait d'un réel intérêt social de bien poser afin de le pouvoir résoudre nettement.

Qui peut contester en effet que l'incertitude dont il semble entouré ne soit une cause persistante de profonde agitation dans les classes laborieuses, — un thème de déclamations commode aux ambitieux, un sujet de trouble et de souffrance pour les ignorants et les esprits faibles? Ce serait une singulière erreur que de considérer l'Internationale comme un accident fortuit, né d'une crise passagère et disparaissant avec elle. Le désordre dont elle n'a été qu'un symptôme est intimement lié à l'état social : il peut s'atténuer sensiblement par la double action des lois et des mœurs, et même, dès à présent, par la direction politique imprimée aux nations dans le sein desquelles il a fait le plus de ravages. Ce désordre vient directement de l'antagonisme des classes, de leurs défiances mutuelles, des sentiments hostiles qui altèrent leurs rapports réciproques. Il s'aggrave par l'absence à peu près absolue de toutes notions justes sur les conditions essentielles de la production et de la distribution des richesses; enfin, il est d'autant plus menaçant que le régime politique est plus précaire, et que les garanties accordées aux citoyens sont plus faibles. Il éclaterait encore, et se manifesterait par de nouveaux crimes, si quelque acte violent, si une guerre extérieure ou une révolution intérieure ouvrait la lice aux passions déchaînées.

C'est assez dire que, sans s'alarmer outre mesure, il est sage de veiller, et qu'une mesure générale qui permettrait de formuler des conclusions claires et précises sur les moyens les plus propres à rapprocher les hommes, à les adoucir et à les éclairer, ne pourrait être que bienfaisante.

Or, une grande enquête européenne aurait démontré ce qui ressort déjà de quelques indications sommaires que je viens de citer, et ce qui peut être résumé en quelques propositions dont l'étude des faits établirait l'évidence : en premier lieu, il ne peut exister de système dont l'application ferait cesser soudainement la misère en égalisant la situation de chacun. La nature humaine y répugne énergiquement. Les diversités qui dérivent de son essence même et qui entraînent forcément avec elles l'inégalité de l'intelligence et de la richesse, sont l'élément nécessaire de sa vie et de son développement. Plusieurs fois essayé dans le cours des siècles qui ont précédé le nôtre, le communisme, ou tout ce qui lui ressemble ou s'en rapproche, n'a jamais amené que la ruine, l'abrutissement et le despotisme. Il en est de même des atteintes portées à la propriété individuelle. Elle est un des principes fondamentaux que l'État doit maintenir. Ce que la nation est en droit de demander à ceux qui la gouvernent, c'est d'abord la liberté, le respect des lois, l'instruction et l'éducation le plus largement répandues, un système d'impôts strictement proportionnel aux facultés de chacun, une protection efficace accordée aux associations dont l'objet est licite d'après les règles du droit civil, une législation industrielle prévenant et corrigeant les grèves par l'arbitrage, un ensemble d'institutions destinées à unir les hommes en les obligeant à s'assister les uns les autres, une justice à la fois sévère, impartiale et bienveillante; en un mot, la science et le cœur partout où ils peuvent exercer leur empire, — tel est, à mon sens, le programme des idées générales qui se dégageraient nécessairement d'une observation attentive de tout ce qui touche au travail. En le traçant d'une main ferme, on dissiperait de funestes illusions, on calmerait des irritations aveugles, et peut-être préparerait-on d'utiles réformes qui, en modérant l'expansion démocratique, lui donneraient toute sa puissance et toute sa grandeur.

Si c'est un rêve, il n'a rien de coupable et je ne puis me repentir de m'y être abandonné. Du reste, au moment même où je me permettais d'y associer les chancelleries européennes, je savais que je n'en suivrais pas la réalisation. Je n'avais accepté qu'après la plus vive résistance le portefeuille que M. Thiers avait bien voulu laisser entre mes mains le 20 février 1871. La pensée du cruel sacrifice qu'il fallait consommer en négociant et en signant la paix avait été la seule considération qui m'avait déterminé. Je ne me croyais pas le droit de refuser mon concours au grand patriote qui me le demandait. Après le traité de Francfort, j'étais délié, je pouvais reprendre ma liberté. Très-prêt à affronter personnellement les récriminations, les haines, les calomnies d'adversaires acharnés, je ne voulais pas y exposer le ministre des affaires étrangères. Je ne cessais de répéter au président qu'il n'y avait nul profit pour l'État à conserver un auxiliaire auquel on ne pouvait pardonner sa participation au mouvement du 4 septembre. J'avais la conviction que je devenais un embarras pour lui et peut-être un obstacle à l'établissement d'un gouvernement républicain définitif que je réclamais avec ardeur. Je ne pouvais accepter cette situation. La discussion de la pétition des évêques qui sollicitaient la restauration de la souveraineté temporelle du Saint-Père et le vote de l'ordre du jour motivé qui me semblait autoriser l'équivoque sur la solution de cette question capitale me fournirent une occasion que je saisis avec empressement. Je déposai ma démission le 22 juillet 1871. L'incomparable bonté avec laquelle M. Thiers insista pour me la faire reprendre aurait augmenté, s'il eût été possible, l'affection et la reconnaissance que je lui avais depuis longtemps vouées. Ma résolution était inébranlable. Je rentrai avec joie dans la vie privée. Je n'avais jamais mieux senti le prix de l'indépendance, et le premier usage que j'en fis fut de prendre la plume que je dépose aujourd'hui et de tracer le récit des événements auxquels j'avais été mêlé pendant les onze mois qui venaient de s'écouler.

En accomplissant cette tâche, souvent si douloureuse, j'espère avoir servi les intérêts de mon pays. J'ai voulu être simple, impartial et vrai. Il ne m'appartient pas de dire si j'y ai réussi. Je puis au moins me rendre cette justice que je m'y suis constamment efforcé. Témoin et acteur dans le drame à la fois si lamentable et si grand où les destinées de la patrie ont été sacrifiées à une inexorable fatalité, j'ai cru qu'il était utile de faire connaître ce que j'avais fait et vu afin que l'histoire, rapprochant ce document de tous ceux qu'elle recueillera, puisse juger équitablement les hommes qui, jetés au milieu de cette terrible catastrophe, n'ont jamais désespéré du salut de leur pays.

Ce qu'il m'est permis de dire en achevant ce travail, c'est qu'il a fortifié la conviction qui m'animait en le commençant. Nos malheurs sont d'autant plus accablants qu'ils ont été amenés par nos fautes. Nous avons expié notre folle présomption, et notre coupable abandon de nos devoirs civiques : nos pertes et nos souffrances sont incalculables. Nous ne portons pas seulement le fardeau de la responsabilité de tant d'existences immolées, de tant de ruines amoncelées, nous avons dû subir, sans pouvoir nous y opposer au prix de tout notre sang, l'horrible supplice de la mutilation de notre territoire; nous avons vu, comme aux âges de la barbarie, des populations qui sont nôtres par le cœur, par les traditions, par la libre préférence de leur raison, marquées au coin de la servitude étrangère. Nous entendons leurs plaintes mal étouffées, nous devinons leurs larmes secrètes, et nous sommes contraints de subir leur désespoir et notre humiliation. Notre infortune est immense. Cependant elle n'est pas sans remède. L'ennemi nous a vaincus, il ne nous a pas soumis. L'Europe nous a abandonnés, elle ne nous a pas condamnés. Nos défaites ne nous ont pas aliéné son estime, car elles ont montré ce qu'il y avait encore en nous de patriotisme, de courage, de résignation, de confiance dans le droit. Notre sort est dans nos mains. Cherchons notre force dans la pratique des mâles vertus qu'enseignent l'esprit de sacrifice, la gravité des mœurs, l'amour de la patrie, le culte de la liberté. Travaillons, espérons, recueillons-nous, apprenons à être unis, disciplinés, obéissons à la loi librement consentie, à l'autorité librement élue. Nous pourrons alors sans témérité compter sur des jours meilleurs.

Quant à moi, je croirai n'avoir point fait une œuvre vaine si la lecture de mon livre inspire ces sentiments et si les hommes de bonne foi veulent bien y voir un témoignage sincère de mon dévouement absolu aux intérêts de notre chère France et à la cause de la liberté, inséparable de sa dignité et de sa grandeur.

FIN DU TROISIÈME ET DERNIER VOLUME.

PIÈCES JUSTIFICATIVES

N° 1.

30 janvier 1871.

Ordre du jour du général Le Flô.

Soldats, marins et gardes mobiles,

Tant qu'une bouchée de pain a été assurée à Paris, vous avez défendu cette grande cité, qui a été, pendant cinq mois, le boulevard de la France; vous l'avez défendue au prix de votre sang qui a coulé à pleins bords.

Aujourd'hui que des malheurs inouïs, que votre courage et vos sacrifices n'ont pu conjurer, vous ramènent dans son enceinte, de nouveaux devoirs, non moins sacrés que ceux que vous avez accomplis déjà, vous sont imposés. A tout prix, vous devez donner à tous l'exemple de la bonne tenue, de la discipline, de l'obéissance. Vous le devez, par respect de vous-mêmes, par respect pour notre patrie en deuil, dans l'intérêt de la sécurité publique.

Vous ne faillirez pas, j'espère, à cette obligation sacrée; y manquer serait plus qu'une faute, ce serait un crime.

Officiers, sous-officiers et soldats, restez unis dans un sentiment commun de patriotisme passionné; soutenez-vous, fortifiez-vous les uns les autres, afin qu'après avoir versé tant de sang pour l'honneur de Paris et les plus grands intérêts de la patrie, vous méritiez qu'on dise de vous : Ils ne sont pas seulement de braves soldats, ils sont aussi de bons citoyens.

Le ministre de la guerre,

Général LE FLÔ.

N° 2.

30 janvier 1871.

Dépêche de M. Gambetta à M. Jules Favre.

Bordeaux, 30 janvier 1871.

A M. JULES FAVRE, VICE-PRÉSIDENT DU GOUVERNEMENT DE LA DÉFENSE NATIONALE DE PARIS, A VERSAILLES ; AU BESOIN, POUR FAIRE SUIVRE.

J'ai reçu le télégramme par vous adressé à la délégation de Bordeaux, le 28 janvier, à onze heures quinze minutes soir, et parvenu à destination à trois heures du matin, le 29 ; nous l'avons porté, sans commentaires, en le déclarant conforme, à la connaissance du pays entier. Depuis lors, nous n'avons rien reçu. Le pays est dans la fièvre ; il ne peut pas se contenter de ces trois lignes.

Le membre du gouvernement dont vous nous annonciez l'arrivée, et dont vous ne nous avez pas dit le nom, n'est pas encore signalé par voie télégraphique ni autrement, aujourd'hui 30 janvier à deux heures. Cependant il nous est impossible, en dehors de l'exécution pure et simple de l'armistice par les troupes, et dont nous avons assuré le respect, de prendre les mesures administratives que comporte la convocation des électeurs, en l'absence de toutes explications de votre part, et sans connaître le sort de Paris.

LÉON GAMBETTA.

N° 3.

30 janvier 1871.

Réponse de M. de Bismarck à M. Gambetta.

Versailles, 30 janvier 1871, minuit
quinze minutes.

A M. LÉON GAMBETTA, BORDEAUX.

Votre télégramme à M. Jules Favre, qui vient de quitter Versailles, lui sera remis demain, à Paris, sous le titre de renseignement.

J'ai l'honneur de vous communiquer ce qui suit : L'armistice conclu le 28 durera jusqu'au 19 février. La ligne des deux armées part de Pont-l'Évêque, en Calvados, traverse le département de l'Orne, laisse à l'occupation allemande la Sarthe, Indre-et-Loire, Loir-et-Cher, le Loiret, l'Yonne, entre à travers le territoire composé de la Côte-d'Or, du Doubs, du Jura, réserve le Nord, le Pas-de-Calais et le Havre intacts.

Les avant-postes se partagent à 10 kilomètres de la ligne. Armistice des forces navales. Les captures faites après le 28 seront à rendre. Les hostilités continuent devant Belfort et dans le Doubs, le Jura et la Côte-d'Or, jusqu'à entente. Assemblée nationale à convoquer; reddition de toutes les fortifications de Paris, armée de Paris prisonnière de guerre, sauf effectif pour maintenir sûreté intérieure. La garde nationale reste armée. Les troupes allemandes n'entreront pas en ville pendant l'armistice. Paris ravitaillé. Circulation libre pour les élections.

J'ajoute que les forts ont été occupés aujourd'hui même par nos troupes, et je crois que les élections sont fixées au 8, la réunion de l'Assemblée à Bordeaux au 12. Épuisement absolu des vivres à Paris. Population réduite aux provisions de l'armée allemande. L'Assemblée décidera question de guerre ou conditions de paix.

BISMARCK.

N° 4.

31 janvier 1871.

Dépêche de M. Gambetta à M. Jules Favre.

L'ajournement inexplicable, et auquel votre télégramme ne faisait aucune allusion, des effets de l'armistice, en ce qui touche Belfort et les départements de la Côte-d'Or, Doubs et Jura, donne lieu aux plus graves complications. Dans la région de l'Est, les généraux prussiens poursuivent leurs opérations, sans tenir compte de l'armistice, alors que le ministre de la guerre, croyant pleinement aux termes de votre impérative dépêche, a ordonné à tous les chefs de corps français d'exécuter l'armistice et d'arrêter leurs mouvements, ce qui a été exécuté religieusement pendant quarante-huit heures. Il faut sur-le-champ fixer l'application de l'armistice à toute la région de l'Est, et réaliser, comme c'est votre devoir, cette entente ultérieure dont parle la convention du 28 janvier. Entre temps, nous autorisons les généraux français à conclure directement une suspension d'armes d'une durée nécessaire pour nous faire parvenir et vous communiquer le tracé des lignes de démarcation arrêtées ou proposées par eux. Je vous prie de me faire promptement réponse.

L. GAMBETTA.

N° 5.

31 janvier 1871.

Décret retirant le droit à l'éligibilité à certaines classes de citoyens.

Du 31 janvier 1871, promulgué le 2 février

Les membres du gouvernement de la Défense nationale, délégués pour représenter le gouvernement et en exercer les pouvoirs,

Considérant qu'il est juste que tous les complices du régime qui a commencé par l'attentat du 2 décembre pour finir par la capitulation de Sedan, en léguant à la France la ruine et l'invasion, soient frappés momentanément de la même déchéance politique que la dynastie à jamais maudite dont ils ont été les coupables instruments;

Considérant que c'est là une sanction nécessaire de la responsabilité qu'ils ont encourue, en aidant et assistant avec connaissance de cause l'ex-empereur dans l'accomplissement des divers actes de son gouvernement qui ont mis la patrie en danger;

Décrète :

Article 1er. Ne pourront être élus représentants du peuple à l'Assemblée nationale les individus qui, depuis le 2 décembre 1851 jusqu'au 4 septembre 1870, ont accepté les fonctions de ministre, sénateur, conseiller d'État et préfet.

Art. 2. Sont également exclus de l'éligibilité à l'Assemblée nationale les individus qui, aux élections législatives qui ont eu lieu depuis le 2 décembre 1851 jusqu'au 4 septembre 1870, ont accepté la candidature officielle, et dont les noms figurent dans la liste des candidatures recommandées par les préfets aux suffrages des électeurs, et ont été publiés au *Moniteur officiel* avec les mentions : candidat du gouvernement, candidat de l'administration ou candidat officiel.

Art. 3. Sont nuls, de nullité absolue, les bulletins de vote portant les noms des individus compris dans les catégories ci-dessus désignées. Ces bulletins ne seront pas comptés dans la supputation des voix.

Art. 4. Le ministre de l'intérieur est chargé de l'exécution du présent décret.

Fait à Bordeaux, le 31 janvier 1871.

Signé : AD. CRÉMIEUX, L. GAMBETTA, GLAIS-BIZOIN, L. FOURRICHON.

N° 6.

15 février 1871.

Convention de démarcation dans l'Est.

Les soussignés, munis des pouvoirs en vertu desquels ils ont conclu la convention du 28 janvier, considérant que par ladite convention il était réservé à une entente ultérieure de faire cesser les opérations militaires dans les départements du Doubs, du Jura et de la Côte-d'Or, et devant Belfort, et de tracer la ligne de démarcation entre l'occupation allemande et les positions de l'armée française à partir de Quarré-les-Tombes, dans le département de l'Yonne, ont conclu la convention additionnelle suivante :

ARTICLE PREMIER.

La forteresse de Belfort sera rendue au commandant de l'armée de siége avec le matériel de guerre faisant partie de l'armement de la place.

La garnison de Belfort sortira de la place avec les honneurs de la guerre, en conservant ses armes, ses équipages et le matériel de guerre appartenant à la troupe, ainsi que les archives militaires.

Les commandants de Belfort et de l'armée de siége se mettront d'accord sur l'exécution des stipulations qui précèdent, ainsi que sur les détails qui n'y sont pas prévus, et sur la direction et sur les étapes dans lesquelles la garnison de Belfort rejoindra l'armée française au delà de la ligne de démarcation.

Art. 2.

Les prisonniers allemands se trouvant à Belfort seront mis en liberté.

Art. 3.

La ligne de démarcation, arrêtée jusqu'au point où se touchent les trois départements de l'Yonne, de la Nièvre et de la Côte-d'Or, sera continuée le long de la limite méridionale du département de la Côte-d'Or, jusqu'au point où le chemin de fer, qui, de Nevers, par Autun et Chagny, conduit à Chalon-sur-Saône, franchit la limite dudit département. Ce chemin de fer restera en dehors de l'occupation allemande, de manière que la ligne de démarcation, en se tenant à la distance d'un kilomètre de la ligne ferrée, rejoindra la limite méridionale du département de la Côte-d'Or à l'est de Chagny, et suivra la limite qui sépare le département de Saône-et-Loire des départements de la Côte-d'Or et du Jura.

Après avoir traversé la route qui conduit de Louhans à Lons-le-Saunier, elle quittera la limite départementale à la hauteur du village de Melleret, d'où elle se continuera de manière à couper le chemin de fer de Lons-le-Saunier à Bourg, à une distance de onze kilomètres sud de Lons-le-Saunier, se dirigeant de là sur le pont de l'Ain, sur la route de Clairvaux, d'où elle suivra la limite nord de l'arrondissement de Saint-Claude jusqu'à la frontière suisse.

Art. 4.

La forteresse de Besançon conservera un rayon de dix kilomètres à la disposition de sa garnison. La place forte d'Auxonne sera entourée d'un terrain neutre de trois kilomètres à l'intérieur duquel la circulation sur les chemins de fer qui de Dijon conduisent à Gray et à Dôle sera libre pour les trains militaires et d'administration allemands.

Les commandants de troupes de part et d'autre régleront le ravitaillement des deux forteresses et des forts qui dans les départements du Doubs et du Jura se trouvent en possession de troupes françaises, et la délimitation de rayons de ces forts, qui seront de trois kilomètres chacun. La circulation sur les routes ou chemins de fer qui traversent ces rayons sera libre.

Art. 5.

Les trois départements du Doubs, du Jura et de la Côte-d'Or seront compris dès à présent dans l'armistice conclu le 28 janvier, en y appliquant pour la durée de l'armistice et pour les autres conditions, la totalité des stipulations consignées dans la convention du 28 janvier dernier.

Versailles, le 15 février 1871.

Jules Favre.   V. Bismarck.

N° 7.

2 février 1871.

Circulaire de M. Hérold.

Messieurs, la France est appelée à nommer ses députés.

L'élection est fixée au mercredi 8 février, dans toutes les parties du territoire où il sera possible de la faire à cette époque.

Là où cela ne sera pas possible, le préfet ou le fonctionnaire français qui en tiendra la place fixera le jour de la réunion des électeurs.

Pour les départements qui se trouvent dans la malheureuse situation où vous êtes, il a fallu prévoir le cas où il n'y aurait pas de préfet nommé par le gouvernement national. C'est alors au maire du chef-lieu de département à remplir les fonctions du préfet; à défaut de maire et de conseil municipal, les fonctions passent au citoyen qui préside la commission municipale.

Les instructions de mon prédécesseur, M. Jules Favre, insérées au *Bulletin des lois* de la République (*Bull.* LXI, n° 276), vous font connaître les devoirs qui incombent à chacun de vous, maires de chef-lieu de département, maires de chef-lieu d'arrondissement, maires de chef-lieu de canton, maires de commune. Le gouvernement se réserve d'envoyer, là où le temps et les circonstances lui permettront de le faire, des délégués spéciaux chargés de s'entendre avec les autorités locales, et, au besoin, de les diriger dans les opérations du recensement des votes.

Le vote doit avoir lieu, autant que possible, au chef-lieu du canton. Néanmoins, à l'autorité départementale il appartiendra de diviser le canton en sections, après avoir consulté, s'il est possible, les notables de chaque localité et en s'inspirant des circonstances. On pourrait aller, s'il le fallait absolument, jusqu'à établir autant de sections que de communes.

Si la régularité absolue des opérations ne peut pas être obtenue, il faut du moins s'en rapprocher le plus qu'il sera possible.

La sincérité, la loyauté de l'élection sont plus importantes encore que sa régularité matérielle.

Dans le court espace de temps qui nous est donné, il est évident que les moyens de propager et de soutenir les candidatures seront extrêmement limités. Cependant des réunions pourront avoir lieu. La sagesse commande, dans les départements occupés, de tenir ces réunions seulement dans des lieux clos ; elles n'y seront que plus libres. Les publications de toutes sortes sont permises, à condition, bien entendu, de ne contenir aucune provocation imprudente.

Il est du plus haut intérêt que le calme et le bon ordre président partout aux actes électoraux ; sachons donner à l'étranger l'exemple d'un peuple digne de la liberté, au moment même où il subit l'oppression.

Le gouvernement n'a pas de candidats à recommander. Le temps des candidatures officielles est passé. Le gouvernement se borne à vous dire : choisissez les hommes les plus considérés, les plus indépendants ; écartez ceux que n'entoure pas l'estime publique, quel que soit le drapeau qu'ils affectent de porter, et souhaitons que la direction du pays ne soit pas rendue à ceux dont les serviles complaisances l'ont précipité dans les désastres qui nous accablent.

Avant toutes choses, messieurs les maires, ayons l'avenir de notre pays devant les yeux. Nous voulons tous qu'il se relève, qu'il reprenne le rang qui lui appartient dans le monde.

Le moyen, c'est la liberté, c'est le respect de tous les droits ; en un mot, c'est la République. La République est l'ennemie du désordre et des abus de toute sorte ; c'est elle qui nous rendra le repos, la sécurité, la grandeur de la nation.

Paris, le 2 février 1871.

Le ministre de l'intérieur, par intérim,

F. Hérold.

N° 8.

14 février 1871.

Dépêche de M. de Bismarck à M. Jules Favre, ministre des affaires étrangères du gouvernement de la Défense nationale.

Versailles, le 14 février 1871.

Monsieur le ministre,

J'ai eu l'honneur d'informer hier verbalement M. Ernest Picard et le général de Valdan qu'un officier allemand, le lieutenant Maas, prisonnier à Langres, allait y être traduit devant un conseil de guerre, sous la prévention d'avoir, après la remise de son épée, tiré sur un garde mobile.

Je ne suis pas à même de juger si le sieur Maas a réellement commis un acte coupable de cette nature; mais je réitère la proposition de l'échanger contre un des prisonniers français qui se trouvent dans une position analogue, c'est-à-dire devant la perspective d'être condamnés à la peine de mort. A ce titre, je soumets au choix de Votre Excellence, parmi les prisonniers qui sont détenus en France, les sieurs :

Oudinot, maire d'Eureville, en prison à Nancy;

Ferdeuil, sous-préfet de Gien; prévenus l'un et l'autre d'avoir appelé la population civile à prendre les armes contre nos troupes, délit menacé de peine capitale par nos lois.

Comme il y a péril en la demeure, je prie le gouvernement

de la Défense nationale, dans le cas qu'il voudrait accepter l'échange, de télégraphier sans délai au commandant de Langres de suspendre l'exécution.

Agréez, Monsieur le ministre, l'assurance de ma haute considération.

BISMARCK.

N° 9.

14 février 1871.

*Réponse du ministre des affaires étrangères
à la dépêche précédente.*

Monsieur le comte,

En arrivant ce soir à Bordeaux, je trouve la dépêche que vous m'avez fait l'honneur de m'adresser aujourd'hui même. Vous me rappelez qu'il a été convenu entre M. le général de Valdan, M. le ministre des finances, voulant bien me remplacer, et Votre Excellence, qu'un échange serait opéré entre un officier allemand, le lieutenant Maas, traduit à Langres devant un conseil de guerre pour un fait pouvant entraîner la peine de mort, et un officier français placé dans les mêmes conditions. Votre Excellence ajoute qu'elle m'indique, comme étant dans cette catégorie, M. Oudinot, maire d'Eureville, en prison à Nancy; M. Ferdeuil, sous-préfet à Gien, prévenus l'un et l'autre d'avoir appelé la « population civile à prendre les armes » contre les troupes allemandes, délit menacé de peine capitale par vos lois. »

Je commence par donner à Votre Excellence la confirmation de ce qui déjà lui a été télégraphié par M. le président du gouvernement de la Défense nationale. Ordre a été donné au commandant de Langres de suspendre toute exécution d'un jugement de conseil de guerre qui pourrait être prononcé contre le lieutenant Maas, dont la position ne m'est point officiellement connue.

Mais je prends la liberté de faire remarquer à Votre Excellence qu'il m'est absolument impossible d'admettre l'assimilation qu'elle croit pouvoir établir entre cet officier, si vraiment il a tiré sur un mobile après lui avoir remis son épée, et celle des fonctionnaires qui, en face de l'invasion étrangère, ont suscité la résistance de la population civile.

Votre Excellence veut bien me dire qu'un pareil fait est, par les lois des allemands, qualifié crime et puni de mort. S'il en était ainsi, ces lois constitueraient une exception à celles de tous les peuples civilisés; car il n'en est aucun chez lequel la défense de la patrie ne soit considérée comme un devoir primordial, sans distinction de classes ni d'individus, et quand le sol national est attaqué de vive force, chaque citoyen devient soldat pour le protéger. La Prusse l'a maintes fois proclamé, et je pourrais rappeler à Votre Excellence les lois et les ordonnances édictées en 1813, dans lesquelles l'application de ces principes incontestables est poussée jusqu'aux plus extrêmes limites.

MM. Oudinot et Ferdeuil n'ont donc fait que leur devoir, et je ne doute pas que Votre Excellence ne le reconnaisse elle-même en ordonnant leur mise en liberté, conformément à la convention du 28 janvier 1871.

Ce qui ne nous empêchera pas, conformément au désir qu'elle a exprimé, de tout suspendre en ce qui touche le lieutenant Maas, et d'attendre qu'en effet ce prisonnier puisse être échangé contre un prisonnier français placé dans la même condition.

Je saisis cette occasion pour offrir à Votre Excellence l'assurance de ma haute considération.

Paris, ce 14 février 1871.

JULES FAVRE.

N° 10.

Le ministre des affaires étrangères du gouvernement de la Défense nationale à M. de Bismarck, chancelier de la Confédération du Nord.

Paris, le 15 février 1871.

Monsieur le comte,

J'ai reçu ce matin le télégramme par lequel Votre Excellence veut bien me rappeler l'obligation que nous avons prise, par la convention du 28 janvier 1871, d'échanger les prisonniers de condition bourgeoise, et par conséquent de faire mettre en liberté les personnes allemandes de cette condition, telles que capitaines de la marine marchande.

Je prie Votre Excellence de croire que je n'ai pas perdu de vue un instant cette obligation, et que pour elle comme pour toutes les autres que renferme la convention, j'ai tenu à cœur d'exécuter aussi ponctuellement que possible ce qui avait été promis.

Mais je prie Votre Excellence de vouloir bien faire entrer en ligne de compte les difficultés considérables que nous avons rencontrées, que nous rencontrons encore avec nos agents. Nous n'avons pu nous servir du télégraphe qu'au bout d'une semaine; le service des postes et des voies ferrées est encore sujet à mille entraves. J'ai néanmoins donné des ordres précis. M. le ministre de la guerre et de la marine en ont également donné, et j'ai tout lieu de croire qu'à l'heure où j'ai l'honneur de vous écrire, ces ordres ont été exécutés.

Il ne m'est pas interdit, toutefois, de faire remarquer à

Votre Excellence qu'au point de vue qu'elle veut bien me rappeler, la convention ne reçoit pas de votre part sa complète exécution. En effet, si vous avez ordonné la mise en liberté des prisonniers civils, vous en faites de nouveaux; les commandants de vos corps se croyant en droit, malgré l'armistice, d'arrêter et de retenir des citoyens comme otages, de nombreuses plaintes m'ont été envoyées et me parviennent encore; j'en ai transmis quelques-unes à Votre Excellence. J'insiste sur toutes, en vous priant de faire cesser un état de choses qui me paraît absolument contraire à ce qui a été réglé entre nous. J'ai fait et je ferai, de mon côté, tout ce qui me sera possible pour la ponctuelle exécution de nos engagements. Le retard de cette exécution est tout à fait indépendant de ma volonté, et je regrette de n'avoir pu surmonter de suite les obstacles qui nous ont arrêtés. Je prie Votre Excellence de vouloir bien donner des ordres pour que les prisonniers de condition bourgeoise français soient tous rendus à la liberté, et qu'il n'en soit plus fait de nouveaux.

Je saisis cette occasion, etc.

JULES FAVRE.

N° 11.

Le ministre des affaires étrangères du gouvernement de la Défense nationale à M. de Bismarck, chancelier de la Confédération du Nord.

Paris, le 21 février 1871.

Monsieur le comte,

En arrivant à Bordeaux, j'ai insisté auprès de MM. les ministres de la guerre et de la marine pour la mise en liberté immédiate des prisonniers civils allemands qui pouvaient encore être retenus. Cette mesure a été exécutée sans délai, et les ordres que j'avais déjà envoyés ont été spécialisés en s'appliquant à chacun des individus dont la résidence a été recherchée sur les contrôles de la guerre. J'ai l'honneur de transmettre à Votre Excellence la liste nominative qui m'a été remise par le département de la marine au moment de mon départ. Je saisis, toutefois, cette occasion pour faire remarquer à Votre Excellence que, contrairement à ses intentions et à ses ordres, un assez grand nombre de prisonniers civils français sont encore retenus en Allemagne, malgré les termes de notre convention. Un de mes collègues à l'Assemblée nationale, M. Voisin, propriétaire et député de Seine-et-Oise, n'a quitté la forteresse de Weichvelmunde, près Dantzig, que dimanche dernier, et seulement à raison de son élection à l'Assemblée. Il a laissé cinq camarades d'infortune, prisonniers civils comme lui, et retenus captifs dans la forteresse. Ce sont MM. Despons, sous-préfet à Gien;

Cauchois, journaliste; imprimeur à Méris (Oise);

Arnoux, industriel à Herblay (Seine-et-Oise);

Commercy, propriétaire à Paris, 82, faubourg Saint-Honoré;

L'abbé Guérin, vicaire à Longjumeau (Seine-et-Oise).

Je reçois également de Brême, en date du 6 février, une lettre de M. Jules Courcelles, m'annonçant que les otages qui sont retenus dans cette ville, et dont il fait partie, sont encore retenus, malgré toutes leurs réclamations.

Je prie instamment Votre Excellence de vouloir bien donner des ordres pour la mise en liberté et le rapatriement immédiat de ces otages, et je renouvelle à cette occasion les observations que j'ai eu déjà l'honneur de soumettre à Votre Excellence, relativement aux arrestations de nouveaux otages, qui s'exécutent sur une très-grande échelle dans les départements occupés. Ces arrestations sont absolument contraires aux stipulations de l'armistice, d'abord parce qu'elles constituent de véritables faits de guerre, puis parce qu'on ne saurait admettre que, d'un côté, on relâchât, de l'autre, on incarcérât de simples citoyens, quand une des conditions de l'armistice est la mise en liberté de tous.

L'abus de ces arrestations est tel qu'on en menace les habitants même en pays neutre. Je reçois de Lamothe-Beuvron, placé en dehors de l'occupation allemande, une réclamation par laquelle on me fait connaître que le commandant allemand exige une contribution extraordinaire, avec menaces d'exécution militaire. Plusieurs localités sont dans le même cas. J'ose croire qu'en portant ces faits à la connaissance de Votre Excellence, j'obtiendrai facilement justice pour tous ceux qui me prient d'intervenir en leur faveur.

Je prie Votre Excellence d'agréer les sentiments de haute considération avec lesquels j'ai l'honneur d'être

De Votre Excellence,
le très-humble et très-obéissant serviteur,

Paris, ce 21 février 1871.

JULES FAVRE.

N° 12.

26 février 1871.

Préliminaires de la paix.

Convention.

Entre le chef du pouvoir exécutif de la République française, M. Thiers, et le ministre des affaires étrangères, M. Jules Favre, représentant la France,

D'un côté ;

Et de l'autre,

Le chancelier de l'empire germanique, M. le comte Otto de Bismarck-Schœnhausen, muni des pleins pouvoirs de Sa Majesté l'empereur d'Allemagne, roi de Prusse ;

Le ministre d'État et des affaires étrangères de Sa Majesté le roi de Bavière, M. le comte Otto de Bray-Steinburg ;

Le ministre des affaires étrangères de Sa Majesté le roi de Wurtemberg, M. le baron Auguste de Wœchter ;

Le ministre d'État, président du conseil des ministres de Son Altesse Royale monseigneur le grand-duc de Bade, M. Jules Jolly, représentants de l'empire germanique ;

Les pleins pouvoirs des deux parties contractantes ayant été trouvés en bonne et due forme, il a été convenu ce qui suit, pour servir de base préliminaire à la paix définitive à conclure ultérieurement :

Article premier.

La France renonce en faveur de l'empire allemand à tous ses droits et titres sur les territoires situés à l'est de la frontière ci-après désignée.

La ligne de démarcation commence à la frontière nord-ouest du canton de Cattenom, vers le grand-duché de Luxembourg, suit vers le sud les frontières occidentales des cantons de Cattenom et de Thionville, passe par le canton de Briey, en longeant les frontières occidentales des communes de Montois-la-Montagne et de Roncourt, ainsi que les frontières orientales des communes de Sainte-Marie-aux-Chênes, Saint-Ail, Habouville, atteint la frontière du canton de Gorze, qu'elle traverse le long des frontières communales de Vionville, de Bouxières et d'Ouville, suit la frontière sud-ouest respectivement sud de l'arrondissement de Metz, la frontière occidentale de l'arrondissement de Château-Salins jusqu'à la commune de Pettoncourt, dont elle embrasse les frontières occidentale et méridionale, pour suivre la crête des montagnes entre la Seille et le Moncel jusqu'à la frontière de l'arrondissement jusqu'à la commune de Tanconville, dont elle atteint la frontière au nord; de là, elle suit la crête des montagnes, entre les sources de la Sarre-Blanche et de la Vezouze, jusqu'à la frontière du canton de Schirmeck, longe la frontière occidentale de ce canton, embrasse les communes de Saales, Bourg-Bruche, Colroy-la-Roche, Plaine, Ranrupt, Saulxures et Saint-Blaise-la-Roche, du canton de Saales, et coïncide avec la frontière occidentale des départements du Bas-Rhin et du Haut-Rhin jusqu'au canton de Belfort, dont elle quitte la frontière méridionale non loin de Vourvenans, pour traverser le canton de Delle, aux limites méridionales des communes de Bourogne et de Froide-Fontaine, et atteindre la frontière suisse, en longeant les frontières orientales des communes de Jonchery et de Delle.

L'empire allemand possédera ces territoires à perpétuité, en toute souveraineté et propriété. Une commission internationale, composée de représentants de hautes parties contractantes, en nombre égal des deux côtés, sera chargée, immédiatement après l'échange des ratifications du présent Traité, d'exécuter sur le terrain le tracé de la nouvelle frontière, conformément aux stipulations précédentes.

Cette commission présidera au partage des biens-fonds et capitaux qui jusqu'ici ont appartenu en commun à des districts ou des communes séparées par la nouvelle frontière. En cas de désaccord sur le tracé et les mesures d'exécution, les membres de la commission en référeront à leurs gouvernements respectifs.

La frontière, telle qu'elle vient d'être décrite, se trouve marquée en vert sur deux exemplaires conformes de la carte du territoire formant le gouvernement général d'Alsace publiée à Berlin, en septembre 1870, par la division géographique et statistique de l'état-major général, et dont un exemplaire sera joint à chacune des deux expéditions du présent Traité.

Toutefois le tracé indiqué a subi les modifications suivantes, de l'accord de deux parties contractantes : dans l'ancien département de la Moselle, les villages de Sainte-Marie-aux-Chênes, près de Saint-Privat-la-Montagne et de Vionville, à l'ouest de Rezonville, seront cédés à l'Allemagne. Par contre, la ville et les fortifications de Belfort resteront à la France, avec un rayon qui sera déterminé ultérieurement.

Art. 2.

La France payera à Sa Majesté l'empereur d'Allemagne la somme de cinq milliards de francs.

Le payement d'au moins un milliard de francs aura lieu dans le courant de l'année 1871, et celui de tout le reste de la dette dans un espace de trois années à partir de la ratification des présentes.

Art. 3.

L'évacuation des territoires français occupés par les troupes allemandes commencera après la ratification du présent Traité par l'Assemblée nationale siégeant à Bordeaux.

Immédiatement après cette ratification, les troupes allemandes quitteront l'intérieur de la ville de Paris ainsi que les forts situés sur la rive gauche de la Seine, et dans le plus bref délai possible, fixé par une entente entre les autorités militaires des deux pays, elles évacueront entièrement les départements du Calvados, de l'Orne, de la Sarthe, d'Eure-et-Loir, du Loiret, de Loir-et-Cher, d'Indre-et-Loire, de l'Yonne, et, de plus, les départements de la Seine-Inférieure, de l'Eure, de Seine-et-Oise, de Seine-et-Marne, de l'Aube et de la Côte-d'Or, jusqu'à la rive gauche de la Seine. Les troupes françaises se retireront en même temps derrière la Loire, qu'elles ne pourront dépasser avant la signature du traité de paix définitif.

Sont exceptées de cette disposition la garnison de Paris, dont le nombre ne pourra pas dépasser quarante mille hommes, et les garnisons indispensables à la sûreté des places fortes.

L'évacuation des départements situés entre la rive droite de la Seine et la frontière de l'Est par les troupes allemandes s'opérera graduellement après la ratification du traité de paix définitif et le payement du premier demi-milliard de la contribution stipulée par l'article 2, en commençant par les départements les plus rapprochés de Paris et se continuera au fur et à mesure que les versements de la contribution seront effectués. Après le premier versement d'un demi-milliard, cette évacuation aura lieu dans les départements suivants : Somme, Oise et les parties des départements de la Seine-Inférieure, Seine-et-Oise et Seine-et-Marne situés sur la rive droite de la Seine, ainsi que la partie du département de la Seine et les forts situés sur la rive droite.

Après le payement de deux milliards, l'occupation allemande ne comprendra plus que les départements de la Marne, des Ardennes, de la Haute-Marne, de la Meuse, des Vosges, de la Meurthe, ainsi que la forteresse de Belfort avec son territoire, qui serviront de gage pour les trois milliards restants et où le nombre des troupes allemandes ne dépassera pas cinquante mille hommes. Sa Majesté l'empereur sera disposée à substituer à la garantie territoriale consistant dans l'occupation partielle du territoire français une garantie financière, si elle est offerte par le gouvernement français dans les conditions reconnues suffisantes par Sa Majesté l'empereur et roi pour les intérêts de l'Allemagne. Les trois milliards dont l'acquittement aura été différé porteront intérêt à 5 pour 100 à partir de la ratification de la présente convention.

Art. 4.

Les troupes allemandes s'abstiendront de faire des réquisitions, soit en argent, soit en nature, dans les départements occupés. Par contre, l'alimentation des troupes allemandes qui resteront en France aura lieu aux frais du gouvernement français, dans la mesure convenue par une entente avec l'intendance militaire allemande.

Art. 5.

Les intérêts des habitants des territoires cédés par la France, en tout ce qui concerne leur commerce et leur droit civil, seront réglés aussi favorablement que possible, lorsque seront arrêtées les conditions de la paix définitive. Il sera fixé, à cet effet, un espace de temps pendant lequel ils jouiront de facilités particulières pour la circulation de leurs produits. Le gouvernement allemand n'apportera aucun obstacle à la libre émigration des habitants des territoires cédés, et ne pourra prendre contre eux aucune mesure atteignant leurs personnes ou leurs propriétés.

Art. 6.

Les prisonniers de guerre qui n'auront pas déjà été mis en liberté par voie d'échange seront rendus immédiatement après la ratification des présents préliminaires.

Afin d'accélérer le transport des prisonniers français, le gouvernement français mettra à la disposition des autorités allemandes, à l'intérieur du territoire allemand, une partie du matériel roulant de ses chemins de fer, dans une mesure qui sera déterminée par des arrangements spéciaux et aux prix payés en France par le gouvernement français pour les transports militaires.

Art. 7.

L'ouverture des négociations pour le traité de paix définitif à conclure sur la base des présents préliminaires aura lieu à Bruxelles, immédiatement après la ratification de ces derniers par l'Assemblée nationale et par Sa Majesté l'empereur d'Allemagne.

Art. 8.

Après la conclusion et la ratification du traité de paix définitif, l'administration des départements devant encore rester occupés par les troupes allemandes sera remise aux autorités françaises ; mais ces dernières seront tenues de se conformer aux ordres que les commandants des troupes allemandes croiraient devoir donner dans l'intérêt de la sûreté, de l'entretien et de la distribution des troupes.

Dans les départements occupés, la perception des impôts, après la ratification du présent traité, s'opérera pour le compte du gouvernement français et par le moyen de ses employés.

Art. 9.

Il est bien entendu que les présentes ne peuvent donner à l'autorité militaire allemande aucun droit sur les parties du territoire qu'elles n'occupent point actuellement.

Art. 10.

Les présentes seront immédiatement soumises à la ratification de l'Assemblée nationale française siégeant à Bordeaux et de Sa Majesté l'empereur d'Allemagne.

En foi de quoi les soussignés ont revêtu le présent traité préliminaire de leurs signatures et de leurs sceaux.

Fait à Versailles, le 26 février 1871.

(L. S.) A. Thiers.   (L. S.) V. Bismarck.
(L. S.) Jules Favre.

Les royaumes de Bavière et de Wurtemberg et le grand-duché de Bade ayant pris part à la guerre actuelle comme alliés de la Prusse et faisant partie maintenant de l'empire germanique, les soussignés adhèrent à la présente convention au nom de leurs souverains respectifs.

Versailles, 26 février 1871.

Comte de Bray-Steinburg.   Mittnacht.
Baron de Woechter.   Jolly.

Conventions additionnelles.

26 février 1871.

Entre les soussignés, munis des pleins pouvoirs de la République française et de l'empire d'Allemagne, la convention suivante a été conclue :

Article premier.

Afin de faciliter la ratification des préliminaires de paix conclus aujourd'hui entre les soussignés, l'armistice stipulé par les conventions du 28 janvier et du 15 février dernier est prolongé jusqu'au 12 mars prochain.

Art. 2.

La prolongation de l'armistice ne s'appliquera pas à l'article 4 de la convention du 28 janvier, qui sera remplacé par la stipulation suivante sur laquelle les soussignés sont tombés d'accord :

La partie de la ville de Paris, à l'intérieur de l'enceinte comprise entre la Seine, la rue du Faubourg-Saint-Honoré et l'avenue des Ternes, sera occupée par des troupes allemandes dont le nombre ne dépassera pas trente mille hommes. Le mode d'occupation et les dispositions pour le logement des troupes allemandes dans cette partie de la ville seront réglés par une entente entre deux officiers supérieurs des deux armées, et l'accès en sera interdit aux troupes françaises et aux gardes nationales armées pendant la durée de l'occupation.

Art. 3.

Les troupes allemandes s'abstiendront à l'avenir de prélever des contributions en argent dans les territoires occupés. Les contributions de cette catégorie dont le montant ne serait pas encore payé seront annulées de plein droit; celles qui seraient versées ultérieurement par suite d'ignorance de la présente stipulation devront être remboursées. Par contre, les autorités allemandes continueront à prélever les impôts de l'État dans les territoires occupés.

Art. 4.

Le deux parties contractantes conserveront le droit de dénoncer l'armistice à partir du 3 mars, selon leur convenance, et avec un délai de trois jours pour la reprise des hostilités, s'il y avait lieu.

Fait et approuvé à Versailles, le 26 février 1871.

A. Thiers. V. Bismarck.
Jules Favre.

N° 13.

Rapport de M. Victor Lefranc.

Messieurs, la commission nommée par l'Assemblée, le 21 février dernier, avait été chargée par vous d'assister vos négociateurs, de recevoir les communications qui pourraient l'éclairer, de donner son avis, et de faire ensuite un rapport à l'Assemblée.

Malgré les loyales revendications de responsabilité si nettement exprimées alors, au nom du Gouvernement, par M. le ministre de l'instruction publique, notre mission n'en demeurait pas moins douloureuse et moins redoutable. Offerte, chacun de nous a fait un effort pour la décliner; imposée, nul n'a pu la repousser; acceptée, nous avions tous à la remplir.

Choisi par la commission pour être son organe, je viens, non sans une profonde émotion, vous communiquer les pensées sous l'empire desquelles elle s'est trouvée unanime.

Cette unanimité même est un signe de la gravité de la situation; elle est aussi un témoignage du dévouement que cette situation inspire au patriotisme, c'est-à-dire à ce sentiment qui n'est connu tout entier que de ceux qui ont vu souffrir leur pays; car, Messieurs, les douleurs de la patrie sont nôtres bien plus que ses gloires. (Très-bien! très-bien!)

M. le président du conseil des ministres, chef du pouvoir exécutif, et M. le ministre des affaires étrangères ont, sous nos yeux, conduit les négociations. Ils ont, chaque jour, rendu compte à la commission de l'Assemblée des efforts qu'ils ont faits, des difficultés contre lesquelles ils ont eu à lutter, des résultats qu'ils ont successivement obtenus ou subis, des incidents qui ont bien des fois ravivé quelques-unes de nos espérances ou doublé toutes nos angoisses.

Nous voudrions que l'Assemblée tout entière, le pays tout entier eussent, comme nous, entendu ces récits et recueilli ces confidences. Le pays connaîtrait mieux encore les hommes qui le servent, et l'Assemblée se raffermirait dans la confiance qu'elle leur a donnée. (Vive adhésion.)

Vos négociateurs ont successivement appelé nos préoccupations sur les deux questions capitales, c'est-à-dire sur les questions de territoire et sur les questions d'indemnité de guerre.

Nous ne devons pas communiquer à cette tribune tous les détails que nous avons ainsi recueillis, heure par heure, de vos négociateurs ; cette discrétion, commandée par les plus graves motifs, comprise à la plus simple réflexion, n'est pas le côté le moins pénible de notre mission : chaque conscience a son secret, et quelque unanime qu'ait été notre détermination, il y aurait un certain adoucissement pour chacun de nous à dire à ceux qui pensent d'ordinaire comme lui, ce qu'il a cherché, ce qu'il a sacrifié, et les impulsions auxquelles il a cédé.

Messieurs, l'Assemblée fera comme nous; et la France, qui vous a donné sa confiance, le monde, qui est attentif à vos malheurs, comprendront et approuveront notre réserve et la vôtre, après le dénoûment de cette lutte, dont toutes les amertumes auront été pour nous, mais dont les plus pures gloires ne seront pas pour le vainqueur. (Très-bien ! très-bien !)

Vous avez entendu hier la lecture des préliminaires de paix, signés par vos négociateurs, après avoir recueilli et obtenu l'avis unanime de votre commission, et de la convention spéciale qui prolonge l'armistice pour permettre la ratification du traité par cette Assemblée.

Le Gouvernement vous a soumis en même temps un projet de loi portant ratification des préliminaires.

L'Assemblée a renvoyé d'urgence, pour les graves motifs

que vous connaissez, le projet de loi dans ses bureaux, qui, après de longues et vives discussions, ont nommé les mêmes commissaires, ajoutant ainsi à la preuve de confiance qu'ils leur avaient donnée la manifestation de leur assentiment.

Le rapporteur de la première commission s'est vu imposer encore ce nouveau fardeau. Il demande à l'Assemblée de le soutenir dans l'accomplissement d'une tâche assurément au-dessus de ses forces, et où il ne peut mettre que le courage dû par les plus humbles aux intérêts de leur pays, à ces moments où les devoirs ne se comptent que par les sacrifices. (Marques générales d'assentiment.)

Vous ne me demanderez pas de relire ici les clauses du traité et de l'armistice, ni le texte du projet de loi portant ratification. Vous les avez eus sous les yeux. Il suffira de les considérer dans son ensemble.

Il n'en est pas, en effet, d'un traité comme d'une loi, surtout quand il est signé dans les circonstances où nous sommes. L'armistice est prolongé jusqu'au 12 mars, mais il peut être dénoncé le 3, et les hostilités, en ce cas, reprendraient le 6, en attendant la ratification, si elle n'était pas intervenue avant cette date. Il faut donc ne pas perdre un instant. De là l'urgence, commandée plus encore par la situation de Paris et par le souvenir de nos prisonniers. (Mouvement.) De là l'impossibilité d'attendre les rapports et les débats sur les travaux de vos commissions sur l'état de la France. De là la nécessité de vous en remettre, comme toujours, à l'étude de vos commissions et aux résultats, que vous connaissez bien, de travaux qui ne peuvent entrer dans le débat actuel que comme documents à consulter, et non comme éléments du débat lui-même.

D'un autre côté, la nature même de ces études n'en permet ni la publication ni l'analyse. Enfin les préliminaires d'un traité de paix, laborieusement et courageusement débattus par les négociateurs, sont acceptés ou rejetés par le souverain;

ils ne sont pas amendés. Ils le seront dans le traité définitif, non-seulement dans le tracé des lignes territoriales, mais aussi dans les procédés de payement, dans les clauses relatives aux individus, aux propriétés, et surtout dans la marche de l'évacuation, qui ne laissera ni durer ni s'étendre cet éparpillement des forces ennemies dans les pays occupés, qui peut être un des calculs de l'occupation hostile, qui serait la violation de l'esprit dans lequel doit se maintenir l'occupation après la paix.

Nous ne vous proposons non plus aucun changement au texte ou au préambule succinct du projet de loi. Nous conjurons l'Assemblée de le voter tel qu'il est. Le patriotisme l'exige, et la commission s'expliquerait peu votre confiance si elle n'allait pas jusqu'à comprendre et accepter ce conseil.

Messieurs, il faut regarder ce qui est soumis à votre conscience en face, de haut et du fond de votre cœur. On souffrira, mais on verra la vérité, et on ira à elle. (Très-bien ! très-bien !)

Je m'occupe d'abord des préliminaires de l'armistice, et je les examine à la fois au double point de vue des négociations dont nous vous devons compte, et du projet de loi sur lequel nous vous devons notre avis.

En portant votre attention sur les deux clauses relatives au territoire, la douleur que vous partagerez avec nous ne vous rendra pas injustes envers les efforts accomplis et les dangers conjurés; ce serait là une faiblesse et une méconnaissance absolue de la réalité des choses.

Sans doute, nos frontières atteintes, notre Alsace, une partie de notre Lorraine, notre Metz, arrachés à la vieille patrie, et surtout cet oubli du droit des populations, dont nous ne sommes pas responsables, ce sont là des sacrifices qui brisent le cœur de tout Français, et dont nous avons les premiers senti tout le poids et tous les déchirements.

Mais nous n'avons pu oublier, et vous n'oublierez pas les

sinistres prévisions répandues dans le monde entier, les menaces formulées par l'ennemi, les craintes révélées par le cri de douleur de M. Kelelr : l'Alsace, la Lorraine entière, Metz, Belfort, tout était menacé; vous avez, avec un intelligent patriotisme, refusé de sanctionner, pour ainsi dire, ces craintes dans toute leur étendue, en paraissant les partager ; mais aujourd'hui, vous vous les rappellerez pour reconnaître que, si elles se sont réalisées dans une trop large mesure, celles qui ont été conjurées ne sont pas une médiocre consolation.

M. Keller. Je demande la parole.

M. le rapporteur. Le danger tout entier était réel, imminent; la trace visible en est restée sur la carte annexée au traité, où le tracé définitif vous montre que, grâce à d'énergiques efforts, les quatre cinquièmes de la Lorraine environ nous restent avec sa capitale, et si Metz nous est ravi, Belfort nous est rendu (Rumeurs à gauche) : c'est un point capital pour notre frontière de l'Est.

M. Bamberger. Je demande la parole.

M. le rapporteur. Messieurs, à côté de cette limite imposée à nos pertes territoriales, placez par la pensée le retour de nos armées prisonnières dans le pays, à qui seront rendus tant de cœurs et tant de bras pour le travail, pour l'ordre et pour la défense de la patrie, et vous vous souviendrez avec moins de tristesse qu'une nation qui s'est honorée en se défendant, s'honore encore en reconnaissant qu'elle a été vaincue... (Interruptions et murmures à gauche) et en ne reculant pas devant les nécessités qu'impose la défaite. (Nouveaux murmures.)

Je supplie qu'on ne m'interrompe pas. Je suis seulement rapporteur en ce moment, et n'ai pas le droit de répondre. Si mes sentiments personnels m'amènent à prendre la parole après la lecture du rapport, je le ferai ; maintenant, je continue.

Sans doute encore, Paris, pénétré par l'armée ennemie dans une partie de son enceinte qui n'avait pas été conquise, c'est là une de ces douleurs qu'il est difficile de supporter, et qu'il est à peine prudent d'imposer ; sans doute, cette France, plus lentement évacuée qu'elle n'a été envahie, et par les mêmes chemins qui verront deux fois cette tristesse, tout cela vous désole et nous a désolés ; mais cette occupation est restreinte et momentanée : cette évacuation est largement échelonnée, elle le sera mieux encore par le traité définitif, et d'ailleurs ces calamités et ces résignations, outre qu'elles étaient inévitables, ne doivent nous apparaître qu'à travers le souvenir des causes qui nous les ont infligées. Ces causes, nous ne les redirons pas ; nous aimons mieux relever et garder les consolations que nous ont laissées nos derniers efforts. Il suffira de savoir et d'affirmer virilement que l'honneur de la France est sauf dans ce cruel traité. (Dénégations à gauche.) Comme dans la lutte terrible à laquelle il met fin, le vainqueur, Messieurs, n'a jamais manqué l'occasion de rendre cet hommage à la France, et la France doit savoir se le rendre à elle-même.

M. Edgard Quinet. Je demande la parole.

M. le rapporteur. Si maintenant vous examinez les clauses relatives à l'indemnité de guerre, vous reconnaîtrez avec nous que les menaces et les calculs dont on les entourait allaient bien plus loin que celles qui se sont réalisées. Nous n'essayerons pas de contester, d'atténuer la somme exigée : l'Europe s'en étonne et s'en émeut déjà ; mais nous voulons vous dire qu'on n'atteindra pas le but qui l'a inspirée. On a voulu s'enrichir de nos dépouilles ; on a cru surtout nous désarmer indirectement en nous vouant à l'impuissance. L'histoire donne quelque prix à l'abstention de toute tentative directe de ce genre sur la liberté, gardée par notre pays, dans le gouvernement de ses forces et de ses ressources. (Mouvements à gauche.)

Mais il ne fallait pas non plus oublier qu'il serait plus indigne encore que téméraire d'accepter le fardeau et l'engagement qui nous sont imposés par cette stipulation immodérée, si nous nous savions impuissants à les supporter.

Mais, Messieurs, nous ne pouvons espérer et promettre, car, pour le présent, nous arrêtons ces ravages et nous commençons cette liquidation ; et, pour l'avenir, la France a des ressources à la hauteur de ses besoins, et des résolutions à la hauteur de ses épreuves... (Murmures à gauche), si elle sait joindre à la sagesse de son administration, à l'abnégation de son patriotisme, ces deux grands secrets de l'avenir, qui ne sont que les deux grandes leçons du passé : ne plus se jeter dans les révolutions, ne plus se réfugier dans le césarisme (Très-bien ! très-bien ! — Applaudissements) et assurer ainsi le travail, l'ordre et la liberté.

Le gouvernement de la République française, en signant cette paix, aura le droit de s'honorer de tout ce que de pareilles résolutions, loyalement et fermement pratiquées, peuvent créer de stabilité !

Une voix à gauche. De honte !

M. Thiers. Que celui qui parle de honte se lève !

Un membre à gauche. La honte est pour ceux qui ont amené la situation !

M. l'amiral Saisset. Et pour ceux qui ne se sont pas battus.

M. le rapporteur. Cette signature est douloureuse, Messieurs ; l'âme se révolte avant de vous conseiller d'y souscrire, et ce n'est pas trop de toutes les forces de la conscience pour examiner librement s'il est possible de l'éloigner de vous. Cela n'était permis, Messieurs, qu'à la condition de vous engager à recommencer la lutte, ou à livrer la France entière à l'occupation indéfinie et illimitée du vainqueur, sans autre consolation que de n'avoir pas donné notre consentement à un sacrifice, cruel, mais que ce consentement même peut du moins limiter dans son étendue et dans sa durée.

Faut-il recommencer la lutte, après les désastres de nos armées, après les insuffisances de la levée en masse, après l'appel des forces à peine organisées du pays? Ne serait-ce pas hasarder les dernières énergies de la France sans espoir de les voir triompher? Ne serait-ce pas, pour couvrir contre les conséquences fatales de leurs fautes l'honneur de ceux qui nous ont perdus, ou même pour sauver le faux honneur de ceux qui reculent devant les responsabilités... (C'est cela! très-bien! Voilà la vérité!) ne serait-ce pas jouer l'honneur même de la France, compromis dans le trouble possible de ces suprêmes convulsions du désespoir?

Pendant les négociations, Messieurs, votre commission, après de cruelles angoisses, en face d'interrogations douloureuses, a deviné chez vos négociateurs la résignation patriotique qu'elle a cru devoir imiter, et qu'elle était résolue à conseiller à l'Assemblée.

Un mot suffisait pour cela; nous n'avions qu'à refuser de signer les préliminaires de la paix et à laisser à l'ennemi le fardeau des ruines de la France, assez lourd peut-être pour l'écraser lui-même. (Très-bien! sur divers bancs.) En nous dégageant ainsi, nous vous laissions le droit de démentir ou d'accepter cet acte de désespoir. Nous ne nierons pas que, dans certains moments de découragement, cette tentation ne soit entrée dans nos âmes.

Elle n'a pas été dissimulée à ceux qu'elle devait menacer autant que nous-mêmes. Mais, Messieurs, l'armistice expirait, toute prolongation était péremptoirement refusée, les forts de Paris étaient occupés, l'enceinte désarmée; au loin, les armées ennemies étaient massées aux lignes extrêmes de l'armistice, en face de nos armées désorganisées (Réclamations à gauche), de nos populations tournées vers l'espoir de la paix.

Le bruit d'une agression nouvelle et générale serait arrivé à cette Assemblée avant l'avis de la rupture des négociations. Et votre commission, avec le pouvoir exécutif, serait venue vous soumettre un avis dont les conséquences auraient été déjà réalisées, un acte de désespoir devenu irréparable, et cela sans votre aveu, sans votre examen, et sans retour possible de notre part ; Paris et la France auraient été immolés avant d'être consultés.

Après la signature, Messieurs, vous pouvez encore ne pas ratifier le traité de votre gouvernement ; l'avis de votre commission et les choses sont entières, car la France, au delà de la ligne de l'armistice, n'a pas changé de situation ; et quant à Paris, les préliminaires signés et l'armistice prorogé, l'occupation est restreinte dans son étendue, et n'aura d'autre durée que celle que vous donnerez vous-même à votre délibération.

Après le refus de la signature, au contraire, vous n'auriez pu en reprendre les compensations, car en laissant expirer l'armistice sans signer la paix, on exposait Paris à être occupé tout entier, Dieu sait avec quels désastres, et la France entière aurait été envahie, Dieu sait avec quelles ruines. Les embarras de l'ennemi auraient été une consolation bien insuffisante à tant de sacrifices.

Nous n'aurions pu les vouloir, nous n'avons pas dû les conseiller aux négociateurs ; nous persistons à vous conjurer de les écarter de la France.

Ne désirons qu'une chose pour l'affermissement et l'apaisement de nos consciences, messieurs, c'est que cette paix ne soit désapprouvée que par ceux qui auraient osé décider la prolongation de la guerre. (Très-bien ! très-bien !)

Délibérez donc, Messieurs ; et quel que soit le résultat de vos délibérations, il sera digne de vous et de la France. Le courage n'est pas toujours dans l'obstination et le désespoir. Les nations et les Assemblées ont, plus que les individus, le droit de se consoler avec leur passé et avec leur conscience ; et la France, autant que toute autre nation, a pour devoir de réserver son avenir et sa mission dans le monde. (Nouvelles marques d'approbation.)

Telles ont été les pensées qui ont soutenu vos négociateurs et votre commission dans la tâche douloureuse que votre confiance leur a imposée, et qui les soutiendront dans l'amertume qu'attire souvent l'accomplissement d'un devoir. Ces pensées soutiendront aussi les membres de cette Assemblée dans les résolutions qu'ils auront à sanctionner par leur vote. Nul ne songera à s'abriter derrière une abstention, qui n'est que la désertion du devoir et la peur de la responsabilité.

En conséquence, la commission vous propose l'adoption du projet de loi. (Très-bien! très-bien! — Applaudissements.)

N° 14.

Scrutin sur le projet de loi relatif aux préliminaires de paix, signés à Versailles, le 26 février 1871.

Nombre des votants. . . . 653.
Majorité absolue. . . . . . 327.
Pour l'adoption. . . 546.
Contre. . . . . 107.

L'Assemblée a adopté.

Ont voté pour : MM. Abbadie de Barrau, Abattucci, d'Aboville, Aclocque, Adam, Adnet, Aigle, Allenoux, Alexandre, Amy, Ancel, Andelarre, Anisson-Duperron, Arbel, Arfeuillères, d'Auberjon, d'Audiffret-Pasquier, Audren de Kerdrel, d'Aurelle de Paladines, d'Auxais, Aymé de la Chevrelière;

Babin-Chevaye, de Bagneux, de Balleroi, Balsans, Baragnon, de Barante, Barascud, Bardoux, Barthe, Barthélemy-Saint-Hilaire, de Bastard, Bastide, Batbie, Baucarne-Leroux, Baze, Beau, de Belcastel, Benoist d'Azy, Benoit, Benoist-Dubuis, Bérenger, Bergondy, de Bernioude, de Bernard, Martin Bernard, Bernard-Dutreuil, Bertauld, Besnard de Guitry, Besson, Bethmont, de Béthune, Bidard, Bienvenu, Bigot, de Bisaccia, Blavoyer, Blain de Bourdon, Bocher, Boduin, Boisboissel, Boisse, Bompard, de Bonald, de Bondy, Bonnet, de la Borderie, Boreau-Lajadie, Bottard, Bottieau, Boucher, de Bouillé, Bouisson, Bouiller, Bouiller de Branche, Bourgeois, Bozérian, Boyer, Brabant, Brame, Breton, Brettes-Haruin, Breuil de Saint-Germain, Briçon, Bridieux, de Brigode, Broë, Lucien Brun, Bryas, Buée, Jules Buisson, Buisson, Busson-Duvivier;

Caillaux, Calemard de Lafayette, Callet, de Carayon-Latour, Carbonnier de Marzac, Carnot père, Carré-Kérisouët, Carron, Carquet, Casimir Périer, de Castellane, Cauvel de Beauvillé, de Cazenove de Pradines, de Chabaud-Latour, général Chabron, colonel de Chadois, du Chaffaut, de Chamaillard, de Chambrun, Henri de Champagny, de Champvallier, Changarnier, Chaper, Chardon, colonel Chareton, Charreyron, Charton, de Chasseloup-Laubat, Chatelin, Chaurand, Cheguillaume, Chevandier, Horace de Choiseul, de Cintré, Clément, de Clercq, Cochery, de Colombet, de Combarieu, Combier, Conti, de Corcelles, Cordier, Corne, de Cornullier·de Lucinière, de Costa de Beauregard, Paul Cottin, Courbet-Poulard, Courcelle, Crespin, de Crussol, de Cumont, de Cunit;

Daguenet, Daguilhon-Laselve, Dahirel, Dampierre, Daron, Daru, Dauphinot, Daussel, baron Decazes, duc Decazes, Delacour, Delacroix, Delavau, Delille, Delord, Delorme, Delpit, Delsol, Depasse, Desaincthorent, Desbons, Descat, Deseilligny, Desjardins, Destremx, Dezanneau, Diesbach, Dompierre d'Hormoy, Doré-Graslin, Douai, Douhet, Ducarre, Duchâtel, Ducros, Ducuing, Dufaur, Dufaure, Dufour, Dufournel; Dumarhallat, Dumon, Dupanloup, Duparc, Dupin, Dupont, Duportal, Duréault, Durfort de Civrac, Dussaussoy;

Ernoul, Eschassériaux, Eymard-Duvernet;

Féligonde, Féray, Flaghac, Flaud, Fleuriot, Flottard, Fly-Sainte-Marie, Fontaine, Forsanz, Foubert, Foucaud, Fouler de Reulingue, Fouquet, Fourrichon, Fournier, Fourtou, Franclieu, Frébault, Fresneau;

Gailly, Gallicher, Galloni d'Istria, Ganivet, Gaslonde, Gaslin de Fresnay, Gatien-Arnoult, Gauthier de Rumilly, Gauthier de Vaucenay, Gavardie, Gavini, Gayot, Germain, Germonnière, Gévelot, Gillon, Ginoux de Fermon, Giraud, Glas, Godet de la Ribouillerie, Godin, Gontaut-Biron, Gouin, Goulard, Gouvion Saint-Cyr, Grammont, Grasset, Grévy, Grivard, Groslier, Gueidan, Guibal, Guichard, Guiche, Guinard, Guiraud;

Haentjens, Hamille, Harcourt, Haussonville, Hespel, Houssard, Hulin, Huon de Penanster;

Jaffré, Jamme, Jauréguiberry, Javal, Jocteur-Monrosier, Johnston, Joubert, Jourdan, Journault, Journu, Jozon de la Perse, Juigné, Joigné, Jullien;

Kergariou, Kergorlay, Kéridec, Kermanguy, Kersanson de Pennendref, Kolb-Bernard;

Labastière, Labitte, de la Bouillerie, Lacave-Laplagne, Lacaze, Lacombe, O. de Lafayette, de Lagrange, Lallier, Lambert de Sainte-Croix, de Lamberterie, Lambrecht, Lamorte, Lanel, Lanfrey, de La Pervenchère, de La Prade, de Larcy, de Largentaye, La Rochethulon, de La Rochette, La Roncière-le Nourry, de La Sicotière, Laroche-Aymon, La Rochejaquelein, Lassus, de Lasteyrie-Laurenceau, Lebas, Leblond, L'Ébraly, Lebrun, Lecamus, Lechatelain, Amédée Lefèvre-Pontalis, Antonin Lefèvre-Pontalis; Le Flô, Lefranc, de Legge, Legrand, Lelasseux, Lenoël, Adrien Léon, Aimé Leroux, Émile Leroux, Leroyer, de Lespérut, Lespinasse, Latapie, Lestourgie, Laurent, de Limayrac, Limperani, Littré, de Lorgeril, Lortal, Luro, Lur-Saluces;

Magniez-Distre, Magnin, de Maillé, Malartre, Meville, de Malleville, Malézieux, Malicorne, Malevergne, Mangini, Marce, Marchand, Margaine, de Marmier, Martel, Martelle, Martenot, Martin, Henri Martin, Martin des Pallières, de Massy, Mathieu, Mathieu-Bodet, Mathieu de la Redorte, Maurice, Mayaud, Mazerot, de Meaux, de Melun, Méplain, de Mérode, Merveilleux-Duvignaux, Mestreau, Mettetal, Michal-Ladichère, Michel, Montjarré de Kerjégu, de la Monneraye, Monnet, Monod-Arbilleur, Montaignac, Mongolfier, Montlaur, Montrieux, Morel, Mornay, Mortemart, Moulin, Murat, Murat-Sistrières;

Noellant, Noël Parfait;

Osmoy;

Pagès-Duport, Pajot, Palotte, Parent, Parigot, Paris, Partz,

PIÈCES JUSTIFICATIVES. 539

Passy, Patissier, Paultre, Péconnet, Pélissier, Pelletan, Peltreau-Villeneuve, Perret, Périer, Perrot, Petéau, Peulvey, Peyramont, de Peyre, Philippe, Philippoteaux, Piccon, Pin, Pioger, Piou, Plichon, Pontoy-Pontcarré, Pothuau, Poujade, Pouyer-Quertier, Pradier, Prax-Paris, Prétavoine, Princeteau;

De Quinsonaz ;

Renneville, Rambure, Rameau, Rampon, Rampont, Raudot, Rémusat, Félix Renard, Michel Renard, Rincquesen, de Rességuier, Reymond, Reverchon, Riant, Richard, Richier, Ricot, Riondel, Rivailles, Rives, Rivet, Rodez-Bénavent, Roger du Nord, comte Roland, Charles Roland, Roquemaurel, des Rotours, Rousselle, Rouveure, Roux, Roy de Loulé, Roys;

Saint-Germain, Saint-Malo, Saint-Marc Girardin, de Saint-Pierre, Louis de Saint-Pierre, Saint-Victor, Saintenac, Saisset, Salvandy, Salvy, Sarrette, Savary, Savoye, Say, Ségur, Seignobos, Serph, Sers, Silva, Fidèle Simon, Jules Simon, Soury-Lavergne, Soye, Staplande, Sugny ;

Tailhand, Taillefer, Talhouët, Talon, Tamisier, Target, Tarteron, Tassin, Teysserenc de Bord, du Temple, Tendret, Ternaux, Théry, Thiers, Thomas, Thurel, Tillancourt, Toupet des Vignes, de Tréveneuc, Tréville, Tribert, Trochu, Turquet ;

Vacherot, Valadié, Valfons, Vandier, Wast-Vimeux, Vauguyon, Vaulchier, Ventavon, Vente, Vetillard, Viollet, Vidal, Viennet, Vilfeu, Vimal d'Estaigne, Vinay, Vingtain, Vinols, Vitalis, Vitet, de Vogué, Voisin ;

Waddington, Wallon, Warnier, Wartel, Wilson, Witt.

Ont voté contre :

MM. Adam, Albrecht, Amat, Ancelon, André, Andrieux, Arago, Arnaud (de l'Ariége), Bamberger, Barbaroux, Bardou, Berlay, Bernard, Billot, Billy, Blanc, Belles, Boell-Beusch, Brice, Brisson, Brune, Brunet, Carion, Carnot fils, Chaix, Chanzy, Chauffour, Claude (Meurthe), Claude (Vosges), Clémenceau, Colas, Cournet, Delescluze, Deschange, Dorian,

Dornès, Dubois, Duclerc, Ducoux, Durieu, Esquiros, Farcy, Floquet, Gambetta, Gambon, Gent, Georges, Girerd, Grandpierre, Greppo, Grosjean, Guitter, Hartmann, Humbert (Haute-Garonne), Humbert (Louis-Amédée), Jaubert (comte), Joigneaux, Jouvenel, Kablé, Keller, Kœchlin, Laflize, Lamy, Langlois, Lasserve, Laurier, Pierre Lefranc, Lepère, Lockroy, Loisel, Lucet, Maby, Malens, Malon, Marc-Dufraisse, Mazure, Melsheim, Millière, Montel, Moreau, Noblot, Osterman, Peyrat, Pyat, Quinet, Ranc, Rattier, Razoua, Roncker, Rochefort, Saglio, Saisy, Scheurer-Kestner, Schnégans, Schœlcher, Taberlet, Tachard, Teutch, Tirard, Tilot, Tolain, Tridon, Varroy, Victor Hugo, Vilain, Viot.

N'ont pas pris part au vote :

MM. Aubry, d'Aumale, Balsan, Broglie (de), Buffet, Chanteloup, Charrette, Chaudordy, Coutant, de Ligny, Denfert, Favre, Joinville, Jordan, Kuss, Lavergne, Lignier, Naquet, Picard, Poujade, Ravinel, Sauvage, Valon.

N° 15.

26 février 1871.

Convention relative à l'occupation d'une partie de Paris par les troupes allemandes.

Article premier.

Les troupes allemandes occuperont, dès le mercredi 1ᵉʳ mars, dix heures du matin, le terrain compris entre la Seine (rive droite), l'enceinte depuis le Point-du-Jour jusqu'à la porte des Ternes, la rue du Faubourg-Saint-Honoré jusqu'à la rue des Champs-Élysées, le Garde-Meuble et le ministère de la marine, le jardin des Tuileries, en réservant toutefois les bâtiments des vivres militaires et la circulation sur les ponts d'Alma et d'Iéna.

Art. 2.

Il est formellement interdit aux hommes armés de franchir la ligne susindiquée. Toutefois la circulation pourra rester libre pour toute personne non militaire et non armée.

Art. 3.

La troupe allemande d'occupation aura la facilité de visiter les galeries du Louvre et l'hôtel des Invalides. Les détails de ces promenades seront réglés, d'un commun accord, par les autorités militaires des deux pays. Il est bien entendu que les soldats n'auront pas leur fusil et seront conduits par des officiers.

Art. 4.

Les troupes allemandes seront logées soit dans les bâtiments publics, soit chez les habitants. Une commission mixte, composée des délégués des municipalités et d'un ou de plusieurs officiers allemands, se réunira, le 28 février à deux heures, au pont de Sèvres, pour régler les détails du logement.

Art. 5.

Les soldats seront nourris par les soins de l'autorité allemande.

Versailles, 26 février 1871.

N° 16.

Procès-verbal d'échange de ratifications.

Les soussignés, s'étant réunis pour procéder à l'échange des ratifications du chef du pouvoir exécutif de la République française et de Sa Majesté l'empereur d'Allemagne, roi de Prusse, sur le traité préliminaire de paix conclu à Versailles, le 26 février 1871, entre la France et l'empire germanique, les instruments de ces ratifications ont été produits, et ayant été, après examen, trouvés en bonne et due forme, l'échange en a été opéré. En foi de quoi les soussignés ont dressé le présent procès-verbal, qu'ils ont revêtu de leurs cachets.

Fait à Versailles, le 2 mars 1871.

Le ministre des affaires étrangères de la République française,	*Le chancelier de l'empire germanique,*
(L. S.) Jules Favre.	(L. S.) V. Bismarck.

N° 17.

Conventions de Ferrières du 11 mars, relatives à l'exécution des préliminaires de paix signés à Versailles, le 26 février 1871.

Entre les soussignés :

Son Exc. le général Von Stresch, intendant général de l'armée allemande ;

M. Engelhard, intendant d'armée, muni des pouvoirs de Sa Majesté l'Empereur d'Allemagne, d'une part ;

Et Son Exc. Jules Favre, ministre des affaires étrangères de la République française, d'autre part,

Il a été arrêté et convenu ce qui suit :

Article premier.

L'intendance militaire allemande se chargera de l'alimentation des troupes allemandes restant en France, jusqu'au 31 décembre de l'année courante, alimentation qui doit avoir lieu aux frais du gouvernement français dans la mesure convenue par une entente avec l'intendance militaire allemande, d'après l'article 4 du traité préliminaire de paix conclu le 26 février dernier.

Art. 2.

Le gouvernement français payera, par contre, une indemnité fixée à 14 gros, soit 1 fr. 75 c. pour chaque ration de vivres, et à 20 gros, soit 2 fr. 50 c. pour chaque ration de fourrages. L'indemnité à payer pour chaque ration de fourrages sera réduite à 2 fr. 25 c., à partir du 1er octobre jusqu'au 31 décembre de l'année courante.

Art. 3.

Cette indemnité ne sera payable qu'à partir du 3 de ce mois, pour 500,000 rations de vivres et 150,000 rations de fourrages par jour. Le gouvernement français ne sera, par conséquent, pas autorisé à demander aucun dédommagement pour les réquisitions faites depuis le 26 février dernier par les troupes allemandes en France.

Les autorités militaires allemandes cesseront, après la signature de la présente Convention, de faire toutes réquisitions.

Art. 4.

Après la ratification du Traité de paix définitif et le payement du premier demi-milliard de la contribution imposée à la France, l'indemnité susmentionnée sera réduite, par semaine et par quart, de la différence qui existe entre 500,000 rations de vivres et 150,000 rations de fourrages, d'une part, et 150,000 rations de vivres et 50,000 rations de fourrages, d'autre part, et, au bout des quatre semaines, elle ne sera plus décomptée que sur le pied de 150,000 rations de vivres et 30,000 rations de fourrages par jour.

Le chiffre des rations que représente l'indemnité diminuera ensuite au fur et à mesure que le payement des à-compte des frais de guerre s'effectuera, de sorte qu'il ne restera à payer :

1° Quinze jours après le versement du premier milliard, que pour 120,000 rations de vivres et pour 40,000 rations de fourrages ;

2° Quinze jours après le versement du premier milliard et demi, que pour 80,000 rations de vivres et pour 30,000 rations de fourrages ;

3° Quinze jours après le versement des deux premiers milliards, que pour 50,000 rations de vivres et pour 18,000 rations de fourrages.

Les payements s'effectueront toujours par anticipation pour quinze jours. Le premier versement, comprenant pour le laps de temps du 3 au 31 mars, aura lieu dix jours après la signature de la présente Convention.

Art. 5.

Si le Gouvernement français veut se charger lui-même, à partir du 1er janvier 1872, de l'alimentation des troupes allemandes et des chevaux qui resteront en France, il sera tenu d'en informer l'intendance militaire allemande avant le 1er octobre prochain. Dans ce cas, les distributions dans les endroits respectifs seront faites directement par les agents du gouvernement français aux troupes allemandes, d'après les tarifs contenus dans l'annexe n° 1.

Si un avis pareil n'a pas été donné en temps opportun, l'intendance militaire allemande continuera à se charger, au delà du 1er janvier 1872, de l'alimentation des troupes allemandes en France pour une année encore, moyennant le prix qui sera concerté de nouveau entre l'intendance militaire allemande et l'intendance militaire française, et ainsi de suite pour les années suivantes.

Art. 6.

Pour garantir la régularité des distributions dans le cas ou le service serait fait par les soins du gouvernement français, on réunira sans interruption, depuis le 1er décembre, des approvisionnements qui seront constamment entretenus à la même hauteur dans les villes occupées par les troupes allemandes. Ces approvisionnements comprendront les fourrages, le riz et les légumes secs, le sel, le café, le vin et l'eau-de-vie pour trente jours; la farine, représentant une quantité équivalente de pain pour quinze jours; la viande salée pour dix jours. La viande fraîche sera assurée par marché pour trente jours au moins.

Art. 7.

Si cet approvisionnement n'était pas réuni ou entretenu à la hauteur prescrite par l'article précédent, l'intendance militaire allemande aurait le droit d'y pourvoir en se procurant elle-même et en faisant entrer en magasin les denrées qui manqueraient, et de réclamer au gouvernement français les prix de remboursement, comme il est dit à l'article suivant.

Dans le cas où des dissentiments s'élèveraient sur la qualité des denrées, une commission mixte, composée d'un officier allemand comme président, d'un employé allemand et de deux employés ou agents français, statuera à la majorité des voix. A voix égales, celle du président sera prépondérante.

Art. 8.

Les denrées en magasin qui seront refusées par la commission devront être remplacées, dans les vingt-quatre heures, par d'autres fournitures d'une qualité irréprochable, sans quoi les autorités militaires allemandes seront autorisées à remplacer elles-mêmes ces denrées et à les mettre en compte au gouvernement français, en doublant les prix officiels cotés sur les marchés de Paris.

Art. 9.

Lorsque la mauvaise qualité des denrées ne sera reconnue qu'au moment de la distribution et qu'elles ne pourront pas être échangées immédiatement entre d'autres prises dans le magasin ou ailleurs dans la localité, les autorités allemandes y pourvoiront comme il a été stipulé dans les articles 7 et 8.

Art. 10.

Le gouvernement français prend en outre l'engagement de mettre à la disposition des troupes allemandes, dans chaque ville ou village occupé au moins par un bataillon, un escadron ou une batterie d'artillerie, tous les établissements militaires dont elles ont besoin, avec les ameublements nécessaires, leur chauffage et leur éclairage, d'après les prescriptions des règlements prussiens.

Savoir :

Logements pour officiers, conformément à l'annexe 2 ;
Logements pour troupes ;
Corps de garde ;
Salle de discipline ;
Ateliers pour les ouvriers des corps ;
Magasin d'habillement ;
Bureaux pour les chefs des corps et les administrations ;
Écoles régimentaires ;
Infirmerie ;
École de natation, s'il y a des cours d'eau suffisants ;
Manége couvert, s'il existe, ou manége ouvert ;
Butte pour le tir de l'infanterie et de la cavalerie ;
Champ d'exercice ;
Magasin de vivres et de fourrages ;
Place nécessaire dans l'abattoir, dans une boulangerie et dans une forge.

En ce qui concerne les logements pour troupes, on occupera d'abord les bâtiments publics et ceux pris à loyer dans ce but. Ce n'est qu'en cas d'insuffisance de ces ressources qu'on sera logé chez l'habitant.

Les troupes logées chez l'habitant auront place au feu et à la chandelle.

Toutes ces fournitures seront faites gratuitement à l'armée allemande.

Les officiers mariés pourront recevoir, s'ils le préfèrent, au lieu de logement en nature, une indemnité représentative payée par le gouvernement français, conformément à l'annexe n° 2.

Les établissements susmentionnés, tels qu'ateliers, magasins d'habillement, écoles régimentaires, écoles de natation, ne seront demandés que dans les six départements occupés en dernier lieu, et, en outre, dans ceux où l'occupation paraîtrait prendre une longue durée. On évitera les dépenses coûteuses pour l'établissement des buttes à tir, autant que le permettront la sécurité publique et les exigences de la police. Ces travaux seront, autant que possible, exécutés par les troupes elles-mêmes.

Art. 11.

Dans les départements indiqués à l'article précédent, le gouvernement français s'oblige à procurer, à ses frais, un local meublé, chauffé et éclairé, dans les différentes places de garnison, ou par corps, local dans lequel les officiers puissent se réunir dans la journée et prendre leur repas en commun, ainsi qu'une cuisine.

Dans le cas où le gouvernement pourvoirait lui-même à l'alimentation des troupes allemandes, mais seulement dans ce cas, il payera pour chaque officier et ceux qui font le service d'officier une indemnité de nourriture de 5 francs par jour; et l'effectif des troupes à nourrir, d'après l'article 4 de la présente Convention, sera diminué du nombre des officiers qui recevront cette indemnité.

Art. 12.

Les indemnités à accorder pour les dégâts causés aux champs par les manœuvres des troupes allemandes seront évaluées par deux experts assermentés, nommés l'un par une des parties, l'autre par l'autre. Et s'ils ne peuvent s'accorder, ils s'adjoindront un tiers expert qui décidera. Le montant en sera remboursé par l'intendance allemande.

Dans le cas où les manœuvres des troupes nécessiteraient l'établissement des bivouacs, le gouvernement français fournira la paille et les bois nécessaires, conformément aux règlements prussiens qui seront communiqués au gouvernement français.

Art. 13.

Si la location des chevaux et voitures dont pourraient avoir besoin les troupes allemandes pour convois dépassait le prix de 40 centimes par collier et par kilomètre (rien n'étant alloué pour le retour à vide), le fait serait constaté par l'autorité municipale, et le gouvernement français prendrait à sa charge l'excédant de la dépense.

Art. 14.

Le gouvernement français garantira, dans les départements évacués, la sécurité et la tranquillité des hôpitaux militaires, ainsi que des membres de la société de secours volontaires munis de papiers réguliers. Une protection toute particulière sera accordée aux malades non transportables restés dans les départements évacués.

Des trains sanitaires pourront être envoyés de l'Allemagne pour l'enlèvement de ses malades dans les hôpitaux.

Dans le cas où leur évacuation ne serait pas possible de cette manière, le gouvernement français s'engage à le faire avec toutes les conditions de sécurité et de célérité, chaque fois que les malades deviendront transportables.

Les malades non transportables que l'armée allemande laissera, soit maintenant, soit plus tard, dans les départements évacués, seront entretenus aux frais du gouvernement français jusqu'à leur évacuation.

Art. 15.

Toutes les caisses françaises seront obligées d'accepter et de changer l'argent en espèces ou en billets de banque allemands ou prussiens, présentés par l'intendance ou les corps de troupes, au cours suivant :

    1 thaler. . . . . 3 fr. 75 c.
    1 florin d'Allemagne. . . . . . 2 fr. 15 c.

Ces espèces et billets pourront servir, au même cours, pour le payement de la contribution de guerre due par le gouvernement français au gouvernement allemand.

Art. 16.

(Voir l'annexe n° 3, page 51.)

Art. 17.

L'administration française pourra déjà dès à présent, jusqu'à conclusion de la paix définitive, rétablir et exploiter ses lignes télégraphiques dans le territoire occupé, en se conformant aux conditions ci-après :

1° Les fils conducteurs, appareils et stations des autorités allemandes resteront intacts et respectés. Les fils seront, à cet effet, indiqués à l'administration française dans le plus bref délai possible, et ils seront entretenus en bon état par cette dernière ;

2° Les employés du télégraphe allemand auront le droit de surveiller dans les chefs-lieux de département le service télégraphique en tant que contenu des dépêches et ordre de transmission ;

3° Les télégrammes officiels allemands jouiront, comme les dépêches de l'État, de la gratuité et seront expédiés avec préférence.

Art. 18.

L'administration française pourra dès à présent, jusqu'à conclusion de la paix définitive, reprendre l'exploitation du service postal dans le territoire occupé, en se conformant aux conditions ci-après :

Tant que le service postal allemand continuera de fonctionner, le gouvernement français lui devra protection efficace ; partout où le service postal français est repris par les agents français, les autorités allemandes auront le droit d'exercer un contrôle par l'intermédiaire de leurs officiers.

Tout le personnel faisant partie de l'armée d'occupation aura droit au transport gratuit de la correspondance particulière. Il en sera de même pour les envois d'argent et de valeurs ; mais toutefois ces envois seront restreints dans les limites de l'organisation postale française.

En cas de perte, l'administration française aura vis-à-vis des envoyeurs allemands la même responsabilité que vis-à-vis des envoyeurs français.

Art. 19.

La franchise des droits de douane est accordée à toutes les marchandises, aux armes et effets d'habillement et d'équipement destinés à l'armée allemande et adressés aux commandements militaires de cette armée.

Art. 20.

La dénomination d'officiers doit, dans cette Convention, comprendre les médecins, les employés militaires supérieurs et ceux qui font le service d'officier.

Les employés inférieurs, les cantiniers et voituriers sont considérés comme hommes de troupe.

Fait double, au château de Ferrières, le 11 mars 1871.

Signé : Jules Favre. *Signé* : Von Stosch.
                                    Engelhard.

16 mars 1871.

Convention pour l'exécution de l'armistice.

Entre

Le lieutenant général monsieur DE FABRICE, muni de pleins pouvoirs de Sa Majesté l'empereur d'Allemagne, roi de Prusse,

D'un côté ;

Et de l'autre,

Monsieur POUYER-QUERTIER, ministre des finances,

Monsieur le baron DE RING, ministre des affaires étrangères,

Et

Monsieur Casimir FOURNIER, délégué du ministre de l'intérieur,

Munis de pleins pouvoirs du gouvernement de la République française,

Les pleins pouvoirs des deux parties contractantes ayant été trouvés en bonne et due forme, il a été convenu ce qui suit :

Les parties voulant assurer l'exécution facile et loyale du traité préliminaire de paix signé à Versailles entre l'empire d'Allemagne et la France le 26 février dernier, et écarter toute éventualité de conflit entre l'armée allemande et la population française,

Ont arrêté les dispositions suivantes :

ARTICLE PREMIER.

Bien que le droit d'administrer les territoires occupés soit réservé par l'article 8 du traité de préliminaires à l'autorité allemande jusqu'à la conclusion et la ratification du traité de paix définitif, cependant les autorités allemandes consentent à ce que l'administration départementale et communale, y compris la sûreté générale et le maintien de l'ordre public dans les départements occupés par les troupes allemandes, soit, dès la ratification de la présente convention, remise à l'autorité française aux conditions ci-après.

Art. 2.

Le gouvernement français pourra rétablir les préfets, sous-préfets, maires et autres agents administratifs avec les attributions qui leur sont données par les lois.

De son côté, l'autorité allemande placera près des chefs de corps ou partout où elle le trouvera nécessaire des commissaires civils qui auront la haute direction dans tout ce qui concerne les intérêts allemands.

Les fonctionnaires français sont tenus de se conformer aux mesures que le commissaire civil jugera nécessaire de prendre à ce sujet.

Art. 3.

Les tribunaux français reprendront leur service ainsi que les juges de paix et les commissaires de police. La gendarmerie sera réorganisée.

Néanmoins l'état de siége avec toutes ses conséquences sera maintenu par les autorités allemandes dans les départements occupés.

Art. 4.

Conformément aux prescriptions de l'article 8 des préliminaires de paix, toutes les autorités administratives françaises devront se conformer aux mesures que les commandants des troupes croiront devoir prendre dans l'intérêt de la sûreté, de l'entretien et de la distribution des troupes.

Art. 5.

Dans le cas où les intérêts de ces dernières seraient compromis d'ici au jour de la ratification du traité de paix définitif, les autorités allemandes se réservent le droit de reprendre en tout ou partie les droits concédés par les articles 1, 2 et 3 aux autorités françaises.

Art. 6.

La présente convention sera immédiatement soumise à la ratification du chancelier de l'Empire germanique et du chef du pouvoir exécutif de la République française.

En foi de quoi la présente convention a été signée par les parties contractantes.

Fait à Rouen, le 16 mars 1871.

Signé : Pouyer-Quertier.   *Signé* : de Fabrice.
N. de Ring.
Fournier.

Convention pour la reprise de l'autorité française dans les départements occupés et le règlement des contributions.

Entre

Le lieutenant général, monsieur de Fabrice, représentant l'Empire germanique,

Et

Monsieur Pouyer-Quertier, ministre des finances, monsieur le baron de Ring, délégué du ministre des affaires étrangères, et monsieur Casimir Fournier, délégué du ministre de l'intérieur, agissant en vertu des pouvoirs qui leur ont été conférés par le gouvernement de la République française,

Il a été convenu, quant au versement des impôts en retard, ce qui suit :

1° Il a été stipulé par l'article 3 du traité de paix préliminaire du 26 février 1871, qu'à partir de la ratification dudit traité, l'impôt ne serait perçu par l'autorité allemande que jusqu'à la ratification. Cette ratification a eu lieu le 2 mars 1871.

Le versement de quelques impôts en retard ayant été exigé par des chefs de corps avec menace d'exécution militaire, il demeure convenu que lesdits impôts ne seront pas exigés ; seulement le compte en sera fait entre les deux gouvernements. Le gouvernement français prendra à sa charge ce qui pourra être dû, sauf son recours contre les départements et les communes.

2° Tous les impôts arriérés pour l'année 1870 sont définitivement remis.

3° Les départements temporairement occupés où les impôts n'ont pas été réclamés jusqu'au 2 mars 1871 sont affranchis définitivement de toute charge de cette nature.

Tous les départements occupés en totalité compléteront le versement des deux douzièmes de l'impôt direct perçu par l'État (pour les mois de janvier et de février 1871), abstraction faite des centimes départementaux et communaux.

5° Dans les départements occupés en partie seulement, l'impôt ne sera calculé que d'après la partie afférente aux communes ou parties de communes placées en deçà de la ligne de démarcation.

6° Dans les départements où l'occupation a été temporaire, l'impôt ne sera perçu que proportionnellement à la durée de l'occupation.

7° Pour représenter l'impôt indirect, il sera perçu une somme égale à l'impôt direct tel qu'il est fixé par les dispositions précédentes.

8° Ces fixations s'appliqueront indistinctement à tous les départements occupés.

9° Dans les départements où il a été perçu une capitation de 25 francs ou de 50 francs pour remplacer les contributions indirectes, la portion versée après le 26 février, qui excéderait la perception de l'impôt indirect, tel qu'il est fixé ci-dessus, sera remboursée.

10° Il ne sera fait, en vertu des stipulations précédentes, qu'un seul règlement de compte qui comprendra l'ensemble des sommes dues de part et d'autre pour tous les départements occupés.

11° Le gouvernement français présentera aux délégués de l'Empire germanique, dans les huit jours, une copie du sous-répartement des contributions foncière, personnelle et mobilière et des portes et fenêtres, et indiquera le montant des rôles des patentes, le tout d'après les états fixés pour l'année 1870 dans les départements occupés par les troupes allemandes.

12° Le gouvernement de l'empire d'Allemagne fera connaître la durée de l'occupation allemande pour chaque département, ainsi que le chiffre des sommes qui durant l'occupation ont été perçues pour les mois de janvier et février dans les départements, à titre d'impôt direct et indirect.

13° Le règlement des comptes aura lieu dans le courant de ce mois et le payement des sommes dues de l'une ou l'autre part sera effectué dans les cinq jours qui suivront la signature du traité de paix définitif.

En foi de quoi la présente convention a été signée par les parties contractantes.

Rouen, le 16 mars 1871.

Signé : Pouyer-Quertier. *Signé* : de Fabrice.
N. de Ring.
Fournier.

*Convention pour le payement de l'entretien
des troupes allemandes.*

M. le général von Stosch, intendant général de l'armée allemande, ayant déclaré à M. l'intendant général baron Baillod que, d'après les ordres de M. de Bismarck, l'évacuation de Versailles serait interrompue si les exigences du vainqueur n'étaient pas acceptées sans réserve en ce qui concerne l'exécution de l'article 4 des préliminaires de paix, il a été stipulé que le gouvernement français payerait, chaque jour, à partir du 3 mars, pour l'entretien de 500,000 hommes et de 150,000 chevaux, 1,250,000 francs, à raison de 1 fr. 75 par homme et par jour, et 2 fr. 50 par cheval.

Après la ratification du traité de paix définitif et le versement du premier demi-milliard, l'effectif à entretenir par le gouvernement français sera réduit à 150,000 hommes et 50,000 chevaux, et la dépense journalière à 387,500 francs.

Après le payement d'un milliard, l'effectif à entretenir sera réduit à 120,000 hommes et 40,000 chevaux; puis à 80,000 hommes et 30,000 chevaux, après le payement d'un milliard et demi, et enfin à 50,000 hommes, conformément aux dispositions de l'article 3 des préliminaires de paix, et à 18,000 chevaux, après le payement de deux milliards; le prix de la ration de fourrages devant être réduit, à partir du 1er octobre, à 2 fr. 25, la dépense journalière sera alors réduite à 128,000 francs.

Mais toutes ces évaluations ne comprennent pas les dépenses de combustible pour la cuisson des aliments, le chauffage et les feux de bivouac, l'éclairage, le logement, les pensions d'officiers, les champs de tir, etc., que les Allemands prétendent leur être dus par le gouvernement français, parce que l'article 8 dit que les autorités françaises seront tenues de se conformer aux ordres que le commandant des troupes allemandes *croirait* devoir donner dans l'intérêt de la sûreté, de l'*entretien* et de la distribution des troupes.

N° 18.

12 mars 1871.

Journal officiel.

Le général en chef de l'armée de Paris exerçant, pendant l'état de siége, en vertu des articles 7 et 9 de la loi des 9-11 août 1849, les pouvoirs nécessaires au maintien de l'ordre et de la police,

Sur l'avis du gouvernement,

Attendu qu'il n'y a pas de gouvernement libre possible lorsque, chaque jour, impunément, des feuilles publiques, répandues à profusion, prêchent la sédition et la désobéissance aux lois;

Que la République ne peut être fondée que par le respect des droits de tous, l'ordre et le travail;

Que l'ordre et le travail ne peuvent être rétablis tant que de pareilles publications seront tolérées;

Que les journaux ci-dessous désignés ne cessent de provoquer directement à l'insurrection et au pillage;

Qu'il est du devoir du gouvernement, dans les circonstances exceptionnelles où se trouve la France, d'user des droits que lui donne l'état de siége;

Arrête :

ARTICLE PREMIER. La publication des journaux : le *Vengeur*, le *Cri du peuple*, le *Mot d'Ordre*, le *Père Duchêne*, la *Caricature*, la *Bouche de fer*, est et demeure suspendue.

Art. 2. La publication de tous nouveaux journaux et écrits périodiques, traitant de matières politiques ou d'économie sociale, est interdite jusqu'à la levée de l'état de siége par l'Assemblée nationale.

Art. 3. Le préfet de police est chargé de l'exécution du présent arrêté.

Paris, le 11 mars 1871.

Le général en chef de l'armée de Paris,

Vinoy.

N° 19.

19 mars 1871.

Proclamation du Comité de la fédération de la garde nationale.

Citoyens,

La journée du 18 mars, que l'on cherche par raison et par intérêt à travestir d'une manière odieuse, sera appelée dans l'histoire la journée de la justice du peuple.

Le gouvernement déchu, toujours maladroit, a voulu provoquer un conflit sans s'être rendu compte de son impopularité, ni de la confraternité des différentes armes. L'armée tout entière, commandée pour être fratricide, a répondu à cet ordre par le cri de : Vive la République! Vive la garde nationale!

Seuls, deux hommes qui s'étaient rendus impopulaires par des actes que nous qualifions dès aujourd'hui d'indignes, ont été frappés dans un moment d'indignation populaire.

Le Comité de la fédération de la garde nationale, pour rendre hommage à la vérité, déclare qu'il est étranger à ces deux exécutions.

Aujourd'hui les ministères sont constitués, la préfecture de police fonctionne, les administrations reprennent leur activité, et nous invitons tous les citoyens à maintenir l'ordre et le calme le plus parfait.

Citoyens,

Vous avez vu à l'œuvre la garde nationale; l'union établie au milieu de tant de difficultés par le Comité de la fédération de la garde nationale, a montré ce que nous aurions pu faire et ce que nous ferons dans l'avenir.

N° 20.

Déclaration de M. Hervé à la commission d'enquête sur le 18 mars.

A Paris, il y a une immense population ouvrière, qui s'accroît tous les jours; elle est, en grande partie, dans un état de misère physique et morale qui explique bien des choses. Il y a des questions très-graves qu'on ne peut pas traiter au pied levé; il y a certaines écoles politiques qui prétendent qu'il n'existe pas de question sociale; eh bien, je dois le dire, il y a, du moins pour les grands centres, une question qui est à la fois politique et morale. M. Gladstone a dit : Ce siècle est le siècle des ouvriers. Cela ne veut pas dire que le gouvernement de la société doit appartenir aux ouvriers, mais que ce siècle est celui où le travail des mains a pris le plus d'extension.

A côté de ce progrès, il y a des dangers en proportion des progrès accomplis. Il est incontestable qu'au milieu de ce développement de l'industrie, quand les instruments de travail se sont accumulés comme à Paris, il se produit des dangers sociaux particuliers. Il faut, j'en suis convaincu, que les classes éclairées conservent le gouvernement de la société; que ce soit sous le régime censitaire ou sous le régime du suffrage universel, c'est aux classes élevées à diriger la société. Mais pour qu'elles aient le pouvoir, il faut qu'elles fassent attention aux besoins, aux misères, aux faiblesses de cette classe, vis-à-vis de laquelle, à côté de laquelle ils sont en minorité.

Si vous faisiez une enquête sérieuse sur l'état des populations ouvrières, vous arriveriez à des faits qui vous étonneraient, mais qui n'étonneraient pas ceux qui ont touché de près cette population. Vous verriez qu'il y a des populations très-nombreuses qui sont dans un état de détresse physique et morale. Il y a des quartiers de Paris où l'Église catholique, qui a tant de forces d'expansion, n'arrive pas, malgré son activité; où un prêtre ne pénètre jamais; c'est un grand malheur; je suis catholique, je souhaiterais que la religion eût de l'action sur les classes ouvrières; mais il y en a sur lesquelles la religion n'a aucune action. Quand un prêtre pénètre dans certaines classes, ce sont les êtres les plus dégradés de cette classe qui se jettent dans ses bras; mais l'ouvrier intelligent est celui qui est le plus incrédule.....

La misère, dans Paris, est plus grande qu'ailleurs; la lumière et le soleil s'y vendent plus cher; si vous faisiez une enquête sur ces logements d'où sont sortis ces soldats de l'insurrection, vous verriez que, dans certains quartiers ouvriers, ces populations payent plus cher que nous relativement. Les logements destinés à la classe ouvrière rapportent plus de produit que les logements destinés à la classe élevée. Quand vous allez acheter une maison dans un beau quartier, si elle rapporte 4 pour 100, vous êtes content; mais une mauvaise petite baraque rapporte davantage, et les ouvriers payent plus relativement.

Il y a donc des souffrances profondes endurées par des hommes sur lesquels la religion et la société n'ont aucune influence; ces souffrances étant exploitées par des sophistes, ne vous étonnez pas qu'elles puissent amener des insurrections. Si vous pouvez trouver le moyen d'atténuer le mal, vous aurez rendu un grand service et prévenu le retour des insurrections.

N° 21.

Traité du 10 mai 1871.

« Article premier. La distance de la ville de Belfort à la ligne de frontière telle qu'elle a été d'abord proposée lors des négociations de Versailles, et telle qu'elle se trouve marquée sur la carte annexée à l'instrument ratifié du traité des préliminaires du 26 février, est considérée comme indiquant la mesure du rayon qui, en vertu de la clause y relative du premier article des préliminaires, doit rester à la France avec la ville et les fortifications de Belfort.

» Le gouvernement allemand est disposé à élargir ce rayon de manière qu'il comprenne les cantons de Belfort, de Delle et de Giromagny, ainsi que la partie occidentale du canton de Fontaine à l'ouest d'une ligne à tracer du point où le canal du Rhône au Rhin sort du canton de Delle au sud de Montreux-Château jusqu'à la limite nord du canton entre Bourg et Felon, où cette ligne joindrait la limite est du canton de Giromagny.

» Le gouvernement allemand, toutefois, ne cédera les territoires susindiqués qu'à la condition que la République française, de son côté, consentira à une rectification de frontière le long des limites occidentales des cantons de Catenom et de Thionville, qui laisseront à l'Allemagne le terrain à l'est d'une ligne partant de la frontière du Luxembourg entre Hussigny et Redingen, laissant à la France les villages de Thil et de Villerupt, se prolongeant entre Erronville et Aumetz, entre Beuvillers et Boulange, entre Brieux et Lomeringen, et joignant l'ancienne ligne de frontière entre Avril et Moyeuvre.

» La commission internationale, dont il est question dans l'article premier des préliminaires, se rendra sur le terrain immédiatement après l'échange des ratifications du présent traité pour exécuter les travaux qui lui incombent, et pour faire le tracé de la nouvelle frontière, conformément aux dispositions précédentes.

» Art. 2. Les sujets français, originaires des territoires cédés, domiciliés actuellement sur ce territoire, qui entendront conserver la nationalité française, jouiront, jusqu'au 1er octobre 1872, et moyennant une déclaration préalable, faite à l'autorité compétente, de la faculté de transporter leur domicile en France et de s'y fixer, sans que ce droit puisse être altéré par les lois sur le service militaire, auquel cas la qualité de citoyen français leur sera maintenue.

» Ils seront libres de conserver leurs immeubles situés sur le territoire réuni à l'Allemagne.

» Aucun habitant des territoires cédés ne pourra être poursuivi, inquiété ou recherché, dans sa personne ou dans ses biens, à raison de ses actes politiques ou militaires pendant la guerre.

» Art. 3. Le gouvernement français remettra au gouvernement allemand les archives, documents et registres concernant l'administration civile, militaire ou judiciaire des territoires cédés. Si quelques-uns de ces titres avaient été déplacés, ils seront restitués par le gouvernement français, sur la demande du gouvernement allemand.

» Art. 4. Le gouvernement français remettra au gouvernement de l'empire d'Allemagne, dans le terme de six mois, à dater de l'échange des ratifications de ce traité :

» 1° Le montant des sommes déposées par les départements, les communes et les établissements publics des territoires cédés ;

» 2° Le montant des primes d'enrôlement et de remplacement appartenant aux militaires et marins originaires des territoires cédés qui auront opté pour la nationalité allemande ;

» 3° Le montant des cautionnements des comptables de l'État ;

» 4° Le montant des sommes versées pour consignations judiciaires, par suite des mesures prises par les autorités administratives ou judiciaires dans les territoires cédés.

» Art. 5. Les deux nations jouiront d'un traitement égal en ce qui concerne la navigation sur la Moselle, le canal de la Marne au Rhin, le canal du Rhône au Rhin, le canal de la Sarre et les eaux navigables communiquant avec ces voies de navigation. Le droit de flottage sera maintenu.

» Art. 6. Les hautes parties contractantes étant d'avis que les circonscriptions diocésaines des territoires cédés à l'empire allemand doivent coïncider avec la nouvelle frontière déterminée par l'article premier ci-dessus, se concerteront après la ratification du présent traité, sans retard, sur les mesures à prendre en commun à cet effet.

» Les communautés appartenant, soit à l'Église réformée, soit à la confession d'Augsbourg, établies sur les territoires cédés par la France, cesseront de relever de l'autorité ecclésiastique française.

» Les communautés de l'Église de la confession d'Augsbourg établies dans les territoires français cesseront de relever du consistoire supérieur et du directeur siégeant à Strasbourg.

» Les communautés israélites des territoires situés à l'est de la nouvelle frontière cesseront de dépendre du consistoire central israélite siégeant à Paris.

» Art. 7. Le payement de 500 millions aura lieu dans les trente jours qui suivront le rétablissement de l'autorité du gouvernement français dans la ville de Paris. Un milliard sera payé dans le courant de l'année et un demi-milliard au 1er mai 1872. Les trois derniers milliards resteront payables au 2 mars 1874, ainsi qu'il a été stipulé par le traité de paix préliminaire. A partir du 2 mars de l'année courante, les intérêts de ces 3 milliards de francs seront payés chaque année, à partir du 3 mars, à raison de 5 pour 100 par an.

» Toute somme payée en avance sur les trois derniers milliards cessera de porter des intérêts à partir du jour du payement effectué.

» Tous les payements ne pourront être faits que dans les principales villes de commerce de l'Allemagne et seront effectués en métal, or ou argent, en billets de la banque d'Angleterre, billets de la banque de Prusse, billets de la banque royale des Pays-Bas, billets de la banque nationale de Belgique, en billets à ordre ou en billets de change négociables de premier ordre, valeur comptant.

» Le gouvernement allemand ayant fixé en France la valeur du thaler prussien à 3 francs 75 centimes, le gouvernement français accepte la conversion des monnaies des deux pays au taux ci-dessus fixé.

» Le gouvernement français informera le gouvernement allemand trois mois d'avance de tout payement qu'il compte faire aux caisses de l'empire allemand.

» Après le payement du premier demi-milliard et la ratification du traité de paix définitif, les départements de la Somme, de la Seine-Inférieure et de l'Eure seront évacués en tant qu'ils se trouveront encore occupés par les troupes allemandes. L'évacuation des départements de l'Oise, de Seine-et-Oise, de Seine-et-Marne et de la Seine, ainsi que celle des forts de Paris, aura lieu aussitôt que le gouvernement allemand jugera le rétablissement de l'ordre, tant en France que dans Paris, suffisant pour avancer l'exécution des engagements contractés par la France.

» Dans tous les cas, cette évacuation aura lieu lors du payement du troisième demi-milliard.

» Les troupes allemandes, dans l'intérêt de leur sécurité, auront la disposition de la zone neutre située entre la ligne de démarcation allemande et l'enceinte de Paris, sur la rive droite de la Seine.

» Les stipulations du traité du 26 février, relativement à l'occupation des territoires français après le payement des 2 milliards, resteront en vigueur. Aucune des déductions que le gouvernement français serait en droit de faire, ne pourra être exercée sur le payement des 500 premiers millions.

» Art. 8. Les troupes allemandes continueront à s'abstenir des réquisitions en nature et en argent dans les territoires occupés ; cette obligation de leur part étant corrélative aux obligations contractées pour leur entretien par le gouvernement français, dans le cas où, malgré les réclamations réitérées du gouvernement allemand, le gouvernement français serait en retard d'exécuter lesdites obligations, les troupes allemandes auront le droit de se procurer ce qui sera nécessaire à leurs besoins en levant des impôts et des réquisitions dans les départements occupés et même en dehors de ceux-ci, si leurs ressources n'étaient pas suffisantes.

» Relativement à l'alimentation des troupes allemandes, le régime actuellement en vigueur sera maintenu jusqu'à l'évacuation des forts de Paris.

» En vertu de la convention de Ferrières du 11 mars 1871, les réductions indiquées par cette convention seront mises à exécution après l'évacuation des forts.

» Dès que l'effectif de l'armée allemande sera réduit au-dessous du chiffre de 500,000 hommes, il sera tenu compte des réductions opérées au-dessous de ce chiffre pour établir une diminution proportionnelle dans le prix d'entretien des troupes payé par le gouvernement français.

» Art. 9. Le traitement exceptionnel accordé maintenant aux produits de l'industrie des territoires cédés pour l'importation en France, sera maintenu pour un espace de temps de six mois, depuis le 1er mars, dans les conditions faites avec les délégués de l'Alsace.

» Art. 10. Le gouvernement allemand continuera à faire rentrer les prisonniers de guerre, en s'entendant avec le gouvernement français. Le gouvernement français renverra dans leurs foyers ceux de ces prisonniers qui sont libérables. Quant à ceux qui n'ont point achevé leur temps de service, ils se retireront derrière la Loire. Il est entendu que l'armée de Paris et de Versailles, après le rétablissement de l'autorité du gouvernement français à Paris et jusqu'à l'évacuation des forts par les troupes allemandes, n'excédera pas 80,000 hommes. Jusqu'à cette évacuation, le gouvernement français ne pourra faire aucune concentration de troupes sur la rive droite de la Loire, mais il pourvoira aux garnisons régulières des villes placées dans cette zone, suivant les nécessités du maintien de l'ordre et de la paix publique.

» Au fur et à mesure que s'opérera l'évacuation, les chefs de corps conviendront ensemble d'une zone neutre entre les armées des deux nations.

» Vingt mille prisonniers seront dirigés sans délai sur Lyon, à la condition qu'ils seront expédiés immédiatement en Algérie, après leur organisation, pour être employés dans cette colonie.

» Art. 11. Les traités de commerce avec les différents États de l'Allemagne ayant été annulés par la guerre, le gouvernement français et le gouvernement allemand prendront pour base de leurs relations commerciales le régime du traitement réciproque sur le pied de la nation la plus favorisée.

» Sont compris dans cette règle les droits d'entrée et de sortie, le transit, les formalités douanières, l'admission et le traitement des sujets des deux nations ainsi que de leurs agents.

» Toutefois, sont exceptées de la règle susdite les faveurs qu'une des parties contractantes, par des traités de commerce, a accordées ou accordera à des États autres que ceux qui suivent : l'Angleterre, la Belgique, les Pays-Bas, la Suisse, l'Autriche, la Russie.

» Les traités de navigation, ainsi que la convention relative au service international des chemins de fer dans ses rapports avec la douane et la convention pour la garantie réciproque de la propriété des œuvres d'esprit et d'art seront remis en vigueur.

» Néanmoins, le gouvernement français se réserve la faculté d'établir sur les navires allemands et leurs cargaisons des droits de tonnage et de pavillon, sous la réserve que ces droits ne soient pas plus élevés que ceux qui grèveront les bâtiments et les cargaisons des nations susmentionnées.

» Art. 12. Tous les Allemands expulsés conserveront la jouissance pleine et entière de tous les biens qu'ils ont acquis en France.

» Ceux des Allemands qui auraient obtenu l'autorisation exigée par les lois françaises pour fixer leur domicile en France, seront réintégrés dans tous leurs droits, et peuvent, en conséquence, établir leur domicile sur le territoire français.

» Le délai stipulé par les lois françaises pour obtenir la naturalisation sera considéré comme n'étant pas interrompu par l'état de guerre pour les personnes qui profiteront de la faculté ci-dessus mentionnée de revenir en France dans un délai de six mois, après l'échange des ratifications de ce traité, et il sera tenu compte du temps écoulé entre leur expulsion et leur retour sur le territoire français, comme s'ils n'avaient jamais cessé de résider en France.

» Les conditions ci-dessus seront appliquées en parfaite réciprocité aux sujets français résidant ou désirant résider en Allemagne.

» Art. 13. Les bâtiments allemands qui étaient condamnés par les conseils de prises avant le 2 mars 1871 seront considérés comme condamnés définitivement.

» Ceux qui n'auraient pas été condamnés à la date sus-indiquée seront rendus avec la cargaison en tant qu'elle existe encore. Si la restitution des bâtiments et de la cargaison n'est plus possible, leur valeur, fixée d'après le prix de la vente, serait rendue à leur propriétaire.

» Art. 14. Chacune des deux parties contractantes continuera sur son territoire les travaux entrepris pour la canalisation de la Moselle. Les intérêts communs des parties séparées des deux départements de la Meurthe et de la Moselle seront liquidés.

» Art. 15. Les hautes parties contractantes s'engagent mutuellement à étendre aux sujets respectifs les mesures qu'elles pourront juger utile d'adopter en faveur de ceux de leurs nationaux qui, par suite des événements de la guerre, auraient été mis dans l'impossibilité d'arriver en temps utile à la sauvegarde ou à la conservation de leurs droits.

» Art. 16. Les deux gouvernements français et allemand s'engagent réciproquement à faire respecter et entretenir les tombeaux des soldats ensevelis sur leurs territoires respectifs.

» Art. 17. Le règlement des points accessoires sur lesquels un accord doit être établi, en conséquence de ce traité et du traité préliminaire, sera l'objet de négociations ultérieures qui auront lieu à Francfort.

» Art. 18. Les ratifications du présent traité par l'Assemblée nationale et par le chef du pouvoir exécutif de la République française d'un côté,

» Et de l'autre, par Sa Majesté l'empereur d'Allemagne,

» Seront échangées à Francfort, dans le délai de dix jours ou plus tôt si faire se peut.

» En foi de quoi les plénipotentiaires respectifs l'ont signé et y ont apposé le cachet de leurs armes.

» Fait à Francfort, le 10 mai 1871. »

(L. S.) *Signé* : Jules Favre.   (L. S.) *Signé* : V. Bismarck.
(L. S.) *Signé* : Pouyer-Quertier.   (L. S.) *Signé* : Arnim.
(L. S.) *Signé* : C. de Goulard.

A ce traité sont joints des articles additionnels qui ont dû suivre le traité, parce que nous sommes tombés d'accord lorsque le premier instrument avait été déjà rédigé.

Articles additionnels.

« ARTICLE PREMIER. § I. D'ici à l'époque fixée pour l'échange des ratifications du présent traité, le gouvernement français usera de son droit de rachat de la concession donnée à la Compagnie du chemin de fer de l'Est. Le gouvernement allemand sera subrogé à tous les droits que le gouvernement français aura acquis par le rachat des concessions, en ce qui concerne les chemins de fer situés dans les territoires cédés, soit achevés, soit en construction.

§ 2. Seront compris dans cette concession :

1° Tous les terrains appartenant à ladite Compagnie quelle que soit leur destination, ainsi que : établissement de gares et de stations, hangars, ateliers et maisons, maisons de gardes de voie, etc. ;

» 2° Tous les immeubles qui en dépendent ainsi que barrière, clôtures, changement de voie, aiguilles, plaques tournantes, prises d'eau, grues hydrauliques, machines fixes, etc.

» 3° Tous les matériaux combustibles et approvisionnements de tout genre, mobiliers de gares, outillage des ateliers et des gares, etc., etc.

» 4° Les sommes dues à la Compagnie des chemins de fer de l'Est à titre de subventions accordées par des corporations ou personnes domiciliées dans les territoires cédés.

§ 3. Sera exclu de cette cession le matériel roulant. Le gouvernement allemand remettra la part du matériel roulant avec ses accessoires qui se trouverait en sa possession au gouvernement français.

§ 4. Le gouvernement français s'engage à libérer envers l'empire allemand entièrement les chemins de fer cédés ainsi que leurs dépendances de tous les droits que des tiers pourraient faire valoir, nommément des droits des obligations. Il s'engage également à se substituer, le cas échéant, au gouvernement allemand relativement aux réclamations qui pourraient être élevées vis-à-vis du gouvernement allemand par les créanciers des chemins de fer en question.

» § 5. Le gouvernement français prendra à sa charge les réclamations que la Compagnie des chemins de fer de l'Est pourrait élever vis-à-vis du gouvernement allemand ou de ses mandataires par rapport à l'exploitation desdits chemins de fer et à l'usage des objets indiqués dans le paragraphe 2, ainsi que du matériel roulant.

» Le gouvernement allemand communiquera au gouvernement français, à sa demande, tous les documents et toutes les indications qui pourraient servir à constater les faits sur lesquels s'appuieront les réclamations susmentionnées.

§ 6. Le gouvernement allemand payera au gouvernement français pour la cession des droits de propriété indiqués dans les paragraphes 1 et 2 et en titre d'équivalent pour l'engagement pris par le gouvernement français dans le paragraphe 4, la somme de trois cent vingt-cinq millions (325,000,000) de francs.

» On défalquera cette somme de l'indemnité de guerre stipulée dans l'article 7.

» § 7. Vu la situation qui a servi de base à la convention conclue entre la Compagnie des chemins de fer de l'Est et la Société royale grand-ducale des chemins de fer Guillaume-Luxembourg, en date du 6 juin 1857 et du 21 janvier 1868, et celle conclue entre le gouvernement du grand duché de Luxembourg et des Sociétés des chemins de fer Guillaume-Luxembourg et de l'Est français, en date du 5 décembre 1868, et qui a été modifiée essentiellement, de manière qu'elles ne sont applicables à l'état de choses créé par les stipulations contenues dans le paragraphe 1, le gouvernement allemand se déclare prêt à se substituer aux droits et aux charges résultant de ces conventions pour la Compagnie des chemins de fer de l'Est.

« Pour le cas où le gouvernement français serait subrogé, soit par le rachat de la concession de la Compagnie de l'Est, soit par une entente spéciale aux droits acquis par cette Société, en vertu des conventions susindiquées, il s'engage à céder gratuitement, dans un délai de six semaines, ses droits au gouvernement allemand.

« Pour le cas où ladite subrogation ne s'effectuerait pas, le gouvernement français n'accordera de concessions pour les lignes de chemin de fer appartenant à la Compagnie de l'Est et situées dans le territoire français que sous la condition expresse que le concessionnaire n'exploite point les lignes de chemins de fer situées dans le grand-duché de Luxembourg.

« Art. 2. Le gouvernement allemand offre deux millions de francs pour les droits et les propriétés que possède la Compagnie des chemins de fer de l'Est, sur la partie de son réseau située sur le territoire suisse, de la frontière à Bâle, si le gouvernement français lui fait tenir le consentement dans le délai d'un mois.

« Art. 3. La cession de territoire auprès de Belfort, offerte par le gouvernement dans l'article premier du présent traité, en échange de la rectification de frontière demandée à l'ouest de Thionville, sera augmentée des territoires des villages suivants : Rougemont, Leval, Petite-Fontaine, Romagny, Félon, la Chapelle-sous-Rougemont, Angeot, Vanthier-Mont, la Rivière, la Grange, Repps, Fontaine, Frais, Foussemagne, Cunelières, Montreux-Château, Bretagne, Chavannes-les-Grands, Chavanette et Suarce.

» La route de Giromagny à Remiremont passant au ballon d'Alsace restera à la France dans tout son parcours et servira de limite en tant qu'elle est située en dehors du canton de Giromagny.

» Fait à Francfort, le 10 mai 1871.

» *Signé* : Jules Favre.   *Signé* : V. Bismarck.
Signé : Pouyer Quertier.   *Signé* : Arnim.
Signé : D. Goulard.

» Certifié conforme aux originaux,

» *Le ministre des affaires étrangères,*

» *Signé* : Jules Favre. »

N° 22.

19 mai 1871.

Rapport de M. de Meaux sur le traité de paix.

Messieurs, les préliminaires de paix que vous avez été condamnés à subir à Bordeaux se sont changés en un traité définitif sur lequel vous devez vous prononcer aujourd'hui.

Cette paix est, à nos yeux, la plus douloureuse mais la plus inévitable qu'ait connue notre histoire.

Le troisième Empire a livré la France à une troisième invasion ; et, quand, pour la première fois, depuis longues années, une Assemblée librement élue a pu représenter notre pays et prendre en main ses affaires elle a trouvé sa capitale réduite, après une mémorable défense, à capituler, le tiers de son territoire occupé par l'ennemi, son trésor vide, ses cadres d'officiers prisonniers en Allemagne avec des armées entières, enfin des débris d'armées défaites et des recrues, braves sans doute, mais incapables, tantôt par insuffisance numérique, tantôt par inexpérience militaire, de tenir tête à l'ennemi, partout en nombre et victorieux.

Voilà ce qu'il n'est permis à personne de contester, ce qui ressort des faits les plus éclatants, des documents les plus authentiques, de témoignages les plus irréfutables.

Dans cette extrémité, il ne dépendait plus de nous de disputer à l'ennemi les portions de territoire qu'il s'était appropriées déjà ; nous pouvions tout perdre, nous ne pouvions plus les sauver.

C'est pourquoi nous n'avons plus songé qu'à sauver la

France, blessée, saignante et mutilée; c'est pourquoi nous n'avons pas reculé devant une indemnité de guerre assurément exorbitante et pourtant moins ruineuse encore qu'une invasion sans limite et sans obstacles, et nous avons souscrit ces préliminaires de paix.

La nécessité qui nous a contraints à Bordeaux continue de peser durement sur nous à Versailles. Rien n'est venu, soit du dehors, soit du dedans, qui pût atténuer les exigences du vainqueur. Loin de là, l'effort de la démagogie au 31 octobre avait cruellement compromis à la fois la défense et la paix : le triomphe de la démagogie au 16 mars suspend aujourd'hui la libération du territoire.

Si le traité définitif n'avait rien fait de plus que reproduire les préliminaires, nous nous arrêterions ici ; nous n'aurions rien à ajouter au rapport qui a motivé devant vous, Messieurs, qui a justifié devant la France notre précédente résolution, et qui attestera, dans l'avenir, à la fois les patriotiques efforts du chef du gouvernement et la virile abnégation de cette Assemblée.

Mais, nous avons le pénible devoir d'examiner en quoi les deux conventions diffèrent l'une de l'autre, d'entrer ainsi dans le détail des sacrifices à accomplir, et là, si vous avez à choisir, de les comparer entre eux et de les peser d'une main ferme, la mort dans l'âme...

Aux termes de l'article 3 des préliminaires, les départements de l'Oise, de Seine-et-Oise, de Seine-et-Marne, de la Seine et des forts de Paris sur la rive droite de la Seine, devaient être évacués après le payement du premier demi-milliard : aux termes de l'article 7 du traité, paragraphe 5, l'évacuation est reculée soit jusqu'au rétablissement de l'ordre en France, soit jusqu'au payement du troisième demi-milliard. Nous payons à ce prix la faculté de dépasser les quarante mille hommes auxquels les préliminaires avaient limité nos troupes autour de Paris, de réunir les forces nécessaires pour dompter l'insurrection, et faire nous-mêmes et nous seuls, chez nous, la police. Les désordres intérieurs nous valent donc non l'intervention, mais le prolongement de l'occupation étrangère.

Quelque dure que soit cette clause, dont il ne dépend pas de nous de changer la rédaction, pas plus que des autres articles du traité, il nous est permis d'espérer que les Allemands ne garderont pas longtemps le privilége d'apprécier l'état de nos affaires. M. le ministre des finances se hâtera, nous en avons demandé et reçu l'assurance, de solder, d'un seul coup et par un seul versement, les quinze cents millions dont ils prétendent avoir besoin désormais avant de rien abandonner du gage territorial qu'ils détiennent.

Les préliminaires ne parlaient d'aucun arrangement commercial ; le traité stipule pour l'Allemagne avec réciprocité pour la France, le traitement de la nation la plus favorisée ; par là l'Allemagne est associée au bénéfice de nos traités de commerce aussi longtemps qu'ils subsisteront ; elle ne pourrait être exclue de ceux que nous conclurons à l'avance avec l'Angleterre, la Belgique, les Pays-Bas, l'Autriche, la Suisse, la Russie. Ainsi est remplacé ce traité de commerce que la guerre avait rompu avec la Russie et le Zollverein et qui, conclu pour dix années, devait expirer en 1877. Il nous était proposé de le renouveler, non point jusqu'à cette date, mais avec dix années encore. C'est en face de cette demande que les plénipotentiaires français ont voulu sauvegarder pour l'avenir sinon la faculté de conclure à notre gré des conventions douanières, du moins le droit d'établir librement chez nous des tarifs

Enfin les préliminaires, en nous réservant Belfort, ne fixaient pas notre frontière autour de cette place, si glorieusement défendue durant la guerre et si péniblement arrachée à l'ennemi durant les négociations. De là d'abord la prétention des Allemands de nous laisser Belfort comme une enclave au milieu de leur nouveau territoire, et une enclave restreinte au delà du rempart à la zone fort étroite des servitudes militaires; mais une fois cette prétention abandonnée sur l'insistance de nos négociations, et nos limites reportées à sept ou huit kilomètres environ, de là ces deux frontières entre lesquelles, au nord et à l'est, nous avons maintenant à choisir.

Aux termes de l'option qui nous est laissée, Messieurs, par l'article 1er du traité, nous pouvons en avant de Belfort reporter notre frontière jusqu'à la ligne des Vosges, rejoindre ainsi au nord le ballon d'Alsace, et garder sur ce point, avec six mille hectares, vingt-sept mille Français de plus.

Mais, en échange, nous aurons à céder sur notre frontière du Luxembourg une longueur de huit à dix kilomètres, une superficie de dix mille hectares et une population de sept mille Français.

Le gouvernement conseille fortement cet échange.

Après avoir, des deux parts, entendu des représentants des populations intéressées, après avoir interrogé les industriels et les militaires les plus compétents, votre commission a résolu, sans débat, de vous le conseiller également.

Les communications avec le Luxembourg, rendues plus difficiles et moins sûres, soit en temps de paix, soit en temps de guerre, la perte de terrains miniers d'une incontestable richesse et d'une qualité spéciale, la perte surtout de quelques milliers de Français, qui devaient croire leur sort fixé, et cette perte consentie par suite d'une transaction volontaire avec le vainqueur, voilà, Messieurs, ce qui nous a tous émus et a décidé contre l'échange plusieurs d'entre nous.

Mais il a d'autre part été représenté : quant à l'intérêt stratégique, que, sans la ligne des Vosges, une place forte ne suffisait pas à fermer seule la trouée de Belfort, et que mieux valait encore assurer à l'est une vraie et solide frontière, capable de nous couvrir soit du côté de l'Allemagne, soit du côté de la Suisse, si la neutralité suisse venait à être violée, que multiplier les points de contact avec le Luxembourg, pays ouvert dont nous ne serions point d'ailleurs séparés ; quant à l'intérêt commercial, que la possession de vallées qui approchent Mulhouse permettrait à l'industrie alsacienne de se transplanter chez nous et de rester en partie française, et que si dans la Moselle la Prusse acquérait des minerais estimés indispensables aux usines qu'elle nous enlève, nous, de notre côté, nous conservions les gisements miniers nécessaires à notre fabrication ; enfin quant aux populations, que les préliminaires ne tranchaient jamais définitivement les questions de frontières, que des deux côtés il s'agissait de Français également attachés à la mère patrie, et qu'en subissant, malgré nous, la loi du vainqueur, nous devions en sauver le plus grand nombre. Ces motifs ont déterminé votre commission. De plus, elle a lieu de croire que l'échange proposé facilitera certaines ratifications de frontières qui, dans notre malheur, ne doivent pas nous être indifférentes : qu'en cédant une forêt de l'État, le bois de Nenchel, nous recouvrerons à côté l'importante usine de Moyeuvre et quatre mille Français ; que, moyennant une route nouvelle à construire, nous regagnerons les petites communes de Raon-l'Eau et de Raon-sur-Plaine dans le canton de Schirmeck, et la petite commune d'Igney sur le chemin de fer d'Avricourt à Cirey.

En accédant au changement conseillé par le gouvernement, votre commission compte qu'il obtiendra ces modifications supplémentaires.

Vous le voyez, Messieurs, nous n'avons point pensé que ni la grandeur des sacrifices, ni la rapidité de la décision nous dispensassent d'un examen minutieux des frontières. Quand il s'agit du sol français, quand il s'agit surtout de familles françaises, il n'est pas une chaumière qui ne soit pour nous inappréciable, il n'est pas un effort que dans notre désastre nous puissions croire superflu.

D'autres questions accessoires au traité n'ont pas manqué

d'attirer notre attention, et notamment les questions à intervenir entre le gouvernement français et la Compagnie du chemin de fer de l'Est. Comme il résulte, à nos yeux, que l'interdiction éventuelle de toute concession ultérieure ne s'applique, aux termes des articles additionnels relatifs à cette Compagnie, qu'aux tracés qui pourraient déboucher dans le Luxembourg, ces articles ont paru garantir suffisamment des intérêts respectables. Nous avons recommandé, de plus, à la sollicitude du gouvernement les rapports de l'industrie française avec l'industrie alsacienne, la répartition des forces prussiennes dans les départements encore occupés, enfin les chances et les moyens de hâter l'évacuation. Mais, comme ce n'est point sur ces divers objets que vous avez en ce moment à délibérer, nous nous reprocherions de vous en entretenir. Qu'il nous soit permis seulement, à travers toutes les amertumes que dévore notre patriotisme, de saluer à notre tour le prochain rapatriement de tous nos prisonniers. La France n'a pas cessé, de loin, de les suivre, de les regretter et de les plaindre comme les victimes les plus infortunées de la guerre et de ceux à qui nous devons la guerre.

En les appelant pour lui rendre l'ordre et la garder maîtresse d'elle-même et de ses destinées, elle les soulage, les relève et les venge d'une impuissance pour laquelle ils n'étaient pas faits ; elle leur témoigne qu'elle n'a pas cessé de compter sur eux, et la triste paix qu'elle signe aujourd'hui ne lui paraîtra pas sans quelque consolation lorsqu'ils lui seront rendus.

En résumé, Messieurs, votre commission vous propose de ratifier le traité comme vous avez ratifié les préliminaires de paix, d'accepter l'échange proposé par l'article 1er de ce traité.

En ratifiant les préliminaires de paix, vous avez dit :
« L'Assemblée nationale subit la conséquence de faits dont
» elle n'est pas l'auteur. »

Au moment où votre résolution va devenir définitive, la commission, votre organe, a droit et besoin de répéter cette parole. Nous prenons Dieu, notre pays, l'Europe, le monde à témoin. Non, ce n'est pas nous qui valons à la France ce traité qui la mutile. Le moment de débattre les responsabilités durant la guerre n'est pas encore venu. Mais deux choses apparaissent incontestables et manifestes, c'est que si l'étranger est entré chez nous il y a neuf mois, c'est l'Empire qui l'a attiré, et s'il reste aujourd'hui sous Paris, c'est la Commune qui le retient.

Mais, en consentant à subir une situation que nous n'avons pas faite, nous nous sommes engagés à la réparer. Nous nous y sommes engagés ayant foi, avec l'aide de Dieu, dans le génie de la France, ayant foi dans cette merveilleuse et simple vigueur avec laquelle nos devanciers, les patriotes de tous les siècles, dont les images peuplent ce palais, l'ont vue rebondir si souvent et s'élancer si haut du fond de l'abîme. Pour nous relever, rien ne nous coûtera.

Nous stipulons aujourd'hui la rançon, l'énorme rançon de tout ce qui a pu être racheté de notre territoire. Dès demain, nous travaillerons à payer cette rançon, et de nous il ne dépendra pas que le fardeau en pèse encore sur la génération qui suivra la nôtre. La démagogie qui nous travaille depuis quatre-vingts ans a rassemblé dans un effort suprême toutes ses ressources et toutes ses chances. Nous la vaincrons et nous l'étoufferons. L'Europe, témoin de nos divisions, s'est prise à douter de notre destinée. Nous fonderons enfin parmi nous la stabilité et la liberté sur la concorde, et les puissances qui nous ont délaissés rechercheront un jour notre arbitrage.

N° 23.

18 mai 1871.

Scrutin sur le projet de loi portant ratification du traité avec l'Empire d'Allemagne.

Nombre de votants. 531
Majorité absolue. 266

Pour l'adoption. . . . 433
Contre. 98

L'Assemblée nationale a adopté.

Ont voté pour :

MM. Abbadie de Barrau (comte de), Adam (Pas-de-Calais), Adnet, Allenou, Alexandre (Charles), Amy, Ancel, Andelarre (marquis d'), Anisson-Duperron, Arbel, Auberjon (d'), Audren de Kerdrel, Auxais (d'), Aimé de la Chevrelière.

Babin-Chevaye, Balleroy (de), Balsan, Baragnon, Barante (baron de), Barascud, Bardoux, Barthe, Barthélemy-Saint-Hilaire, Bastière (de la), Bastard (le comte Octave de), Bastid (Raymond), Batbie, Baucarne-Leroux, Baze, Beau, Beauvillé (de), Belcastel (de), Benoist-d'Azy (comte), Bérenger, Bergondi, Bermond (de), Bernard (Charles) (Ain), Bernard, Bertauld, Besnard, Besson (Paul), Bethmont, Beulé, Beurges (le comte de), Bidard, Bienvenue, Bigot, Blin de Bourdon, Bocher, Bois-Boissel (comte de), Boissy, Bonald (vicomte de), Bondy (comte de), Bonnet, Borderie (de la), Boreau-Lajanadie, Bottard, Bottieau, Boucher, Bouillé (comte de),

Bouisson, Boullier (Loire), Boullier de Branche (Mayenne), Bourgeois, Boyer, Brabant, Brettes-Thurin (comte de), Breuil de Saint-Germain (du), Broët, Brun (Charles) (Var), Bryas (comte de), Buffet, Buisson (Jules-André), Buisson (Seine-Inférieure), Busson-Duviviers.

Caillaux, Calemard de Lafayette, Callet, Carayon-Latour (de), Carbonnier de Marzac, Carnot père (Seine-et-Oise), Carnot fils (Côte-d'Or), Chabaud-Latour (général baron de), Chadois (colonel de), Chaffault (comte du), Chamaillard (de), Champagny (vicomte Henri de), Champvallier (de), Changarnier (général), Chaper, Chardon, Charreyron, Charton, Chasseloup-Laubat (marquis de), Cheguillaume, Christophle, Claude (Vosges), Clément (Léon), Cochery, Combarieu (de), Combier, Corcelle (de), Cordier, Corne, Cornulier-Lucinière (comte de), Costa de Beauregard (marquis de), Cottin (Paul), Courcelle, Crespin, Cumont (vicomte Arthur de), Cunit.

Daguenet, Daguilhou-Laselve, Dampierre (marquis de), Daron, Dauphinot, Daussel, Decazes (baron) (Gironde), Delacour, Delacroix, Delavau (H.), Delille, Delorme, Delsol, Depasse, Depeyre, Desaincthorent, Desbons, Descat, Deseilligny, Desjardins, Destremx, Diesbach (comte de), Dompierre d'Hornoy (amiral de), Dorian, Douai, Douhet (comte de), Ducarre, Duchâtel (comte), Ducrot (général), Dufaur (Xavier), Dufaure (Jules), Dufour, Dufournel, Dumarnay, Dumon, Duparc, Dupin (Félix), Duréault, Dussaussoy.

Ernoul.

Favre (Jules), Féligonde (de), Feray, Ferry (Jules), Flaghac (baron de), Flaud, Flottard, Fontaine (de), Forsanz (de), Foubert, Foucaud (de), Fouler de Relingue (comte), Fouquet, Fourichon (amiral), Fournier, Fourtou (de), Franclieu (marquis de), Fresneau.

Gallicher, Gannivet (Alban), Gaslonde, Gasselin de Fresnay, Gatien-Arnoult, Gaulthier de Rumilly (Somme), Gaulthier de Vaucenay (Mayenne), Gavardie (de), Gayot (Amédée), Guioux de Fermond, Giraud, Glas, Godet de la Ribouillerie, Gontaut-Biron (vicomte de), Gouin, Goulard (de), Gouvion-Saint-Cyr (marquis de), Grammont (marquis de), Grévy (Albert) (Doubs), Grivart, Grollier, Gueidan, Guibal, Guichard, Guiche (marquis de la), Guinard, Guiraud (Léonce de).

Haentjens, Hamille (Victor), Harcourt (duc d'), Haussonville (vicomte Othenin d'), Hespel (comte d'), Houssard, Hulin, Huon de Penanster.

Jaffré (abbé), Jamme, Javal, Jocteur-Montrosier, Jordan, Jourdan, Journault, Journu, Jozon, Juigné (marquis de) (Sarthe).

Kergariou (comte de), Kergorlay (de), Keridec (de).

Labitte, La Bouillerie, Lacave-Laplagne, La Caze, Lacombe (Charles de), Lafayette (Oscar de), Lafon de Fongaufier (Sénégal), Lagrange (le baron A. de), Lallier, Lambert de Sainte-Croix, Lamberterie (de), Lambrecht, Lanel, Lanfrey, Larey (baron de), Largentays (de). La Roche-Aymon (marquis de), La Rochetulon (de), La Rochette (de), La Roncière le Noury (amiral baron), Lassus (de), Lasteyrie (de), Laurenceau (baron), Lebas, Leblond, L'Ébraly, Le Camus, Lechatelain, Lefèvre-Pontalis (Amédée) (Eure-et-Loir), Lefèvre-Pontalis (Antonin) (Seine-et-Oise), Le Flô (général), Lefranc (Victor) (Landes), Le Lasseux, Lenoël (Émile), Léon (Adrien), Leroux (Aimé) (Aisne), Leroux (Émile) (Oise), Le Royer, Lespérut (baron), Lestapis (de), Leurent, Lignier, Limairac (de) (Tarn-et-Garonne), Limperani, Littré, Lorgeril (vicomte de), Lortal, Luro, Lur-Saluces (marquis de).

Magniez, Magnin, Mahy (de), Malartre, Maleville (marquis de) (Dordogne), Maleville (Léon de) (Tarn-et-Garonne), Malézieux, Mallevergne, Marcère (de), Marchand, Margaine, Marhallach (abbé du), Marmier (duc de), Martel (Pas-de-Calais), Martel (Charente), Martin (Charles), Martin (Henri), Martin des Pallières (général), Mathieu (Ferdinand) (Saône-et-Loire), Mathieu-Bodet (Charente), Mathieu de la Redorte (comte) (Aude), Maurice, Mazerat, Meaux (vicomte de), Melun (comte de), Méplain, Mérode (de), Merveilleux-Duvignaux, Mettetal, Michel-Ladichère, Michel, Monjaret de Kerjégu, Monnet, Montaignac (amiral de), Monteil, Montgolfier, Montlaur (marquis de), Montrieux, Morel (Jules), Mornay (marquis de), Mortemart (marquis de), Moulin, Murat-Sistrière.

Noailhan (comte de), Noël-Parfait.

Osmoy (d').

Pagès-Duport, Palotte, Parent, Parigot, Paris, Partz (marquis de), Passy (Louis), Patissier (Sosthène), Paultre, Pélissier (général), Pelletan, Perret, Perrier (Eugène), Pervanchère (colonel de la), Peteau, Peulvé, Peyramont (de), Picard (Ernest), Piccon, Piou, Plichon, Pontoi-Pontcarré (marquis de), Pory-Papy, Pothuau (amiral), Pouyer-Quertier, Pradié, Prétavoine, Princeteau, Puiberneau (de).

Rambures (de), Rampon (comte de) (Ardèche), Rampont (Yonne), Ravinel (de), Rémusat (Paul de), Renaud (Félix) (Saône-et-Loire), Renaud (Michel) (Basses-Pyrénées), Rességuier (comte de), Reverchon, Reymond (Ferdinand), Ricard, Richard (Max), Richier, Ricot, Rincquesen (de), Riondel, Rivaille (Arthur), Rive (Francisque), Rivet, Robert de Massy, Roger du Nord (comte), Rolland (Lot), Rolland (Charles) (Saône-et-Loire), Roussel, Rouveure, Roux (Henri), Roy de Lonlay, Roys (marquis de).

Sacase, Saintenac (vicomte de), Saint-Germain (de), Saint-Malo (de), Saint-Pierre (de) (Calvados), Saint-Victor (de), Saisset (vice-amiral), Salvandy (de), Salvy, Sarrette, Savary, Savoye, Say (Léon), Ségur (de), Seignobos, Serph (Gusman), Sers (marquis de), Silva (Clément), Simon (Fidèle) (Seine-Inférieure), Simon (Jules) (Marne), Soury-Lavergne, Soye, Steinheil, Sugny (de).

Taberlet, Tailhand, Taillefert, Talhouët (marquis de), Tamisier, Tarteron (de), Teisserenc de Bort, Tendret, Thiers, Thomas (docteur), Thurel, Tillancourt (de), Tréveneuc (de) (Côtes-du-Nord), Tréveneuc (vicomte de) (Finistère), Tréville (comte de), Tribert, Turquet.

Vacherot, Valfons (marquis de), Valon (de), Vandier, Vaulchier (de), Ventavon, Vente, Viallet, Vidal (Saturnin), Viennet, Vilfeu, Vimal-Destaynes, Vingtain (Léon), Vinols (baron de), Vitalis, Vogué (marquis de), Voisin.

Waddington, Wallon, Wartelle de Retz, Wilson, Witt (Cornélis de).

Ont voté contre :

MM. Aboville (le vicomte d'), Aclocque, Aigle (le comte de l'), Ancelon, Audiffret-Pasquier (le duc d'), Aurelle de Paladines (le général d').

Bagneux (le comte de), Bamberger, Benoist du Buis, Berlet, Bernard (Martin), Billy, Blavoyer, Boduin, Bompard, Bozérian, Brame, Breton.

Carion, Carrion (le colonel), Castellane (le marquis de), Cazenove (de Pradines de), Chabrol (de), Chabron (le général de), Chanzy (le général), Chareton (le général); Chatelin, Chaudordy (le comte de), Chaurand (le baron), Chevandier, Cintré (comte de), Claude (Meurthe), Colombet (de), Courbet-Poulard, Crussol (le duc de).

Dahirel, Daru (le comte), Decazes (le baron) (Tarn), Delpit, Deschange, Dezanneau, Doré-Graslin, Duclerc, Ducoux, Ducuing, Duportail, Dupont (de l'Eure).

Eschasseriaux (le baron).

Farcy, Fleuriot (de), Frébault (le général).

Gailly, Germonière, Gévelot, Gillon, Grandpierre, Grasset (de), Greppo.

Humbert (Haute-Garonne).

Jauréguiberry (l'amiral), Johnston, Joigneaux, Joubert.

Kermenguy (de).

Laflize, La Rochefoucauld (duc de Bisaccia), La Rochejaquelein (le marquis de), Lavergne (de), Legge (le comte de), Legrand, Lespinasse, Limayrac (Léopold) (Lot), Loysel (le général).

Maillé (de), Mayaud (Paul), Mazure (le général), Monneraye (le vicomte de la), Monnot-Arbilleur.

Pajot, Peltereau-Villeneuve, Perrot, Philippoteaux, Pioger (de).

Rainneville (de), Rameau, Raudot, Rodez-Bénavent (le vicomte de), Roquemaurel (de), Rotours (des).

Saint-Pierre (Louis de) (Manche), Sauvage.

Ternaux (Mortimer), Théry, Toupet des Vignes, Valady (de), Vast-Vimeux (le baron de), Viox.

Warnier.

N'ont pas pris part au vote :

MM. Abbatucci (Séverin), Adam (Edmond), Amat, Arago, Arfeuillères, Arnaud (de l'Ariége), Aubry, Aumale (duc d'), Benoist (Meuse), Béthune (comte de), Billot (général), Blanc (Louis), Bries (Meurthe), Bridieu (marquis de), Brisson, Brun (Lucien) (Ain), Brunet, Carquet, Carré-Kérisouët, Casimir-Périer, Chambrun (comte de), Clercq (de), Colas, Contant, Conti, Cournet, Dubois, Durfort de Civrac (le comte de), Durieu, Esquiros, Flye Sainte-Marie, Galloni d'Istria, Gambon, Gavini, George, Germain, Girerd (Cyprien), Godin, Grévy (Jura), Guiter, Jaubert (comte), Joinville (prince de), Jouvenel (baron de), Juigné (comte de), Jullien, Lamy, Langlois, Lefranc (Pierre) (Pyrénées-Orientales), Lepère, Lucet, Malens, Martenot, Millière, Marc-Dufraisse, Peyrat, Quinet (Edgar), Rathier, Razoua, Riant, Saint-Marc-Girardin, Saisy (Hervé de), Schœlcher, Staplande (de). Tallon, Target, Tassin, Temple (général du), Tirard, Tolain, Varroy, Vétillart, Villain, Vinay (Henri), Vitet.

Absents par congé :

MM. Brice (Ille-et-Vilaine), Brigode (de), Broglie (le duc de), Choiseul (Horace de), Clercq (de), Dupanloup (évêque d'Orléans), Eymard-Duvernay, Kolb-Bernard, [Laprade (de), La Serve, La Sicotière, Lestourgie, Mangini, Moreau, Murat (comte Joachim), Péconnet, Prax-Paris, Quinsonas (marquis de), Trochu (général).

FIN DES PIÈCES JUSTIFICATIVES.

TABLE DES MATIÈRES.

CHAPITRE PREMIER.

EXÉCUTION DE L'ARMISTICE. — DERNIERS ACTES DU GOUVERNEMENT DE LA DÉFENSE NATIONALE.

Causes générales des désastres de la France. — Caractères de l'armistice. — Opinion de Paris. — Convocation du corps électoral. — Difficultés de la situation. — L'armée. — La garde nationale. — Les départements. — Départ de M. Jules Simon pour Bordeaux. — Difficultés à propos de l'exécution de l'armistice. — Lettre de M. de Bismarck à l'occasion des décrets de Bordeaux. — Son télégramme à M. Gambetta. — Le Gouvernement de Paris annule les décrets de Bordeaux. — Sa proclamation au pays. — MM. Garnier-Pagès, Pelletan et Emmanuel Arago sont envoyés à Bordeaux. — Résistance de M. Achille Delorme. — On pousse M. Gambetta à la dictature. — La délégation de Bordeaux adhère au décret d'annulation. — Démission de M. Gambetta. — Heureuse conséquence de ce dénoûment. — Impossibilité de continuer la guerre. — Reddition de Belfort. Sa garnison obtient les honneurs de la guerre. — Les élections. — Réunion de l'Assemblée à Bordeaux. — Dispositions de M. Thiers. — Dépôt des pouvoirs du Gouvernement de la défense nationale. 1

CHAPITRE II.

GOUVERNEMENT DE L'ASSEMBLÉE NATIONALE. — M. THIERS CHEF DU POUVOIR EXÉCUTIF DE LA RÉPUBLIQUE FRANÇAISE. NÉGOCIATION DE VERSAILLES. — SIGNATURE DU TRAITÉ DE PRÉLIMINAIRES.

Situation de Paris. — Difficultés avec les autorités allemandes. — Travaux de l'Assemblée. — M. Grévy nommé président. — Dépôt de la proposition de M. Dufaure sur la constitution du Pouvoir exécutif. — Déclaration de M. Keller et de plusieurs députés. — Rapport de M. Victor Lefranc. — M. Thiers nommé chef du Pouvoir exécutif de la République française. — Son programme de gouvernement. — Nomination d'une commission de quinze membres devant assister les négociateurs. — M. Thiers quitte Bordeaux et vient à Paris pour négocier. — Sa première entrevue avec M. de Bismarck. — Disposition de la commission parlementaire. — Deuxième entrevue de M. Thiers avec M. de Bismarck. — M. de Bismark nous envoie deux banquiers prussiens. — Discussion sur la contribution de guerre de six milliards. — Attitude des puissances neutres. — La Prusse exige l'Alsace et une partie de la Lorraine. — M. Thiers obtient la conservation de Belfort. — Discussion des articles du traité. — Débats sur le mode de payement des cinq milliards. — Limitation de la garnison de Paris. — Signature du traité. 63

CHPITRE III.

EXÉCUTION DU TRAITÉ DE PRÉLIMINAIRES. — SA RATIFICATION PAR L'ASSEMBLÉE NATIONALE. — L'ARMÉE ALLEMANDE A PARIS. ELLE EN SORT APRÈS L'ÉCHANGE DES RATIFICATIONS

État menaçant des esprits à Paris. — M. Thiers part pour Bordeaux. — Présentation du traité à l'Assemblée. — Séance du 1er mars. — Rapport de M. Victor Lefranc. — L'Assemblée prononce la déchéance de Napoléon III et de sa dynastie. — Reprise de la discussion. — M. le général Changarnier. — M. Buffet. — M. Thiers. — L'Assemblée vote la ratification du traité. — État critique de Paris. — Entrée des troupes prussiennes à Paris. — Dispositions prises par le général Vinoy. — Admirable attitude de la population. — Incident de la visite au Louvre et aux Invalides. — M. de Bismarck reçoit la communication du vote de l'Assemblée nationale. 121

CHAPITRE IV.

NÉGOCIATIONS AVEC LE GOUVERNEMENT ALLEMAND PROGRÈS DES MENÉES INSURRECTIONNELLES A PARIS. RÉSOLUTION DE L'ASSEMBLÉE NATIONALE DE SE TRANSFÉRER A VERSAILLES. JOURNÉE DU 18 MARS.

Exigences des autorités allemandes. — Note comminatoire du 6 mars. — M. de Bismarck retourne à Berlin. — Il est remplacé par M. le général de Fabrice. — Conventions complémentaires des préliminaires de paix. — Convention postale et télégraphique, 9 mars 1871. — Convention pour l'entretien des troupes allemandes, 11 mars 1871. —

TABLE DES MATIÈRES.

Remise des prisonniers. — Chemins de fer. — M. Pouyer-Quertier. — Menées insurrectionnelles à Paris. — Départ et retour précipité de M. Picard, ministre de l'intérieur. — Proposition de translation de l'Assemblée hors de Bordeaux. — Séance du 10 mars. — Discours de M. Louis Blanc. — Discours de M. Thiers. — Inconvénients et raison d'être de l'ajournement des questions constitutionnelles. — L'Assemblée vote sa translation à Versailles. — Retour de M. Thiers à Paris. Fâcheux effet du vote de l'Assemblée. — Proclamation du 10 mars. — Progrès du mouvement insurrectionnel. — Le gouvernement supprime six journaux. — Sa résolution d'en finir avec la révolte. — L'enlèvement des canons est décidé en conseil. — Journée du 18 mars. — Assassinat des généraux Lecomte et Clément Thomas. — Abstention de la garde nationale. — Proclamation du gouvernement. — Le gouvernement se décide à quitter Paris. — Départ de M. Thiers pour Versailles. — Insistances de M. Jules Ferry pour rester à l'Hôtel de ville. — L'ordre lui est donné de l'évacuer. — Dernières conférences à l'École militaire. — Le Mont-Valérien et le colonel Lockner. — Le ministre des affaires étrangères repousse les ouvertures de la réunion des maires. 163

CHAPITRE V.

LA COMMUNE DE PARIS.
FERME ATTITUDE DU GOUVERNEMENT ET DE L'ASSEMBLÉE.
INSURRECTION EN ALGÉRIE.
NÉGOCIATIONS AVEC LE CABINET ALLEMAND.

Caractère général de l'insurrection. — Inanité des vues politiques des insurgés. — Irritation causée par le siège et la capitulation. — Désorganisation de la garde nationale. — Entrée des Prussiens dans Paris. — Souffrances des classes laborieuses. — Devoirs imposés aux gouvernements. — Erreur et responsabilité de l'Assemblée. — État des esprits à Versailles. — M. Thiers est vivement sollicité de reprendre l'offensive et de rentrer dans Paris. — Il s'y refuse. — Son plan. — Son dévouement et son activité. — Il reconstitue l'armée. — Explications données par l'*Officiel*. — L'amiral Saisset, nommé commandant supérieur des gardes nationales de la Seine. — Résistance des maires. — Difficultés de leur position. — Le comité central excuse l'assassinat des généraux. — Le comité veut contraindre les maires à faire les élections avant le vote de la loi présentée à l'Assemblée. — Efforts des maires pour arriver à une conciliation. — Attitude de M. Thiers. — Opérations et retraite de l'amiral Saisset. — Concours de la jeunesse des écoles. — Courageuse protestation de la presse. — Proclamation de l'Assemblée. — Proclamation de l'amiral Saisset. —

Transaction des maires. — Retraite de l'amiral Saisset. — Insurrection en Algérie. — Le bach aga si Mohamed el Mokrani. — Ben Ali chérif. — Cheik Haddad. Les Khouans. — Belle conduite de la population civile. — Mort de Mokrani. — Nécessité de secourir au plus vite l'Algérie et de nommer un gouverneur civil. — Le vice-amiral de Gueydon. — Fin de l'insurrection. — Motifs de confiance pour l'avenir. — Conséquences funestes de l'insurrection sur nos relations extérieures. — Clôture de la conférence de Londres. — Exigences de la Prusse. — Négociations avec le général de Fabrice. — Communication faite à l'Assemblée des mauvaises dispositions de l'ennemi. — Avertissements inquiétants. — Note échangée entre l'armée allemande et le comité central. — Nouveaux avertissements. — Mission de M. Nétien, maire de Rouen. — Propositions inacceptables de la Prusse. — Elle consent à la restitution de nos prisonniers. — Difficultés incessantes, continuelles démarches près M. de Fabrice. — Échanges de notes. — Dévouement de nos soldats. — Modération et fermeté de M. Thiers. Commencement des hostilités contre les insurgés. — 2 avril 1871, combat de Neuilly. — Les chefs rebelles cachent leur défaite et poussent à une sortie. — Ils sont écrasés à Rueil. — 4 avril, mort de Flourens. — L'insurrection réduite à la défensive. — 5 avril, prise de la redoute de Châtillon. — Salutaire effet de nos succès sur l'esprit des Allemands. — Nouvelles plaintes de M. de Bismarck. — Il accuse nos négociateurs de Bruxelles de retarder systématiquement la conclusion du traité. — Conférences du ministre des affaires étrangères et de M. de Fabrice à Rouen. — M. le colonel de la Haye est accrédité comme notre représentant près de M. de Fabrice. — Calme et fermeté de M. Thiers au milieu de tous ces embarras. — Prise de Courbevoie, mort du général Besson. — Avantages successifs de l'armée républicaine. — 14 avril 1871, instructions de M. Thiers aux préfets. — Refus de négocier avec la Commune, même au profit des otages. — Trêve accordée aux habitants de Neuilly, soupçons de la Prusse. — Chicanes du gouvernement allemand pour le payement des subsides. — Mémorandum du gouvernement français. — Excellentes dispositions des troupes républicaines. — Réclamations de M. de Bismarck à l'occasion de l'aggravation des frais de la guerre. — Menaces nouvelles : le ministre des affaires étrangères propose une entrevue, M. de Bismarck offre un rendez-vous à Francfort. — Il est accepté. 227

CHAPITRE VI.

NÉGOCIATIONS DE FRANCFORT.
SIGNATURE DU TRAITÉ DE PAIX DU 10 MAI 1871.
SA RATIFICATION PAR L'ASSEMBLÉE.
NOUVELLE ENTREVUE A FRANCFORT.
PRISE DE PARIS PAR LES TROUPES RÉPUBLICAINES.
SITUATION GÉNÉRALE DE LA FRANCE.

Extrême gravité de l'incident soulevé par l'Allemagne. — Ce que la Commune nous avait fait perdre. — Projet de protestation au moment de la signature du protocole de la conférence de Londres. — Il n'y est point donné suite. — Dispositions favorables des cabinets neutres. — L'insurrection de Paris nous les aliène. — La Prusse a-t-elle été complice de cette insurrection ? — Elle consent à l'augmentation de notre armée. — Elle nous menace sans cesse d'intervention. — Véritable attitude de la Prusse. — Ses procédés, en exaspérant la population de Paris, ont contribué à produire les excès de la Commune. — Le cabinet allemand demande un supplément de garantie. — M. Pouyer-Quertier. — Gravité de la situation. — Départ du ministre des affaires étrangères et du ministre des finances pour Francfort. — Entrevue avec M. de Bismarck. — Le chancelier exige un supplément de garanties. — Ultimatum remis par lui. — Discussion de l'ultimatum. — M. de Bismarck renonce à la prétention de remettre aux Prussiens la garde des portes de Paris. — Question de la délimitation de Belfort. — Propositions d'échange de quelques kilomètres sur la frontière du Luxembourg contre la vallée de Giromagny et ses dépendances. — Relations commerciales. — Signature du traité définitif. — Approbation de M. Thiers. — Négociation relative à la cession des chemins de fer. — Visite aux prisonniers. — Retour des plénipotentiaires, à Versailles. — Dernières violences de la Commune. — Proclamation du gouvernement aux habitants de Paris. — Explications de M. Thiers à l'Assemblée. — Démolition de la maison de M. Thiers. — Préparatifs d'attaques. — Le ministre des affaires étrangères présente le traité à l'Assemblée. — Commission pour l'examen du traité. — Rapport de M. de Meaux concluant à l'adoption du projet de ratification. — M. l'amiral Fourichon. — M. le général Chanzy. — M. Peltreau-Villeneuve. — M. Depeyre. — M. Victor Lefranc. — M. le général Chareton. — M. Thiers. — Opinion de M. le colonel Denfert. — L'Assemblée vote la ratification du traité. — Impatience de la Prusse. — Succès continus de l'armée contre l'insurrection. — Prise du fort de Vanves. — Propositions relatives à la reconstruction de la maison de M. Thiers. — Sanglant despotisme de la Commune. — Deuxième entrevue de Francfort. M. de Bismarck. — Échange des ratifications. — Opinion de M. de Bismarck sur la Commune. — Télégramme de M. Thiers. — Une dépêche de M. Thiers annonce l'entrée des troupes dans Paris. — Incident du 16 juin 1871. — Dépêche menaçante de M. de Bismarck. — Prise de Paris par l'armée républicaine. — Dévouement de Ducatel. Incendie des principaux monuments. — Le Louvre est préservé. — Sages exhortations de M. Thiers. — Sa circulaire aux préfets. — Massacre des otages. — Chaudey. — Férocité de Raoul Rigault. — L'archevêque de Paris et ses compagnons d'infortune. — Résistances des derniers otages. — Leur délivrance. — Réflexions sur les causes de l'insurrection. — Division des classes. — Abus de l'autorité. — Responsabilité de la nation entière. — Le remède est dans l'effort commun de la science et de la liberté. — Résistance de M. Thiers et de l'Assemblée aux propositions de transportation en masse des insurgés. — Le gouvernement ne propose pas de loi d'exil contre les Bonaparte. — Il ne croit pas non plus pouvoir demander le retour de l'Assemblée à Paris. — Ni la présidence de M. Thiers pour cinq années. — M. Thiers ne songe qu'à réorganiser et à délivrer la France. — Dureté de la Prusse. — Succès de l'emprunt de deux milliards. — Discours de M. Pouyer-Quertier. — Revue du 29 juin. — Allocution de M. le président Grévy. — Représentations de la Prusse. — L'Internationale. 335

PIÈCES JUSTIFICATIVES.

N° 1. Ordre du jour du général Le Flô. 495
N° 2. Dépêche de M. Gambetta à M. Jules Favre. 497
N° 3. Réponse de M. de Bismarck à M. Gambetta. 498
N° 4. Dépêche de M. Gambetta à M. Jules Favre. 500
N° 5. Décret retirant le droit à l'éligibilité à certaines classes de citoyens. 501
N° 6. Convention de démarcation dans l'Est. 503
N° 7. Circulaire de M. Hérold. 506
N° 8. Dépêche de M. de Bismarck à M. Jules Favre, ministre des affaires étrangères du gouvernement de la Défense nationale. 509
N° 9. Réponse du ministre des affaires étrangères à la dépêche précédente. 511
N° 10. Le ministre des affaires étrangères du gouvernement de la Défense nationale à M. de Bismarck, chancelier de la Confédération du Nord. 513
N° 11. Le ministre des affaires étrangères du gouvernement de la Défense nationale à M. de Bismarck, chancelier de la Confédération du Nord. 515
N° 12. Préliminaires de la paix. 517
N° 13. Rapport de M. Victor Lefranc. 526

TABLE DES MATIÈRES.

N° 14. Scrutin sur le projet de loi relatif aux préliminaires de paix signés à Versailles le 26 février 1871. 536
N° 15. Convention relative à l'occupation d'une partie de Paris par les troupes allemandes. 541
N° 16. Procès-verbal d'échange de ratifications. 543
N° 17. Convention de Ferrières, relative à l'exécution des préliminaires de paix signés à Versailles le 26 février 1871. 544
Convention pour l'exécution de l'armistice. 553
Convention pour la reprise de l'autorité française dans les départements occupés et le règlement des contributions. 555
Convention pour le payement de l'entretien des troupes allemandes. 558
N° 18. *Journal Officiel.* 560
N° 19. Proclamation du Comité de la fédération de la garde nationale. 562
N° 20. Déclaration de M. Hervé à la Commission d'enquête sur le 18 mars. 563
N° 21. Traité du 10 mai 1871. 565
N° 22. Rapport de M. de Meaux sur le traité de paix. 577
N° 23. Scrutin sur le projet de loi portant ratification du traité avec l'empire d'Allemagne. 584

ERRATA.

Page 46, ligne 2, au lieu de : les, *lisez* le.
Page 70, ligne 23, au lieu de : sentait, *lisez* présentait.
Page 96, ligne 2, au lieu de : Henkel, *lisez* Henckel.
Page 96, ligne 31, au lieu de : donnaient, *lisez* donnait.
Page 113, ligne 3, au lieu de : interrogeant, *lisez* interrompant.
Page 213, ligne 19, au lieu de : se, *lisez* les.
Page 455, ligne 7, au lieu de : elle, *lisez* elles.
Page 459, ligne 9, au lieu de : des passions, *lisez* les passions.
Page 568, ligne 19, au lieu de : M. Fabrice, *lisez* M. de Fabrice.
Page 454, ligne 11 et 12, au lieu de : s'approcha, *lisez* s'approche.
Page 486, ligne 31, au lieu de : s'épuisa, *lisez* s'épuise.

www.ingramcontent.com/pod-product-compliance
Lightning Source LLC
Chambersburg PA
CBHW060307230426
43663CB00009B/1620